МИРОВАЯ КЛАССИКА

Джек Лондон

Зов предков

АЗБУКА
САНКТ-ПЕТЕРБУРГ

УДК 821.111(73)
ББК 84(7Сое)-44
Л 76

Перевод с английского
Марии Абкиной, Наталии Волжиной, Норы Галь,
Нины Дарузес, Нины Емельянниковой, Татьяны Озерской,
Владимира Правосудова, Ксении Тверьянович

Серийное оформление Евгения Савченко

ISBN 978-5-389-18279-0

ЗОВ ПРЕДКОВ

I

К ПЕРВОБЫТНОЙ ЖИЗНИ

Древние бродячие инстинкты
Перетирают цепь привычки и веков,
И, просыпаясь от глубокой спячки,
Вновь дикий зверь выходит из оков.

Бэк не читал газет и потому не знал, что надвигается беда — и не на него одного, а на всех собак с сильными мышцами и длинной теплой шерстью, сколько их ни было от залива Пьюджет до Сан-Диего. И все оттого, что люди, ощупью пробираясь сквозь полярный мрак, нашли желтый металл, а пароходные и транспортные компании раструбили повсюду об этой находке, — и тысячи людей ринулись на Север. Этим людям нужны были собаки крупной породы, сильные, годные для тяжелой работы, с густой и длинной шерстью, которая защитит их от морозов.

Бэк жил в большом доме, в солнечной долине Санта-Клара. Место это люди называли «усадьбой судьи Миллера». Дом стоял в стороне от дороги, полускрытый за деревьями, и сквозь ветви виднелась только веранда, просторная и тенистая, окружавшая дом со всех сторон. К дому вели посыпанные гравием дорожки, они вились по широким лужайкам под стройными тополями, ветви которых сплетались между собой. Территория за домом была еще обширнее. Здесь находились большие конюшни, где хлопотала добрая дюжина конюхов и их подручных, тянулись ряды увитых диким виноградом домиков для прислуги и строго распланированная сеть всяких надворных построек, а за ними зеленели виноградники, пастбища, плодовые сады и ягодники. Была тут и насосная установка для артезианского колодца, и большой цементный плавательный бассейн, где сыновья судьи купались каждое утро, а в жаркую погоду и днем.

И все это обширное поместье было царством Бэка. Здесь он родился, здесь прожил все четыре года своей жизни. Конечно, были тут и другие собаки. В таком большом поместье их не могло не быть, но они в счет не шли. Они появлялись и исчезали, жили в тесных конурах или влачили незаметное существование где-то в глубине дома, вот как Тутс, японский мопсик, или Изабель, мексиканская собачка совсем без шерсти, нелепые существа, которые редко высовывали нос на вольный воздух и появлялись в саду или во дворе. Кроме того, была в усадьбе целая компания фокстерьеров — десятка два, не меньше, — и они грозно лаяли на Тутса и Изабель, когда те смотрели на них из окон, находясь под защитой армии служанок, вооруженных половыми щетками и швабрами.

Но Бэк не был ни комнатной собачкой, ни дворовым псом. Вся усадьба была в его распоряжении. Он плавал в бассейне и ходил на охоту с сыновьями судьи. Он сопровождал его дочерей, Молли и Алису, когда они в сумерки или ранним утром отправлялись на прогулку. В зимние вечера он лежал у ног судьи перед пылавшим камином в библиотеке. Он катал на спине внучат судьи или кувыркался с ними в траве и оберегал их во время смелых и чреватых опасностями вылазок до самого фонтана на заднем дворе и даже еще дальше, туда, где начинались выгон и ягодники. Мимо фокстерьеров он шествовал с высокомерным видом, а Тутса и Изабель попросту не замечал, ибо он был королем, властителем над всем, что ползало, бродило и летало в поместье судьи Миллера, включая и его двуногих обитателей.

Отец Бэка, Элмо, огромный сенбернар, был когда-то неразлучным спутником судьи, и Бэк обещал стать достойным преемником отца. Он был не такой громадиной, как тот, весил только сто сорок фунтов, так как мать его, Шеп, была шотландская овчарка. Но и сто сорок фунтов веса, если к ним еще прибавить то чувство собственного достоинства, которое рождается от хорошей жизни и всеобщего уважения, дают право держать себя по-королевски. Четыре года — с самого раннего щенячьего возраста — Бэк вел жизнь пресыщенного аристократа, был преисполнен гордости и даже несколько эгоцентричен, как это иногда бывает со знатными господами, живущими в своих поместьях уединенно, вдали от света. Но Бэка спасало то, что он не стал избалованной комнатной собакой. Охота и тому подобные развлечения на свежем воздухе не давали ему разжиреть, укрепляли мускулы. А купание в холодной воде закаляло его и сохраняло здоровье.

Так жил пес Бэк до той осени 1897 года, когда открытие золота на Клондайке привлекло на холодный Север людей со всех концов света. Бэк ничего об этом не знал, ибо не читал газет. Не знал он также, что дружба с Мануэлем, одним из подручных садовника, не сулит ему ничего доброго. За Мануэлем водился большой порок: страсть к китайской лотерее. К тому же у этого азартного игрока была одна непобедимая слабость — он верил в свою систему, и потому было совершенно ясно, что он погубит свою душу. Чтобы играть по системе, нужны деньги, а жалованья младшего садовника едва хватало на нужды его жены и многочисленного потомства.

В памятный день предательства Мануэля судья Миллер уехал на собрание общества виноделов, а мальчики были заняты устройством спортивного клуба, поэтому никто не видел, как Мануэль и Бэк прошли через сад, отправляясь (так думал Бэк) на обыкновенную прогулку. И только один-единственный человек видел, как они пришли на маленький полустанок Колледж-парк, где поезд останавливался по требованию. Человек этот потолковал о чем-то с Мануэлем, потом зазвенели деньги, переданные из рук в руки.

— Ты что же это, доставляешь товар без упаковки? — ворчливо заметил незнакомец, и Мануэль обвязал шею Бэка под ошейником сложенной вдвое толстой веревкой.

— Затянешь покрепче, так, чтобы у него дух перехватило, тогда не вырвется, — сказал Мануэль, а тот, чужой, в ответ что-то утвердительно промычал.

Бэк со спокойным достоинством позволил надеть себе на шею веревку. Правда, это было для него ново, но он привык доверять знакомым людям, признавая, что они умнее его. Однако, когда концы веревки оказались в руках чужого, он угрожающе заворчал. Он просто выражал недовольство, в гордости своей воображая, что это будет равносильно приказанию. К его удивлению, веревку вдруг стянули так туго, что он чуть не задохся. В мгновенном порыве бешенства он кинулся на обидчика, но тот опередил его: крепко сжал ему горло и ловким движением опрокинул на спину. Веревка безжалостно душила Бэка, но он, высунув язык, тяжело и шумно дыша всей могучей грудью, отчаянно боролся с человеком. Никогда еще никто так грубо не обращался с ним, и никогда в жизни он не был так разгневан! Однако силы скоро ему изменили, глаза остеклenели, и он уже ничего не сознавал, когда подошел поезд и двое мужчин швырнули его в товарный вагон.

Очнувшись, он прежде всего смутно почувствовал боль в языке. Затем, ощутив тряску и услышав хриплый вой паровоза на переезде, Бэк понял, где находится. Он так часто путешествовал с судьей, что не мог не узнать ощущений, связанных с ездой в багажном вагоне. Он открыл глаза. В них пылал неукротимый гнев плененного короля. Похититель хотел схватить его за горло, но Бэк на этот раз оказался проворнее. Он вцепился зубами ему в руку, и челюсти его не размыкались, пока он опять не лишился чувств, придушенный веревкой.

— Припадочный он! — пояснил человек, пряча свою окровавленную руку от проводника, который заглянул в вагон, услышав шум борьбы. — Хозяин приказал мне везти его в Фриско. Там есть какой-то первоклассный собачий доктор, который берется его вылечить.

События этой ночи похититель Бэка излагал позднее в задней комнатке портового кабака в Сан-Франциско со всем красноречием, на какое был способен.

— И всего-то-навсего я получаю за это полсотни, — жаловался он. — Знал бы, так и за тысячу наличными не взялся бы!

Рука у него была обернута пропитанным кровью носовым платком, а правая штанина разодрана от колена до самого низу.

— А тот парень сколько взял за это дело? — поинтересовался кабатчик.

— Сотню. Ни за что не соглашался взять меньше!

— Итого, значит, сто пятьдесят, — сказал кабатчик. — А пес этих денег стоит, головой ручаюсь!

Похититель развернул платок и стал осматривать свою прокушенную руку.

— Только бы не оказался бешеный... А то еще помрешь...

— Не бойся, от этого не помрешь. Тебе на роду написано болтаться на виселице! — пошутил кабатчик. Потом добавил: — Ну-ка, подсоби мне немного, а потом потащишься дальше.

Ошеломленный, полузадушенный, страдая от нестерпимой боли в горле, Бэк все-таки пытался дать отпор своим мучителям. Но его каждый раз валили на пол и душили веревкой, пока не удалось распилить и снять с него массивный медный ошейник. После этого они сняли и веревку и втолкнули Бэка в решетчатый ящик, похожий на клетку.

В этой клетке он пролежал всю томительную ночь, распираемый гневом и оскорбленной гордостью. Он не мог понять, что все это значит. Чего им от него надо, этим чужим людям? Зачем они заперли его в тесную клетку? Бэк недоумевал, его угнетало смутное предчувствие грозившей ему беды. Несколько раз он вскакивал, услышав грохот открываемой двери, — он надеялся, что это пришел судья или хотя бы мальчики, но всякий раз видел перед собой только опухшую физиономию кабатчика, который заглядывал в сарай, освещая его неверным огоньком сальной свечки. И радостный лай, уже рвавшийся из глотки Бэка, переходил в свирепое рычание.

Впрочем, кабатчик его не трогал. И только утром пришли четверо мужчин и подняли ящик. «Вот еще новые мучители», — подумал Бэк, потому что это были какие-то подозрительные люди, лохматые и оборванные. И он бесновался, рычал на них сквозь решетчатую стенку. Но они только смеялись и тыкали его палками. Он хватал палки зубами, пока не сообразил, что именно этого от него и добиваются. Тогда он угрюмо лег и лежал спокойно, пока ящик переносили в фургон.

И вот Бэк в своей клетке начал переходить из рук в руки. Сначала им занялись служащие транспортной конторы, его погрузили в другой фургон и повезли дальше. Затем, вместе с целой грудой ящиков и посылок, отправили на паром. С парома он попал на большой железнодорожный вокзал; и наконец его опять водворили в товарный вагон.

Два дня и две ночи вагон тащился за пронзительно гудевшим паровозом. И два дня и две ночи Бэк ничего не ел и не пил. Взбешенный, он на заботы проводников отвечал рычанием, а они в отместку стали дразнить его. Когда он кидался к решетке, весь дрожа, с пеной у рта, они хохотали и потешались над ним, рычали и лаяли, как паршивые дворняги, мяукали, размахивали руками перед его носом и кукарекали. Бэк понимал, что это очень глупо, — но тем оскорбительнее это было для его достоинства, и гнев его рос и рос. Голод еще можно было терпеть, но он жестоко страдал от жажды, и она доводила его до исступления. При его чувствительности и восприимчивости дурное обращение не могло не повлиять на него, и он заболел. У него была высокая температура, к этому прибавилось еще воспаление горла и языка, распухших и сожженных жаждой.

Одно его радовало: на шее больше не было веревки. Пока она была, это давало его врагам немалое преимущество. Ну а теперь, когда ее нет, он им покажет! Больше им не удастся надеть на него веревку! Это он решил твердо. Двое суток он ничего не ел и не пил, и за эти двое суток мучений в нем накопилось столько злобы, что незавидная участь ожидала того, кто первый его заденет. Глаза у Бэка были налиты кровью, он превратился в настоящего дьявола. Сейчас сам судья не узнал бы его, так он переменился за эти дни, и проводники вздохнули с облегчением, когда наконец избавились от него, выгрузив его в Сиэтле.

Четверо носильщиков со всяческими предосторожностями перенесли ящик с Бэком из фургона во дворик, окруженный высоким забором. Навстречу вышел плотный мужчина в красном вязаном свитере с сильно растянутым воротом и, взяв у возчика книгу, расписался в получении. «Новый мучитель», — решил Бэк и свирепо кинулся к решетке. Человек в свитере, мрачно усмехнувшись, вошел в дом и принес оттуда топор и дубинку.

— Неужто хотите его выпустить? — удивился возчик.

— Конечно, — ответил человек в свитере и вогнал топор в стенку ящика.

Все четыре носильщика моментально бросились врассыпную и заняли безопасные позиции на высоком заборе в ожидании предстоящего интересного зрелища.

Бэк бросался на трещавшую под топором стенку, грыз ее зубами, налегал на нее всем телом, воюя с нею. Где топор ударял снаружи, там пес, то рыча, то воя, атаковал дерево изнутри. Он прилагал бешеные усилия, чтобы поскорее выбраться из клетки, а человек в красном свитере был полон спокойной решимости выпустить его оттуда.

— Ну, красноглазый дьявол! — сказал он, когда отверстие расширилось настолько, что Бэк мог протиснуться в него. И, бросив топор, взял в правую руку дубину.

Бэк в этот миг действительно был страшен, как дьявол: он весь ощетинился и подобрался для прыжка, в налитых кровью глазах был безумный блеск, изо рта бежала пена. Уже он готовился обрушить на человека все сто сорок фунтов своего тела с яростью, дошедшей до предела, оттого что столько времени приходилось ее сдерживать. Он взвился в воздух и хотел мертвой хваткой вцепиться в своего врага, но в это самое мгновение получил такой удар, который на лету отбросил его назад. Щелкнув зубами от мучительной боли, Бэк перевернулся в воздухе и упал, ударившись о землю боком и спиной. Он ни разу в жизни не был бит палкой — и растерялся. С рычанием, в котором слышался жалобный визг, он вскочил и опять хотел кинуться на обидчика, но второй удар свалил его. Теперь он уже понимал, что виновата во всем дубинка, но в своей ярости забыл об осторожности. Раз десять он бросался — и всякий раз дубинка останавливала его на лету и валила наземь.

После одного особенно жестокого удара Бэк еле поднялся. Он был так ошеломлен, что не мог больше бороться. Он шатался, из носа, пасти и ушей текла кровь, и его красивая шерсть была испачкана кровавой слюной. Человек в красном свитере подошел к нему и хладнокровно, не спеша нанес ему страшный удар по морде. Вся боль, которую до сих пор перенес Бэк, была ничто в сравнении с этой. Зарычав, как лев, он опять кинулся на мучителя. Но тот, переложив дубину из правой руки в левую, спокойно схватил его за нижнюю челюсть и завертел им с такой силой, что Бэк описал полный круг в воздухе, потом полукруг — и грохнулся на землю головой и грудью.

Еще раз прыгнул Бэк на человека, но тот нанес ему сокрушительный удар, который умышленно приберег напоследок. Бэк свалился совершенно разбитый и оглушенный.

— Вот молодчина! — в восторге крикнул один из зрителей на заборе. — Этот любого пса усмирит!

— По-моему, безопаснее каждый день, а по воскресеньям и два раза взламывать кассы, чем иметь дело с этим псом, — заметил возчик, взбираясь на козлы, и погнал лошадей.

К Бэку вернулось сознание, но, совсем обессилев, он лежал на том же месте, где упал, и следил глазами за человеком в красном свитере.

— Отзывается на кличку Бэк, — вслух сказал тот, читая письмо кабатчика из Сан-Франциско, извещавшее об отправке ящика с живым грузом. — Ну, Бэк, голубчик, — продолжал он весело, — пошумели мы с тобой, погорячились, а теперь лучше всего забудем об этом. Ты будешь знать свое дело, я — свое. Будешь послушной собакой — и все пойдет как по маслу, а вздумаешь буянить, так я из тебя дух вышибу. Понял?

Говоря это, он бесстрашно гладил голову, которую только что так беспощадно молотил, и хотя Бэк невольно ощетинивался при каждом его прикосновении, но терпел, не протестуя. Человек в свитере принес ему воды, и он жадно напился, а потом с такой же жадностью глотал роскошное угощение — сырое мясо, хватая его кусок за куском из рук нового хозяина.

Он был побежден (он это понимал), но не покорен и не сломлен. Он понял раз навсегда, что человек, вооруженный дубиной, сильнее его, и полученный урок запомнил на всю жизнь. Эта дубина была для него откровением. Она ввела его в мир, где царит первобытный закон. И Бэк быстро усвоил этот закон. Ему открылась жестокая правда жизни, но она его не запугала: в нем уже пробуждалась природная звериная хитрость.

Время шло. Привозили других собак в таких же ящиках или приводили на веревке. Одни были очень послушны и тихи, другие бесновались и выли, как Бэк вначале. И на глазах у Бэка человек в красном свитере укрощал всех до единой, покоряя своей власти. Бэк наблюдал эту зверскую муштровку, и все крепче и крепче внедрялась в его сознание открытая им истина: человек с дубиной — законодатель, хозяин, которому нужно повиноваться, хотя и не обязательно любить его. И Бэк, повинуясь, никогда не ластился к хозяину, не вилял хвостом и не лизал ему руку, как это делали не раз у него на глазах побитые собаки. Видел он также, как одна собака, не желавшая ни смириться, ни подчиниться, в конце концов была убита.

Время от времени приходили чужие люди, толковали о чем-то с хозяином сердито или заискивающе. И когда после таких разговоров из их рук в руки хозяина переходили деньги, эти люди уводили с собой одну или несколько собак. Бэк задавал себе вопрос, куда же они уходят, ибо они никогда больше не возвращались. Будущее так сильно страшило его, что он каждый раз радовался, когда покупатели выбирали не его.

Но в конце концов наступил и его черед. Пугавшее его будущее явилось в лице высохшего, морщинистого человечка, который говорил на ломаном английском языке и то и дело разражался какими-то странными, резкими восклицаниями, смысл которых был непонятен Бэку.

— Sacredam![1] — крикнул он, когда взгляд его упал на Бэка. — Вот это пес! Первоклассный пес! Ого! А сколько?

— Всего три сотни. Просто даром отдаю, — быстро ответил человек в красном свитере. — Не станешь же ты торговаться да артачиться, Перро? Деньги ведь не твои, а казенные.

Перро только ухмыльнулся. Ввиду необычайного спроса на собак цены на них были бешеные, так что сумма, запрошенная за такую великолепную собаку, как Бэк, не показалась ему чрезмерной.

Канадское правительство не разорится на этой покупке, а его почта должна перевозиться быстро. Перро знал толк в собаках и с одного взгляда определил, что такие собаки, как Бэк, встречаются одна на тысячу. «Даже одна на десять тысяч», — мысленно поправил он себя.

Бэк видел, как деньги перешли из рук в руки, и не удивился, когда морщинистый человечек забрал с собой его и добродушного ньюфаундленда Кэрли. Больше Бэк никогда не видел человека в красном свитере. А когда он и Кэрли смотрели с палубы парохода «Нарвал» на исчезавший вдали Сиэтл, они не знали, что больше никогда не увидят и теплый Юг.

Перро увел их обоих вниз и передал темнокожему великану, которого звали Франсуа. У Перро, канадского француза, кожа была смуглая, но у Франсуа вдвое темнее, потому что Франсуа был метис. Бэк впервые видел людей этой породы (впоследствии ему пришлось встречать много таких), и, хотя он не полюбил их, он честно отдавал им должное и научился их уважать. Он скоро убедился, что Перро и Франсуа — люди справедливые, спокойные, что наказывают они только за дело, без всякого пристрастия, и отлично знают все собачьи повадки, так что их никакая собака не проведет.

---

[1] Черт побери! *(искаж. фр.)*

На пароходе Бэка и Кэрли поместили вместе с двумя другими собаками. Одна была большая, снежно-белая, ее вывез с острова Шпицберген капитан китобойного судна, а позднее она сопровождала геологическую экспедицию в Бесплодные земли. Это был пес очень ласковый, но коварный, он способен был ластиться и в то же время готовить другому какую-нибудь пакость: так, он при первой же общей кормежке стянул у Бэка часть его порции. Бэк кинулся на него, чтобы наказать за это, но Франсуа опередил его: бич свистнул в воздухе и обрушился на вора. Бэку оставалось только подобрать свою кость.

Он увидел, что Франсуа поступает справедливо, и с этих пор проникся уважением к метису.

Другой пес не ластился ни к кому и не вызывал ни в ком симпатии, но зато и не делал попыток воровать еду у новичков. Он был сурового, угрюмого нрава и ясно дал понять Кэрли, что желает только одного: чтобы его не задевали, а кто его заденет, тому плохо придется. Этот пес — его звали Дейв — только ел и спал, а когда не спал, то все позевывал, и ничто решительно его не интересовало. Даже когда «Нарвал» проходил залив Королевы Шарлотты и качался, вставал на дыбы, метался как бешеный, а Бэк и Кэрли чуть с ума не сошли от страха, Дейв только с недовольным видом поднимал иногда голову и, едва удостоив их равнодушным взглядом, зевал, потом снова засыпал.

Дни и ночи пароход весь дрожал, сотрясаемый неутомимой и ритмичной, как пульс, работой винта. Один день был похож на другой, но Бэк замечал, что становится все холоднее. Наконец однажды утром стук винта затих, и на «Нарвале» поднялась суета. Бэк, как и другие собаки, почуял царившее вокруг волнение и понял, что предстоит какая-то перемена. Франсуа взял их всех на сворку и вывел на палубу. Ступив на ее холодную поверхность, Бэк почувствовал, что его лапы погрузились в какую-то кашу, очень похожую на белую грязь. Он зафыркал и отскочил назад. Такая же белая каша падала сверху. Бэк отряхнулся, но она все сыпалась и сыпалась на него. Он с любопытством понюхал ее, потом лизнул языком. Она обжигала, как огонь, и сразу таяла на языке. Это поразило Бэка, он лизнул опять — с тем же результатом. Вокруг загоготали, и ему почему-то стало стыдно, хотя он не понимал, над чем эти люди смеются. Так Бэк впервые увидел снег.

II

ЗАКОН ДУБИНЫ И КЛЫКА

Первый день на берегу в Дайе показался Бэку жутким кошмаром. Здесь беспрестанно что-нибудь поражало и пугало. Его внезапно из центра цивилизации перебросили в какой-то первобытный мир. Окончилось блаженное и ленивое существование под солнцем Юга, когда он только слонялся без дела и скучал. Здесь не было ни отдыха, ни покоя, и ни на миг Бэк не чувствовал себя в безопасности. Здесь все было в движении и действии, царила вечная сумятица, и каждую минуту грозило увечье или смерть. В этом новом мире следовало постоянно быть начеку, потому что и собаки, и люди совсем не были похожи на городских собак и людей. Все они были дикари и не знали других законов, кроме закона дубины и клыка.

Никогда раньше Бэк не видел, чтобы собаки дрались между собой так, как здешние: это были настоящие волки, и первый же опыт послужил Бэку незабываемым уроком. Правда, в первой драке он не участвовал, иначе он не вышел бы из нее живым и не пришлось бы ему воспользоваться этим уроком. Жертвой пал не он, а Кэрли.

Их обоих оставили около бревенчатой хижины, где помещалась лавка. Кэрли добродушно, как всегда, стала заигрывать с рослым и сильным псом, который был величиной с крупного волка, но все же вдвое меньше Кэрли. И вдруг, без всякого предупреждения, — быстрый, как молния, скачок, щелканье зубов, похожее на лязг железа, столь же быстрый обратный прыжок — и морда у Кэрли оказалась разодранной от глаз до пасти.

Такая была у этих собак волчья повадка — напасть и тотчас отскочить. Но этим дело не кончилось. Тотчас примчались тридцать, а то и сорок лаек и окружили дерущихся безмолвным и настороженным кольцом. Бэк сперва не понял, чего они с таким безмолвным напряжением ждут, почему так жадно облизываются. Кэрли бросилась на своего противника, а тот снова укусил ее и отскочил. Второй ее наскок он встретил грудью и так ловко отразил его, что Кэрли не устояла на ногах. Только того и ждали наблюдавшие за дракой собаки. Подняться Кэрли уже не удалось: с визгом и рычанием они сгрудились вокруг нее, и, скуля в предсмертной муке, Кэрли исчезла под кучей мохнатых тел.

Все это произошло так внезапно и так неожиданно, что Бэк совершенно растерялся. Он видел, как шпицбергенский пес высунул красный язык, — это он так смеялся. Видел, как Франсуа, размахивая топором, бросился в самую гущу свалки. Трое мужчин, схватив дубины, быстро помогли ему разогнать собак. Через две минуты после того, как Кэрли упала, последний из нападавших был отогнан прочь. Но Кэрли лежала на залитом кровью, истоптанном снегу мертвая, разорванная чуть не в клочья. А темнокожий метис стоял над ней и отчаянно ругался.

Эта картина часто потом вспоминалась Бэку и тревожила его даже во сне. Так вот какова жизнь! В ней нет места честности и справедливости. Кто свалился, тому конец. Значит, надо держаться крепко! Шпиц снова высунул язык и засмеялся, и с этой минуты Бэк возненавидел его жестокой, смертельной ненавистью.

Не успел Бэк опомниться после трагической гибели Кэрли, как его ждало новое потрясение: Франсуа надел на него ременную упряжь, похожую на ту, которую в его родном поместье конюхи надевали на лошадей. И как там работали запряженные лошади, так ему пришлось работать здесь. Он повез Франсуа на нартах в окаймлявший долину лес за дровами. То, что его заставляли ходить в упряжке, больно ранило его самолюбие, но у него хватило ума не бунтовать. Он переломил себя и постарался работать хорошо, хотя все это было для него ново и странно.

Франсуа был строг, требовал, чтобы его слушались немедленно, и добивался этого при помощи своего бича. Кроме того, при всяком промахе Бэка Дейв, опытный коренник, хватал его зубами за ляжки. Вожаком в их упряжке был Шпиц, такой же опытный ездовой пес, как Дейв, и, если ему не удавалось цапнуть Бэка, когда тот сбивался с ноги, он сердито и укоризненно рычал на него или ловко направлял его куда следовало, налегая на постромки всей тяжестью своего тела. Бэку ученье давалось легко, и под совместным руководством своих двух товарищей и Франсуа он делал поразительные успехи. Раньше чем они вернулись в лагерь, он уже знал, что крик «хо!» означает «остановись», а по команде «марш!» следует бежать вперед; что на поворотах надо умерять бег, а когда нарты с грузом летят под гору — держаться подальше от коренника.

— Все три собаки очень хороши, — сказал Франсуа по возвращении, увидев Перро. — Этот Бэк здорово работает! Я его очень скоро вышколю.

Днем Перро, которому надо было спешно везти правительственную почту, привел еще двух собак, Билли и Джо. Эти чистокровные лайки были от одной матери, но отличались друг от друга, как день от ночи. Единственным недостатком Билли было разве его чрезмерное добродушие, а Джо, напротив, был угрюм, замкнут и раздражителен. Он постоянно ворчал и злобно смотрел на всех.

Бэк встретил Билли и Джо по-товарищески, Дейв не обратил на них никакого внимания, а Шпиц немедленно атаковал одного, потом другого. Билли сначала примирительно завилял хвостом. Увидев, однако, что миролюбие тут не поможет, он хотел бежать, да не успел. Острые зубы Шпица впились ему в бок, и он взвыл, но и тут не воинственно, а жалобно и умоляюще. Зато Джо, с какой бы стороны Шпиц ни пытался на него напасть, всякий раз поворачивался к нему, весь ощетинившись и заложив назад уши. Он грозно рычал и с невероятной быстротой щелкал зубами, а глаза у него сверкали, как у дьявола; это было воплощение враждебности и вместе с тем ужаса. Вид его был до того страшен, что Шпицу пришлось отказаться от намерения проучить его. Чтобы скрыть свое поражение, он опять накинулся на безответного, все еще жалобно скулившего Билли и загнал его на самый конец лагеря.

К вечеру Перро добыл себе еще одну ездовую собаку, старую, поджарую лайку с длинным и гибким телом. Морда у нее была вся в боевых шрамах и рубцах, и уцелел только один глаз. Но этот единственный глаз сверкал дерзким, вызывающим мужеством, которое внушало всем невольное уважение. Кличка пса была Соллекс, то есть Сердитый. Он, как и Дейв, ничего от других не требовал, ничего не ждал и никому спуску не давал. И когда он неторопливо и важно подошел к остальным, даже Шпиц не посмел его задирать. У Соллекса была одна слабость, и Бэк, на свою беду, первый открыл ее: кривой пес не любил, чтобы к нему подходили со стороны слепого глаза. Именно такую неприятность причинил ему ничего не подозревавший Бэк и догадался о своей неучтивости только тогда, когда Соллекс, круто обернувшись, кинулся на него и прогрыз ему плечо на три дюйма, до самой кости. После этого Бэк никогда больше не подходил к Соллексу с запретной стороны, и Соллекс его никогда больше не трогал. Новый знакомец, как и Дейв, видимо, желал только одного: чтобы его не беспокоили. Впрочем, Бэк скоро убедился, что и тот и другой одержимы еще иным, более высоким стремлением.

В первую же ночь перед Бэком встал важный вопрос о ночлеге. Палатка, в которой горела свеча, так заманчиво светилась среди снежной равнины. Казалось вполне естественным, что его место там. Но, когда он вошел, Перро и Франсуа встретили его ругательствами и швыряли в него всякой утварью до тех пор, пока он не очнулся от растерянности и не бежал позорно из палатки на мороз. Дул резкий ветер и больно сек тело, особенно безжалостно впиваясь в раненое плечо. Бэк лег на снег и пытался уснуть, но скоро мороз поднял его на ноги. В безутешном отчаянии бродил он между палатками, ища себе местечка потеплее и не находя его. То здесь, то там свирепые псы набрасывались на него, но он, ощетинившись, грозно рычал на них (этому тоже он быстро научился), и они оставляли его в покое.

Наконец его осенило: надо пойти обратно и посмотреть, где устроились на ночлег собаки из его упряжки. Но, к своему удивлению, он не нашел ни одной! Они куда-то исчезли. Опять Бэк пошел бродить по обширному лагерю, ища их повсюду, но вернулся ни с чем. Уж не в палатке ли они? Нет, этого не может быть — ведь вот его, Бэка, прогнали оттуда! Так куда же они девались? Весь дрожа, опустив хвост, он одиноко и бесцельно кружил около палатки. Вдруг снег под его передними лапами подался, и он чуть не провалился куда-то. Под ногами у него что-то зашевелилось. В страхе перед неведомым и невидимым Бэк отбежал, ворча, шерсть у него встала дыбом. Но тихое дружеское повизгивание быстро успокоило его, и он вернулся к тому же месту на разведку. Ноздрей его коснулась струя теплого воздуха: уютно свернувшись клубочком, под снегом в ямке лежал Билли. Он заискивающе тявкал, ерзал, вилял хвостом, доказывая этим свои добрые намерения и расположение к Бэку, и, чтобы его подкупить, рискнул даже лизнуть его в морду теплым и влажным языком.

Еще один урок: значит, вот как здесь спасаются от холода! Бэк уже уверенно выбрал себе местечко и после долгой возни и больших усилий вырыл нору в снегу. Через минуту в яме стало тепло от его тела, и он уснул. После долгого, трудного дня он спал крепко и сладко, хотя по временам ворчал и лаял во сне, мучимый дурными снами.

Разбудил его только утром шум просыпавшегося лагеря. В первую минуту он не мог понять, где находится. Ночью шел снег и совершенно засыпал его в яме. Сплошная масса снега давила, напирала со всех сторон. И на Бэка вдруг напал страх, страх дикого зверя перед западней. То было признаком, что в нем заговорили инстинкты далеких предков, ибо этот цивилизованный, даже не в меру цивилизованный пес в жизни своей не знал, что такое западня, и не должен был бы ее бояться. А между тем тело его судорожно сжималось, шерсть на шее и плечах встала дыбом, и он с диким рычанием выскочил из ямы, прямо на свет ослепительного утра, взметнув вокруг целое облако искрившегося снега. Но тут он увидел перед собой лагерь на белой равнине и сообразил, где он, сразу вспомнил все, что с ним произошло с того дня, как он отправился на прогулку с Мануэлем, и до вчерашней ночи, когда он вырыл себе в снегу нору для ночевки.

Франсуа приветствовал его криком.

— Ну, что я говорил? — воскликнул он, обращаясь к Перро. — Этот Бэк мигом всему выучивается!

Перро с серьезным видом кивнул. Он был курьером канадского правительства, возил почту, важные бумаги, и ему нужны были самые лучшие собаки. Поэтому он был особенно доволен, что удалось купить такую собаку, как Бэк.

Не прошло и часа, как он купил еще трех ездовых собак для своей упряжки, так что всего их теперь было девять, а еще через четверть часа они уже были запряжены и мчались по снежной дороге к Дайскому каньону. Бэк радовался перемене, и хотя работа была тяжелая, он не чувствовал к ней отвращения. Его сначала удивил азарт, который проявляли все его товарищи, но потом этот азарт заразил и его. А всего удивительнее была перемена, происшедшая с Дейвом и Соллексом. Казалось, упряжь преобразила их — это были сейчас совсем другие собаки. Всю вялость и невозмутимое равнодушие с них как рукой сняло. Откуда взялись прыть и энергия! Они из кожи лезли, стараясь, чтобы вся упряжка бежала хорошо, и бесновались, когда возникала задержка или замешательство среди собак. Казалось, труд этот был высшим выражением их существа, в нем были вся их жизнь и единственная радость.

Дейв был коренником, а впереди, между ним и Соллексом, впрягли Бэка. Остальные собаки бежали перед ними гуськом, а во главе всех — вожак Шпиц.

Бэка поместили между Дейвом и Соллексом нарочно, для того чтобы они обучали его. Он оказался способным учеником, а они — хорошими учителями, которые сразу исправляли его промахи, добиваясь послушания при помощи своих острых зубов. Дейв был пес справедливый и разумный. Он никогда напрасно не обижал Бэка, но зато, когда Бэк этого заслуживал, не упускал случая куснуть его, а бич Франсуа в этих случаях еще подбавлял свое, так что Бэк пришел к заключению, что подтянуться и избегать промахов выгоднее, чем огрызаться. Раз во время короткой остановки он запутался в постромках и задержал отправление. Дейв и Соллекс дружно напали на него и здорово проучили. Это еще усилило кавардак, но зато Бэк потом очень старался не путать постромки: к концу дня он уже так хорошо справлялся со своими обязанностями, что учителя почти перестали кусать его. Бич Франсуа все реже щелкал над его головой, а Перро даже почтил его особым вниманием: одну за другой поднял его лапы и заботливо осмотрел их.

Переход, который они сделали за первый день, оказался тяжелым. Они шли вверх по каньону через Овечий лагерь, мимо Весов и границы леса, шли через ледники и снежные сугробы высотой в несколько сот футов, перевалили через великий Чилкут, который тянется между солеными и пресными водами и, как грозный страж, охраняет подступы к печальному, пустынному Северу. Они благополучно проделали весь путь по целой цепи замерзших озер в кратерах потухших вулканов и поздно ночью добрались до большого лагеря у озера Беннет, где тысячи золотоискателей строили лодки, готовясь к весеннему ледоходу. Тут Бэк вырыл себе нору в снегу и уснул сном утомленного праведника, но выспаться не удалось — его очень скоро извлекли из ямы и во мраке морозной ночи запрягли в нарты вместе с другими собаками.

В тот день они прошли сорок миль, так как дорога была укатана. Зато на другой день и в течение еще многих дней они вынуждены были сами прокладывать себе тропу в снегу, сильно уставали и шли медленнее. Обычно Перро шагал впереди упряжки и утаптывал снег своими лыжами, чтобы собакам легче было бежать, а Франсуа поворотным шестом направлял нарты. По временам они с Перро менялись местами, но это бывало не часто. Перро торопился, и притом он считал, что лучше Франсуа умеет определять на глаз толщину льда, а это было очень важно, так как осенний лед был еще крайне ненадежен. В местах, где течение быстрое, его и вовсе не было.

Изо дня в день (казалось, им конца не будет, этим дням) Бэк шел в упряжке. Привал делали всегда лишь с наступлением темноты, а едва только небо начинало светлеть, нарты уже мчались дальше, оставляя позади милю за милей. И опять только вечером, в темноте, разбивали лагерь; собаки получали свою порцию рыбы и зарывались в снег, чтобы поспать. У Бэка аппетит был волчий. Его дневной паек состоял из полутора фунтов вяленой лососины, а ему этого хватало на один зуб. Он никогда не наедался досыта и постоянно испытывал муки голода. А между тем другие собаки, весившие меньше и более приспособленные к такой жизни, получали только по фунту рыбы и умудрялись както сохранять бодрость и силы.

Бэк очень скоро перестал привередничать, как когда-то дома, на Юге. У него была привычка есть не спеша, разборчиво, но он скоро заметил, что его товарищи, быстро покончив со своими порциями, таскают у него недоеденные куски. Уберечь свой паек ему не удавалось — в то время как он сражался с двумя или тремя ворами, его рыба исчезала в пасти других. Тогда он стал есть так же быстро, как они. Голод до такой степени мучил его, что он готов был унизиться до кражи. Он наблюдал, как это делают другие, и учился у них. Приметив, что Пайк, один из новичков, хитрый притворщик и вор, ловко стащил ломтик грудинки у Перро, когда тот отвернулся, Бэк на другой день проделал тот же маневр и, схватив весь кусок грудинки, удрал. Поднялась страшная суматоха, но он остался вне подозрений, а за его преступление наказали Даба, растяпу, который всегда попадался.

Эта первая кража показала, что Бэк способен выжить и в суровых условиях Севера. Она свидетельствовала об его умении приспособляться к новой обстановке. Не будь у него такой способности, ему грозила бы скорая и мучительная смерть. Кроме того, кража была началом его морального падения. Все его прежние нравственные понятия рушились, в беспощадно жестокой борьбе за существование они были только лишней обузой. Они были уместны на Юге, где царил закон любви и дружбы, — там следовало уважать чужую собственность и щадить других. А здесь, на Севере, царил закон дубины и клыка, и только дурак стал бы здесь соблюдать честность, которая мешает жить и преуспевать.

Конечно, Бэк не рассуждал так — он попросту инстинктивно приноровлялся к новым условиям. Никогда в жизни он не уклонялся от борьбы, даже когда силы были неравны. Однако палка человека в красном свитере вколотила ему более примитивные, но жизненно необходимые правила поведения. Пока Бэк оставался цивилизованной собакой, он готов был умереть во имя своих идей морального порядка — скажем, защищая хлыст для верховой езды, принадлежавший судье Миллеру. Теперь же его готовность пренебречь этими идеями и спасать собственную шкуру показывала, что он возвращается в первобытное состояние. Воровал он не из любви к искусству, а подчиняясь настойчивым требованиям пустого желудка. Он грабил не открыто, а потихоньку, со всякими предосторожностями, ибо уважал закон дубины и клыка. Словом, он делал все то, что делать было легче, чем не делать.

Он развивался (или, вернее, дичал) очень быстро. Мускулы у него стали крепкими, как железо, и он теперь был нечувствителен ко всякой обыкновенной боли. Он получал хорошую закалку, и внешнюю, и внутреннюю. Есть он мог любую пищу, хотя бы самую противную и неудобоваримую. И желудок его извлекал из съеденного все, что было в нем питательного, до последней крупицы, а кровь разносила переработанную пищу в самые отдаленные уголки тела, вырабатывая из нее крепчайшую и прочнейшую ткань. У Бэка были превосходное зрение и тонкое обоняние, а слух достиг такой остроты, что он даже во сне слышал самый тихий звук и распознавал, чтó этот звук возвещает — спокойствие или опасность. Он научился выгрызать лед, намерзавший у него между пальцами, и когда ему хотелось пить, а вода в водоеме была покрыта толстым слоем льда, он умел пробивать его своими сильными передними лапами. Но самой примечательной была способность Бэка чуять ветер — он предугадывал его направление за целую ночь вперед. И в совершенно тихие вечера он выкапывал себе нору под деревом или на берегу в таком месте, что, если потом налетал ветер, его нора всегда оказывалась с подветренной стороны и в ней было тепло и уютно.

Все это Бэк постигал не только опытом — в нем всколыхнулись давно заглохшие первобытные инстинкты. А то, что он унаследовал от многих поколений прирученных предков, наоборот, отмирало. Смутными, невнятными голосами заговорила в нем далекая юность его рода, то время, когда дикие собаки стаями рыскали по девственным лесам и, загоняя добычу, убивали ее. И Бэк скоро научился пускать в ход когти и зубы, у него появилась быстрая волчья хватка. Так именно дрались его забытые предки. Оживало в нем далекое прошлое, и те старые повадки, что были наследственными в его роде и передавались из поколения в поколение, теперь стали его повадками. Он усвоил их без всяких усилий, не видя в них ничего нового и удивительного, как будто они всегда были ему свойственны. И когда в тихие холодные ночи Бэк поднимал морду к звездам и выл протяжно и долго, по-волчьи, — это его предки, давно обратившиеся в прах, выли в нем, как выли они на звезды веками. В вое Бэка звучали те же самые ноты — в нем изливались тоска и все чувства, рожденные в душе тишиной, мраком и холодом.

Так, словно в доказательство того, что все мы — марионетки в руках природы, древняя песнь предков рвалась из груди Бэка, и он постепенно возвращался к истокам своего рода. А случилось это потому, что люди на Севере нашли желтый металл, и еще потому, что подручный садовника, Мануэль, получал жалованье, которого едва хватало на нужды жены и ватаги отпрысков, маленьких копий его самого.

III
ПЕРВОБЫТНЫЙ ЗВЕРЬ ВОСТОРЖЕСТВОВАЛ

Первобытный зверь был еще силен в Бэке, и в жестоких условиях новой жизни он все более и более торжествовал над всем остальным. Но это оставалось незаметным. Пробудившаяся в Бэке звериная хитрость помогала ему сдерживать свои инстинкты. К тому же необходимость приспособляться к новой обстановке держала его в постоянном напряжении и требовала таких усилий, что он не только не бунтовал и не лез в драку, но по возможности избегал всяких стычек. В его поведении заметна стала некоторая осторожность и осмотрительность. Он не был склонен к стремительным и опрометчивым действиям. И хотя между ним и Шпицем разгорелись смертельная вражда и ненависть, он никогда не проявлял раздражения и никогда первый не задевал своего врага.

Шпиц же, наоборот, не упускал случая показать зубы — вероятно, потому, что он угадывал в Бэке опасного соперника. Он из кожи лез, постоянно стараясь раздразнить Бэка и затеять драку, которая, несомненно, окончилась бы смертью одного из них. Такая схватка едва не произошла уже в самом начале пути, помешал только непредвиденный случай. Однажды, уже к концу дня, нарты остановились на берегу озера Ле-Барж, в не защищенной от ветра унылой местности. Метель, темнота и сильный ветер, который, словно раскаленным ножом, сек кожу, вынудили людей поискать места для привала. Трудно было выбрать место хуже. За ними стеной поднималась отвесная скала, и пришлось Перро и Франсуа развести костер и разостлать свои спальные мешки прямо на льду озера. Палатку они бросили в Дайе, чтобы путешествовать налегке. Собрав немного хвороста, занесенного сюда водой во время разлива, они разожгли костер, но огонь только растопил лед вокруг и погас, так что ужинать пришлось в темноте.

Бэк вырыл себе нору под самой скалой, укрывавшей его от ветра. В этом убежище было так уютно и тепло, что он очень неохотно вылез оттуда, когда Франсуа стал раздавать собакам рыбу, разогрев ее предварительно над огнем. Когда Бэк, съев свою порцию, вернулся на старое место, оказалось, что оно занято. Угрожающее ворчание возвестило ему, что захватчик — Шпиц. До тех пор Бэк избегал стычек со своим врагом, но тут он уже не выдержал. В нем заговорил зверь. Он кинулся на Шпица с яростью, неожиданной для них обоих, а в особенности для Шпица, который привык думать, что его соперник — крайне трусливый пес и спасают его только сила и вес.

Удивился и Франсуа, когда они, сцепившись, выкатились из разоренного логова. Но он сразу угадал причину ссоры.

— Ага! — закричал он Бэку. — Так его! Задай ему хорошенько, этому паршивому вору!

Шпиц рвался в бой. Он выл от ярости и нетерпения, вертясь вокруг Бэка и ожидая удобного момента для наскока. Бэк был в таком же возбуждении и, тоже соблюдая осторожность, описывал круги вокруг Шпица. Но тут произошло нечто неожиданное, помешавшее этому бою за первенство. Он состоялся лишь значительно позднее, когда уже было пройдено много миль тяжкого, утомительного пути.

Голос Перро, выкрикивавшего ругательства, звучные удары дубиной по костлявой спине и резкие крики боли послужили как бы сигналом к поднявшейся затем адской сумятице. Лагерь внезапно ожил и закишел мохнатыми телами. Это добрая сотня голодных собак, учуяв запах лагеря, примчалась сюда из какой-то ближней индейской деревни.

В то время как Бэк и Шпиц вступили в драку, эти непрошеные гости забрались в лагерь, а когда Перро и Франсуа прибежали с дубинами, разъяренные собаки кинулись на них. Запах еды доводил их до безумия. Перро, увидев, что один пес уже сунул морду в ящик с провизией, обрушил на его худые бока свою тяжелую дубину. Ящик опрокинулся — и в тот же миг изголодавшиеся животные набросились на хлеб и грудинку и стали грызться из-за них. Тут уже дубины заработали вовсю. Собаки выли и визжали под градом ударов, но продолжали яростно драться из-за добычи и не отошли, пока не сожрали все до последней крошки.

Тем временем все собаки Перро в испуге вылезли из своих ям. Свирепые пришельцы немедленно напали на них. Никогда еще Бэк не видел таких собак. У них можно было пересчитать все ребра. Это были настоящие скелеты, обтянутые грязными шкурами. Глаза у них горели, с клыков текла пена; обезумевшие от голода, они были страшны, неодолимы. В первой же схватке ездовые собаки были отброшены к скале. На Бэка напали сразу три чужих пса и в один миг изгрызли ему плечи и морду. Шум стоял ужасающий. Билли, как всегда, жалобно скулил. Дейв и Соллекс, покрытые ранами, истекавшие кровью, мужественно сражались бок о бок. Джо кусался как бешеный. Он впился зубами в переднюю ногу одной из чужих собак и прогрыз кость. А хитрый Пайк прыгнул на искалеченного пса и сразу сломал ему шею. Бэк вцепился в горло своему противнику, который с пеной у рта наскочил на него. Кровь хлынула и забрызгала его всего. Вкус теплой крови во рту еще сильнее разъярил Бэка. Он кинулся на другую собаку, но в тот же миг почувствовал, что чьи-то зубы вонзились ему в шею. Это Шпиц предательски напал на него сбоку.

Перро и Франсуа, очистив от нападающих часть лагеря, кинулись выручать своих собак. При их появлении буйная лавина голодного зверья откатилась назад, и Бэк стряхнул повисшего на нем Шпица. Но затишье длилось несколько секунд. Перро и Франсуа убежали — им нужно было спасать съестные припасы, — и собаки индейцев снова напали на их упряжку. С храбростью отчаяния Билли прорвался сквозь кольцо осатаневших врагов и побежал по льду озера. За ним по пятам ринулись Пайк и Даб, а потом и все остальные собаки Перро. В тот момент, когда Бэк уже хотел прыгнуть на лед, он уголком глаза заметил, что Шпиц мчится к нему с явным намерением сбить его с ног. Если бы Бэк упал, он очутился бы под ногами гнавшейся за ними своры и гибель его была бы неминуема. Но он напряг все силы, отбросил Шпица и помчался вслед за другими по озеру.

Через некоторое время все девять собак упряжки собрались вместе и укрылись в лесу. За ними больше никто не гнался, но они были в самом плачевном состоянии. У каждой оказалось не менее четырех-пяти ран, а некоторые пострадали очень тяжело. У Даба была сильно повреждена задняя нога, у Долли (собака, которая была куплена в Дайе и попала в их упряжку последней) на шее зияла страшная рана, Джо лишился глаза, а добряк Билли визжал и скулил всю ночь, — у него ухо было изодрано в клочья. На рассвете они через силу поплелись обратно на стоянку и увидели, что мародеры исчезли. Франсуа и Перро были вне себя. Добрая половина провианта оказалась уничтожена. Мало того, голодные псы изгрызли даже ремни и брезентовые покрышки. Все, что хоть мало-мальски могло сойти за съедобное, не миновало их зубов. Они сожрали мокасины Перро из лосиной кожи, выгрызли большие куски из ременной упряжи, и даже бич Франсуа стал короче на два фута. Погонщик оторвался от унылого созерцания его и стал осматривать израненных собак.

— Ай-ай-ай, детки! — сказал он тихо. — Как вы искусаны! А вдруг вы теперь взбеситесь! Ч-черт! Ведь все могут взбеситься! Как думаешь, Перро?

Курьер в тревоге покачал головой. До Доусона было еще четыреста миль, — не хватало только, чтобы собаки взбесились! После двух часов усиленной работы и смачной ругани упряжь была приведена в порядок, и собаки, несмотря на нывшие раны, помчали нарты дальше, с мучительными усилиями одолевая самую трудную часть пути. Нигде еще им не приходилось так туго, как на этом перегоне.

Тридцатимильная река ничуть не замерзла. Ее бурное течение спорило с морозом, и только в тихих заводях держался лед. Шесть дней изматывающих усилий потребовалось, чтобы пройти эти ужасные тридцать миль. Каждый шаг грозил смертью и собакам, и людям. Двадцать раз Перро, исследовавший дорогу, проваливался под лед. Спасал его только длинный шест — он держал его таким образом, что шест всякий раз при падении ложился поперек полыньи. Мороз все крепчал, термометр показывал пятьдесят градусов ниже нуля; и после каждого такого купания Перро приходилось разводить костер и высушивать одежду, чтобы уберечься от смертельной простуды.

Но его ничто не пугало. Именно потому, что он был такой бесстрашный, его назначили правительственным курьером. Перро шел на какой угодно риск и, решительно подставляя морозу свое худое, морщинистое лицо, боролся со всякими трудностями изо дня в день, с рассвета до темноты.

Он шагал вдоль неприветных берегов реки по кромке льда, хотя лед трещал и подавался под ногами и на нем страшно было хоть на миг остановиться. Раз нарты вместе с Дейвом и Бэком провалились в воду, собаки чуть не захлебнулись, и их вытащили полузамерзшими. Для спасения их жизни пришлось разжечь костер. Они были покрыты толстой ледяной корой, и, для того чтобы она оттаяла, Франсуа и Перро заставили их бегать вокруг костра так близко к огню, что он опалял на них шерсть.

В другой раз провалился Шпиц и потащил за собой всю упряжку вплоть до Бэка. Бэк напряг силы, чтобы удержаться на льду, и стал пятиться, упираясь передними лапами в скользкий край полыньи, хотя лед кругом трещал и ломался. К счастью, за Бэком был впряжен Дейв, и он тоже изо всех сил пятился назад, а за нартами стоял Франсуа и тянул их на себя так, что у него суставы трещали.

А однажды кромка льда у берега проломилась и впереди, и позади нарт. Оставался только один путь к спасению — отвесная скала. Перро каким-то чудом взобрался на нее, пока Франсуа, стоя внизу, молил Бога, чтобы это чудо свершилось. Связав вместе ремни, постромки, всю имевшуюся у них упряжь в длинную веревку, они втащили всех собак одну за другой на вершину скалы. Последним полез Франсуа, когда и нарты, и вся поклажа были подняты наверх. Потом начались поиски места, где можно было бы снова спуститься вниз. В конце концов спустились при помощи той же веревки, и ночь застала их уже опять на реке. За этот день они прошли всего четверть мили.

К тому времени как дошли до Хуталинквы, где лед был уже крепкий, Бэк совсем измучился. В таком же состоянии были и остальные собаки. Тем не менее Перро решил наверстать потерянное время и гнал их вперед и вперед. В первый день они сделали тридцать пять миль и очутились у Большого Лосося. На второй день прошли еще тридцать пять, до Малого Лосося, на третий — сорок миль и уже приближались к порогам Пяти Пальцев.

У Бэка ноги были не такие крепкие и выносливые, как у собак Севера. С тех пор как последний из его диких предков был приручен пещерным человеком или обитателем свайных построек, собаки его породы, поколение за поколением, становились все более изнеженными. Бэк целый день плелся, прихрамывая и терпя мучительную боль в ногах, а вечером на стоянке падал на землю как мертвый. Даже голод не мог поднять его с места, когда раздавали рыбу, и Франсуа приходилось относить ему его порцию. Тот же Франсуа каждый вечер после ужина полчаса растирал ему лапы и пожертвовал верхней частью своих мокасин, сшив Бэку мокасины на все четыре лапы. Это очень облегчило страдания собаки. Даже сморщенное лицо Перро расплылось в улыбку, когда раз утром Франсуа забыл надеть Бэку эти мокасины, а Бэк лег на спину и просительно махал в воздухе всеми четырьмя лапами, не желая тронуться в путь, пока его не обуют. Постепенно лапы у него огрубели, закалились, и износившиеся к тому времени мокасины были выброшены.

Однажды утром, на стоянке у Пелли, когда запрягали собак, совершенно неожиданно взбесилась Долли, у которой до этого дня не замечали никаких подозрительных признаков. Она вдруг завыла по-волчьи, таким жутким, душераздирающим воем, что у других собак от страха шерсть встала дыбом, и бросилась прямо к Бэку. Бэк в первый раз в жизни видел взбесившуюся собаку и потому не знал, что ее надо бояться. Тем не менее он в инстинктивном ужасе бросился бежать от нее. Он летел прямо вперед, а на расстоянии одного прыжка за ним гналась Долли, тяжело и шумно дыша, и с морды у нее капала пена. Бэка гнал вперед ужас, а Долли — бешенство, и ни она не могла настичь его, ни он — убежать от нее. Бэк, нырнув в чащу кустарника, выбежал на нижний конец острова, переплыл через какой-то пролив, загроможденный льдинами, выбрался на другой остров, потом на третий. Описав круг, он вернулся к главному руслу реки и в панике помчался по льду. Не оглядываясь, он все время слышал за собой, на расстоянии одного прыжка, ворчание Долли. Когда он пробежал таким образом четверть мили, он услышал зов Франсуа и повернул назад. Задыхаясь, с трудом ловя ртом воздух, он бежал к Франсуа все так же, на один скачок впереди Долли. Вся надежда была на то, что погонщик спасет его. Франсуа держал наготове топор, и когда Бэк пролетел мимо, топор обрушился на голову взбесившейся Долли.

Без сил, еле переводя дух, Бэк доковылял до нарт, но тут Шпиц, воспользовавшись его беспомощностью, наскочил на него и, не встретив сопротивления, вцепился в него зубами. Он в двух местах прокусил мясо до самой кости и расправлялся с Бэком, пока не подоспел Франсуа. Бич свистнул над головой Шпица, и Бэк имел удовольствие видеть, как его враг получил такую трепку, какой еще ни разу не задавали ни одной из собак упряжки.

— Вот дьявол этот Шпиц! — сказал Перро. — Он когда-нибудь загрызет Бэка.

— Ничего, в Бэке сидит не один, а два дьявола! — отозвался Франсуа. — Я за ним наблюдаю все время, и знаешь, что я тебе скажу? В один прекрасный день он так озвереет, что разжует твоего Шпица и выплюнет на снег. Уж ты мне поверь!

С этих пор между Бэком и Шпицем шла открытая война. Шпиц, вожак и признанный глава всей упряжки, видел в этом странном южанине угрозу своему первенству. Странным Бэк казался ему оттого, что до сих пор ни одна из собак Юга, которых Шпиц знавал множество, не могла тягаться с местными ни на лагерных стоянках, ни в пути. Все эти пришельцы с Юга были слишком изнежены и погибали от непосильной работы, морозов, голода. Бэк был единственным исключением. Он все выдержал, он приспособился к новой жизни и преуспевал, не уступая северянам в силе, свирепости и храбрости. Притом он был властолюбив, а дубинка человека в красном свитере, выбив из него прежнюю безрассудную отвагу и запальчивость, сделала его особенно опасным противником. Он был необыкновенно хитер и, стремясь к первенству, умел выжидать удобного случая с той терпеливой настойчивостью, которая отличает дикарей.

Бой за первенство неизбежно должен был произойти, и Бэк хотел этого. Он хотел этого потому, что такая у него была натура, и потому, что им всецело овладела та непостижимая гордость, которая побуждает ездовых собак до последнего вздоха не сходить с тропы, с радостью носить свою упряжь и умирать с горя, если их выгонят из упряжки. Эта гордость просыпалась и в Дейве, когда его впрягали на место коренника, она заставляла Соллекса тянуть нарты, напрягая все силы. Она воодушевляла всех собак, когда приходило время отправляться в путь, и преображала угрюмых и раздражительных животных в полных энергии, честолюбивых и неутомимых тружеников. Эта гордость подстегивала их в течение всего дня и покидала только вечером, на привале, уступая место мрачному беспокойству и недовольству. Вожак Шпиц именно из этой профессиональной гордости кусал тех собак, которые сбивались с ноги и путались в постромках или прятались по утрам, когда нужно было впрягаться. Из того же чувства гордости Шпиц боялся, как бы Бэка не поставили вожаком вместо него, а Бэк стремился стать вожаком.

Бэк теперь открыто добивался места вожака. Он становился между Шпицем и лентяями, которых тот хотел наказать, и делал это умышленно. Как-то ночью выпало много снега, и утром ленивый и жуликоватый Пайк не пришел к нартам. Он спрятался в вырытую им нору глубоко под снегом, и Франсуа тщетно искал и звал его. Шпиц был в бешенстве. Он метался по лагерю, обнюхивая и раскапывая каждое подозрительное место, и рычал так свирепо, что Пайк, слыша это рычание, дрожал от страха в своем убежище.

Однако, когда его наконец извлекли оттуда и Шпиц налетел на него с намерением задать ему трепку, Бэк вдруг с неменьшей яростью бросился между ними. Это был такой неожиданный и ловкий маневр, что Шпиц, отброшенный назад, не устоял на ногах. Пайк, противно дрожавший от малодушного страха, сразу ободрился, увидев такой открытый мятеж, и напал на поверженного вожака. Да и Бэк, уже позабывший правила честного боя, тоже бросился на Шпица. Но тут уже Франсуа, хотя его все это и позабавило, счел своей обязанностью восстановить справедливость и изо всей силы стегнул Бэка бичом. Это не оторвало Бэка от распростертого на снегу противника, и тогда Франсуа пустил в ход рукоятку бича. Оглушенный ударом Бэк отлетел назад, и долго еще бич гулял по нему, а Шпиц тем временем основательно отделал многогрешного Пайка.

В последующие дни, пока они шли к Доусону, Бэк продолжал вмешиваться всякий раз, когда Шпиц наказывал провинившихся собак. Но делал он это хитро — только тогда, когда Франсуа не было поблизости. Замаскированный бунт Бэка послужил как бы сигналом к неповиновению, и дисциплина в упряжке все более и более падала. Устояли только Дейв и Соллекс, остальные собаки вели себя все хуже и хуже. Все пошло вкривь и вкось. Ссорам и грызне не было конца. Атмосфера все сильнее накалялась — и этому виной был Бэк. Из-за него Франсуа не знал покоя, все время опасаясь, что они со Шпицем схватятся не на жизнь, а на смерть. Погонщик понимал, что рано или поздно это непременно случится. Не раз он по ночам вылезал из спального мешка, заслышав шум драки и боясь, что это дерутся Бэк с вожаком.

Однако пока случая к этому не представлялось, и когда в один хмурый день они наконец прибыли в Доусон, великое сражение все еще было впереди.

В Доусоне было множество людей и еще больше собак, и Бэк видел, что все собаки работают. По-видимому, здесь это было в порядке вещей. Целый день длинные собачьи упряжки проезжали по главной улице, и даже ночью не утихал звон бубенцов. Собаки везли бревна для построек, и дрова, и всякие грузы на прииски. Они выполняли всю ту работу, какую в долине Санта-Клара выполняли лошади. Попадались между ними и южане, но большинство были псы местной породы, потомки волков. С наступлением темноты неизменно в девять, в двенадцать и в три часа ночи они заводили свою ночную песнь, жуткий и таинственный вой. И Бэк с удовольствием присоединял к нему свой голос.

В такие ночи, когда над головой ледяным заревом горело северное сияние или звезды от холода плясали в небе, а земля цепенела и мерзла под снежным покровом, эта собачья песнь могла показаться вызовом, брошенным самой жизнью, если бы не ее минорный тон, ее протяжные и тоскливые переливы, похожие на рыдания. Нет, в ней звучала скорее жалоба на жизнь, на тяжкие муки существования. То была старая песнь, древняя, как их порода на земле, одна из первых песен юного мира в те времена, когда все песни были полны тоски. Она была проникнута скорбью бесчисленных поколений, эта жалоба, так странно волновавшая Бэка. Вместе с чужими собаками он стонал и выл от той же муки бытия, от которой выли его дикие предки, от того же суеверного ужаса перед тайной холода и ночи. И то, что отзвуки этой древней тоски волновали Бэка, показывало, как безудержно он сквозь века мирной оседлой жизни у очага человека возвращается назад к тем диким, первобытным временам, когда рождался этот вой.

Через семь дней после прихода в Доусон они вновь спустились по крутому берегу на лед Юкона и двинулись в обратный путь, к Дайе и Соленой Воде. Перро вез теперь почту еще более срочную, чем та, которую он доставил в Доусон. Притом он уже вошел в азарт и решил поставить годовой рекорд скорости. Целый ряд обстоятельств благоприятствовал этому. Собаки после недельного отдыха восстановили свои силы и были в хорошем состоянии. Тропа, проложенная ими в снегу, была уже хорошо укатана другими путешественниками. И к тому же на этой дороге в двух-трех местах полиция открыла склады провианта для собак и людей, так что они могли выехать в обратный путь налегке.

В первый же день они прошли пятьдесят миль вверх по Юкону, а к концу второго уже приближались к Пелли. Но такая замечательная скорость стоила Франсуа немалых хлопот и волнений. Бунт, поднятый Бэком, нарушил слаженность упряжки. Собаки уже не бежали дружно, все как одна. Поощренные заступничеством Бэка за бунтовщиков, они частенько озорничали. Шпица больше не боялись так, как следовало бояться вожака. Прежний страх перед ним исчез, и не только Бэк, но и другие собаки теперь не признавали его первенства. Раз вечером Пайк украл у Шпица половину рыбины и, под защитой Бэка, тут же сожрал ее. В другой раз Даб и Джо напали на Шпица, предупредив заслуженную ими трепку. И даже добряк Билли утратил долю своего добродушия и повизгивал далеко не так заискивающе, как прежде. А Бэк — тот всякий раз, как проходил мимо Шпица, ворчал и грозно ощетинивался. И вообще он вел себя настоящим забиякой и любил нахально прогуливаться перед самым носом Шпица.

Падение дисциплины сказалось и на отношениях между другими собаками. Они грызлись чаще прежнего, и по временам лагерь превращался в настоящий ад. Только Дейв и Соллекс вели себя как всегда, хотя и они стали беспокойнее — их порядком раздражала эта беспрерывная грызня вокруг. Франсуа ругался непонятными словами, в бессильном гневе топал ногами и рвал на себе волосы. Бич его постоянно свистел над спинами собак, но толку от этого было мало. Стоило Франсуа отвернуться — и все начиналось снова. Он защищал Шпица, а Бэк — всех остальных. Франсуа отлично знал, что всему виной Бэк, а Бэк понимал, что погонщик это знает. Но пес был так хитер, что уличить его было невозможно. Он хорошо работал в упряжке, потому что это стало для него удовольствием. Но еще большее удовольствие ему доставляло исподтишка вызвать драку между товарищами и потом замести следы.

Однажды на привале у устья Такхини Даб вечером, после ужина, вспугнул зайца, но не успел его схватить. Мигом вся свора кинулась в погоню за добычей. В ста ярдах от лагеря была станция Северо-Западной полиции, где держали полсотни собак, и они все приняли участие в охоте. Заяц пробежал по льду реки и, свернув на замерзший ручеек, мчался дальше, легко прыгая по глубокому снегу, а собаки, более тяжелые, проваливались на каждом шагу. Бэк бежал впереди всей своры из шестидесяти собак, огибая одну излучину за другой, но догнать зайца не мог. Он распластался на бегу и визжал от вожделения. Его великолепное тело в мертвенно-белом свете луны стремительно мелькало в воздухе. И, как белый призрак морозной ночи, заяц так же стремительно летел впереди.

Те древние инстинкты, что в известную пору года гонят людей из шумных городов в леса и поля убивать живых тварей свинцовыми шариками, теперь проснулись в Бэке, и в нем эта кровожадность и радость умерщвления были бесконечно более естественны. Он мчался впереди всей своры в бешеной погоне за добычей, за этим живым мясом, чтобы впиться в него зубами, убить и в теплую кровь погрузить морду до самых глаз.

Есть экстаз, знаменующий собою вершину жизни, высшее напряжение жизненных сил. И парадоксально то, что экстаз этот есть полнота ощущения жизни и в то же время — полное забвение себя и всего окружающего. Такой самозабвенный восторг приходит к художнику-творцу в часы вдохновения. Он охватывает воина на поле брани, и воин в упоении боя разит без пощады. В таком именно экстазе Бэк во главе стаи, с древним победным кличем волков, гнался за добычей, мчавшейся впереди в лунном свете. Экстаз этот исходил из неведомых ему самому недр его существа, возвращая его в глубину времен. Жизнь кипела в нем, вставала бурным разливом, и каждый мускул, каждая жилка играли, были в огне, и радость жизни претворялась в движение, в эту исступленную скачку под звездами по мертвой, застывшей от холода земле.

Шпиц, хладнокровный и расчетливый даже в моменты самого буйного азарта, отделился от стаи и побежал наперерез зайцу через узкую косу, вокруг которой речка делала поворот. Бэк этого не заметил: он, огибая излучину, видел только мелькавший впереди белый призрак зайца. Вдруг другой белый призрак, побольше первого, прыгнул с береговой кручи прямо на дорогу перед зайцем. Это был Шпиц. Заяц не мог повернуть назад. Шпиц еще на лету вонзил зубы ему в спину, и заяц крикнул, как кричит в муке человек. Услышав этот вопль Жизни, которая в разгаре своем попала в железные объятия Смерти, вся свора, бежавшая за Бэком, дико взвыла от восторга.

Молчал только Бэк. Не останавливаясь, он налетел на Шпица, да так стремительно, что не успел схватить его за горло. Они упали и покатились, взметая снег. Шпиц первый вскочил на ноги — так быстро, словно и не падал, — укусил Бэка за плечо и прыгнул в сторону. Челюсти его дважды сомкнулись мертвой хваткой, как железные челюсти капкана, он отскочил, чтобы лучше разбежаться для прыжка, и зарычал, вздернув верхнюю губу и оскалив зубы.

Бэк почувствовал, что настал решительный миг, что эта схватка будет не на жизнь, а на смерть. Когда они, заложив назад уши, с рычанием кружили друг около друга, настороженно выжидая удобного момента для нападения, Бэку вдруг показалось, что все это ему знакомо, что это уже было когда-то: белый лес кругом, белая земля, и лунный свет, и упоение боя. В белом безмолвии вокруг было что-то призрачное. Ни малейшего движения в воздухе, ни шелеста, не дрожал на дереве ни один засохший лист, и только пар от дыхания собак медленно поднимался в морозном воздухе.

Эти плохо прирученные потомки волков быстро покончили с зайцем и теперь в напряженном, безмолвном ожидании окружили кольцом сражавшихся. Глаза у всех горели, пар из раскрытых пастей медленно поднимался вверх. И вся эта картина из каких-то первобытных времен не была для Бэка ни новой, ни странной. Казалось, что так было всегда, что это в порядке вещей.

Шпиц был опытным бойцом. На своем пути от Шпицбергена через всю Арктику и Канаду и Бесплодные земли он встречал всевозможных собак и всех их одолевал и подчинял себе. Ярость его была страшна, но никогда не ослепляла его. Обуреваемый жаждой терзать и уничтожать, он, однако, ни на миг не забывал, что и противником его владеет такая же страсть. Никогда он не нападал, не приготовившись встретить ответный натиск. Никогда не начинал атаки, не обеспечив себе заранее успеха.

Тщетно Бэк пытался вонзить зубы в шею этого громадного белого пса. Как только он нацеливался клыками на незащищенное место, его встречали клыки Шпица. И клык ударялся о клык, морды у обоих были в крови, а Бэку все никак не удавалось обмануть бдительность врага. Он разгорячился и ошеломил Шпица вихрем внезапных натисков. Снова и снова нацеливался он на снежно-белое горло, в котором биение жизни слышалось так близко, но Шпиц всякий раз, укусив его, отскакивал. Тогда Бэк пустил в ход другой маневр: делая вид, что хочет вцепиться Шпицу в горло, он внезапно отдергивал назад голову и, извернувшись, ударял Шпица плечом, как тараном, стараясь повалить его. Но Шпиц успевал укусить его в плечо и легко отскакивал в сторону.

Шпиц был еще совершенно невредим, а Бэк обливался кровью и дышал тяжело. Схватка становилась все ожесточеннее. Окружившие их кольцом собаки в полном молчании ждали той минуты, когда кто-нибудь из двух упадет, и готовились доконать побежденного. Когда Бэк запыхался, Шпиц от обороны перешел к наступлению и не давал ему передышки. Бэк уже шатался. Один раз он даже упал — и все шестьдесят собак в тот же миг вскочили на ноги. Но Бэк одним прыжком взлетел с земли, и весь круг снова застыл в ожидании.

У Бэка было то, что и человека, и зверя делает великим: воображение. В борьбе он слушался инстинкта, но и мозг его не переставал работать. Он бросился на врага, как будто намереваясь повторить прежний маневр — удар плечом, но в последний момент припал к земле и вцепился в левую переднюю ногу Шпица. Захрустела сломанная кость, и белый пес оказался уже только на трех ногах. Трижды пробовал Бэк повалить его наземь, потом, пустив в ход тот же маневр, перегрыз ему правую переднюю ногу.

Несмотря на боль и беспомощное состояние, Шпиц делал бешеные усилия удержаться на ногах. Он видел безмолвный круг собак, их горящие глаза, высунутые языки и серебряный пар от их дыхания, поднимавшийся вверх. Кольцо все теснее сжималось вокруг него, а он не раз видывал прежде, как такое кольцо смыкалось вокруг побежденного в схватке. На этот раз побежденным оказался он.

Участь его была решена. Бэк был беспощаден. Милосердие годилось только для более мягкого климата. Он готовился нанести окончательный удар. Собаки придвинулись уже так близко, что он ощущал на своих боках их теплое дыхание. За спиной Шпица он видел припавшие к земле, подобравшиеся для прыжка тела, глаза, жадно следившие за каждым его движением. Наступила пауза. Все собаки замерли на месте, словно окаменев. Только Шпиц весь дрожал и шатался, ощетинившись, грозно рыча, будто хотел испугать надвигавшуюся смерть. Но вот Бэк ринулся на него — и тотчас отскочил. На этот раз удар плечом сделал свое дело.

Шпиц упал. Темное кольцо собак сомкнулось в одну точку на озаренном луной снегу, и Шпиц исчез. А Бэк стоял и глядел как победитель. Это стоял торжествующий первобытный зверь, который убил и наслаждался этим.

IV

КТО ПОБЕДИЛ В БОРЬБЕ ЗА ПЕРВЕНСТВО

— Ну, что я говорил? Разве не правда, что в этом Бэке сидят два дьявола?

Так выражал свои чувства Франсуа, на другое утро обнаружив, что Шпиц исчез, а Бэк весь в ранах. Он подтащил Бэка к костру и при свете огня показал Перро его бока и спину.

— Этот Шпиц дерется, как дикий зверь, — сказал Перро, осматривая зиявшие раны и укусы.

— А Бэк — как два зверя! — отпарировал Франсуа. — Ну, да теперь у нас дело пойдет на лад. Не будет Шпица, так и дракам конец.

Пока Перро укладывал и грузил на нарты все их пожитки, погонщик запрягал собак. Бэк подошел к месту вожака, где всегда впрягали Шпица. Франсуа, не обращая на него внимания, подвел к этому столь желанному месту Соллекса; он считал его наиболее подходящим для роли вожака. Но Бэк в ярости набросился на Соллекса, отогнал его и стал на место Шпица.

— Ну и ну! — воскликнул Франсуа, от восторга хлопнув себя по бедрам. — Посмотрите-ка на Бэка! Загрыз Шпица и теперь хочет стать вожаком. Пошел вон, разбойник! — прикрикнул он на Бэка, но тот стоял как ни в чем не бывало.

Франсуа схватил его за шиворот и, хотя пес грозно зарычал, оттащил в сторону, а на место вожака опять поставил Соллекса. Тому это явно не понравилось: видно было, что старый пес боится Бэка. Франсуа был упрям и настоял на своем, но, как только он отвернулся, Бэк опять прогнал Соллекса, и тот отошел очень охотно.

Тут уже Франсуа рассердился.

— Вот я тебя сейчас проучу! — крикнул он и, убежав, вернулся с тяжелой дубиной.

Бэк вспомнил человека в красном свитере и медленно отступил. Больше он не пытался отогнать Соллекса, когда того опять поставили впереди. Но он кружил около на таком расстоянии, чтобы его не могла достать дубинка. Злобно и обиженно ворча, он все время не сводил глаз с дубинки, чтобы успеть увернуться, если Франсуа швырнет ею в него: он уже по опыту знал, как действует эта штука.

Погонщик занялся своим делом и кликнул Бэка только тогда, когда до него дошла очередь, собираясь поставить его на старое место, перед Дейвом. Бэк попятился на несколько шагов. Франсуа двинулся к нему, но пес отбежал еще дальше. Это повторялось несколько раз, и наконец Франсуа бросил дубинку, думая, что Бэк боится ее. Но дело было не в дубинке — Бэк открыто бунтовал, добиваясь места вожака. Оно принадлежало ему по праву, он его заслужил и не соглашался на меньшее.

Перро поспешил на помощь Франсуа. Битый час они вдвоем гонялись за Бэком, швыряли в него палками, но он увертывался от них. Они проклинали его, и его родителей, и прародителей, и всех еще не явившихся на свет потомков до самых отдаленных поколений, и каждый волосок на его шкуре, и каждую каплю крови в его жилах. А Бэк на ругань отвечал рычанием и не подпускал их близко. Он не пытался убежать, но кружил вокруг стоянки, ясно давая понять людям, что, если его желание будет исполнено, он станет опять послушен.

Франсуа наконец сел на снег и почесал затылок. Перро посмотрел на часы и чертыхнулся. Время шло, им следовало выехать еще час назад. Франсуа опять почесал затылок, покачал головой и смущенно ухмыльнулся, глядя на курьера. А тот в ответ пожал плечами, как бы признавая, что они побеждены.

Тогда Франсуа подошел к Соллексу и кликнул Бэка. Бэк засмеялся по-своему, по-собачьи, — но все еще держался на приличном расстоянии. Франсуа выпряг Соллекса и поставил его на прежнее место. Вся упряжка стояла уже в полной готовности, выстроившись сплошной вереницей. Для Бэка теперь уже не оставалось другого места, кроме места вожака впереди. Франсуа снова позвал его, а Бэк снова засмеялся, но все не шел на зов.

— Брось-ка дубинку! — скомандовал Перро.

Франсуа послушался, и тогда только Бэк подошел с торжествующим видом и стал во главе упряжки. На него надели постромки, освободили примерзшие нарты, и они вмиг вылетели на реку, а мужчины на лыжах бежали рядом.

Погонщик Франсуа и раньше был высокого мнения о Бэке, утверждая, что в нем сидят два черта, но не прошло и дня, как он убедился, что недооценивал эту собаку. Бэк сразу же вошел в роль вожака и сообразительностью, быстротой и решительностью превзошел даже Шпица, лучшего вожака, какого когда-либо видел Франсуа.

Но всего замечательнее было его умение подчинять себе других. Он заставил всех собак своей упряжки выполнять его требования. Дейв и Соллекс ничего не имели против нового вожака. Их дело было трудиться, тащить нарты, не жалея сил, и, пока им не мешали, они на все были согласны. Пусть бы вожаком поставили хоть Билли, лишь бы он поддерживал порядок! Но остальные собаки за последнее время отбились от рук и теперь были очень удивлены строгостью, с какой Бэк призвал их к порядку. Лодырь Пайк, занимавший в упряжке место позади Бэка, раньше налегал на ремни только в такой мере, в какой это было неизбежно, и ни капельки сильнее. Но теперь Бэк подбадривал его частой и энергичной трепкой, и с первого дня Пайк стал работать так усердно, как никогда в жизни. А угрюмый Джо в первый же вечер на стоянке был основательно наказан — это никогда не удавалось даже Шпицу. Бэк навалился на него всей своей тяжестью и трепал до тех пор, пока тот не перестал огрызаться и не заскулил, прося пощады.

Вся упряжка сразу стала работать лучше. Восстановилась былая слаженность движений, и опять все собаки неслись в своих постромках, словно слитые в одну. У порогов Ринк Перро прикупил еще двух канадских лаек, Тика и Куну. Бэк выдрессировал их так быстро, что Франсуа только ахал и диву давался.

— Днем с огнем не сыщешь другого такого пса, как этот Бэк! — твердил он. — За такого и тысячу долларов отдать не жалко, ей-богу! Скажешь нет, Перро?

Перро соглашался. Он уже к тому времени превысил рекорд скорости и превышал его все больше день ото дня. Дорога была в прекрасном состоянии, твердая, хорошо укатанная, не было на ней свежего, рыхлого снега, который так затрудняет езду. Притом было не очень холодно. Температура, упав до пятидесяти градусов ниже нуля, оставалась все время на этом уровне. Перро и Франсуа, чередуясь, то ехали на нартах, то шли на лыжах, а собаки неслись галопом, делая остановки только изредка.

Тридцатимильная река оделась уже довольно крепким льдом, и они за один день сделали перегон, который на пути в Доусон отнял у них десять дней. Потом они пролетели без остановок шестьдесят миль от озера Ле-Барж до порогов Белой Лошади. Через озера Марш, Тагиш и Беннет (семьдесят миль) собаки мчались с такой быстротой, что тому из двух мужчин, чья очередь была идти на лыжах, приходилось следовать за нартами, держась за привязанную к ним веревку. И наконец в последний вечер второй недели они прошли через перевал Уайт и стали спускаться к морю, туда, где мерцали огни Скагуэя и стоявших на причале судов.

Это был рекордный пробег. В течение двух недель они проезжали в среднем по сорок миль в день. Целых три дня Перро и Франсуа, гордо выпятив грудь, прогуливались по главной улице Скагуэя, и со всех сторон на них сыпались приглашения выпить, а их упряжка была постоянно окружена восторженной толпой ценителей и скупщиков ездовых собак.

Но вскоре несколько бандитов с Запада сделали попытку обчистить город, а за эти подвиги их так изрешетили пулями, что они стали похожи на перечницы, — и публика занялась новой сенсацией. А там Перро получил официальное распоряжение. Узнав о нем, Франсуа подозвал Бэка, обхватил его обеими руками и заплакал. И это было последнее прощание Бэка с Франсуа и Перро. Как раньше другие люди, они навсегда исчезли из его жизни.

Его и остальных собак передали какому-то шотландцу-полукровке, и вместе с десятком других собачьих упряжек они пустились снова в тот же утомительный путь — к Доусону. Теперь уже они не шли налегке, и не до рекордов им было. Нет, они трудились без отдыха изо дня в день, тянули нарты с тяжелой кладью. Это был почтовый обоз, он вез вести со всех концов земли людям, искавшим золото под сенью Северного полюса.

Бэку это не нравилось, но он работал хорошо из той же профессиональной гордости, что воодушевляла Дейва и Соллекса, и следил, чтобы все его товарищи, гордились они своей работой или нет, делали ее добросовестно. Жизнь шла однообразно, как заведенная машина. Один день был как две капли похож на другой. По утрам в определенный час повара принимались за дело. Разводили костры, готовили завтрак. Потом одни грузили на нарты палатки и все остальное, другие запрягали собак. В путь трогались примерно за час до того, как ночь начинала мутнеть, что было предвестником зари. По вечерам делали привал. Люди ставили палатки, кололи дрова и ломали сосновые ветки для подстилки, приносили воду или лед поварам. Затем кормили собак. Для Бэка и его товарищей это было самым радостным событием дня. Впрочем, приятно было и потом, съев свою порцию рыбы, послоняться без дела часок-другой среди других собак, которых здесь было больше сотни. Между ними были опасные драчуны, но после трех сражений Бэка с самыми свирепыми авторитет его был признан, и стоило ему только ощетиниться и оскалить зубы, как все уступали ему дорогу.

Больше всего, пожалуй, Бэк любил лежать у костра. Поджав под себя задние лапы, вытянув передние и подняв голову, он задумчиво смотрел в огонь. В такие минуты вспоминался ему иногда большой дом судьи Миллера в солнечной долине Санта-Клара, цементный бассейн, где он плавал, бесшерстная мексиканка Изабель и японский мопсик Тутс. Но чаще думал Бэк о человеке в красном свитере, о гибели Кэрли, о великой битве со Шпицем и о тех вкусных вещах, которые он ел когда-то или мечтал поесть. Он не тосковал по родине. Страна солнца стала для него смутным и далеким воспоминанием, которое его не волновало. Гораздо большую власть над ним имели воспоминания о другой жизни, далекой жизни предков. Благодаря им многое, чего он никогда раньше не видел, казалось ему знакомым. А инстинкты (они тоже были не чем иным, как отголосками жизни предков), не просыпавшиеся в нем раньше, теперь ожили и властно заговорили.

По временам, когда он так лежал у костра и сонно щурился на огонь, ему начинало казаться, что это пламя какого-то иного костра, у которого он грелся когда-то, и видел он подле себя не повара-метиса, а совсем другого человека. У этого другого ноги были короче, а руки длиннее, мускулы — как узловатые веревки, а не такие гладкие и обросшие жиром. Волосы у него были длинные и всклокоченные, череп скошен от самых глаз к темени. Человек этот издавал странные звуки и, видно, очень боялся темноты, потому что то и дело всматривался в нее, сжимая в руке, свисавшей ниже колена, палку с привязанным к ней на конце большим камнем. Он был почти голый — только на спине болталась шкура, рваная и покоробленная огнем. Но тело его было покрыто волосами, и на груди и плечах, на тыльной стороне рук и на ляжках волосы были густые, как мех. Человек стоял не прямо, а наклонив туловище вперед и согнув ноги в коленях. И в теле его чувствовались какая-то удивительная упругость, почти кошачья гибкость и напряженность, как у тех, кто живет в постоянном страхе перед видимыми и невидимыми опасностями.

Иногда этот волосатый человек сидел у костра на корточках и дремал, низко свесив голову. Локти он тогда упирал в колени, руками закрывал голову, как от дождя. А за костром, в темноте, светилось множество раскаленных угольков, и всегда парами, всегда по два: Бэк знал, что это глаза хищных зверей. Он слышал, как трещали кусты, сквозь которые они продирались, слышал все звуки, возвещавшие их приближение.

И когда Бэк лежал на берегу Юкона и грезил, лениво глядя в огонь, эти звуки и видения другого мира тревожили его так, что шерсть у него вставала дыбом и он начинал тихо повизгивать или глухо ворчать. Тогда повар-метис кричал: «Эй, Бэк, проснись!» — и видения куда-то исчезали, перед глазами снова вставал реальный мир, и Бэк поднимался, зевая и потягиваясь, словно он на самом деле только что проснулся.

Дорога была трудная, груз тяжелый, работа изматывала собак. Они отощали и были в самом жалком состоянии, когда добрались наконец до Доусона. Им следовало бы отдохнуть дней десять или хотя бы неделю. Но два дня спустя они уже спускались от казарм вниз, на лед Юкона, с грузом писем. Собаки были утомлены, погонщики ворчали, и в довершение всего каждый божий день шел снег. По этому мягкому, неутоптанному настилу идти было трудно, больше терлись полозья и тяжелее было собакам тащить нарты. Но люди хорошо справлялись со всеми трудностями и усердно заботились о собаках.

Каждый вечер, разбив лагерь, погонщики первым делом занимались собаками. Собаки получали ужин раньше, чем люди, и никто из погонщиков не залезал в спальный мешок, пока не осмотрит лапы своих собак. Все-таки силы собак таяли. За эту зиму они уже прошли тысячу восемьсот миль, весь утомительный путь таща за собой тяжело нагруженные нарты. А тысяча восемьсот миль подкосят и самую крепкую, выносливую собаку. Бэк пока не сдавался, заставлял работать других и поддерживал дисциплину в своей упряжке, но и он тоже был сильно переутомлен. Билли все ночи напролет скулил и стонал во сне, Джо был мрачнее мрачного, а к Соллексу просто опасно было подходить не только со стороны слепого, но и со стороны зрячего глаза.

Но больше всех измучился Дейв. С ним творилось что-то неладное. Он стал раздражителен и угрюм; как только располагались на ночлег, он сразу отрывал себе ямку и забирался в нее — туда погонщик и приносил ему еду. С той минуты, как его распрягали, и до утра, когда опять нужно было впрягаться, Дейв лежал пластом. Иногда в пути, дернувшись от сильного толчка внезапно остановившихся нарт или напрягаясь, чтобы двинуть их с места, он жалобно стонал.

Погонщик не раз осматривал его, но не мог понять, что с ним. Наконец этим заинтересовались все остальные погонщики. Они обсуждали вопрос и за едой, и перед сном, выкуривая последнюю трубку, а однажды вечером устроили настоящий консилиум. Дейва привели к костру и ощупывали и мяли так усердно, что он несколько раз взвыл от боли. Сломанных костей не обнаружили и так ничего не выяснили. Должно быть, у него что-то болело внутри.

К тому времени, как они добрались до Кассиарской отмели, Дейв уже так ослабел, что то и дело падал. Шотландец дал сигнал остановиться и выпряг его, а на место коренника поставил ближайшую собаку, Соллекса. Он хотел дать Дейву роздых, позволить ему бежать на свободе, без упряжки, за нартами. Но Дейв, как ни был он болен и слаб, не хотел мириться с тем, что его отстранили от работы. Когда снимали с него постромки, он ворчал и рычал, а увидев Соллекса на своем месте, которое он занимал так долго, горестно завыл. Гордость его возмутилась, и смертельно больной Дейв всячески протестовал против того, что его заменили другим.

Когда нарты тронулись, он побежал сбоку, ныряя в рыхлом снегу, и все время старался цапнуть Соллекса или бросался на него и пробовал повалить в снег по другую сторону тропы; он делал попытки втиснуться в упряжку между Соллексом и нартами и все время скулил, визжал и лаял от боли и досады. Шотландец пробовал отгонять его бичом, но Дейв не обращал внимания на обжигавшие кожу удары, а у погонщика совести не хватило хлестать его сильнее. Пес не желал спокойно бежать за нартами по наезженной дороге, где бежать было легко, и продолжал упорно нырять в мягком снегу. Скоро он совсем выбился из сил и упал. Лежа там, где свалился, он тоскливым воем провожал длинную вереницу нарт, мчавшихся мимо него.

Потом, собрав остаток сил, Дейв кое-как тащился вслед, пока обоз не сделал остановки. Тут Дейв добрел до своего прежнего места и стал сбоку около Соллекса. Его погонщик отошел к другим нартам — прикурить от трубки соседа. Через минуту он вернулся и дал сигнал к отправке. Собаки двинулись как-то удивительно легко, без всякого усилия — и вдруг все с беспокойством повернули головы и остановились. Погонщик тоже удивился: нарты не двигались с места. Он кликнул товарищей взглянуть на это диво. Оказалось, что Дейв перегрыз обе постромки Соллекса и уже стоял прямо перед нартами, на своем старом месте.

Он молил взглядом, чтобы его не гнали. Погонщик был озадачен. Товарищи его стали толковать о том, как собакам обидно, когда их изгоняют из упряжки, хотя эта работа их убивает. Вспоминали всякие случаи, когда собаки, которые по старости или болезни уже не могли работать, издыхали от тоски, если их выпрягали. Общее мнение было таково, что, раз уж Дейву все равно издыхать, надо пожалеть его и дать ему умереть со спокойной душой на своем месте у нарт.

Дейва снова впрягли в нарты, и он гордо потащил их, как прежде, хотя временами невольно стонал от приступов какой-то боли внутри. Несколько раз он падал, и другие собаки волокли его дальше в постромках. А однажды нарты наехали на него, и после этого Дейв хромал на заднюю ногу.

Все-таки он крепился, пока не дошли до стоянки. Погонщик отвел ему место у костра. К утру Дейв так ослабел, что идти дальше уже не мог. Когда пришло время запрягать, он с трудом подполз к своему погонщику, судорожным усилием встал на ноги, но пошатнулся и упал. Потом медленно пополз на животе к тому месту, где на его товарищей надевали постромки. Он вытягивал передние лапы и толчком подвигал свое тело вперед на дюйм-два, потом опять и опять проделывал то же самое. Но силы скоро ему изменили, и, уходя, собаки видели, как Дейв лежал на снегу, тяжело дыша и с тоской глядя им вслед. А его унылый вой долетал до них, пока они не скрылись за прибрежным лесом.

За лесом обоз остановился. Шотландец медленно зашагал обратно, к только что покинутой стоянке. Люди все примолкли. Скоро издали донесся револьверный выстрел. Шотландец поспешно возвратился к саням, защелкали бичи, весело залились колокольчики, и нарты помчались дальше. Но Бэк знал, и все собаки знали, что произошло там, за прибрежным лесом.

V
ТРУДЫ И ТЯГОТЫ ПУТИ

Через тридцать дней после отъезда из Доусона почтовый обоз во главе с упряжкой Бэка прибыл в Скагуэй. Собаки были изнурены и измучены вконец. Бэк весил уже не сто сорок, а сто пятнадцать фунтов. Собаки меньшего веса похудели еще больше, чем он. Симулянт Пайк, всю жизнь ловко надувавший погонщиков, теперь хромал уже не притворно, а по-настоящему. Захромал и Соллекс, а у Даба была вывихнута лопатка, и он сильно страдал.

Лапы у всех были ужасно стерты, утратили всю свою подвижность и упругость и ступали так тяжело, что тело сотрясалось и собаки уставали вдвойне. Все дело было в этой смертельной усталости. Когда устаешь от короткого чрезмерного усилия, утомление проходит через какие-нибудь два-три часа. Но тут была усталость от постепенного и длительного истощения физической энергии в течение многих месяцев тяжкого труда. У собак уже не осталось никакого запаса сил и никакой способности к их восстановлению: силы были использованы все до последней крупицы, каждый мускул, каждая жилка, каждая клеточка тела смертельно утомлены. Да и как могло быть иначе? Менее чем за пять месяцев собаки пробежали две с половиной тысячи миль, а на протяжении последних тысячи восьмисот отдыхали всего пять дней. Когда обоз пришел в Скагуэй, видно было, что они просто валятся с ног. Они с трудом натягивали постромки, а на спусках едва могли идти так, чтобы нарты не наезжали на них.

— Ну, ну, понатужьтесь, бедные вы мои хромуши! — подбадривал их погонщик, когда они плелись по главной улице Скагуэя. — Уже почти доехали, скоро отдохнем как следует. Да-да, долго будем отдыхать!

Люди были в полной уверенности, что остановка здесь будет долгая. Ведь и они прошли на лыжах тысячу двести миль, отдыхали за все время пути только два дня и по справедливости и логике вещей заслуживали основательного отдыха. Но на Клондайк понаехало со всего света столько мужчин, а на родине у них осталось столько женщин, возлюбленных, законных жен и родственниц, не поехавших на Клондайк, что тюки с почтой грозили достигнуть высоты Альпийского хребта. Рассылались и всякие правительственные распоряжения.

И вот собак, ставших негодными, приказано было заменить новыми и снова отправляться в путь. Выбывших из строя собак нужно было сбыть с рук, и поскольку доллары, как известно, гораздо ценнее собак, последних спешно распродавали.

Только в те три дня, что они отдыхали в Скагуэе, Бэк и его товарищи почувствовали, как они устали и ослабели. Наутро четвертого дня пришли двое американцев из Штатов и купили их вместе с упряжью за бесценок. Эти люди называли друг друга Хэл и Чарльз. Чарльз был мужчина средних лет со светлой кожей и бесцветными слезящимися глазами, с усами, лихо закрученными, словно для того, чтобы замаскировать вялость отвислых губ. Хэлу на вид было лет девятнадцать или двадцать. За поясом у него торчали большой кольт и охотничий нож. Этот пояс, набитый патронами, был самой заметной частью его особы. Он свидетельствовал о юности своего хозяина, зеленой, неопытной юности. Оба эти человека были явно не на месте в здешней обстановке, и зачем они рискнули ехать на Дальний Север, оставалось одной из тех загадок, которые выше нашего понимания.

Бэк слышал, как эти двое торговались с правительственным агентом, видел, как они передали ему деньги, и понял, что шотландец и все остальные погонщики почтового обоза уходят из его жизни навсегда, как ушли Перро и Франсуа, как до них ушли другие. Когда его и остальных собак упряжки пригнали в лагерь новых хозяев, Бэк сразу приметил царившие там грязь и беспорядок. Палатка была раскинута только наполовину, посуда стояла немытая, все валялось где попало. Увидел он здесь и женщину. Мужчины звали ее Мерседес. Она приходилась женой Чарльзу и сестрой Хэлу, — видимо, это была семейная экспедиция.

Бэк с тяжелым предчувствием наблюдал, как они снимают палатку и нагружают нарты. Они очень усердствовали, но делали все бестолково. Палатку свернули каким-то неуклюжим узлом, который занимал втрое больше места, чем следовало. Оловянную посуду уложили немытой. Мерседес все время суетилась, мешала мужчинам и трещала без умолку, то читая им нотации, то давая советы. Когда мешок с одеждой уложили на передок нарт, она объявила, что ему место не тут, а позади. Мешок переложили, навалили сверху несколько других, но тут Мерседес обнаружила вдруг какие-то забытые вещи, которые, по ее мнению, следовало уложить именно в этот мешок, — и пришлось опять разгружать нарты.

Из соседней палатки вышли трое мужчин и наблюдали за ними, ухмыляясь и подмигивая друг другу.

— Поклажи у вас дай боже! — сказал один из них. — Конечно, не мое дело вас учить, но на вашем месте я не стал бы тащить с собой палатку.

— Немыслимо! — воскликнула Мерседес, с кокетливым ужасом всплеснув руками. — Что я буду делать без палатки?

— На дворе весна, холодов больше не будет, — возразил сосед.

Мерседес решительно покачала головой, а Чарльз с Хэлом взвалили на нарты последние узлы поверх горы всякой клади.

— Думаете, свезут? — спросил один из зрителей.

— А почему же нет? — отрывисто возразил Чарльз.

— Ладно, ладно, это я так... — добродушно сказал тот, спеша замять разговор. — Просто мне показалось, что нарты у вас малость перегружены.

Чарльз повернулся к нему спиной и стал затягивать ремни — старательно, но очень неумело.

— Конечно ничего, — подхватил другой сосед. — Собаки могут целый день бежать с этакой штукой позади.

— Безусловно! — отозвался Хэл с ледяной вежливостью и, взяв в одну руку бич, другой ухватился за поворотный шест.

— Ну! Пошли! — крикнул он и взмахнул бичом. — Вперед!

Собаки рванулись, напряглись, но тут же остановились. Им не под силу было сдвинуть нарты с места.

— Ленивые скоты! — крикнул Хэл. — Вот я вас! — Он поднял бич и хотел стегнуть собак.

Но вмешалась Мерседес. С криком: «Не смей, Хэл!» — она схватилась за бич и вырвала его из рук брата.

— Бедные собачки! Дай слово, что ты в дороге не будешь их обижать, иначе я шагу отсюда не сделаю!

— Много ты понимаешь! — огрызнулся Хэл. — Не знаешь, как надо обращаться с собаками, так не суйся! Они ленивы, вот и все, только кнута и слушаются. Спроси у кого хочешь. Ну вот хотя бы у этих людей!

Мерседес с мольбой посмотрела на соседей. На ее красивом лице было написано отвращение — она не могла видеть, как мучают животных.

— В этих собаках, если уж хотите знать, еле душа держится, — сказал один из мужчин, отвечая на ее взгляд. — Они совсем измотаны, вот в чем дело. Им отдых нужен.

— Какой там отдых, к чертовой матери! — проворчал безусый Хэл.

А Мерседес, услышав, как он чертыхается, горестно вздохнула. Однако в ней сильны были родственные чувства, и она поспешно выступила на защиту брата.

— Не обращай внимания, — сказала она ему решительно. — Это наши собаки, и делай с ними, что считаешь нужным.

Снова бич Хэла обрушился на собак. Они налегли на ремни, уперлись лапами в накатанный снег и, почти распластавшись, напрягли все силы. Но нарты удерживали их, словно якорь. После двух попыток собаки остановились, тяжело дыша. Бич бешено свистел в воздухе, и за собак снова вступилась Мерседес. Она стала на колени подле Бэка и со слезами на глазах обняла его за шею.

— Бедные вы, бедные собачки! — воскликнула она жалостливо. — Ну почему вы не хотите постараться? Ведь тогда вас не будут бить!

Бэку Мерседес не понравилась, но он был слишком измучен, чтобы дать отпор. Ее ласки он принял, как принимал все неизбежные неприятности этого дня.

Один из зрителей, который наблюдал все это, стиснув зубы и с трудом удерживая гневные слова, не выдержал наконец и заговорил:

— На вас мне, откровенно говоря, наплевать, но собак жалко. И потому я вам скажу, что надо делать, чтобы помочь им. У вас полозья накрепко примерзли. Отбейте лед. Навалитесь всем телом и качайте нарты вправо и влево, пока не сдвинете их с места.

Сделали третью попытку. На этот раз Хэл, вняв дельному совету, сбил лед и оторвал от земли примерзшие полозья. Перегруженные и громоздкие нарты медленно поползли вперед, а Бэк и его товарищи под градом ударов с отчаянными усилиями тянули их. В ста ярдах от стоянки дорога делала поворот и круто спускалась к главной улице. Удержать тяжело нагруженные нарты на таком спуске мог бы лишь опытный погонщик, но никак не Хэл. На повороте нарты опрокинулись, и половина клади высыпалась на дорогу, так как ремни были слабо затянуты. Собаки и не подумали остановиться. Легкие теперь нарты, лежа на боку, прыгали за ними. А они бежали, обозленные жестоким обращением и тем, что их заставили везти такой тяжелый груз. Бэк словно взбесился. Он мчался со всех ног, и вся упряжка мчалась за ним. Тщетно Хэл орал: «Стоп! Стоп!» — они его не слушали. Он поскользнулся и упал. Опрокинутые нарты перелетели через него, и собаки понеслись по главной улице Скагуэя, рассыпая, на потеху зрителям, остатки поклажи.

Какие-то сердобольные горожане остановили собак и стали собирать упавшие с нарт пожитки. При этом они не скупились на советы. Хэлу и Чарльзу было сказано, что, если они хотят как-нибудь доехать до Доусона, надо бросить половину клади и удвоить число собак. Хэл, его сестра и зять слушали советы неохотно. Они поставили палатку и принялись сортировать свое имущество. Выбросили банки с консервами, насмешив этим людей, так как на Великой Северной тропе консервы — самое желанное, о чем только может мечтать путешественник.

— А одеял тут у вас — на целую гостиницу! — заметил один из тех, кто помогал Хэлу и Чарльзу, в душе потешаясь над ними. — Половины и то слишком много. Вам надо их сбыть с рук. Палатку бросьте, да и всю посуду тоже — кто это будет ее мыть в дороге? Господи помилуй, вы что думали? Что будете разъезжать здесь в пульмановских вагонах?

Так по указанию опытных людей безжалостно выбрасывалось все лишнее. Мерседес даже заплакала, когда содержимое ее вещевого мешка вытряхнули на землю и стали отбрасывать в сторону одну часть туалета за другой. Плакала вообще — и плакала над каждой выброшенной вещью отдельно. Обхватив руками колени, она в неутешном горе качалась взад и вперед. Она твердила, что и шагу не сделает дальше не только ради одного, а хотя бы ради дюжины Чарльзов. Она взывала ко всем и каждому, но в конце концов утерла слезы и принялась выбрасывать даже такие предметы, которые были совершенно необходимы в дороге. Покончив с собственным мешком, она стала разбирать вещи спутников и в своем азарте прошлась по ним как смерч.

После всех трудов на нартах осталась только половина поклажи, но и та была с гору. Вечером Чарльз и Хэл пошли покупать собак и привели их шесть, не местных, а привозных. Теперь в упряжке было уже четырнадцать собак — шесть из первой упряжки Перро, Тик и Куна, купленные им перед рекордным пробегом, да шесть новых. Впрочем, эти новые, привозные собаки, хотя их уже дрессировали раньше, немногого стоили. Среди них было три гладкошерстных пойнтера и один ньюфаундленд, а две собаки представляли какую-то неопределенную помесь. Новички, видимо, были еще совсем неопытны. Бэк и другие старые собаки смотрели на них презрительно. Бэк сразу показал им, чего нельзя делать, но ему никак не удавалось научить их тому, что делать было нужно. Им не нравилась работа ездовой собаки. Пойнтеры и ньюфаундленд были совершенно сломлены духом, запуганы чуждой им обстановкой дикого Севера и жестоким обращением. А у двух дворняг вообще души не было, им можно было сломать только кости.

Так как беспомощные новички никуда не годились, а старая упряжка выбилась из сил, пройдя почти без передышки две с половиной тысячи миль, то ничего хорошего нельзя было ожидать. Но Хэл и Чарльз были настроены радужно и полны гордости. Как же, теперь у них все на славу — шутка сказать, в упряжке четырнадцать собак! Они видели, как люди отправляются через перевал к Доусону, как возвращаются оттуда — и ни у одного из этих путешественников не было столько собак!

А между тем путешественники по Арктике имели серьезные основания не впрягать в одни нарты четырнадцать собак: ведь на одних нартах невозможно уместить провизию для такого количества животных. Но Хэл и Чарльз этого не знали. Они все рассчитали карандашом на бумаге: столько-то собак, столько-то корма на собаку, столько-то дней в пути — итого... Карандаш гулял по бумаге, а Мерседес смотрела через плечо мужа и с авторитетным видом кивала — все было так просто и ясно.

Назавтра, поздним утром, Бэк повел длинную собачью упряжку по улице Скагуэя. Ни он, ни другие собаки не проявляли никакой резвости и энергии. Они вышли в путь смертельно усталые. Бэк уже четыре раза проделал путь между Соленой Водой и Доусоном, и его злило, что ему, усталому, заезженному, опять надо пускаться в такой трудный путь. Не по душе это было ему, не по душе и другим собакам. Новые собаки всего боялись, а старые и опытные не питали никакого доверия к своим нынешним хозяевам.

Бэк смутно понимал, что на этих двух мужчин и женщину нельзя положиться. Они ничего не умели, и с каждым днем становилось все очевиднее, что они ничему не научатся. Все они делали спустя рукава, не соблюдали порядка и дисциплины. Полвечера у них уходило на то, чтобы коекак разбить лагерь, и пол-утра — на сборы в путь, а нарты они нагружали так беспорядочно и небрежно, что потом весь день то и дело приходилось останавливаться и перекладывать багаж. В иные дни они не проходили и десяти миль, а бывало и так, что вовсе не могли тронуться с места. Никогда они не проходили в день и половины того расстояния, которое путешественники на Севере принимают за среднюю норму, когда рассчитывают, какой запас пищи надо брать для собак.

С самого начала было ясно, что Хэлу и Чарльзу не хватит в пути корма для собак. А они еще к тому же перекармливали их и тем самым приближали катастрофу. Привозные собаки, не приученные хронической голодовкой довольствоваться малым, были ужасно прожорливы. А так как местные, вконец измученные, шли медленно, то Хэл решил, что обычная норма питания недостаточна, и удвоил ее. К тому же Мерседес, со слезами в красивых глазах, дрожащим голосом упрашивала его дать собакам побольше, а когда Хэл не слушался, она крала из мешков рыбу и тайком подкармливала их. Но Бэк и его товарищи нуждались не столько в пище, сколько в отдыхе. И хотя они бежали не быстро, тяжесть груза, который они тащили, сильно подтачивала их силы.

А потом к этому прибавился и голод. В один прекрасный день Хэл сделал открытие, что половина корма для собак уже съедена, тогда как пройдена всего только четверть пути, а достать в этих местах корм ни за какие деньги невозможно. Тогда он урезал дневные порции ниже нормы и решил, что надо ехать быстрее. Сестра и зять с ним согласились. Но ничего из этого не вышло: слишком перегружены были нарты и слишком неопытны люди. Давать собакам меньше еды было проще всего, но заставить их бежать быстрее они не могли, а так как по утрам из-за нерасторопности хозяев в путь трогались поздно, то много времени пропадало даром. Эти люди не умели подтянуть собак, не умели подтянуться и сами.

Первым свалился Даб. Незадачливый воришка, который всегда попадался и получал трепку, был тем не менее добросовестным работником. Так как его вывихнутую лопатку не вправили и не давали ему роздыха, ему становилось все хуже, и в конце концов Хэл пристрелил его из своего большого кольта. На Севере все знают, что собаки, привезенные из других мест, погибают от голода, если их посадить на скудный паек местных лаек. А так как Хэл и этот паек урезал наполовину, то все шесть привозных собак в упряжке Бэка неминуемо должны были погибнуть. Первым околел ньюфаундленд, за ним — все три пойнтера. Упорнее их цеплялись за жизнь две дворняги, но и они в конце концов погибли.

К этому времени три путешественника утратили всю мягкость и обходительность южан. Развеялось романтическое очарование путешествия по Арктике, действительность оказалась чересчур суровой. Мерседес перестала плакать от жалости к собакам — теперь она плакала только от жалости к себе и была поглощена ссорами с мужем и братом. Ссориться они никогда не уставали. Раздражительность, порожденная невзгодами, росла вместе с этими невзгодами, переросла и далеко опередила их. Эти двое мужчин и женщина не обрели того удивительного терпения, которому Великая Северная тропа учит людей и которое помогает им в трудах и жестоких страданиях оставаться добрыми и приветливыми. У новых хозяев Бэка не было и капли такого терпения. Они коченели от холода, у них все болело: болели мускулы, кости, даже сердце. И оттого они стали сварливыми, и с утра до ночи грубости и колкости не сходили у них с языка.

Как только Мерседес оставляла Чарльза и Хэла в покое, они начинали ссориться между собой. Каждый был глубоко уверен, что он делает бóльшую часть работы, и при всяком удобном случае заявлял об этом. А Мерседес принимала сторону то мужа, то брата — и начинались бесконечные семейные сцены. Заведут, например, спор, кому из двоих, Чарльзу или Хэлу, нарубить сучьев для костра, — и тут же начнут ни к селу ни к городу поминать всю родню, отцов, матерей, дядей, двоюродных братьев и сестер, людей, которые находятся за тысячи миль, и даже тех, кто давно в могиле. Было совершенно непонятно, какое отношение к рубке сучьев для костра имеют, например, взгляды Хэла на искусство или пьесы, которые писал его дядя по матери. Тем не менее к спору все это приплеталось так же часто, как и политические убеждения Чарльза. И какая связь между длинным языком сестры Чарльза и разжиганием костра на Юконе — это было ясно одной лишь Мерседес, которая разражалась потоком комментариев на эту тему, а заодно уж высказывалась относительно некоторых других неприятных особенностей мужниной родни. Тем временем костер не разжигался, приготовления к ночлегу не делались, собаки оставались ненакормленными.

У Мерседес был особый повод для недовольства — претензии чисто женского свойства. Она была красива, изнеженна, мужчины всегда рыцарски ухаживали за ней. А теперь обращение с ней мужа и брата никак нельзя было назвать рыцарским! Мерседес привыкла ссылаться всегда на свою женскую беспомощность. Чарльза и Хэла это возмущало. Но она протестовала против всяких покушений на то, что считала самой главной привилегией своего пола, и отравляла им жизнь. Она устала, она чувствовала себя больной и потому, не жалея больше собак, все время ехала на нартах. Однако это слабое и прелестное создание весило сто двадцать фунтов — весьма солидное прибавление к тяжелой поклаже, которую приходилось тащить ослабевшим и голодным собакам. Мерседес целыми днями не слезала с нарт — до тех пор, пока собаки не падали без сил и нарты не останавливались. Чарльз и Хэл уговаривали ее слезть и идти на лыжах, просили, умоляли, а она только плакала и докучала Богу многословными жалобами на их жестокость к ней.

Раз мужчины ссадили ее с нарт, но они тут же пожалели об этом и зареклись впредь делать что-либо подобное. Мерседес, как капризный ребенок, стала нарочно хромать и села на дороге. Мужчины пошли дальше, а она не тронулась с места. Пройдя три мили, они вынуждены были вернуться за ней, снять часть груза и силой посадить ее снова на нарты.

Собственные страдания делали этих трех людей равнодушными к страданиям собак. Хэл считал, что закалка — вещь необходимая, но эту свою теорию применял больше к другим. Сперва он пробовал проповедовать ее сестре и зятю, но, потерпев неудачу, стал дубинкой вколачивать ее собакам. К тому времени, как они дошли до Пяти Пальцев, запасы собачьего провианта кончились, и какая-то беззубая старуха-индианка согласилась дать им несколько фунтов мороженой лошадиной шкуры в обмен на кольт, который вместе с длинным охотничьим ножом украшал пояс Хэла. Шкура эта, содранная полгода назад с павшей от голода лошади какого-то скотовода, была весьма жалким суррогатом пищи. От мороза она стала подобна листовому железу, а когда собака с трудом проглатывала кусок, он и после того, как оттаял, был совсем непитателен и только раздражал желудок.

Терпя все это, Бэк, словно в каком-то тяжелом кошмаре, плелся во главе упряжки, тянул нарты, насколько хватало сил, а когда силы изменяли, падал и лежал, пока его не поднимали на ноги дубинкой или бичом. Его прекрасная длинная шерсть утратила всю густоту и блеск. Она свалялась и была грязна, и во многих местах, где дубинка Хэла разрезала кожу, на ней запеклась кровь. Мускулы его превратились в какие-то узловатые волокна, и он настолько исхудал, что под дряблой кожей, висевшей складками, резко выступали все ребра и кости. Это могло надорвать любое сердце, но сердце у Бэка было железное, как давно доказал человек в красном свитере.

Не в лучшем состоянии, чем Бэк, были и остальные собаки. Они превратились в ходячие скелеты. Их осталось теперь семь, включая и Бэка. Они были так измучены, что уже стали нечувствительны к ударам бича и дубинки. Боль от побоев ощущалась ими как-то тупо, и они все видели и слышали словно издалека. Это были уже полумертвые существа, попросту мешки с костями, в которых жизнь едва теплилась. На остановках они раньше, чем их распрягут, падали без сил прямо у дороги; и казалось, что последняя искорка жизни в них угасла. Когда же на них обрушивались удары дубинки или бича, эта искра чуть-чуть разгоралась и они, с трудом поднявшись, брели дальше.

Наступил день, когда и добряк Билли упал и не мог уже встать. Револьвера у Хэла больше не было, и он прикончил

Билли ударом топора по голове, затем снял с трупа упряжь и оттащил его в сторону от дороги. Бэк все это видел, и другие собаки видели, и все они понимали, что то же самое очень скоро будет с ними. На другой день околела Куна, и осталось их теперь только пятеро: Джо, такой замученный, что не мог уже даже огрызаться, Пайк, хромавший калека, который утратил всю свою хитрость и плутоватость, одноглазый Соллекс, все еще преданный делу и затосковавший оттого, что у него уже не хватало сил тащить нарты, Тик, который никогда еще не ходил так далеко, как этой зимой, и которого били чаще и сильнее, потому что он был самый неопытный из всех, и Бэк, все еще занимавший место вожака, но уже неспособный поддерживать дисциплину и даже не пытавшийся это делать. От слабости он брел как слепой и, различая все словно сквозь туман, не сбивался с тропы только потому, что ноги привычно нащупывали дорогу.

Стояла чудесная весна, но ни люди, ни собаки не замечали ее. Что ни день, солнце вставало раньше и позже уходило на покой. В три часа уже светало, а сумерки наступали только в девять часов вечера. И весь долгий день ослепительно сияло солнце. Призрачное безмолвие зимы сменилось весенним шумом пробуждавшейся жизни. Заговорила вся земля, полная радости возрождения; все, что в долгие месяцы морозов было недвижимо, как мертвое, теперь ожило и пришло в движение. В соснах поднимался сок. На ивах и осинах распускались почки. Кусты одевались свежей зеленью. По ночам уже трещали сверчки, а днем копошилось, греясь на солнышке, все, что ползает и бегает по земле. В лесах перекликались куропатки, стучали дятлы, болтали белки, заливались певчие птицы, а высоко в небе кричали летевшие косяками с юга дикие гуси, рассекая крыльями воздух.

С каждого холмика бежала вода, звенела в воздухе музыка невидимых родников. Все кругом оттаивало, шумело, качалось под весенним ветром, спешило жить. Юкон стремился прорвать сковывавший его ледяной покров. Он размывал лед снизу, а сверху его растапливало солнце. Образовались полыньи, все шире расползались трещины во льду, и уже тонкие пласты его, отколовшись, уходили в воду. А среди всего этого разлива весны, бурного биения и трепета просыпавшейся жизни, под слепящим солнцем и лаской вздыхающего ветра, брели, словно навстречу смерти, двое мужчин, женщина и собаки.

Собаки падали на каждом шагу, Мерседес плакала и не слезала с нарт, Хэл ругался в бессильной ярости, в слезившихся глазах Чарльза застыла печаль.

Так дошли они до стоянки Джона Торнтона возле устья Белой реки. Как только остановили нарты, собаки свалились как мертвые. Мерседес, утирая слезы, смотрела на Джона Торнтона. Чарльз присел на бревно отдохнуть. Садился он с трудом, очень медленно — тело у него словно одеревенело.

Разговор начал Хэл. Джон Торнтон отделывал топорище, выстроганное им из березового полена. Он слушал, не отрываясь от работы, и лишь время от времени вставлял односложную реплику или давал столь же лаконичный совет — только тогда, когда его спрашивали: он знал эту породу людей и не сомневался, что советы его не будут выполнены.

— Там, наверху, нам тоже говорили, что дорога уже ненадежна, и советовали не идти дальше, — сказал Хэл в ответ на предостережение Торнтона, что идти сейчас по льду рискованно. — Уверяли, что нам уже не добраться до Белой реки, — а вот добрались же!

Последние слова сказаны были с иронией и победоносной усмешкой.

— И правильно вам советовали, — заметил Джон Торнтон. — Лед может тронуться с минуты на минуту. Разве только дурак рискнет идти сейчас через реку — дуракам, известно, везет. А я вам прямо говорю: я не стал бы рисковать жизнью и не двинулся бы по этому льду даже за все золото Аляски.

— Ну еще бы, ведь вы не дурак, — бросил Хэл. — А мы все-таки пойдем дальше, к Доусону. — Он взмахнул бичом. — Вставай, Бэк! Ну! Вставай, тебе говорят! Марш вперед!

Торнтон строгал, не поднимая глаз. Он знал: бесполезно удерживать сумасбродов от сумасбродств. И в конце концов, в мире ничего не изменится, если станет двумя-тремя дураками меньше.

Но собаки не вставали, несмотря на окрики. Они давно уже дошли до такого состояния, что поднять их можно было только побоями. Бич засвистал тут и там, делая свое жестокое дело. Джон Торнтон сжал зубы. Первым с трудом поднялся Соллекс. За ним Тик, а за Тиком, визжа от боли, Джо. Пайк делал мучительные усилия встать. Приподнявшись на передних лапах, он упал раз, упал другой, и только в третий ему наконец удалось встать. А Бэк даже и не пытался. Он лежал неподвижно там, где упал. Бич раз за разом впивался ему в тело, а он не визжал и не сопротивлялся. Торнтон несколько раз как будто порывался что-то сказать, но молчал. В его глазах стояли слезы. Хэл продолжал хлестать Бэка. Торнтон встал, в нерешительности заходил взад и вперед.

В первый раз Бэк отказывался повиноваться, и этого было достаточно, чтобы привести Хэла в ярость. Он бросил бич и схватил дубинку. Но и град новых, еще более тяжелых ударов не поднял Бэка на ноги. Он, как и другие собаки, мог бы еще через силу встать, но в отличие от них сознательно не хотел подниматься. У него было смутное предчувствие надвигавшейся гибели. Это чувство обреченности родилось еще тогда, когда он тащил нарты на берег, и с тех пор не оставляло Бэка. Целый день он ощущал под ногами тонкий и уже хрупкий лед и словно чуял близкую беду там, впереди, куда сейчас снова гнал его хозяин. И он не хотел вставать. Он так исстрадался и до того дошел, что почти не чувствовал боли от ударов. А они продолжали сыпаться, и последняя искра жизни уже угасала в нем. Бэк умирал. Он чувствовал какое-то странное оцепенение во всем теле. Ощущение боли исчезло, он только смутно сознавал, что его бьют, и словно издалека слышал удары дубины по телу. Но, казалось, это тело не его и все это происходит где-то вдалеке.

И тут совершенно неожиданно Джон Торнтон с каким-то нечленораздельным криком, похожим больше на крик животного, кинулся на человека с дубинкой. Хэл повалился навзничь, словно его придавило подрубленное дерево. Мерседес взвизгнула. Чарльз смотрел на эту сцену все с той же застывшей печалью во взгляде, утирая слезившиеся глаза, но не вставал, потому что тело у него словно одеревенело.

Джон Торнтон стоял над Бэком, стараясь овладеть собой. Бушевавший в нем гнев мешал ему говорить.

— Если ты еще раз ударишь эту собаку, я убью тебя! — сказал он наконец, задыхаясь.

— Собака моя, — возразил Хэл, вставая и вытирая кровь с губ. — Убирайся, иначе я уложу тебя на месте. Мы идем в Доусон!

Но Торнтон стоял между ним и Бэком и вовсе не обнаруживал намерения «убраться». Хэл выхватил из-за пояса свой длинный охотничий нож. Мерседес вопила, плакала, хохотала — словом, была в настоящей истерике. Торнтон ударил Хэла топорищем по пальцам и вышиб у него нож. Хэл попытался поднять нож с земли, но получил второй удар по пальцам. Потом Торнтон нагнулся, сам поднял нож и разрезал на Бэке постромки.

Вся воинственность Хэла испарилась. К тому же ему пришлось заняться сестрой, которая свалилась ему на руки, вернее, на плечи, и он рассудил, что Бэк им ни к чему — все равно издыхает и тащить нарты не сможет.

Через несколько минут нарты уже спускались с берега на речной лед. Бэк услышал шум отъезжавших нарт и поднял голову. На его месте во главе упряжки шел Пайк, коренником был Соллекс, а между ними впряжены Джо и Тик. Все они хромали и спотыкались. На нартах поверх клади восседала Мерседес, а Хэл шел впереди, у поворотного шеста. Позади плелся Чарльз.

Бэк смотрел им вслед, а Торнтон, опустившись подле него на колени, своими жесткими руками бережно ощупывал его, проверяя, не сломана ли какая-нибудь кость. Он убедился, что пес только сильно избит и страшно истощен голодовкой. Тем временем нарты уже отъехали на четверть мили. Человек и собака наблюдали, как они ползли по льду. Вдруг на их глазах задок нарт опустился, словно нырнув в яму, а шест взвился в воздух вместе с ухватившимся за него Хэлом. Донесся вопль Мерседес. Затем Бэк и Торнтон увидели, как Чарльз повернулся и хотел бежать к берегу, но тут весь участок льда под ними осел, и все скрылось под водой — и люди, и собаки. На этом месте зияла огромная полынья. Ледяная дорога рушилась.

Джон Торнтон и Бэк посмотрели друг другу в глаза.

— Ах ты, бедняга! — сказал Джон Торнтон. И Бэк лизнул ему руку.

VI
ИЗ ЛЮБВИ К ЧЕЛОВЕКУ

Когда в декабре Джон Торнтон отморозил ноги, товарищи устроили его поудобнее на стоянке и оставили тут, пока не поправится, а сами ушли вверх по реке заготовлять бревна, которые они сплавляли в Доусон. Торнтон еще немного хромал в то время, когда спас Бэка, но с наступлением теплой погоды и эта легкая хромота прошла. А Бэк все долгие весенние дни лежал на берегу, лениво смотрел, как течет река, слушал пение птиц, гомон весны, и силы постепенно возвращались к нему.

Сладок отдых тому, кто пробежал три тысячи миль. И по правде говоря, в то время как заживали раны, крепли мускулы, а кости снова обрастали мясом, Бэк все больше и больше разленивался. Впрочем, тут все бездельничали — не только Бэк, но и сам Торнтон, и Скит, и Ниг — в ожидании, когда придет плот, на котором они отправятся в Доусон. Скит, маленькая сука из породы ирландских сеттеров, быстро подружилась с Бэком — еле живой, он неспособен был отвергнуть ее ласки и заботы. Скит, как и некоторые другие собаки, обладала инстинктивным уменьем врачевать раны и болезни. Как кошка вылизывает своих котят, так она вылизывала и зализывала раны Бэка. Каждое утро, выждав, пока Бэк поест, она выполняла свои добровольные обязанности, и в конце концов он стал принимать ее заботы так же охотно, как заботы Торнтона. Ниг, помесь ищейки с шотландской борзой, тоже настроенный дружелюбно, но более сдержанный, был громадный черный пес с веселыми глазами и неисчерпаемым запасом добродушия.

К удивлению Бэка, эти собаки ничуть не ревновали к нему хозяина и не завидовали ему. Казалось, им передались доброта и великодушие Джона Торнтона. Когда Бэк окреп, они стали втягивать его в веселую возню, в которой иной раз, не удержавшись, принимал участие и Торнтон.

Так Бэк незаметно для себя совсем оправился и начал новую жизнь. Впервые он узнал любовь, любовь истинную и страстную. Никогда он не любил так никого в доме судьи Миллера, в солнечной долине Санта-Клара. К сыновьям судьи, с которыми он охотился и ходил на далекие прогулки, он относился по-товарищески, к маленьким внучатам — свысока и покровительственно, а к самому судье — дружески, никогда не роняя при этом своего величавого достоинства. Но только Джону Торнтону суждено было пробудить в нем пылкую любовь, любовь-обожание, страстную до безумия.

Торнтон спас ему жизнь — и это уже само по себе что-нибудь да значило. А кроме того, этот человек был идеальным хозяином. Другие люди заботились о своих собаках лишь по обязанности и потому, что им это было выгодно. А Торнтон заботился о них без всякого расчета, как отец о детях, — такая уж у него была натура. Мало того, он никогда не забывал порадовать собак приветливым и ободряющим словом, любил подолгу разговаривать с ними (он называл это «поболтать»), и беседы эти доставляли ему не меньшее удовольствие, чем им. У Торнтона была привычка хватать Бэка обеими руками за голову и, упершись в нее лбом, раскачивать пса из стороны в сторону, осыпая его при этом всякими бранными прозвищами, которые Бэк принимал как ласкательные. Для Бэка не было большей радости, чем эта грубоватая ласка, сопровождаемая ругательствами, и, когда хозяин так тормошил его, сердце у него от восторга готово было выскочить из груди. Как только Торнтон наконец отпускал его, он вскакивал, раскрыв пасть в улыбке, и взгляд его был красноречивее слов, горло сжималось от чувств, которых он не мог выразить. А Джон Торнтон, глядя на него, застывшего на месте, говорил с уважением: «О господи! Этот пес — что человек, только говорить не умеет!..»

Бэк выражал свою любовь способами, от которых могло не поздоровиться. Он, например, хватал зубами руку Торнтона и так крепко сжимал челюсти, что на коже долго сохранялся отпечаток его зубов. Но хозяин понимал, что эта притворная свирепость — только ласка, точно так же как Бэк понимал, что ругательными прозвищами его наделяют от избытка нежности.

Чаще всего любовь Бэка проявлялась в виде немого обожания. Хотя он замирал от счастья, когда Торнтон трогал его или разговаривал с ним, он сам не добивался этих знаков расположения. В противоположность Скит, которая, подсовывая морду под руку Торнтона, тыкалась в нее носом, пока он не погладит ее, или Нигу, имевшему привычку лезть к хозяину и класть свою большую голову к нему на колени, Бэк довольствовался тем, что обожал его издали. Он мог часами лежать у ног Торнтона, с напряженным вниманием глядя ему в лицо и словно изучая его. Он с живейшим интересом следил за каждой переменой в этом лице, за каждым мимолетным его выражением. А иногда ложился подальше, сбоку или позади хозяина, и оттуда наблюдал за его движениями. Такая тесная близость создалась между человеком и собакой, что часто, почувствовав взгляд Бэка, Торнтон поворачивал голову и молча глядел на него. И каждый читал в глазах другого те чувства, что светились в них.

Еще долгое время после своего спасения Бэк беспокоился, когда не видел вблизи Торнтона. С той минуты, как

Торнтон выходил из палатки и пока он не возвращался в нее, пес ходил за ним по пятам. У Бэка здесь, на Севере, уже несколько раз менялись хозяева, и он, решив, что постоянных хозяев не бывает, боялся, как бы Торнтон не ушел из его жизни, как ушли Перро и Франсуа, а потом шотландец. Даже во сне этот страх преследовал его, и часто, просыпаясь, Бэк вылезал, несмотря на ночной холод, из своего убежища, пробирался к палатке и долго стоял у входа, прислушиваясь к дыханию хозяина.

Однако, несмотря на великую любовь к Джону Торнтону, которая, казалось, должна была оказать на Бэка смягчающее и цивилизующее влияние, в нем не заглохли склонности диких предков, разбуженные Севером. Верность и преданность — черты, рождающиеся под сенью мирных очагов, — были ему свойственны, но наряду с этим таились в нем жестокость и коварство дикаря. Это больше не была собака с благодатного Юга, потомок многих прирученных поколений, — нет, это был первобытный зверь, пришедший из дикого леса к костру Джона Торнтона. Великая любовь к этому человеку не позволяла Бэку красть у него пищу, но у всякого другого, во всяком другом лагере он крал бы без зазрения совести, тем более что благодаря своей звериной хитрости мог проделывать это безнаказанно.

Морда его и тело хранили во множестве следы собачьих зубов, и в драках с другими собаками он проявлял и теперь такую же свирепость и еще бóльшую изобретательность, чем раньше. Скит и Ниг были смирные и добрые собаки, с ними он не грызся, — кроме того, это ведь были собаки Джона Торнтона. Но если подвертывался чужой пес, все равно какой породы и силы, то он должен был немедленно признать превосходство Бэка, иначе ему предстояла схватка не на жизнь, а на смерть с опасным противником. Бэк был беспощаден. Он хорошо усвоил закон дубины и клыка и никогда не давал никому потачки, никогда не отступал перед врагом, стремясь во что бы то ни стало уничтожить его. Этому он научился от Шпица, от драчливых полицейских и почтовых собак. Он знал, что середины нет — либо он одолеет, либо его одолеют, и щадить врага — это признак слабости. Милосердия первобытные существа не знали. Они его принимали за трусость. Милосердие влекло за собой смерть. Убивай или будешь убит, ешь или тебя съедят — таков первобытный закон жизни. И этому закону, дошедшему до него из глубины времен, повиновался Бэк.

Он был старше того времени, в котором жил, той жизни, что шла вокруг. В нем прошлое смыкалось с настоящим, и, как мощный ритм вечности, голоса прошлого и настоящего звучали в нем попеременно, — это было как прилив и отлив, как смена времен года. У костра Джона Торнтона сидел широкогрудый пес с длинной шерстью и белыми клыками. Но за ним незримо теснились тени всяких других собак, полуприрученных и диких. Они настойчиво напоминали о себе, передавали ему свои мысли, смаковали мясо, которое он ел, жаждали воды, которую он пил, слушали то, что слушал он, и объясняли ему звуки дикой лесной жизни. Они внушали ему свои настроения и порывы, подсказывали поступки, лежали рядом, когда он спал, видели те же сны и сами являлись ему во сне.

И так повелителен был зов этих теней, что с каждым днем люди и их требования все больше отходили в сознании Бэка на задний план. Из глубины дремучего леса звучал призыв, таинственный и манящий, и когда Бэк слышал его, он испытывал властную потребность бежать от огня и утоптанной земли туда, в чащу, все дальше и дальше, неведомо куда, неведомо зачем.

Да он и не раздумывал, куда и зачем: зову этому невозможно было противиться. Но когда Бэк оказывался в зеленой сени леса, на мягкой, нехоженой земле, любовь к Джону Торнтону всякий раз брала верх и влекла его назад, к костру хозяина.

Только Джон Торнтон и удерживал его. Все другие люди для Бэка не существовали. Встречавшиеся в дороге путешественники иногда ласкали и хвалили его, но он оставался равнодушен к их ласкам, а если кто-нибудь слишком надоедал ему, он вставал и уходил. Когда вернулись компаньоны Торнтона, Ганс и Пит, на долгожданном плоту, Бэк сперва не обращал на них ровно никакого внимания, а позднее, сообразив, что они близки Торнтону, терпел их присутствие и снисходительно, словно из милости, принимал их любезности. Ганс и Пит были люди такого же склада, как Джон Торнтон, — люди с широкой душой, простыми мыслями и зоркими глазами, близкие к природе. И еще раньше, чем они доплыли до Доусона и ввели свой плот в бурные воды лесопилки, они успели изучить Бэка и все его повадки и не добивались от него той привязанности, какую питали к ним Ниг и Скит.

Но к Джону Торнтону Бэк привязывался все сильнее и сильнее. Торнтон был единственный человек, которому этот пес позволял во время летних переходов навьючивать ему на спину кое-какую поклажу. По приказанию Торнтона Бэк был готов на все. Однажды (это было в ту пору, когда они, сделав запасы провизии на деньги, вырученные за сплавленный лес, уже двинулись из Доусона к верховьям Тананы) люди и собаки расположились на утесе, который отвесной стеной высился над голой каменной площадкой, лежавшей на триста футов ниже. Джон Торнтон сидел у самого края, а Бэк — с ним рядом, плечо к плечу. Вдруг Торнтону пришла в голову шальная мысль, и он сказал Гансу и Питу, что сейчас проделает один опыт.

— Прыгай, Бэк! — скомандовал он, указывая рукой вниз, в пропасть.

В следующее мгновение он уже боролся с Бэком, изо всех сил удерживая его на краю обрыва, а Ганс и Пит оттаскивали их обоих назад, в безопасное место.

— Это что-то сверхъестественное! — сказал Пит, когда все успокоились и отдышались.

Торнтон покачал головой.

— Нет, это замечательно, но и страшно, скажу я вам! Верите ли, меня по временам пугает преданность этого пса.

— Да-а, не хотел бы я быть на месте человека, который попробует тебя тронуть при нем! — сказал в заключение Пит, кивком указывая на Бэка.

— И я тоже, клянусь Богом! — добавил Ганс.

Еще в том же году в Серкле произошел случай, показавший, что Пит был прав. Раз Черный Бартон, человек злого и буйного нрава, затеял ссору в баре с каким-то новичком, незнакомым еще с местными нравами, а Торнтон по доброте душевной вмешался, желая их разнять. Бэк, как всегда, лежал в углу, положив морду на лапы и следя за каждым движением хозяина. Бартон неожиданно размахнулся и изо всей силы нанес удар. Торнтон отлетел в сторону и устоял на ногах только потому, что схватился за перила, отгораживавшие прилавок.

Зрители этой сцены услышали не лай, не рычание — нет, это был дикий рев. В одно мгновение Бэк взвился в воздух и нацелился на горло Бартона. Тот инстинктивно вытянул вперед руку и этим спас себе жизнь. Но Бэк опрокинул его и подмял под себя. В следующий момент он оторвал зубы от руки Бартона и снова сделал попытку вцепиться ему в горло. На этот раз Бартон заслонился не так удачно, и Бэк успел прокусить ему шею. Тут все, кто был в баре, кинулись на помощь и пса отогнали. Однако все время, пока врач возился с Бартоном, стараясь остановить кровь, Бэк расхаживал вокруг, свирепо рыча, и пытался опять подобраться к Бартону, но отступал перед целым частоколом вражеских палок.

На состоявшемся тут же на месте собрании золотоискателей решено было, что пес имел достаточно оснований рассердиться, и Бэк был оправдан. С тех пор он завоевал себе громкую известность, и имя его повторялось во всех поселках Аляски.

Позднее, осенью того же года, Бэк, уже при совершенно иных обстоятельствах, спас жизнь Торнтону. Трем товарищам нужно было провести длинную и узкую лодку через опасные пороги у Сороковой Мили. Ганс и Пит шли по берегу, тормозя движение лодки при помощи пеньковой веревки, которую они зацепляли за деревья, а Торнтон сидел в лодке, действуя багром и выкрикивая распоряжения тем, кто был на берегу. Бэк тоже бежал берегом вровень с лодкой. Он не сводил глаз с хозяина и проявлял сильное волнение.

В одном особенно опасном месте, где из воды торчала целая гряда прибрежных скал, которые выдавались далеко в реку, Ганс отпустил канат и, пока Торнтон багром направлял лодку на середину реки, побежал берегом вперед, держа в руках конец веревки, чтобы подтягивать лодку, когда она обогнет скалы. Лодка, выбравшись, стремительно понеслась вниз по течению. Ганс, натянув веревку, затормозил ее, но сделал это слишком круто. Лодка от толчка перевернулась и двинулась к берегу дном кверху, а Торнтона увлекло течением к самому опасному месту порогов, где всякому пловцу грозила смерть.

В тот же миг Бэк прыгнул в воду. Проплыв ярдов триста в бешено бурлившей воде, он догнал Торнтона и, как только почувствовал, что Торнтон ухватился за его хвост, поплыл к берегу, изо всех сил загребая мощными лапами. Но он подвигался медленно: плыть в этом направлении мешало необычайно быстрое течение. Ниже зловеще ревела вода — там бурный поток разлетался струями и брызгами, ударяясь о скалы, торчавшие из воды, как зубья огромного гребня. У начала последнего, очень крутого порога вода засасывала со страшной силой, и Торнтон понял, что ему не доплыть до берега. Он налетел на одну скалу, ударился о другую, потом его с сокрушительной силой отшвырнуло на третью. Выпустив хвост Бэка, он уцепился за ее скользкую верхушку обеими руками и, стараясь перекричать рев воды, скомандовал:

— Марш, Бэк! Вперед!

Течение несло Бэка вниз, он тщетно боролся с ним и не мог повернуть обратно. Услышав дважды повторенный приказ хозяина, он приподнялся из воды и высоко задрал голову, словно хотел в последний раз на него поглядеть, затем послушно поплыл к берегу. Пит и Ганс вытащили его из воды как раз в тот момент, когда он уже совсем обессилел и начал захлебываться.

Ганс и Пит понимали, что висеть на скользкой скале, которую перехлестывает стремительный поток, Торнтон сможет только каких-нибудь три-четыре минуты. И они со всех ног пустились бежать берегом к месту значительно выше того, где посреди реки висел на скале Торнтон. Добежав, они обвязали Бэка веревкой так, чтобы она не стесняла движений и не душила его, затем столкнули пса в воду. Бэк поплыл смело, но не прямо посредине реки. Он увидел свой промах слишком поздно: когда он поравнялся с Торнтоном и мог бы уже несколькими взмахами лап одолеть расстояние до скалы, течение пронесло его мимо.

Ганс тотчас дернул за веревку, как будто Бэк был не собака, а лодка. От внезапного толчка Бэк ушел под воду и так под водой и оставался, пока его тянули к берегу. Когда его подняли наверх, он был еле жив, и Ганс с Питом стали поспешно откачивать его и делать ему искусственное дыхание. Бэк встал и снова упал. Но вдруг слабо донесся голос Торнтона, и хотя слов они не расслышали, но поняли, что помощь нужна немедленно, иначе он погибнет. Голос хозяина подействовал на Бэка как электрический ток. Он вскочил и помчался по берегу, а за ним Ганс и Пит. Они бежали к тому месту, где Бэка в первый раз спустили в воду.

Опять обвязали его веревкой, и он поплыл, но теперь уж прямо на середину реки. Бэк мог оплошать один раз, но не два. Ганс постепенно разматывал и спускал веревку, следя, чтобы она была все время натянута, а Пит расправлял ее. Бэк плыл, пока не оказался на одной линии с Торнтоном. Тут он повернул и со скоростью курьерского поезда ринулся к нему. Торнтон увидел его, и, когда Бэк, подхваченный сильным течением, со всего размаху ударился о него телом, как таран, Торнтон обеими руками обхватил его косматую шею. Ганс натянул веревку, обернув ее вокруг ствола дерева, и Бэк с Торнтоном ушли под воду. Задыхаясь, захлебываясь, волочась по каменистому дну и ударяясь о подводные камни и коряги, по временам всплывая, причем то Бэк оказывался под Торнтоном, то Торнтон под Бэком, они в конце концов добрались до берега.

Торнтон, очнувшись, увидел, что лежит вниз лицом поперек бревна, выброшенного рекой, а Ганс и Пит усердно откачивают его, двигая взад и вперед. Он прежде всего отыскал глазами Бэка. Бэк лежал как мертвый, и над его безжизненным телом выл Ниг, а Скит лизала его мокрую морду и закрытые глаза. Сам весь израненный и разбитый, Торнтон, придя в себя, стал тотчас тщательно ощупывать тело Бэка и нашел, что у него сломаны три ребра.

— Ну, значит решено, — объявил он. — Мы остаемся здесь.

И они остались и прожили там до тех пор, пока у Бэка не срослись ребра настолько, что он мог идти дальше.

А зимой в Доусоне Бэк совершил новый подвиг, быть может не столь героический, но принесший ему еще большую славу. Подвиг этот пришелся весьма кстати, ибо он доставил его трем хозяевам то снаряжение, в котором они нуждались, чтобы предпринять давно желанное путешествие на девственный восток, куда еще не добрались никакие золотоискатели.

Началось с разговора в баре «Эльдорадо»: мужчины стали хвастать любимыми собаками. Бэк благодаря своей известности был мишенью нападок, и Торнтону пришлось стойко защищать его. Не прошло и получаса, как один из собеседников объявил, что его собака может сдвинуть с места нарты с грузом в пятьсот фунтов и даже везти их. Другой похвастал, что его пес свезет и шестьсот фунтов; третий — что семьсот.

— Это что! — сказал Джон Торнтон. — Мой Бэк сдвинет с места и тысячу.

— И пройдет с такой кладью хотя бы сто ярдов? — спросил Мэтьюсон, один из королей золотых приисков, тот самый, что уверял, будто его собака свезет семьсот фунтов.

— Да, сдвинет нарты и пройдет сто ярдов, — спокойно подтвердил Джон Торнтон.

— Ладно, — сказал Мэтьюсон с расстановкой, внятно, так, чтобы все его услышали. — Держу пари на тысячу долларов, что ему этого не сделать. Вот деньги. — И он бросил на прилавок мешочек с золотым песком, толщиной с болонскую колбасу.

Никто не откликнулся на этот вызов. Заявление Торнтона все приняли за пустое хвастовство. Торнтон почувствовал, что кровь бросилась ему в лицо: он и сам не знал, как это у него сорвалось с языка. Сможет ли Бэк двинуть нарты с кладью в тысячу фунтов? Ведь полтонны! Чудовищность этой цифры вдруг ужаснула Торнтона. Он очень верил в силу Бэка и часто думал, что тот мог бы свезти любой груз. Но ни разу не приходило ему в голову проверить это, а тут глаза целого десятка людей устремлены на него, все молчат и ждут! К тому же ни у него, ни у Ганса с Питом не было тысячи долларов.

— У меня тут, на улице, стоят нарты с мукой, двадцать мешков, по пятьдесят фунтов в каждом, — продолжал Мэтьюсон с бесцеремонной настойчивостью. — Так что ни за чем остановки не будет.

Торнтон не отвечал. Он не знал, что сказать. Он смотрел то на одного, то на другого рассеянно, как человек, который не может собрать мыслей. Взгляд его вдруг остановился на лице Джима О'Брайена, местного богача, с которым они когда-то были товарищами. Это словно послужило толчком и подсказало Торнтону решение, которое раньше ему и в голову не приходило.

— Можешь одолжить мне тысячу? — спросил он почти шепотом.

— Конечно, — ответил О'Брайен; и на прилавок рядом с мешочком Мэтьюсона тяжело шлепнулся второй увесистый мешочек с золотым песком. — Хотя не верится мне, Джон, что твой пес сможет проделать такую штуку.

Все, кто был в «Эльдорадо», высыпали на улицу, чтобы не пропустить интересное зрелище. За карточными столами не осталось никого, все игроки вышли тоже, чтобы посмотреть, кто выиграет пари, да и самим побиться об заклад. Несколько сотен человек в меховой одежде полукругом обступили нарты на небольшом расстоянии. Нарты Мэтьюсона с грузом в тысячу фунтов муки стояли здесь уже часа два на сильном морозе (термометр показывал шестьдесят градусов ниже нуля), и полозья крепко примерзли к плотно укатанному снегу. Любители пари предлагали неравные заклады — два против одного, утверждая, что Бэк нарт не сдвинет. Возник казуистический спор: как понимать фразу «двинуть нарты»? О'Брайен полагал, что Торнтон имеет право сбить лед с полозьев и освободить их, а Бэк должен только после этого сдвинуть их с места. Мэтьюсон же настаивал, что по условию пари Бэк должен сам двинуть нарты так, чтобы примерзшие полозья оторвались от земли. Большинство свидетелей пари решили спор в пользу Мэтьюсона, и ставки против Бэка повысились до трех против одного.

Однако желавших принять пари не нашлось: никто не верил, что Бэк может совершить такой подвиг. Было ясно, что Торнтон дал себя втянуть в весьма рискованное пари. Он и сам, глядя сейчас на эти нарты и их упряжку из десяти собак, свернувшихся на снегу, все более сомневался в возможности такого подвига. А Мэтьюсон ликовал.

— Три против одного! — закричал он. — Ставлю еще тысячу, Торнтон! По рукам, что ли?

На лице Торнтона ясно выражались мучившие его опасения, но в нем уже заговорил тот боевой задор, который выше всяких расчетов и глух ко всему, кроме шума битвы, — задор, для которого нет невозможного. Он подозвал Ганса и Пита. У них кошельки были совсем тощие, и все трое с трудом наскребли двести долларов. В последнее время им не везло, эти двести долларов составляли весь их капитал. Но они без малейшего колебания поставили эти деньги против шестисот долларов Мэтьюсона.

Десять собак Мэтьюсона выпрягли и к нартам поставили Бэка в его собственной упряжи. Царившее вокруг возбуждение передалось и ему, он чутьем угадывал, что нужно сделать для Джона Торнтона что-то очень важное. Шепот восхищения послышался в толпе, когда люди увидели это великолепное животное. Бэк был в прекрасном состоянии — ни единой унции лишнего жира, и те сто пятьдесят фунтов, которые он весил, представляли собой сто пятьдесят фунтов мужественной силы. Его густая шерсть лоснилась как шелк. На шее и плечах она напоминала гриву и, даже когда он был спокоен, топорщилась при малейшем его движении, словно от избытка жизненных сил. Казалось, каждый ее волосок заряжен энергией. Широкая грудь и мощные передние ноги были пропорциональны размерам всего тела, а мускулы выступали под кожей тугими клубками. Люди подходили и, щупая эти мускулы, объявляли, что они железные. Ставки против Бэка снизились до двух против одного.

— Молодчина он у вас, сэр, молодчина! — пробормотал один из новой династии королей террасы Скукум. — Даю вам за него восемьсот — до испытания, сэр, заметьте! Восемьсот на руки — и беру его такого, как он есть.

Торнтон отрицательно потряс головой и подошел к Бэку.

— Нет, отойдите от него! — запротестовал Мэтьюсон. — Дайте ему свободу, тогда это будет честная игра.

Толпа притихла, слышались только отдельные голоса, тщетно предлагавшие пари два против одного. Все признавали, что Бэк — великолепная ездовая собака, но двадцать мешков муки, по пятьдесят фунтов каждый, слишком убедительно громоздились перед глазами, и зрители не решались развязать кошельки.

Торнтон опустился на колени около Бэка, обнял его голову обеими руками и прижался к нему щекой. Сегодня он не стал его шутливо трясти, тормошить, как делал обычно, не бормотал любовно всякие ругательные прозвища. Нет, он только шепнул ему что-то на ухо.

— Если любишь меня, Бэк... Если любишь... — вот что он шепнул ему. И Бэк заскулил от едва сдерживаемого нетерпения.

Окружающие с любопытством наблюдали эту сцену. В ней было что-то загадочное — это походило на заклинание. Когда Торнтон поднялся, Бэк схватил зубами его руку, подержал ее в закрытой пасти и потом медленно, неохотно выпустил. Это было его ответом без слов, так он по-своему выражал любовь к хозяину.

Торнтон отошел довольно далеко назад.

— Ну, Бэк! — скомандовал он.

Бэк натянул постромки, потом отпустил их на несколько дюймов. Это был его обычный прием.

— Пошел! — раздался голос Торнтона, как-то особенно четко и резко прозвучавший среди напряженного молчания.

Бэк качнулся вправо, пригнулся, словно нырял, натянул постромки и внезапно, рывком, остановил на ходу стопятидесятифунтовую массу своего тела. Кладь на нартах дрогнула, под полозьями что-то звонко захрустело.

— Ну! — крикнул опять Торнтон.

Бэк повторил тот же маневр, на этот раз дернув влево. Хруст перешел в громкий треск, нарты закачались, и полозья со скрипом сползли на несколько дюймов в сторону. Нарты освободились от льда, приковывавшего их к месту.

Люди невольно затаили дыхание.

— Теперь марш!

Команда Торнтона грянула, как пистолетный выстрел. Бэк рванулся вперед, сильно натянув постромки. Все его тело подобралось в страшном усилии, мускулы выперли узлами и ходили под шерстью как живые. Широкой грудью он почти припал к земле, голову вытянул вперед, а ноги летали как бешеные, прорезая на крепко укатанном снегу параллельные борозды. Нарты качались и дрожали и уже наполовину сдвинулись с места. Вдруг Бэк поскользнулся одной лапой, и кто-то в толпе громко ахнул. Но нарты уже стремительно задергались и, больше не застревая на месте, толчками двинулись вперед — сперва на полдюйма... потом на дюйм... еще на два. Толчки заметно выравнивались, и когда нарты, преодолев наконец инерцию, набрали скорость, Бэк подхватил их и повез.

Люди тяжело переводили дух, не сознавая, что за минуту перед тем они не дышали. А Торнтон бежал за нартами, подгоняя Бэка отрывистыми, веселыми криками. Расстояние было вымерено заранее, и, когда Бэк подбегал к вязанке дров, положенной там, где кончались сто ярдов, раздались восторженные крики. Они перешли в рев, когда Бэк, пробежав мимо вязанки, остановился по команде Торнтона. Все бесновались от восторга, даже Мэтьюсон. Полетели в воздух шапки, рукавицы. Люди пожимали друг другу руки, не разбирая, кто перед ними — знакомый или незнакомый, и все восклицания сливались в какой-то бессвязный галдеж.

А Торнтон стоял на коленях перед Бэком и, припав лбом к его лбу, тряс и качал его. Те, кто выбежал вперед, слышали, как он ругал Бэка. Он ругал его долго и с наслаждением, любовно и нежно.

— Поразительно, сэр! Поразительно! — бормотал король террасы Скукум. — Даю вам за него тысячу, целую тысячу, сэр. Ну, хотите тысячу двести?

Торнтон встал. Глаза у него были мокры, и он не пытался скрыть слезы, которые струились по его щекам.

— Нет, сэр, — сказал он королю террасы Скукум. — Нет, не хочу. Убирайтесь вы к черту, сэр! Это все, что я могу вам посоветовать.

Бэк схватил зубами руку Торнтона. Торнтон опять стал трясти его. Зрители, движимые одним и тем же чувством, отступили на почтительное расстояние, и больше не нашлось нескромных людей, которые позволили бы себе нарушить этот разговор.

VII
ЗОВ УСЛЫШАН

Когда Бэк за пять минут заработал Джону Торнтону тысячу шестьсот долларов, тот смог уплатить кое-какие долги и двинуться вместе со своими компаньонами к востоку на поиски затерянной золотой россыпи, легенда о которой была так же стара, как история этого края. Многие искали ее, немногие нашли, а большинство искавших не вернулось из своего путешествия. Сказочная россыпь была причиной многих трагедий и окружена тайной. Никому не было известно, кто первый открыл ее. Даже самые древние легенды об этом не упоминали. Люди знали только, что на том месте стояла старая, полуразвалившаяся хижина. Некоторые золотоискатели в свой смертный час клялись, что видели и хижину, и россыпь, и в доказательство показывали самородки, которым не было равных на всем Севере. Однако среди живых не осталось ни одного человека, которому удалось добыть что-либо из этой сокровищницы, а мертвые были мертвы. И Джон Торнтон, Пит и Ганс, взяв с собой Бэка и еще полдюжины собак, двинулись на восток по неисследованной дороге, надеясь дойти туда, куда не дошли другие люди и собаки. Они прошли семьдесят миль вверх по Юкону, затем повернули налево, по реке Стюарт, миновали Мэйо и Макквесчен и продолжали путь до того места, где река Стюарт превращается в ручеек и вьется вокруг высоких скал горного хребта, идущего вдоль всего материка.

Джон Торнтон немногого требовал от людей и природы. Пустынные, дикие места его не страшили. С щепоткой соли в кармане и ружьем за плечами он забирался в лесную глушь и бродил, где вздумается и сколько вздумается. Он жил как индеец, никогда и никуда не спешил и во время своих странствий добывал себе пищу охотой. А если дичи не попадалось, он с тем же спокойствием индейца продолжал путь в твердой уверенности, что рано или поздно набредет на нее. И во время великого путешествия на восток их меню состояло из добытого охотой свежего мяса, поклажа на нартах — главным образом из снаряжения и необходимых орудий, а программа была составлена на неограниченное время.

Бэк беспредельно наслаждался такой жизнью — охотой, рыбной ловлей, блужданием по новым, незнакомым местам. Они то по нескольку недель подряд шли и шли, то целыми неделями отдыхали, разбив где-нибудь лагерь, и тогда собаки бездельничали, а люди, взрывая мерзлую землю или породу, без конца промывали ее в лотках у костра, ища в ней золота. Иногда они голодали, иногда роскошествовали — все зависело от того, много ли по дороге попадалось дичи и удачна ли бывала охота. Подошло лето, и люди и собаки, навьюченные поклажей, переплывали на плоту голубые горные озера, спускались или поднимались по течению незнакомых рек в утлых челноках, выпиленных из стволов деревьев.

Проходили месяцы, а они все бродили среди диких просторов этой неисследованной земли, где не было людей, но где когда-то побывали люди, если верить легенде о покинутой хижине. Переходили горные хребты, разделявшие реки, и не раз их здесь застигали снежные бураны. Дрожали от холода под полуночным солнцем на голых вершинах, между границей лесов и вечными снегами. Спускались в теплые долины, где тучами носилась мошкара, и в тени ледников собирали спелую землянику и цветы, которые могли соперничать красотой с лучшими цветами Юга. Осенью они очутились в волшебной стране озер, печальной и безмолвной, где, должно быть, когда-то водилась дичь, но теперь не было нигде и признака жизни — только холодный ветер свистел, замерзала вода в укрытых местах да меланхолически журчали волны, набегая на пустынный берег.

И вторую зиму проходили они, ища давно исчезнувшие следы людей, которые побывали здесь до них. Однажды они набрели на тропинку, проложенную в дремучем лесу. Это была очень старая тропинка — и они вообразили, что заброшенная хижина где-то совсем близко. Но тропинка начиналась неведомо где и кончалась неведомо где — и оставалось загадкой, кто и для чего протоптал ее.

В другой раз они наткнулись на остатки разрушенного временем охотничьего шалаша, и между клочьями истлевших одеял Джон Торнтон нашел длинноствольное кремневое ружье. Он знал, что ружья этого типа выпускала Компания Гудзонова залива в первые годы всеобщей тяги на Северо-Запад. Тогда за одно ружье давали такой же высоты тюк плотно уложенных бобровых шкурок. Больше среди развалин не нашлось ничего, что напоминало бы о человеке, который некогда построил этот шалаш и оставил между одеялами свое ружье.

Снова наступила весна, и после долгих странствий они в конце концов нашли не легендарную покинутую хижину, а поверхностную россыпь в широкой долине, где было столько золота, что оно, как желтое масло, оседало на дне промывочного лотка. Три товарища не стали продолжать поиски. Здесь они за день намывали на тысячи долларов чистого золотого песка и самородков, а работали каждый день. Золото насыпали в мешки из лосиных шкур, по пятьдесят фунтов в мешок, и мешки укладывали штабелями, как дрова, перед шалашом, который они сплели себе из еловых веток. Поглощенные своим тяжелым трудом, они не замечали, как летит время. Дни пролетали как сон, а груды сокровищ все росли и росли.

Собакам делать было решительно нечего — только время от времени приносить дичь, которую настреляет Торнтон, и Бэк целыми часами лежал в задумчивости у огня. В эти часы безделья ему все чаще представлялся коротконогий волосатый человек. И, жмурясь на огонь, Бэк в своем воображении бродил с этим человеком в другом мире, который смутно вспоминался ему.

В этом другом мире, видимо, царил страх. Наблюдая за волосатым человеком, когда тот спал у костра, уткнув голову в колени и обняв ее руками, Бэк замечал, что спит он беспокойно, часто вздрагивает во сне, а просыпаясь, боязливо вглядывается в темноту и подбрасывает сучья в огонь. Если они ходили по берегу моря, где волосатый собирал раковины и тут же съедал их содержимое, глаза его шныряли по сторонам, ища, не таится ли где опасность, а ноги готовы были при первом тревожном признаке вихрем мчаться прочь. По лесу они пробирались бесшумно — впереди волосатый, за ним Бэк. И оба всегда были настороже, уши у обоих шевелились и ноздри вздрагивали, потому что у человека слух и чутье были такие же тонкие, как у Бэка. Волосатый умел лазить по деревьям так же быстро, как бегать по земле. Хватаясь то за одну ветку, то за другую, он перепрыгивал иногда расстояние в десять-двенадцать футов между одним деревом и другим, балансируя в воздухе и никогда не срываясь. На деревьях он чувствовал себя так же свободно, как на земле. Бэку вспоминались ночи, когда он сторожил под деревом, на котором спал волосатый человек, крепко уцепившись руками за ветви.

И сродни этим видениям, в которых являлся Бэку волосатый человек, был зов, по-прежнему звучавший из глубин темного леса. Он вселял в Бэка сильную тревогу, вызывал непонятные желания. Бэк испытывал какую-то смутную радость, и беспокойство, и буйную тоску неведомо о чем. Иногда он бежал в лес, откуда ему слышался этот зов, искал его там, как нечто осязаемое, и лаял то тихо, то воинственно, смотря по настроению. Он тыкался носом в холодный лесной мох или сырую землю, покрытую высокой травой, и фыркал от блаженства, вдыхая их запах. Или часами, словно притаившись в засаде, лежал за поваленными бурей стволами, обросшими древесной губкой, и, наставив уши, широко раскрыв глаза, ловил каждый звук, каждое движение вокруг. Быть может, лежа тут, он подстерегал тот неведомый зов, не дававший ему покоя. Он и сам не знал, зачем он все это делает: он повиновался чему-то, что было сильнее его, и делал все безотчетно.

Он был теперь весь во власти непобедимых инстинктов. Иногда лежит в лагере и дремлет, разнеженный теплом, — и вдруг поднимет голову, насторожит уши, как будто напряженно прислушиваясь, затем вскакивает и мчится все дальше и дальше, часами носится по лесу или на просторе открытых равнин. Он любил бегать по дну пересохших речек, следить за жизнью леса. Целыми днями лежал в кустах, откуда можно было наблюдать за куропатками, которые важно прохаживались по траве или, хлопая крыльями, перелетали с места на место. Но больше всего нравилось Бэку бегать в светлом сумраке летних ночей и слушать сонный, глухой шепот леса, читать звуки и приметы, как человек читает книгу, искать, искать то таинственное, чей зов он слышал всегда, и наяву, и во сне.

Раз ночью он со сна испуганно вскочил, широко раскрыв глаза, дрожащими ноздрями втягивая воздух. Вся шерсть на нем встала дыбом и ходила, как волны под ветром. Из леса доносился зов, такой внятный, как никогда. Это был протяжный вой, и похожий, и непохожий на вой ездовых собак. Бэку он показался знакомым — да, он уже слышал его когда-то! В несколько прыжков пробежал он через спавший лагерь, бесшумно и быстро помчался в лес. Когда вой стал слышен уже где-то близко, Бэк пошел тише, соблюдая величайшую осторожность. Наконец он подошел к открытой поляне и, выглянув из-за деревьев, увидел большого тощего волка, который выл, задрав морду кверху.

Бэк не произвел ни малейшего шума, но волк почуял его и перестал выть. Он нюхал воздух, пытаясь определить, где враг. Весь подобравшись и вытянув хвост палкой, Бэк, крадучись, вышел на поляну, с необычной для него настороженностью переставляя лапы. В каждом его движении была и угроза, и одновременно дружественное предложение мира. Именно так встречаются хищники лесов. Но волк, увидев Бэка, обратился в бегство. Бэк большими скачками помчался вслед, охваченный бешеным желанием догнать его. Он загнал его в ложе высохшего ручья, где выход загораживали сплошные заросли кустарника. Волк заметался, завертелся, приседая на задние лапы, как это делали Джо и другие собаки, когда их загоняли в тупик. Он рычал и, ощетинившись, непрерывно щелкал зубами.

Бэк не нападал, а кружил около волка, всячески доказывая свои мирные намерения. Но волк был настроен подозрительно и трусил, так как Бэк был втрое крупнее его и на целую голову выше. Улучив момент, серый бросился бежать, и опять началась погоня. Порой Бэку удавалось снова загнать его куда-нибудь, и все повторялось сначала. Волк был очень истощен, иначе Бэку не так-то легко было бы догнать его. Он бежал, а когда голова Бэка оказывалась уже у его бока, начинал вертеться на месте, готовый защищаться, но при первой же возможности снова бросался бежать.

В конце концов упорство Бэка было вознаграждено. Волк, убедившись в безобидности его намерений, обернулся, и они обнюхались. Установив таким образом дружеские отношения, они стали играть, но с той напряженной и боязливой осторожностью, под которой дикие звери таят свою свирепость. Поиграв с Бэком, волк побежал дальше легкой рысцой, всем своим видом давая понять, что он куда-то спешит и приглашает Бэка следовать за ним.

Они побежали рядом в густом сумраке, сначала вверх по речке, по тому ущелью, на дне которого она протекала, потом через мрачные горы, где она брала начало.

По противоположному склону водораздела они спустились на равнину, где были большие леса и много речек, и этими лесами они бежали и бежали дальше. Проходили часы, уже и солнце стояло высоко в небе, и заметно потеплело. Бэк был в диком упоении. Теперь он знал, что бежит рядом со своим лесным братом именно туда, откуда шел властный зов, который он слышал во сне и наяву. В нем быстро оживали какие-то древние воспоминания, и он отзывался на них, как некогда отзывался на ту действительность, призраками которой они были. Да, все то, что было сейчас, происходило уже когда-то, в том, другом мире, который смутно помнился ему: вот так же он бегал на воле, и под ногами у него была нехоженая земля, а над головой — необъятное небо.

Они остановились у ручья, чтобы напиться, и тут Бэк вспомнил о Джоне Торнтоне. Он сел. Волк опять пустился было бежать туда, откуда, несомненно, шел зов, но, видя, что Бэк не двигается с места, вернулся, потыкался носом в его нос и всячески пробовал подстегнуть его. Но Бэк отвернулся от него и медленно двинулся в обратный путь. Чуть не целый час его дикий собрат бежал рядом и тихо визжал. Потом он сел, поднял морду к небу и завыл. Этот унылый вой Бэк, удаляясь, слышал еще долго, пока он не замер вдали.

Джон Торнтон обедал, когда Бэк влетел в лагерь и кинулся к нему. Безумствуя от любви, он опрокинул хозяина на землю, наскакивал на него, лизал ему лицо, кусал его руку — словом, «валял дурака», как Джон Торнтон называл это, а хозяин в свою очередь, ухватив пса за голову, тормошил его и любовно ругал последними словами.

Двое суток Бэк не выходил за пределы лагеря и неотступно следил за Торнтоном. Он ходил за ним по пятам, сопровождал его на прииск, смотрел, как он ест, как вечером залезает под одеяла и утром вылезает из-под них. Но прошли эти двое суток — и зов из леса зазвучал в ушах Бэка еще настойчивее и повелительнее, чем прежде. Он опять забеспокоился, его преследовали воспоминания о веселых долинах по ту сторону гор, о лесном брате, о том, как они бежали рядом среди необозримых лесных просторов. Он снова стал убегать в лес, но дикого брата больше не встречал. Как ни вслушивался Бэк долгими ночами, он не слышал его унылого воя.

Он стал по нескольку дней пропадать из лагеря, ночуя где придется. И однажды он перебрался через знакомый водораздел и снова попал в страну лесов и рек. Здесь он бродил целую неделю, напрасно ища свежих следов дикого брата. Он питался дичью, которую убивал по дороге, и все бежал и бежал легкими длинными скачками, ничуть не уставая. Он ловил лососей в большой реке, которая где-то далеко вливалась в море, и у этой же реки он загрыз черного медведя. Медведь, так же как и Бэк, ловил здесь рыбу и, ослепленный комарами, бросился бежать к лесу, страшный в своей бессильной ярости. Несмотря на его беспомощность, схватка была жестокой и окончательно пробудила дремавшего в Бэке зверя. Через два дня он вернулся на то место, где лежал убитый им медведь, и увидел, что с десяток росомах дерутся из-за этой добычи. Он расшвырял их, как мякину, а две, не успевшие убежать, остались на месте, навсегда лишенные возможности драться.

Бэк становился кровожадным хищником, который, чтобы жить, убивает живых и один, без чужой помощи, полагаясь лишь на свою силу и храбрость, торжествует над враждебной природой, выживает там, где может выжить только сильный. Это сознание своей силы пробудило в нем гордость. Она проявлялась во всех его движениях, сквозила в игре каждого мускула, о ней выразительнее всяких слов говорили все его повадки, и казалось, гордость эта даже придавала новый блеск и пышность его великолепной шерсти. Если бы не коричневые пятна на морде и над глазами да белая полоска шерсти на груди, его можно было бы принять за громадного волка. От отца-сенбернара он унаследовал свои размеры и вес, но все остальное было от матери-овчарки. Морда у него была длинная, волчья, только больше, чем у волка, а череп, хотя шире и массивнее, формой тоже напоминал череп волка.

Он обладал чисто волчьей хитростью, коварной хитростью дикого зверя. А кроме того, в нем соединились ум овчарки и понятливость сенбернара. Все это в сочетании с опытом, приобретенным в суровейшей из школ, делало Бэка страшнее любого зверя, рыщущего в диких лесах. Этот пес, питавшийся только сырым мясом, был теперь в полном расцвете сил, и жизненная энергия била в нем через край. Когда Торнтон гладил его по спине, шерсть Бэка потрескивала под его рукой, словно каждый ее волосок излучал скрытый в нем магнетизм. Все в нем, каждая клеточка тела и мозга, каждая жилка и каждый нерв, жило напряженной жизнью, действовало с великолепной слаженностью, в полном равновесии. На все, что он видел и слышал, на все, что требовало отклика, Бэк откликался с молниеносной быстротой. Собаки северных пород быстро нападают и быстро защищаются от нападения, но Бэк делал это вдвое быстрее их. Увидит движение, услышит звук — и реагирует на них раньше, чем другая собака успела бы сообразить, в чем дело. Бэк воспринимал, решал и действовал одновременно. Эти три момента — восприятие, решение, действие, — как известно, следуют друг за другом. Но у Бэка промежутки между ними были так ничтожны, что, казалось, все происходило сразу. Мускулы его были заряжены жизненной энергией, работали быстро и точно, как стальные пружины. Жизнь, ликующая, буйная, разливалась в нем мощным потоком, — казалось, вот-вот этот поток в своем неудержимом стремлении разорвет его на части, вырвется наружу и зальет весь мир.

— Другой такой собаки на свете нет и не было! — сказал однажды Джон Торнтон товарищам, наблюдая Бэка, который шествовал к выходу из лагеря.

— Да, когда его отливали, форма, наверное, лопнула по всем швам и больше не употреблялась, — сострил Пит.

— Ей-богу, я сам так думаю, — подтвердил Ганс.

Они видели, как Бэк выходил из лагеря, но не видели той мгновенной и страшной перемены, которая происходила в нем, как только лес укрывал его от людских глаз. В лесу он уже не шествовал важно, там он сразу превращался в дикого зверя и крался бесшумно, как кошка, мелькая и скрываясь между деревьями, подобно легкой тени среди других теней леса. Он умел везде найти себе укрытие, умел ползти на животе, как змея, и, как змея, внезапно нападать и разить. Он ловко вытаскивал куропатку из гнезда, убивал спящего зайца и ловил на лету бурундуков, на секунду опоздавших взобраться на дерево. Не успевали уплыть от него и рыбы в незамерзающих водах, и даже бобров, чинивших свои плотины, не спасала их осторожность. Бэк убивал не из бессмысленной жестокости, а для того, чтобы насытиться. Он любил есть только то, что убивал сам. В его поведении на охоте заметно было иногда желание позабавиться. Например, ему доставляло большое удовольствие подкрадываться к белке и, когда она уже почти была у него в зубах, дать ей, смертельно перепуганной, взлететь на верхушку дерева.

К осени в лесу появилось много лосей — они проходили медленно, перекочевывая на зимовку в расположенные ниже долины, где было не так холодно. Бэк уже затравил раз отбившегося от стада лосенка, но ему хотелось более крупной добычи, и однажды он наткнулся на нее в горах у истока речки. Целое стадо лосей — голов двадцать — пришло сюда из района лесов и рек, и вожаком у них был крупный самец ростом выше шести футов. Он был уже разъярен, и более грозного противника Бэку трудно было и пожелать. Лось покачивал громадными рогами, которые разветвлялись на четырнадцать отростков. В его маленьких глазках светилась бешеная злоба, и, увидев Бэка, он заревел от ярости.

В боку у лося, близко к груди, торчала оперенная стрела, и оттого-то он был так зол. Инстинкт, унаследованный Бэком от предков, охотившихся в лесу в первобытные времена, подсказал ему, что прежде всего надо отбить вожака от стада. Задача была не из легких. Пес лаял и метался перед лосем на таком расстоянии, чтобы его не могли достать громадные рога и страшные скошенные копыта, которые одним ударом вышибли бы из него дух. Не имея возможности повернуть спину к этому клыкастому чудовищу и уйти, лось окончательно рассвирепел. В приступах ярости он то и дело наступал на Бэка, но тот ловко увертывался, притворяясь беспомощным и тем раззадоривая лося и заманивая его все дальше. Но всякий раз, как старый лось отделялся от стада, два-три молодых самца атаковали Бэка, давая раненому вожаку возможность вернуться.

Есть у хищников особое терпение, неутомимое, настойчивое, упорное, как сама жизнь, которое помогает пауку в паутине, змее, свернувшейся кольцом, пантере в засаде замирать неподвижно на бесконечные часы. Терпение это проявляет все живое, когда охотится за живой пищей. Его проявлял теперь и Бэк, забегая сбоку и задерживая стадо, дразня молодых самцов, пугая самок с лосятами, доводя раненого вожака до бессильного бешенства. Это продолжалось целых полдня. Бэк словно раздваивался, атакуя со всех сторон, окружая стадо каким-то вихрем угроз, снова и снова отрезая свою жертву, как только ей удавалось вернуться к стаду, истощая терпение преследуемых, у которых его всегда меньше, чем у преследователей.

К концу дня, когда солнце стало клониться к закату (осень вступила в свои права, темнело рано, и ночь длилась уже шесть часов), молодые лоси все менее и менее охотно отходили от стада, чтобы помочь своему вожаку. Зима приближалась, им надо было спешить вниз, в долины, а тут никак не удавалось отделаться от этого неутомимого зверя, который задерживал их. К тому же опасность грозила не всему стаду, не им, молодым, а только жизни одного старого лося, и, так как им собственная жизнь была дороже, они в конце концов готовы были пожертвовать вожаком.

Наступили сумерки. Старый лось стоял, понурив голову, и смотрел на свое стадо: самок, которых он любил, лосят, которым был отцом, самцов, которых подчинил себе. Смотрел, как они торопливо уходили в угасавшем свете дня. Он не мог уйти с ними, потому что перед его носом плясало безжалостное клыкастое чудовище и не давало ему идти.

В нем было весу больше полутонны, он прожил долгую, суровую жизнь, полную борьбы и лишений, и вот его ожидала смерть от зубов какого-то существа, которое едва доходило ему до массивных узловатых колен!

С этого момента Бэк ни днем ни ночью не оставлял свою добычу, не давал раненому лосю ни минуты покоя. Он не позволял ему пощипать листьев или побегов молодых берез и верб, не давал напиться из ручейков, которые они переходили, и лось не мог утолить сжигавшую его жажду. Часто он в отчаянии пускался бежать. Бэк не пытался его остановить, но спокойно бежал за ним по пятам, довольный ходом этой игры. Когда лось стоял на одном месте, Бэк ложился на землю; когда же тот пытался поесть или попить, он яростно наскакивал на него.

Большая голова лося с ветвистыми, как деревья, рогами клонилась все ниже, он плелся все медленнее. Теперь он подолгу стоял, опустив морду к земле, с вяло повисшими ушами, и у Бэка было больше времени для того, чтобы сбегать напиться или отдохнуть. Когда он, тяжело дыша и высунув красный язык, лежал, не спуская глаз с громадного лося, ему казалось, что все окружающее принимает какой-то иной облик. Он чувствовал: в мире вокруг происходит что-то новое. Казалось, вместе с лосями сюда незримо пришли и какие-то другие живые существа. Лес, и вода, и воздух словно трепетали от их присутствия. Об этом говорили Бэку не глаза его, не слух, не обоняние, а какое-то внутреннее безошибочное чутье. Он не видел и не слышал ничего необычного, но он знал, что в окружающем мире произошла перемена, что где-то рыщут какие-то странные существа. И он решил исследовать мир вокруг, когда доведет до конца дело, которым сейчас занят.

Наконец на исходе четвертого дня он доконал-таки старого лося. Целый день и целую ночь он оставался около своей добычи, отъедался, отсыпался и бродил вокруг. Потом, отдохнув и восстановив силы, он вспомнил о Джоне Торнтоне и легким галопом помчался к лагерю. Он бежал много часов, ни разу не сбившись с запутанной дороги, направляясь прямо домой по незнакомой местности так уверенно, что мог посрамить человека с его компасом.

По дороге Бэк все сильнее и сильнее чуял вокруг что-то новое, тревожное. Повсюду шла теперь какая-то иная жизнь, чем та, какую он наблюдал здесь все лето. И говорило об этом Бэку уже не только таинственное внутреннее чутье. Нет, об этом щебетали птицы, об этом болтали между собой белки, даже ветерок нашептывал ему это. Бэк несколько раз останавливался и, усиленно нюхая свежий утренний воздух, чуял в нем весть, которая заставляла его бежать быстрее. Его угнетало предчувствие какой-то беды, которая надвигалась или, может быть, уже случилась. И когда он пересек последний водораздел и спустился в долину, где находился лагерь, он побежал тише, соблюдая осторожность.

Пробежав три мили, он наткнулся на свежие следы, и шерсть у него на затылке зашевелилась. Следы вели прямо к лагерю, к Джону Торнтону! Бэк помчался быстрее и еще бесшумнее. Все чувства в нем были напряжены, он остро воспринимал многочисленные мелкие подробности, которые рассказали ему многое, но не все до конца. Нюхом чуял он, что по тропе, по которой он бежал, до него прошли какие-то люди. Что-то зловещее таил в своем молчании затихший лес. Примолкли птицы, попрятались все белки, одна только попалась на глаза Бэку: ее серенькое блестящее тельце прильнуло к серой поверхности сухого сука так плотно, что казалось частью его, каким-то наростом на дереве.

Бэк несся легко и бесшумно, как тень, и вдруг морда его быстро повернулась в сторону, словно направленная какой-то посторонней силой. Он пошел на новый, незнакомый запах и в кустах увидел Нига. Пес лежал на боку мертвый. Видимо, он дополз сюда и тут испустил дух. В каждом боку у него торчало по оперенной стреле.

Пройдя еще сто ярдов, Бэк наткнулся на одну из ездовых собак, купленных Торнтоном в Доусоне. Собака в предсмертных муках корчилась на земле, у самой тропинки, и Бэк обошел ее не останавливаясь. Из лагеря глухо доносились голоса, то затихая, то усиливаясь, — то был монотонный ритм песни. Бэк прополз на животе до конца просеки и тут нашел Ганса, лежавшего ничком и утыканного стрелами, как дикобраз. В эту самую минуту, глянув в сторону, где раньше стоял их шалаш из еловых веток, Бэк увидел зрелище, от которого у него вся шерсть поднялась дыбом. Его охватил порыв неудержимой ярости. Сам того не сознавая, он зарычал громко, грозно, свирепо. В последний раз в жизни страсть в нем взяла верх над хитростью и рассудком. Бэк потерял голову, и этому виной была его великая любовь к Джону Торнтону.

Ихеты, плясавшие вокруг остатков шалаша, вдруг услышали страшный рык мчавшегося на них зверя, какого они никогда еще не видели. Бэк, как живой ураган, яростно налетел на них, обезумев от жажды мщения. Он кинулся на того, кто стоял ближе всех (это был вождь ихетов), и разорвал ему горло зубами так, что из вены фонтаном брызнула кровь. Когда индеец упал, Бэк, не трогая его больше, прыгнул на следующего и ему тоже перегрыз горло. Ничто не могло его остановить. Он ринулся в толпу, рвал, терзал, уничтожал, не обращая внимания на стрелы, сыпавшиеся на него. Он метался с такой непостижимой быстротой, а индейцы сбились в такую тесную кучу, что они своими стрелами поражали не его, а друг друга. Один молодой охотник метнул в Бэка копье, но оно угодило в грудь другому охотнику — и с такой силой, что острие прошло насквозь и вышло из спины. Тут ихетов охватил панический ужас, и они бросились бежать в лес, крича, что на них напал злой дух.

Бэк действительно казался воплощением дьявола, когда гнался за ними по пятам, преследуя их между деревьями, как оленей. Роковым был этот день для ихетов. Они рассеялись по всем окрестным лесам, и только через неделю те, кто уцелел, собрались далеко в долине и стали считать потери.

А Бэк, устав гнаться за ними, вернулся в опустевший лагерь. Он нашел Пита на том месте, где его застали сонного и убили раньше, чем он успел вылезть из-под одеял. Земля вокруг хранила свежие следы отчаянной борьбы Торнтона, и Бэк обнюхал их, эти следы, все до последнего. Они привели его к берегу глубокого пруда. На самом краю его головой и передними лапами в воде лежала верная Скит, не оставившая хозяина до последней минуты. Пруд, тинистый и мутный от промывки руды, хорошо скрывал то, что лежало на дне. А лежал там Джон Торнтон: Бэк проследил его шаги до самой воды, и обратных следов нигде не было видно.

Весь день Бэк сидел у пруда или беспокойно бродил по лагерю. Он знал, что такое смерть: человек перестает двигаться, потом навсегда исчезает из жизни живых. Он понял, что Джон Торнтон умер, что его нет и не будет, и ощущал какую-то пустоту внутри. Это было похоже на голод, но пустота причиняла боль. И никакой пищей ее нельзя было заполнить. Боль забывалась только в те минуты, когда он, остановившись, смотрел на трупы ихетов. Тогда в нем поднималась великая гордость — никогда еще он так не гордился собой! Ведь он убил человека, самую благородную дичь, убил по закону дубины и клыка. Он с любопытством обнюхивал мертвецов. Оказывается, человека убить очень легко! Легче, чем обыкновенную собаку. Без своих стрел, копий и дубин они не могут равняться силой с ним, Бэком! И значит, впредь их бояться нечего, когда у них в руках нет стрел, копья или дубинки.

Наступила ночь, высоко над деревьями взошла полная луна и залила землю призрачным светом. И в эту ночь, печально сидя у пруда, Бэк ясно почувствовал, что в лесу идет какая-то новая для него жизнь. Он встал, насторожил уши, понюхал воздух. Издалека слабо, но отчетливо донесся одинокий вой, затем к нему присоединился целый хор. Вой слышался все громче, он приближался с каждой минутой. Снова Бэк почувствовал, что слышал его когда-то в том, другом мире, который жил в глубине его памяти. Он вышел на открытое место и прислушался. Да, это был тот самый зов, многоголосый зов! Никогда еще он не звучал так настойчиво, не манил так, как сейчас, и Бэк готов был ему повиноваться. Джон Торнтон умер. Последние узы были порваны. Люди с их требованиями и правами более не существовали для Бэка.

Охотясь за живой добычей, волчья стая, так же как индейцы, шла вслед за перекочевывавшими лосями и, пройдя край лесов и рек, ворвалась в долину Бэка. Серебристым потоком хлынула она на поляну, купавшуюся в лунном свете, а посреди поляны стоял Бэк, неподвижный, как изваяние, и ждал. Этот громадный и неподвижный зверь внушал волкам страх, и только после минутной нерешительности самый храбрый из них прыгнул к Бэку. С быстротой молнии Бэк нанес удар и сломал ему шейные позвонки. Некоторое время он стоял так же неподвижно, как прежде, а за ним в агонии катался по земле умиравший волк. Еще три волка один за другим пытались напасть на него — и все отступили, обливаясь кровью, с разорванным горлом или плечом.

Наконец вся стая бросилась на Бэка. Волки лезли на него, толпясь и мешая друг другу в своем нетерпении овладеть добычей. Но изумительное проворство и ловкость выручили Бэка. Вертясь во все стороны на задних лапах, действуя зубами и когтями, он отбивался одновременно от всех нападавших. Чтобы помешать им зайти с тыла, ему пришлось отступить. Он пятился, пока не миновал пруд и не очутился в русле высохшей речки.

Дальше он наткнулся на высокий откос и, двигаясь вдоль него, добрался до глубокой выемки, где хозяева его брали песок для промывки. Тут он был уже защищен с трех сторон, и ему оставалось только отражать натиск врагов спереди.

Он делал это так успешно, что через полчаса волки отступили в полном смятении. Они тяжело дышали, высунув языки. Их белые клыки резко белели в лунном свете. Одни прилегли, подняв морды и навострив уши. Другие стояли, следя за Бэком. А некоторые лакали воду из пруда. Большой и тощий серый волк осторожно вышел вперед. Он явно был настроен дружелюбно — и Бэк узнал того дикого собрата, с которым он бегал по лесу целые сутки. Волк тихонько повизгивал, и, когда Бэк ответил ему тем же, они обнюхались.

Затем подошел к Бэку и другой, старый волк, весь в рубцах от драк. Бэк сначала оскалил зубы, но потом обнюхался и с ним. После этой церемонии старый волк сел, поднял морду к луне и протяжно завыл. Завыли и все остальные. Бэк узнал тот зов, что тревожил его долгими ночами. И он тоже сел и завыл. Когда все затихли, он вышел из своего укрытия, и стая окружила его, обнюхивая наполовину дружески, наполовину враждебно. Вожаки опять завыли и побежали в лес. Волки бросились за ними, воя хором. Побежал и Бэк рядом со своим диким собратом. Бежал и выл.

На этом можно было бы и кончить рассказ о Бэке.

Прошло немного лет, и ихеты стали замечать, что порода лесных волков несколько изменилась. Попадались волки с коричневыми пятнами на голове и морде, с белой полоской на груди. Но еще удивительнее было то, что, по рассказам ихетов, во главе волчьей стаи бегал Дух Собаки. Они боялись этой собаки, потому что она была хитрее их. В лютые зимы она крала их запасы, утаскивала из их капканов добычу, загрызала их собак и не боялась самых храбрых охотников.

Рассказывали еще более страшные вещи: иногда охотники, уйдя в лес, не возвращались больше в стойбище, а некоторых находили потом мертвыми, с перегрызенным горлом, и вокруг на снегу видны были следы лап крупнее волчьих.

Осенью, когда ихеты отправляются в погоню за лосями, одну долину они всегда обходят. И лица их женщин омрачает печаль, когда у костра начинаются рассказы о том, как Злой Дух явился в эту долину, избрав ее своим убежищем.

Ихеты не знают, что летом в эту долину забегает один лесной зверь. Это крупный волк с великолепной шерстью, и похожий, и непохожий на других волков. Он приходит один из веселых лесных урочищ и спускается в долину, на полянку между деревьями. Здесь лежат истлевшие мешки из лосиных шкур, и течет из них на землю золотой поток, а сквозь него проросли высокие травы, укрывая золото от солнца.

Здесь странный волк сидит в задумчивости некоторое время, воет долго и уныло, потом уходит.

Не всегда он приходит сюда один. Когда наступают долгие зимние ночи и волки спускаются за добычей в долины, его можно увидеть здесь во главе целой стаи. В бледном свете луны или мерцающих переливах северного сияния он бежит, возвышаясь громадой над своими собратьями, и во все могучее горло поет песнь тех времен, когда мир был юн, — песнь волчьей стаи.

БЕЛЫЙ КЛЫК

Часть первая

Глава первая
ПОГОНЯ ЗА ДОБЫЧЕЙ

Темный еловый лес стоял, нахмурившись, по обоим берегам скованной льдом реки. Недавно пронесшийся ветер сорвал с деревьев белый покров инея, и они, черные, зловещие, клонились друг к другу в надвигавшихся сумерках. Глубокое безмолвие царило вокруг. Весь этот край, лишенный признаков жизни с ее движением, был так пустынен и холоден, что дух, витавший над ним, нельзя было назвать даже духом скорби. Смех, но смех страшнее скорби, слышался здесь — смех безрадостный, точно улыбка сфинкса, смех, леденящий своим бездушием, как стужа. Это извечная мудрость — властная, вознесенная над миром — смеялась, видя тщету жизни, тщету борьбы. Это была глушь — дикая, оледеневшая до самого сердца Северная глушь.

И все же что-то живое двигалось в ней и бросало ей вызов. По замерзшей реке пробиралась упряжка ездовых собак. Взъерошенная шерсть их заиндевела на морозе, дыхание застывало в воздухе и кристаллами оседало на шкуре. Собаки были в кожаной упряжи, и кожаные постромки шли от нее к волочившимся сзади саням. Сани без полозьев, из толстой березовой коры, всей поверхностью ложились на снег. Передок их был загнут кверху, как свиток, чтобы приминать мягкие снежные волны, встававшие им навстречу. На санях стоял крепко притороченный узкий, продолговатый ящик. Были там и другие вещи: одежда, топор, кофейник, сковорода; но прежде всего бросался в глаза узкий, продолговатый ящик, занимавший большую часть саней.

Впереди собак на широких лыжах с трудом ступал человек. За санями шел второй. На санях, в ящике, лежал третий, для которого с земными трудами было покончено, ибо Северная глушь одолела, сломила его, так что он не мог больше ни двигаться, ни бороться. Северная глушь не любит движения. Она ополчается на жизнь, ибо жизнь есть движение, а Северная глушь стремится остановить все то, что движется. Она замораживает воду, чтобы задержать ее бег к морю; она высасывает соки из дерева, и его могучее сердце коченеет от стужи; но с особенной яростью и жестокостью Северная глушь ломает упорство человека, потому что человек — самое мятежное существо в мире, потому что человек всегда восстает против ее воли, согласно которой всякое движение в конце концов должно прекратиться.

И все-таки впереди и сзади саней шли два бесстрашных и непокорных человека, еще не расставшиеся с жизнью. Их одежда была сшита из меха и мягкой дубленой кожи. Ресницы, щеки и губы у них так обледенели от застывавшего на воздухе дыхания, что под ледяной коркой не было видно лица. Это придавало им вид каких-то призрачных масок, могильщиков из потустороннего мира, совершающих погребение призрака. Но это были не призрачные маски, а люди, проникшие в страну скорби, насмешки и безмолвия, смельчаки, вложившие все свои жалкие силы в дерзкий замысел и задумавшие потягаться с могуществом мира, столь же далекого, пустынного и чуждого им, как и необъятное пространство космоса.

Они шли молча, сберегая дыхание для ходьбы. Почти осязаемое безмолвие окружало их со всех сторон. Оно давило на разум, как вода на большой глубине давит на тело водолаза. Оно угнетало безграничностью и непреложностью своего закона. Оно добиралось до самых сокровенных тайников их сознания, выжимая из него, как сок из винограда, все напускное, ложное, всякую склонность к слишком высокой самооценке, свойственную человеческой душе, и внушало им мысль, что они всего лишь ничтожные, смертные существа, пылинки, мошки, которые прокладывают свой путь наугад, не замечая игры слепых сил природы.

Прошел час, прошел другой. Бледный свет короткого, тусклого дня начал меркнуть, когда в окружавшей тишине пронесся слабый, отдаленный вой. Он стремительно взвился кверху, достиг высокой ноты, задержался на ней, дрожа, но не сбавляя силы, а потом постепенно замер. Его можно было принять за стенание чьей-то погибшей души, если б в нем не слышалось угрюмой ярости и ожесточения голода.

Человек, шедший впереди, обернулся, поймал взгляд того, который брел позади саней, и они кивнули друг другу. И снова тишину, как иголкой, пронзил вой. Они прислушались, стараясь определить направление звука. Он доносился из тех снежных просторов, которые они только что прошли.

Вскоре послышался ответный вой, тоже откуда-то сзади, но немного левее.

— Это ведь они за нами гонятся, Билл, — сказал шедший впереди. Голос его прозвучал хрипло и неестественно, и говорил он с явным трудом.

— Добычи у них мало, — ответил его товарищ. — Вот уже сколько дней я не видел ни одного заячьего следа.

Путники замолчали, напряженно прислушиваясь к вою, который поминутно раздавался позади них.

Как только наступила темнота, они повернули собак к елям на берегу реки и остановились на привал. Гроб, снятый с саней, служил им и столом, и скамьей. Сбившись в кучу по другую сторону костра, собаки рычали и грызлись, но не выказывали ни малейшего желания убежать в темноту.

— Что-то они уж слишком жмутся к огню, — сказал Билл.

Генри, присевший на корточки перед костром, чтобы установить на огне кофейник с куском льда, молча кивнул. Заговорил он только после того, как сел на гроб и принялся за еду.

— Шкуру свою берегут. Знают, что тут их накормят, а там они сами пойдут кому-нибудь на корм. Собак не проведешь.

Билл покачал головой.

— Кто их знает!

Товарищ посмотрел на него с любопытством.

— Первый раз слышу, чтобы ты сомневался в их уме.

— Генри, — сказал Билл, медленно разжевывая бобы, — а ты не заметил, как собаки грызлись, когда я кормил их?

— Действительно, возни было больше, чем всегда, — подтвердил Генри.

— Сколько у нас собак, Генри?

— Шесть.

— Так вот... — Билл сделал паузу, чтобы придать больше веса своим словам. — Я тоже говорю, что у нас шесть собак. Я взял шесть рыб из мешка, дал каждой собаке по рыбе. И одной не хватило, Генри.

— Значит, обсчитался.

— У нас шесть собак, — безучастно повторил Билл. — Я взял шесть рыб. Одноухому рыбы не хватило. Мне пришлось взять из мешка еще одну рыбу.

— У нас всего шесть собак, — стоял на своем Генри.

— Генри, — продолжал Билл, — я не говорю, что все были собаки, но рыба досталась семерым.

Генри перестал жевать, посмотрел через костер на собак и пересчитал их.

— Сейчас там только шесть, — сказал он.

— Седьмая убежала, я видел, — со спокойной настойчивостью проговорил Билл. — Их было семь.

Генри взглянул на него с состраданием и сказал:

— Поскорее бы нам с тобой добраться до места.

— Это как же понимать?

— А так, что от этой поклажи, которую мы везем, ты сам не свой стал, вот тебе и мерещится бог знает что.

— Я об этом уж думал, — ответил Билл серьезно. — Как только она побежала, я сразу взглянул на снег и увидел следы, потом сосчитал собак — их было шесть. А следы — вот они. Хочешь взглянуть? Пойдем покажу.

Генри ничего ему не ответил и молча продолжал жевать. Съев бобы, он запил их горячим кофе, вытер рот рукой и сказал:

— Значит, по-твоему, это...

Протяжный тоскливый вой не дал ему договорить. Он молча прислушался, а потом закончил начатую фразу, ткнув пальцем назад, в темноту:

— ...это гость оттуда?

Билл кивнул.

— Как ни вертись, больше ничего не придумаешь. Ты же сам слышал, какую грызню подняли собаки.

Протяжный вой слышался все чаще и чаще, издалека доносились ответные завывания — тишина превратилась в сущий ад. Вой несся со всех сторон, и собаки в страхе сбились в кучу так близко к костру, что огонь чуть ли не подпаливал им шерсть.

Билл подбросил хвороста в костер и закурил трубку.

— Я вижу, ты совсем захандрил, — сказал Генри.

— Генри... — Билл задумчиво пососал трубку. — Я все думаю, Генри: он куда счастливее нас с тобой. — И Билл постучал пальцем по гробу, на котором они сидели. — Когда мы умрем, Генри, хорошо, если хоть кучка камней будет лежать над нашими телами, чтобы их не сожрали собаки.

— Да ведь ни у тебя, ни у меня нет ни родни, ни денег, — сказал Генри. — Вряд ли нас с тобой повезут хоронить в такую даль, нам такие похороны не по карману.

— Чего я никак не могу понять, Генри, это — зачем человеку, который был у себя на родине не то лордом, не то вроде этого и ему не приходилось заботиться ни о еде, ни о теплых одеялах, — зачем такому человеку понадобилось рыскать на краю света, по этой богом забытой стране?..

— Да. Сидел бы дома, дожил бы до старости, — согласился Генри.

Его товарищ открыл было рот, но так ничего и не сказал. Вместо этого он протянул руку в темноту, стеной надвигавшуюся на них со всех сторон. Во мраке нельзя было разглядеть никаких определенных очертаний; виднелась только пара глаз, горевших как угли.

Генри молча указал на вторую пару и на третью. Круг горящих глаз стягивался около их стоянки. Время от времени какая-нибудь пара меняла место или исчезала, с тем чтобы снова появиться секундой позже.

Собаки беспокоились все больше и больше и вдруг, охваченные страхом, сбились в кучу почти у самого костра, подползли к людям и прижались к их ногам. В свалке одна собака попала в костер; она завизжала от боли и ужаса, и в воздухе запахло паленой шерстью. Кольцо глаз на минуту разомкнулось и даже чуть-чуть отступило назад, но, как только собаки успокоились, оно снова оказалось на прежнем месте.

— Вот беда, Генри! Патронов мало!

Докурив трубку, Билл помог своему спутнику разложить меховую постель и одеяло поверх еловых веток, которые он еще перед ужином набросал на снег. Генри крякнул и принялся развязывать мокасины.

— Сколько у тебя осталось патронов? — спросил он.

— Три, — послышалось в ответ. — А надо бы триста. Я бы им показал, дьяволам!

Он злобно погрозил кулаком в сторону горящих глаз и стал устанавливать свои мокасины перед огнем.

— Когда только эти морозы кончатся! — продолжал Билл. — Вот уже вторую неделю все пятьдесят да пятьдесят градусов. И зачем только я пустился в это путешествие, Генри! Не нравится оно мне. Не по себе мне как-то. Приехать бы уж поскорее, и дело с концом! Сидеть бы нам с тобой сейчас у камина в форте Макгэрри, играть в криббидж... Много бы я дал за это!

Генри проворчал что-то и стал укладываться. Он уже задремал, как вдруг голос товарища разбудил его:

— Знаешь, Генри, что меня беспокоит? Почему собаки не накинулись на того, пришлого, которому тоже досталась рыба?

— Уж очень ты стал беспокойный, Билл, — послышался сонный ответ. — Раньше за тобой этого не водилось. Перестань болтать, спи, а утром встанешь как ни в чем не бывало. Изжога у тебя, оттого ты и беспокоишься.

Они спали рядом, под одним одеялом, тяжело дыша во сне. Костер потухал, и круг горящих глаз, оцепивших стоянку, смыкался все теснее и теснее.

Собаки жались одна к другой, угрожающе рычали, когда какая-нибудь пара глаз подбиралась слишком близко. Вот они зарычали так громко, что Билл проснулся. Осторожно, стараясь не разбудить товарища, он вылез из-под одеяла и подбросил хвороста в костер. Огонь вспыхнул ярче, и кольцо глаз подалось назад.

Билл посмотрел на сбившихся в кучу собак, протер глаза, вгляделся попристальнее и снова забрался под одеяло.

— Генри! — окликнул он товарища. — Генри!

Генри застонал, просыпаясь, и спросил:

— Ну что там?

— Ничего, — услышал он, — только их опять семь. Я сейчас пересчитал.

Генри встретил это известие ворчанием, тотчас же перешедшим в храп, и снова погрузился в сон.

Утром он проснулся первым и разбудил товарища. До рассвета оставалось еще часа три, хотя было уже шесть часов утра. В темноте Генри занялся приготовлением завтрака, а Билл свернул постель и стал укладывать вещи в сани.

— Послушай, Генри, — спросил он вдруг, — сколько, ты говоришь, у нас было собак?

— Шесть.

— Вот и неверно! — заявил он с торжеством.

— Опять семь? — спросил Генри.

— Нет, пять. Одна пропала.

— Что за дьявол! — сердито крикнул Генри и, бросив стряпню, пошел пересчитать собак.

— Правильно, Билл, — сказал он. — Фэтти сбежал.

— Улизнул так быстро, что и не заметили. Пойди-ка сыщи его теперь.

— Пропащее дело, — ответил Генри. — Живьем слопали. Он, наверное, не один раз взвизгнул, когда эти дьяволы принялись его рвать.

— Фэтти всегда был глуповат, — сказал Билл.

— У самого глупого пса все-таки хватит ума не идти на верную смерть.

Он оглядел остальных собак, быстро оценивая в уме достоинства каждой.

— Эти умнее, они такой штуки не выкинут.

— Их от костра и палкой не отгонишь, — согласился Билл. — Я всегда считал, что у Фэтти не все в порядке.

Таково было надгробное слово, посвященное собаке, погибшей на Северной тропе, и оно было ничуть не скупее многих других эпитафий погибшим собакам, да, пожалуй, и людям.

Глава вторая

ВОЛЧИЦА

Позавтракав и уложив в сани свои скудные пожитки, Билл и Генри покинули приветливый костер и двинулись в темноту. И тотчас же послышался вой — дикий, заунывный вой; сквозь мрак и холод он долетал до них отовсюду. Путники шли молча. Рассвело в девять часов.

В полдень небо на юге порозовело — в том месте, где выпуклость земного шара встает преградой между полуденным солнцем и страной Севера. Но розовый отблеск быстро померк. Серый дневной свет, сменивший его, продержался до трех часов, потом и он погас, и над пустынным безмолвным краем опустился полог арктической ночи.

Как только наступила темнота, вой, преследовавший путников и справа, и слева, и сзади, послышался ближе; по временам он раздавался так близко, что собаки не выдерживали и начинали метаться в постромках.

После одного из таких припадков панического страха, когда Билл и Генри снова привели упряжку в порядок, Билл сказал:

— Хорошо бы они на какую-нибудь дичь напали и оставили нас в покое.

— Да, слушать их малоприятно, — согласился Генри.

И они замолчали до следующего привала.

Генри стоял, нагнувшись, над закипавшим котелком с бобами и подкладывал туда колотый лед, когда за его спиной вдруг послышался звук удара, возглас Билла и пронзительный визг. Он выпрямился и успел разглядеть только неясные очертания какого-то зверя, промчавшегося по снегу и скрывшегося в темноте. Потом Генри увидел, что Билл не то с торжествующим, не то с убитым видом стоит среди собак, держа в одной руке палку, а в другой хвост вяленого лосося.

— Половину все-таки утащил! — крикнул он. — Зато я всыпал ему как следует. Слышал визг?

— А кто это? — спросил Генри.

— Не разобрал. Могу только сказать, что ноги, и пасть, и шкура у него имеются, как у всякой собаки.

— Ручной волк, что ли?

— Волк или не волк, только, должно быть, действительно ручной, если является прямо к кормежке и хватает рыбу.

Этой ночью, когда они сидели после ужина на ящике, покуривая трубки, круг горящих глаз сузился еще больше.

— Хорошо бы они стадо лосей где-нибудь спугнули и оставили нас в покое, — сказал Билл.

Его товарищ пробормотал что-то не совсем любезное, и минут двадцать они сидели молча: Генри — уставившись на огонь, а Билл — на круг горящих глаз, светившийся в темноте, совсем близко от костра.

— Хорошо было бы сейчас подкатить к Макгэрри... — снова начал Билл.

— Да брось ты свое «хорошо бы», перестань ныть! — не выдержал Генри. — Изжога у тебя, вот ты и скулишь. Выпей соды — сразу полегчает, и мне с тобою будет веселее.

Утром Генри разбудила отчаянная брань. Он поднялся на локте и увидел, что Билл стоит среди собак у разгорающегося костра и с искаженным от бешенства лицом яростно размахивает руками.

— Эй! — крикнул Генри. — Что случилось?

— Фрог убежал, — услышал он в ответ.

— Быть не может!

— Говорю тебе, убежал.

Генри выскочил из-под одеяла и кинулся к собакам. Внимательно пересчитав их, он присоединил свой голос к проклятиям, которые его товарищ посылал по адресу всесильной Северной глуши, лишившей их еще одной собаки.

— Фрог был самый сильный во всей упряжке, — закончил свою речь Билл.

— И ведь смышленый! — прибавил Генри.

Такова была вторая эпитафия за эти два дня.

Завтрак прошел невесело; оставшуюся четверку собак запрягли в сани. День этот был точным повторением многих предыдущих дней. Путники молча брели по снежной пустыне. Безмолвие нарушал лишь вой преследователей, которые гнались за ними по пятам, не показываясь на глаза. С наступлением темноты, когда погоня, как и следовало ожидать, приблизилась, вой послышался почти рядом; собаки дрожали от страха, метались и путали постромки, еще больше угнетая этим людей.

— Ну, безмозглые твари, теперь уж никуда не денетесь, — с довольным видом сказал Билл на очередной стоянке.

Генри оставил стряпню и подошел посмотреть. Его товарищ привязал собак по индейскому способу, к палкам. На шею каждой собаки он надел кожаную петлю, к петле привязал толстую длинную палку — вплотную к шее; другой конец палки был прикреплен кожаным ремнем к вбитому в землю колу. Собаки не могли перегрызть ремень около шеи, а палки мешали им достать зубами привязь у кола.

Генри одобрительно кивнул.

— Одноухого только таким способом и можно удержать. Ему ничего не стоит перегрызть ремень — все равно что ножом полоснуть. А так к утру все целы будут.

— Ну еще бы! — сказал Билл. — Если хоть одна пропадет, я завтра от кофе откажусь.

— А ведь они знают, что нам нечем их припугнуть, — заметил Генри, укладываясь спать и показывая на мерцавший круг, который окаймлял их стоянку. — Пальнуть бы в них разок-другой — живо бы уважение к нам почувствовали. С каждой ночью все ближе и ближе подбираются. Отведи глаза от огня, вглядись-ка в ту сторону. Ну? Видел вон того?

Оба стали с интересом наблюдать за смутными силуэтами, двигавшимися позади костра. Пристально всматриваясь туда, где в темноте сверкала пара глаз, можно было разглядеть очертания зверя. По временам удавалось даже заметить, как эти звери переходят с места на место.

Возня среди собак привлекла внимание Билла и Генри. Нетерпеливо повизгивая, Одноухий то рвался с привязи в темноту, то, отступая назад, с остервенением грыз палку.

— Смотри, Билл, — прошептал Генри.

В круг, освещенный костром, неслышными шагами, боком, проскользнул зверь, похожий на собаку. Он подходил трусливо и в то же время нагло, устремив все внимание на собак, но не упуская из виду и людей. Одноухий рванулся к пришельцу, насколько позволяла палка, и нетерпеливо заскулил.

— Этот болван, кажется, ни капли не боится, — тихо сказал Билл.

— Волчица, — шепнул Генри. — Теперь я понимаю, что произошло с Фэтти и с Фрогом. Стая выпускает ее как приманку. Она завлекает собак, а остальные набрасываются и сжирают их.

В огне что-то затрещало. Головня откатилась в сторону с громким шипением. Испуганный зверь одним прыжком скрылся в темноте.

— Знаешь, что я думаю, Генри? — сказал Билл.

— Что?

— Это та самая, которую я огрел палкой.

— Можешь не сомневаться, — ответил Генри.

— Я вот что хочу сказать, — продолжал Билл, — видно, она привыкла к кострам, а это весьма подозрительно.

— Она знает больше, чем полагается знать уважающей себя волчице, — согласился Генри. — Волчица, которая является к кормежке собак, — бывалый зверь.

— У старика Виллэна была когда-то собака, и она ушла вместе с волками, — размышлял вслух Билл. — Кому это знать, как не мне? Я подстрелил ее в стае волков на лосином пастбище у Литтл-Стика. Старик Виллэн плакал, как ребенок. Говорил, что целых три года ее не видел. И все эти три года она бегала с волками.

— Это не волк, а собака, и ей не раз приходилось есть рыбу из рук человека. Ты попал в самую точку, Билл.

— Если мне только удастся, я ее уложу, и она будет не волк и не собака, а просто падаль, — заявил Билл. — Нам больше нельзя собак терять.

— Да ведь у тебя только три патрона, — возразил ему Генри.

— А я буду целиться наверняка, — последовал ответ.

Утром Генри снова разжег костер и занялся приготовлением завтрака под храп товарища.

— Уж больно ты хорошо спал, — сказал он, поднимая его ото сна. — Будить тебя не хотелось.

Еще не проснувшись как следует, Билл принялся за еду. Заметив, что его кружка пуста, он потянулся за кофейником. Но кофейник стоял далеко, возле Генри.

— Слушай, Генри, — сказал он с мягким упреком, — ты ничего не забыл?

Генри внимательно огляделся по сторонам и покачал головой. Билл протянул ему пустую кружку.

— Не будет тебе кофе, — объявил Генри.

— Неужели весь вышел? — испуганно спросил Билл.

— Нет, не вышел.

— Боишься, что у меня желудок испортится?

— Нет, не боюсь.

Краска гнева залила лицо Билла.

— Так в чем же тогда дело, объясни, не томи меня, — сказал он.

— Спэнкер убежал, — ответил Генри.

Медленно, с видом полнейшей покорности судьбе Билл повернул голову и, не сходя с места, пересчитал собак.

— Как это случилось? — безучастно спросил он.

Генри пожал плечами.

— Не знаю. Должно быть, Одноухий перегрыз ему ремень. Сам-то он, конечно, не мог это сделать.

— Проклятая тварь! — медленно проговорил Билл, ничем не выдавая кипевшего в нем гнева. — У себя ремень перегрызть не мог, так у Спэнкера перегрыз.

— Ну, для Спэнкера теперь все жизненные тревоги кончились. Волки, наверно, уже переварили его, и теперь он у них в кишках. — Такую эпитафию прочел Генри третьей собаке. — Выпей кофе, Билл.

Но Билл покачал головой.

— Ну, выпей, — настаивал Генри, подняв кофейник.

Билл отодвинул свою кружку.

— Будь я проклят, если выпью! Сказал, что не буду, если собака пропадет, — значит, не буду.

— Прекрасный кофе! — соблазнял его Генри.

Но Билл не сдался и позавтракал всухомятку, сдабривая еду нечленораздельными проклятиями по адресу Одноухого, сыгравшего с ними такую скверную шутку.

— Сегодня на ночь привяжу их всех поодиночке, — сказал Билл, когда они тронулись в путь.

Пройдя не больше ста шагов, Генри, шедший впереди, нагнулся и поднял какой-то предмет, попавший ему под лыжи. В темноте он не мог разглядеть, что это такое, но узнал на ощупь и швырнул эту вещь назад, так что она стукнулась о сани и отскочила прямо к лыжам Билла.

— Может быть, тебе это еще понадобится, — сказал Генри.

Билл ахнул. Вот все, что осталось от Спэнкера, — палка, которая была привязана ему к шее.

— Начисто сожрали, — сказал Билл. — И даже ремней на палке не оставили. Здорово же они проголодались, Генри... Чего доброго, еще и до нас с тобой доберутся.

Генри вызывающе рассмеялся:

— Правда, волки никогда за мной не гонялись, но мне приходилось и хуже этого, а все-таки жив остался. Десятка назойливых тварей еще недостаточно, чтобы доконать твоего покорного слугу, Билл!

— Посмотрим, посмотрим... — зловеще пробормотал его товарищ.

— Ну вот, когда будем подъезжать к Макгэрри, тогда и посмотришь.

— Не очень-то я на это надеюсь, — стоял на своем Билл.

— Ты просто не в духе, и больше ничего, — решительно заявил Генри. — Тебе надо хины принять. Вот дай только до Макгэрри добраться, я тебе вкачу хорошую дозу.

Билл проворчал что-то, выражая свое несогласие с таким диагнозом, и погрузился в молчание.

День прошел, как и все предыдущие.

Рассвело в девять часов. В двенадцать горизонт на юге порозовел от невидимого солнца, и наступил хмурый день, который через три часа должна была поглотить ночь.

Как раз в ту минуту, когда солнце сделало слабую попытку выглянуть из-за горизонта, Билл вынул из саней ружье и сказал:

— Ты не останавливайся, Генри. Я пойду взглянуть, что там делается.

— Не отходи от саней! — крикнул ему Генри. — Ведь у тебя всего три патрона. Кто его знает, что может случиться...

— Ага! Теперь ты заскулил? — торжествующе спросил Билл.

Генри промолчал и пошел дальше один, то и дело беспокойно оглядываясь назад в пустынную мглу, где исчез его товарищ.

Час спустя Билл догнал сани, сократив расстояние напрямик.

— Широко разбрелись, — сказал он, — повсюду рыщут, но и от нас не отстают. Видно, уверены, что мы от них не уйдем. Решили потерпеть немного, не хотят упускать ничего съедобного.

— То есть им кажется, что мы не уйдем от них, — подчеркнул Генри.

Но Билл оставил эти слова без внимания.

— Я некоторых видел — тощие! Наверно, давно им ничего не перепадало, если не считать Фэтти, Фрога и Спэнкера. А стая большая, съели и не почувствовали. Здорово отощали. Ребра как стиральная доска, и животы совсем подвело. Одним словом, дошли до крайности. Того и гляди всякий страх забудут, а тогда держи ухо востро!

Через несколько минут Генри, который шел теперь за санями, издал тихий предостерегающий свист.

Билл оглянулся и спокойно остановил собак. За поворотом, который они только что прошли, по их свежим следам бежал поджарый пушистый зверь. Принюхиваясь к снегу, он бежал легкой, скользящей рысцой. Когда люди остановились, остановился и он, вытянув морду и втягивая вздрагивавшими ноздрями доносившиеся до него запахи.

— Она. Волчица, — сказал Билл.

Собаки лежали на снегу. Он прошел мимо них к товарищу, стоявшему около саней. Оба стали разглядывать странного зверя, который уже несколько дней преследовал их и уничтожил половину упряжки.

Выждав и осмотревшись, зверь сделал несколько шагов вперед. Он повторял этот маневр до тех пор, пока не подошел к саням ярдов на сто, потом остановился около елей, поднял морду и, поводя носом, стал внимательно следить за наблюдавшими за ним людьми. В этом взгляде было что-то тоскливое, напоминавшее взгляд собаки, но без тени собачьей преданности. Это была тоска, рожденная голодом, жестоким, как волчьи клыки, безжалостным, как стужа.

Для волка зверь был велик, и, несмотря на его худобу, видно было, что он принадлежит к самым крупным представителям своей породы.

— Ростом фута два с половиной, — определил Генри. — И от головы до хвоста наверняка около пяти будет.

— Не совсем обычная масть для волка, — сказал Билл. — Я никогда рыжих не видал. А этот какой-то красновато-коричневый.

Билл ошибался. Шерсть у зверя была настоящая волчья. Преобладал в ней серый волос, но легкий красноватый оттенок, то исчезавший, то появлявшийся снова, создавал обманчивое впечатление — шерсть казалась то серой, то вдруг отливала рыжинкой.

— Самая настоящая ездовая лайка, только покрупнее, — сказал Билл. — Того и гляди, хвостом завиляет.

— Эй ты, лайка! — крикнул он. — Подойди-ка сюда... Как там тебя зовут!

— Да она ни капельки не боится, — засмеялся Генри.

Его товарищ крикнул громче и погрозил зверю кулаком, однако тот не проявил ни малейшего страха и только еще больше насторожился. Он продолжал смотреть на них все с той же беспощадной голодной тоской. Перед ним было мясо, а он голодал. И если бы у него только хватило смелости, он кинулся бы на людей и сожрал их.

— Слушай, Генри, — сказал Билл, бессознательно понизив голос до шепота. — У нас три патрона. Но ведь ее можно убить наповал. Тут не промахнешься. Трех собак как не бывало, надо же положить этому конец. Что ты скажешь?

Генри кивнул в знак согласия.

Билл осторожно вытащил ружье из саней, поднял было его, но так и не донес до плеча. Волчица прыгнула с тропы в сторону и скрылась среди елей. Друзья посмотрели друг на друга. Генри многозначительно засвистал.

— Эх, не сообразил я! — воскликнул Билл, кладя ружье на место. — Как же такой волчице не знать ружья, когда она знает время кормежки собак! Говорю тебе, Генри, во всех наших несчастьях виновата она. Если бы не эта тварь, у нас сейчас было бы шесть собак, а не три. Нет, Генри, я до нее доберусь. На открытом месте ее не убьешь, слишком умна. Но я ее выслежу. Я подстрелю эту тварь из засады.

— Только далеко не отходи, — предупредил его Генри. — Если они на тебя всей стаей набросятся, три патрона тебе помогут как мертвому припарки. Уж очень это зверье проголодалось. Смотри, Билл, попадешься им!

В эту ночь остановка была сделана рано. Три собаки не могли везти сани так быстро и так подолгу, как это делали шесть; они заметно выбились из сил. Билл привязал их подальше друг от друга, чтобы они не перегрызли ремней, и оба путника сразу легли спать. Но волки осмелели и ночью не раз будили их. Они подходили так близко, что собаки начинали бесноваться от страха, и, для того чтобы удерживать осмелевших хищников на расстоянии, приходилось то и дело подкладывать сучья в костер.

— Моряки рассказывают, будто акулы любят плавать за кораблями, — сказал Билл, забираясь под одеяло после одной из таких прогулок к костру. — Так вот, волки — это сухопутные акулы. Они свое дело получше нас с тобой знают и бегут за нами вовсе не для моциона. Попадемся мы им, Генри. Вот увидишь, попадемся.

— Ты, можно считать, уже попался, если столько говоришь об этом, — отрезал его товарищ. — Кто боится порки, тот все равно что выпорот, а ты все равно что у волков на зубах.

— Они приканчивали людей и получше нас с тобой, — ответил Билл.

— Да перестань ты скулить! Сил моих больше нет!

Генри сердито перевернулся на другой бок, удивляясь тому, что Билл промолчал. Это на него не было похоже, потому что резкие слова легко выводили его из себя. Генри долго думал об этом, прежде чем заснуть, но в конце концов веки его начали слипаться, и он погрузился в сон с такой мыслью: «Хандрит Билл. Надо будет растормошить его завтра».

Глава третья
ПЕСНЬ ГОЛОДА

Поначалу день сулил удачу. За ночь не пропало ни одной собаки, и Генри с Биллом бодро двинулись в путь среди окружавшего их безмолвия, мрака и холода. Билл как будто не вспоминал о мрачных предчувствиях, тревоживших его прошлой ночью, и даже изволил подшутить над собаками, когда на одном из поворотов они опрокинули сани. Все смешалось в кучу. Перевернувшись, сани застряли между деревом и громадным валуном, и, чтобы разобраться во всей этой путанице, пришлось распрягать собак. Путники нагнулись над санями, стараясь поднять их, как вдруг Генри увидел, что Одноухий убегает в сторону.

— Назад, Одноухий! — крикнул он, вставая с колен и глядя собаке вслед.

Но Одноухий припустил еще быстрее, волоча по снегу постромки. А там, на только что пройденном ими пути, его поджидала волчица. Подбегая к ней, Одноухий навострил уши, перешел на легкий мелкий шаг, потом остановился.

Он глядел на нее внимательно, недоверчиво, но с жадностью. А она скалила зубы, как будто улыбаясь ему вкрадчивой улыбкой, потом сделала несколько игривых прыжков и остановилась. Одноухий пошел к ней все еще с опаской, задрав хвост, навострив уши и высоко подняв голову.

Он хотел было обнюхать ее, но волчица подалась назад, лукаво заигрывая с ним. Каждый раз, как он делал шаг вперед, она отступала назад. И так, шаг за шагом, волчица увлекала Одноухого за собой, все дальше от его надежных защитников — людей. Вдруг как будто неясное опасение остановило Одноухого. Он повернул голову и посмотрел на опрокинутые сани, на своих товарищей по упряжке и на подзывавших его хозяев. Но если что-нибудь подобное и мелькнуло в голове у пса, волчица вмиг рассеяла всю его нерешительность: она подошла к нему, на мгновение коснулась его носом, а потом снова начала, играя, отходить все дальше и дальше.

Тем временем Билл вспомнил о ружье. Но оно лежало под перевернутыми санями, и, пока Генри помог ему разобрать поклажу, Одноухий и волчица так близко подошли друг к другу, что стрелять на таком расстоянии было рискованно.

Слишком поздно понял Одноухий свою ошибку. Еще не догадываясь, в чем дело, Билл и Генри увидели, как он повернулся и бросился бежать назад, к ним. А потом они увидели штук двенадцать тощих серых волков, которые мчались под прямым углом к дороге, наперерез Одноухому. В одно мгновение волчица оставила всю свою игривость и лукавство — с рычанием кинулась она на Одноухого. Тот отбросил ее плечом, убедился, что обратный путь отрезан, и, все еще надеясь добежать до саней, бросился к ним по кругу. С каждой минутой волков становилось все больше и больше. Волчица неслась за собакой, держась на расстоянии одного прыжка от нее.

— Куда ты? — вдруг крикнул Генри, схватив товарища за плечо.

Билл стряхнул его руку.

— Довольно! — сказал он. — Больше они ни одной собаки не получат!

С ружьем наперевес он бросился в кустарник, окаймлявший речное русло. Его намерения были совершенно ясны: приняв сани за центр круга, по которому бежала собака, Билл рассчитывал перерезать этот круг в той точке, куда погоня еще не достигла. Среди бела дня, имея в руках ружье, отогнать волков и спасти собаку было вполне возможно.

— Осторожнее, Билл! — крикнул ему вдогонку Генри. — Не рискуй зря!

Генри сел на сани и стал ждать, что будет далее. Ничего другого ему не оставалось. Билл уже скрылся из виду, но в кустах и среди росших кучками елей то появлялся, то снова исчезал Одноухий. Генри понял, что положение собаки безнадежно. Она прекрасно сознавала опасность, но ей приходилось бежать по внешнему кругу, тогда как стая волков мчалась по внутреннему, более узкому. Нечего было и думать, что Одноухий сможет настолько опередить своих преследователей, чтобы пересечь их путь и добраться до саней. Обе линии каждую минуту могли сомкнуться. Генри знал, что где-то там, в снегах, заслоненные от него деревьями и кустарником, в одной точке должны сойтись стая волков, Одноухий и Билл.

Все произошло быстро, гораздо быстрее, чем он ожидал. Раздался выстрел, потом еще два — один за другим, и Генри понял, что заряды у Билла вышли. Вслед за тем послышались визги и громкое рычание. Генри различил голос Одноухого, взвывшего от боли и ужаса, и вой раненого, очевидно, волка.

И все. Рычание смолкло. Визг прекратился. Над безлюдным краем снова нависла тишина.

Генри долго сидел на санях. Ему незачем было идти туда: все было ясно, как будто встреча Билла со стаей произошла у него на глазах. Только один раз он вскочил с места и быстро вытащил из саней топор, но потом снова опустился на сани и хмуро уставился прямо перед собой, а две уцелевшие собаки жались к его ногам и дрожали от страха.

Наконец он поднялся — так устало, как будто мускулы его потеряли всякую упругость, — и стал запрягать. Одну постромку он надел себе на плечи и вместе с собаками потащил сани. Но шел он недолго и, как только стало темнеть, сделал остановку и заготовил как можно больше хвороста, потом накормил собак, поужинал и постелил себе около самого костра.

Но ему не суждено было насладиться сном. Не успел он закрыть глаза, как волки подошли чуть ли не вплотную к огню. Чтобы разглядеть их, уже не нужно было напрягать зрение. Тесным кольцом окружили они костер, и Генри совершенно ясно видел, как одни из них лежали, другие сидели, третьи подползали на брюхе поближе к огню или бродили вокруг него. Некоторые даже спали. Они свертывались на снегу клубочком, по-собачьи, и спали крепким сном, а он сам не мог теперь сомкнуть глаз.

Генри развел большой костер, так как он знал, что только огонь служит преградой между его телом и клыками голодных волков. Обе собаки сидели у ног своего хозяина — одна справа, другая слева — в надежде, что он защитит их; они выли, взвизгивали и принимались исступленно лаять, если какой-нибудь волк подбирался к костру ближе остальных. Заслышав лай, весь круг приходил в движение, волки вскакивали со своих мест и порывались вперед, нетерпеливо воя и рыча, потом снова укладывались на снегу и один за другим погружались в сон.

Круг сжимался все теснее и теснее. Мало-помалу, дюйм за дюймом, то один, то другой волк ползком двигался вперед, пока все они не оказывались на расстоянии почти одного прыжка от Генри. Тогда он выхватывал из костра головни и швырял ими в стаю. Это вызывало поспешное отступление, сопровождаемое разъяренным воем и испуганным рычанием, если пущенная меткой рукой головня попадала в какого-нибудь слишком смелого волка.

К утру Генри осунулся, глаза у него запали от бессонницы. В темноте он сварил себе завтрак, а в девять часов, когда дневной свет разогнал волков, принялся за дело, которое обдумал в долгие ночные часы. Он срубил несколько молодых елей и, привязав их высоко к деревьям, устроил помост, затем, перекинув через него веревки от саней, с помощью собак поднял гроб и установил его там, наверху.

— До Билла добрались и до меня, может, доберутся, но вас-то, молодой человек, им не достать, — сказал он, обращаясь к мертвецу, погребенному высоко на деревьях.

Покончив с этим, Генри пустился в путь. Порожние сани легко подпрыгивали за собаками, которые прибавили ходу, зная, как и человек, что опасность минует их только тогда, когда они доберутся до форта Макгэрри.

Теперь волки совсем осмелели: спокойной рысцой бежали они позади саней и рядом, высунув языки, поводя тощими боками. Волки были до того худы — кожа да кости, только мускулы проступали, точно веревки, — что Генри удивлялся, как они держатся на ногах и не валятся в снег.

Он боялся, что темнота застанет его в пути. В полдень солнце не только согрело южную часть неба, но даже бледным золотистым краешком показалось над горизонтом. Генри увидел в этом доброе предзнаменование. Дни становились длиннее. Солнце возвращалось в эти края. Но как только приветливые лучи его померкли, Генри сделал привал. До полной темноты оставалось еще несколько часов серого дневного света и мрачных сумерек, и он употребил их на то, чтобы запасти как можно больше хвороста.

Вместе с темнотой к нему пришел ужас. Волки осмелели, да и проведенная без сна ночь давала себя знать. Закутавшись в одеяло, положив топор между ног, он сидел около костра и никак не мог преодолеть дремоту. Обе собаки жались вплотную к нему. Среди ночи он проснулся и в каких-нибудь двенадцати футах от себя увидел большого серого волка, одного из самых крупных во всей стае. Зверь медленно потянулся, точно разленившийся пес, и всей пастью зевнул Генри прямо в лицо, поглядывая на него как на свою собственность, как на добычу, которая рано или поздно достанется ему.

Такая уверенность чувствовалась в поведении всей стаи. Генри насчитал штук двадцать волков, смотревших на него голодными глазами или спокойно спавших на снегу. Они напоминали ему детей, которые собрались вокруг накрытого стола и ждут только разрешения, чтобы наброситься на лакомство. И этим лакомством суждено стать ему! «Когда же волки начнут свой пир?» — думал он.

Подкладывая хворост в костер, Генри заметил, что теперь он совершенно по-новому относится к собственному телу. Он наблюдал за работой своих мускулов и с интересом разглядывал хитрый механизм пальцев. При свете костра он несколько раз подряд сгибал их, то поодиночке, то все сразу, то растопыривал, то быстро сжимал в кулак. Он приглядывался к строению ногтей, пощипывал кончики пальцев, то сильнее, то мягче, испытывая чувствительность своей нервной системы. Все это восхищало Генри, и он внезапно проникся нежностью к своему телу, которое работало так легко, так точно и совершенно. Потом он бросал боязливый взгляд на волков, смыкавшихся вокруг костра все теснее, и его, словно громом, поражала вдруг мысль, что это чудесное тело, эта живая плоть есть не что иное, как мясо — предмет вожделения прожорливых зверей, которые разорвут, раздерут его своими клыками, утолят им свой голод так же, как он сам не раз утолял голод мясом лося и зайца.

Он очнулся от дремоты, граничившей с кошмаром, и увидел перед собой рыжую волчицу. Она сидела в каких-нибудь шести футах от костра и тоскливо поглядывала на человека. Обе собаки скулили и рычали у его ног, но волчица словно и не замечала их. Она смотрела на человека, и в течение нескольких минут он отвечал ей тем же. Вид у нее был совсем не свирепый. В глазах ее светилась страшная тоска, но Генри знал, что тоска эта порождена таким же страшным голодом. Он был пищей, и вид этой пищи возбуждал в волчице вкусовые ощущения. Пасть ее была разинута, слюна капала на снег, и она облизывалась, предвкушая поживу.

Безумный страх охватил Генри. Он быстро протянул руку за головней, но не успел дотронуться до нее, как волчица отпрянула назад: видимо, она привыкла к тому, чтобы в нее швыряли чем попало. Волчица огрызнулась, оскалив белые клыки до самых десен, тоска в ее глазах сменилась такой кровожадной злобой, что Генри вздрогнул. Он взглянул на свою руку, заметил, с какой ловкостью пальцы держали головню, как они прилаживались ко всем ее неровностям, охватывая со всех сторон шероховатую поверхность, как мизинец, помимо его воли, сам собой отодвинулся подальше от горячего места, — взглянул и в ту же минуту ясно представил себе, как белые зубы волчицы вонзятся в эти тонкие, нежные пальцы и разорвут их. Никогда еще Генри не любил своего тела так, как теперь, когда существование его было столь непрочно.

Всю ночь Генри отбивался от голодной стаи горящими головнями, засыпал, когда бороться с дремотой не хватало сил, и просыпался от визга и рычания собак. Наступило утро, но на этот раз дневной свет не прогнал волков. Человек напрасно ждал, что его преследователи разбегутся. Они попрежнему кольцом оцепляли костер и смотрели на Генри с такой наглой уверенностью, что он снова лишился мужества, которое вернулось было к нему вместе с рассветом.

Генри тронулся в путь, но едва он вышел из-под защиты огня, как на него бросился самый смелый волк из стаи; однако прыжок был плохо рассчитан, и волк промахнулся. Генри спасся тем, что отпрыгнул назад, и зубы волка щелкнули в нескольких дюймах от его бедра.

Вся стая кинулась к человеку, заметалась вокруг него, и только горящие головни отогнали ее на почтительное расстояние.

Даже при дневном свете Генри не осмеливался отойти от огня и нарубить хвороста. Шагах в двадцати от саней стояла громадная засохшая ель. Он потратил половину дня, чтобы растянуть до нее цепь костров, все время держа наготове для своих преследователей несколько горящих веток. Добравшись до цели, он огляделся вокруг, высматривая, где больше хвороста, чтобы свалить ель в ту сторону.

Эта ночь была точным повторением предыдущей, с той только разницей, что Генри почти не мог бороться со сном. Он уже не просыпался от рычания собак. К тому же они рычали не переставая, а его усталый, погруженный в дремоту мозг уже не улавливал оттенков в их голосах.

И вдруг он проснулся, будто от толчка. Волчица стояла совсем близко. Машинально он ткнул головней в ее оскаленную пасть. Волчица отпрянула назад, воя от боли, а Генри с наслаждением вдыхал запах паленой шерсти и горелого мяса, глядя, как зверь трясет головой и злобно рычит уже в нескольких шагах от него.

Но на этот раз, прежде чем заснуть, Генри привязал к правой руке тлеющий сосновый сук. Едва он закрывал глаза, как боль от ожога будила его. Так продолжалось несколько часов. Просыпаясь, он отгонял волков горящими головнями, подбрасывал в огонь хвороста и снова привязывал сук к руке. Все шло хорошо; но в одно из таких пробуждений Генри плохо затянул ремень, и, как только глаза его закрылись, сук выпал у него из руки.

Ему снился сон. Форт Макгэрри. Тепло, уютно. Он играет в криббидж с начальником фактории. И ему снится, что волки осаждают форт. Волки воют у самых ворот, и они с начальником по временам отрываются от игры, чтобы прислушаться к вою и посмеяться над тщетными усилиями волков проникнуть внутрь форта. Потом — какой странный сон ему снился! — раздался треск. Дверь распахнулась настежь. Волки ворвались в комнату. Они кинулись на него и на начальника. Как только дверь распахнулась, вой стал оглушительным, он уже не давал ему покоя. Сон принимал какие-то другие очертания, Генри не мог еще понять какие, и понять это ему мешал вой, не прекращавшийся ни на минуту.

А потом он проснулся и услышал вой и рычание уже наяву. Волки всей стаей бросились на него. Чьи-то клыки впились ему в руку. Он прыгнул в костер и, прыгая, почувствовал, как острые зубы полоснули его по ноге. И вот началась битва. Толстые рукавицы защищали его руки от огня, он полными горстями расшвыривал во все стороны горящие угли, и костер стал под конец чем-то вроде вулкана.

Но это не могло продолжаться долго. Лицо у Генри покрылось волдырями, брови и ресницы были опалены, ноги уже не терпели жара. Схватив в руки по головне, он прыгнул ближе к краю костра. Волки отступили. Справа и слева — всюду, куда только падали угли, шипел снег, и по отчаянным прыжкам, фырканью и рычанию можно было догадаться, что волки наступали на них.

Расшвыряв головни, человек сбросил с рук тлевшие рукавицы и принялся топать по снегу ногами, чтобы остудить их. Обе собаки исчезли, и он прекрасно знал, что они послужили очередным блюдом на том затянувшемся пиру, который начался с Фэтти и в один из ближайших дней, может быть, закончится им самим.

— А все-таки до меня вы еще не добрались! — крикнул он, бешено погрозив кулаком голодным зверям.

Услышав его голос, стая заметалась, дружно зарычала, а волчица подступила к нему почти вплотную и уставилась на него тоскливыми, голодными глазами.

Генри принялся обдумывать новый план обороны. Разложив костер широким кольцом, он бросил на тающий снег свою постель и сел на ней внутри этого кольца. Как только человек скрылся за огненной оградой, вся стая окружила ее, любопытствуя, куда он девался. До сих пор им не было доступа к огню, а теперь они расселись около него тесным кругом и, как собаки, жмурились, зевали и потягивались в непривычном для них тепле. Потом волчица уселась на задние лапы, подняла голову и завыла. Волки один за другим подтягивали ей, и наконец вся стая, уставившись мордами в звездное небо, затянула песнь голода.

Стало светать, потом наступил день. Костер догорал, хворост подходил к концу, надо было пополнить запас. Человек попытался выйти за пределы огненного кольца, но волки кинулись ему навстречу. Горящие головни заставляли их отскакивать в стороны, но назад они уже не убегали. Тщетно старался человек прогнать их. Убедившись наконец в безнадежности своих попыток, он отступил внутрь горящего кольца, и в это время один из волков прыгнул на него, но промахнулся и всеми четырьмя лапами угодил в огонь. Зверь взвыл от страха, огрызнулся и отполз от костра, стараясь остудить на снегу обожженные лапы.

Человек, сгорбившись, сидел на одеяле. По безвольно опущенным плечам и поникшей голове можно было понять, что у него больше нет сил продолжать борьбу. Время от времени он поднимал голову и смотрел на догоравший костер. Кольцо огня и тлевших углей кое-где уже разомкнулось, распалось на отдельные костры. Свободный проход между ними все увеличивался, а сами костры уменьшались.

— Ну, теперь вы до меня доберетесь, — пробормотал Генри. — Но мне все равно, я хочу спать...

Проснувшись, он увидел между двумя кострами прямо перед собой волчицу, смотревшую на него пристальным взглядом.

Спустя несколько минут, которые показались ему часами, он снова поднял голову. Произошла какая-то непонятная перемена, настолько непонятная для него, что он сразу очнулся. Что-то случилось. Сначала он не мог понять, что именно. Потом догадался: волки исчезли. Только по вытоптанному кругом снегу можно было судить, как близко они подбирались к нему.

Волна дремоты снова охватила Генри, голова его упала на колени, но вдруг он вздрогнул и проснулся.

Откуда-то доносились людские голоса, скрип полозьев, нетерпеливое повизгивание собак. От реки к стоянке между деревьями подъезжало четверо саней. Несколько человек окружили Генри, скорчившегося в кольце угасавшего огня. Они расталкивали и трясли его, стараясь привести в чувство. Он смотрел на них как пьяный и бормотал вялым, сонным голосом:

— Рыжая волчица... приходила к кормежке собак... Сначала сожрала собачий корм... потом собак... А потом Билла...

— Где лорд Альфред? — крикнул ему в ухо один из приехавших, с силой тряхнув его за плечо.

Он медленно покачал головой.

— Его она не тронула... Он там, на деревьях... у последней стоянки.

— Умер?

— Да. В гробу, — ответил Генри.

Он сердито дернул плечом, высвобождаясь от наклонившегося над ним человека.

— Оставьте меня в покое, я не могу... Спокойной ночи...

Веки Генри дрогнули и закрылись, голова упала на грудь. И как только его опустили на одеяло, в морозной тишине раздался громкий храп.

Но к этому храпу примешивались и другие звуки. Издали, еле уловимый на таком расстоянии, доносился вой голодной стаи, погнавшейся за другой добычей, взамен только что оставленного ею человека.

Часть вторая

Глава первая
БИТВА КЛЫКОВ

Волчица первая услышала звуки человеческих голосов и повизгивание ездовых собак, и она же первая отпрянула от человека, загнанного в круг угасавшего огня. Неохотно расставаясь с уже затравленной добычей, стая помедлила несколько минут, прислушиваясь, а потом кинулась следом за волчицей.

Во главе стаи бежал крупный серый волк, один из ее вожаков. Он-то и направил стаю по следам волчицы, предостерегающе огрызаясь на более молодых своих собратьев и отгоняя их ударами клыков, когда они отваживались забегать вперед. И это он прибавил ходу, завидев впереди волчицу, медленной рысцой бежавшую по снегу.

Волчица побежала рядом с ним, как будто место это было предназначено для нее, и уже больше не удалялась от стаи. Вожак не рычал и не огрызался на волчицу, когда случайный скачок выносил ее вперед, — напротив, он, по-видимому, был очень расположен к ней, потому что старался все время бежать рядом. А ей это не нравилось, и она рычала и скалила зубы, не подпуская его к себе. Иногда волчица не останавливалась даже перед тем, чтобы куснуть его за плечо. В таких случаях вожак не выказывал никакой злобы, а только отскакивал в сторону и делал несколько неуклюжих скачков, всем своим видом и поведением напоминая сконфуженного влюбленного простачка.

Это было единственное, что мешало ему управлять стаей. Но волчицу одолевали другие неприятности. Справа от нее бежал тощий старый волк, серая шкура которого носила следы многих битв. Он все время держался справа от волчицы. Объяснялось это тем, что у него был только один глаз, левый. Старый волк то и дело теснил ее, тыкаясь своей покрытой рубцами мордой то в бок ей, то в плечо, то в шею. Она встречала его ухаживания лязганьем зубов, так же как и ухаживание вожака, бежавшего слева, и, когда оба они начинали приставать к ней одновременно, ей приходилось туго: надо было рвануть зубами обоих, в то же время не отставать от стаи и смотреть себе под ноги. В такие минуты оба волка угрожающе рычали и скалили друг на друга зубы. В другое время они бы подрались, но сейчас даже любовь и соперничество уступали место более сильному чувству — чувству голода, терзавшего всю стаю.

После каждого такого отпора старый волк отскакивал от строптивого предмета своих вожделений и сталкивался с молодым, трехлетним волком, который бежал справа, со стороны его слепого глаза. Трехлеток был вполне возмужалый и, если принять во внимание слабость и истощенность остальных волков, выделялся из всей стаи своей силой и живостью. И все-таки он бежал так, что голова его была вровень с плечом одноглазого волка. Лишь только он отваживался поравняться с ним (что случалось довольно редко), старик рычал, лязгал зубами и тотчас же осаживал его на прежнее место. Однако время от времени трехлеток отставал и украдкой втискивался между ним и волчицей. Этот маневр встречал двойной, даже тройной отпор. Как только волчица начинала рычать, старый волк делал крутой поворот и набрасывался на трехлетка. Иногда заодно со стариком на него набрасывалась и волчица, а иногда к ним присоединялся и вожак, бежавший слева.

Видя перед собой три свирепые пасти, молодой волк останавливался, оседал на задние лапы и, весь ощетинившись, показывал зубы. Замешательство во главе стаи неизменно сопровождалось замешательством и в задних рядах. Волки натыкались на трехлетка и выражали свое недовольство тем, что злобно кусали его за ляжки и за бока. Его положение было опасно, так как голод и ярость обычно сопутствуют друг другу. Но безграничная самоуверенность молодости толкала его на повторение этих попыток, хотя они не имели ни малейшего успеха и доставляли ему лишь одни неприятности.

Попадись волкам какая-нибудь добыча — любовь и соперничество из-за любви тотчас же завладели бы стаей, и она рассеялась бы. Но положение ее было отчаянное. Волки отощали от длительной голодовки и подвигались вперед гораздо медленнее обычного. В хвосте, прихрамывая, плелись слабые — самые молодые и старики. Сильные шли впереди. Все они походили скорее на скелеты, чем на настоящих волков. И все-таки в их движениях — если не считать тех, кто прихрамывал, — не было заметно ни усталости, ни малейших усилий. Казалось, что в мускулах, выступавших у них на теле, как веревки, таится неиссякаемый запас мощи. За каждым движением стального мускула следовало другое движение, за ним третье, четвертое — и так без конца.

В тот день волки пробежали много миль. Они бежали и ночью. Наступил следующий день, а они все еще бежали. Оледеневшее мертвое пространство. Нигде ни малейших признаков жизни. Только они одни и двигались в этой застывшей пустыне. Только в них была жизнь, и они рыскали в поисках других живых существ, чтобы растерзать их — и жить, жить!

Волкам пришлось пересечь не один водораздел и обрыскать не один ручей в низинах, прежде чем поиски их увенчались успехом. Они встретили лосей. Первой их добычей был крупный лось-самец. Это была жизнь. Это было мясо, и его не защищали ни таинственный костер, ни летающие головни. С раздвоенными копытами и ветвистыми рогами волкам приходилось встречаться не впервые, и они отбросили свое обычное терпение и осторожность. Битва была короткой и жаркой. Лося окружили со всех сторон. Меткими ударами тяжелых копыт он распарывал волкам животы, пробивал черепа, громадными рогами ломал им кости. Лось подминал их под себя, катаясь по снегу, но он был обречен на гибель, и в конце концов ноги у него подломились. Волчица с остервенением впилась ему в горло, а зубы остальных волков рвали его на части — живьем, не дожидаясь, пока он затихнет и перестанет отбиваться.

Еды было вдоволь. Лось весил свыше восьмисот фунтов — по двадцать фунтов на каждую волчью глотку. Если волки с поразительной выдержкой умели поститься, то не менее поразительна была и быстрота, с которой они пожирали пищу, и вскоре от великолепного, полного сил животного, столкнувшегося несколько часов назад со стаей, осталось лишь несколько разбросанных по снегу костей.

Теперь волки подолгу отдыхали и спали. На сытый желудок самцы помоложе начали ссориться и драться, и это продолжалось весь остаток дней, предшествовавших распаду стаи. Голод кончился. Волки дошли до богатых дичью мест; охотились они по-прежнему всей стаей, но действовали уже с большей осторожностью, отрезая от небольших лосиных стад, попадавшихся им на пути, стельных самок или старых больных лосей.

И вот наступил день в этой стране изобилия, когда волчья стая разбилась на две. Волчица, молодой вожак, бежавший слева от нее, и Одноглазый, бежавший справа, повели свою половину стаи на восток, к реке Маккензи, и дальше, к озерам. И эта маленькая стая тоже с каждым днем уменьшалась. Волки разбивались на пары — самец с самкой. Острые зубы соперника то и дело отгоняли прочь какого-нибудь одинокого волка. И наконец волчица, молодой вожак, Одноглазый и дерзкий трехлеток остались вчетвером.

К этому времени характер у волчицы окончательно испортился. Следы ее зубов имелись у всех троих ухажвателей. Но волки ни разу не ответили ей тем же, ни разу не попробовали защищаться. Они только подставляли плечи под самые свирепые укусы волчицы, повиливали хвостом и семенили вокруг нее, стараясь умерить ее гнев. Но если к самке волки проявляли кротость, то по отношению друг к другу они были сама злоба. Свирепость трехлетка перешла все границы. В одну из очередных ссор он подлетел к старому волку с той стороны, с которой тот ничего не видел, и на клочки разорвал ему ухо. Но седой одноглазый старик призвал на помощь против молодости и силы всю свою долголетнюю мудрость и весь свой опыт. Его вытекший глаз и исполосованная рубцами морда достаточно красноречиво говорили о том, какого рода был этот опыт. Слишком много битв пришлось ему пережить на своем веку, чтобы хоть на одну минуту задуматься над тем, как следует поступить сейчас.

Битва началась честно, но нечестно окончилась. Трудно было бы заранее судить о ее исходе, если б к старому вожаку не присоединился молодой; вместе они набросились на дерзкого трехлетка. Безжалостные клыки бывших собратьев вонзались в него со всех сторон. Позабыты были те дни, когда волки вместе охотились, добыча, которую они вместе убивали, голод, одинаково терзавший их троих. Все это было делом прошлого. Сейчас ими владела любовь — чувство еще более суровое и жестокое, чем голод.

Тем временем волчица — причина всех раздоров — с довольным видом уселась на снегу и стала следить за битвой. Ей это даже нравилось. Пришел ее час — что случается редко, — когда шерсть встает дыбом, клык ударяется о клык, рвет, полосует податливое тело, — и все это только ради обладания ею.

И трехлеток, впервые в своей жизни столкнувшийся с любовью, поплатился за нее жизнью. Оба соперника стояли над его телом. Они смотрели на волчицу, которая сидела на снегу и улыбалась им. Но старый волк был мудр — мудр в делах любви не меньше, чем в битвах. Молодой вожак повернул голову зализать рану на плече. Загривок его был обращен к сопернику. Своим единственным глазом старик углядел, какой удобный случай представляется ему. Кинувшись стрелой на молодого волка, он полоснул его клыками по шее, оставив на ней длинную глубокую рану и вспоров вену, и тут же отскочил назад.

Молодой вожак зарычал, но его страшное рычание сразу перешло в судорожный кашель. Истекая кровью, кашляя, он кинулся на старого волка, но жизнь уже покидала его, ноги подкашивались, глаза застилал туман, удары и прыжки становились все слабее и слабее.

А волчица сидела в сторонке и улыбалась. Зрелище битвы вызывало в ней какое-то смутное чувство радости, ибо такова любовь в Северной глуши, а трагедию ее познает лишь тот, кто умирает. Для тех же, кто остается в живых, она уже не трагедия, а торжество осуществившегося желания.

Когда молодой волк вытянулся на снегу, Одноглазый гордой поступью направился к волчице. Впрочем, полному торжеству победителя мешала необходимость быть начеку. Он простодушно ожидал резкого приема и так же простодушно удивился, когда волчица не показала ему зубов, — впервые за все это время его встретили так ласково. Она обнюхалась с ним и даже принялась прыгать и резвиться совсем как щенок. И Одноглазый, забыв свой почтенный возраст и умудренность опытом, тоже превратился в щенка, пожалуй даже еще более глупого, чем волчица.

Забыты были и побежденные соперники, и повесть о любви, кровью написанная на снегу. Только раз вспомнил об этом Одноглазый, когда остановился на минуту, чтобы зализать раны. И тогда губы его злобно задрожали, шерсть на шее и на плечах поднялась дыбом, когти судорожно впились в снег, тело изогнулось, приготовившись к прыжку. Но в следующую же минуту все было забыто, и он бросился вслед за волчицей, игриво манившей его в лес.

А потом они побежали рядом, как добрые друзья, пришедшие наконец к взаимному соглашению. Дни шли, а они не расставались — вместе гонялись за добычей, вместе убивали ее, вместе съедали. Но потом волчицей овладело беспокойство. Казалось, она ищет что-то и никак не может найти. Ее влекли к себе укромные местечки под упавшими деревьями, и она проводила целые часы, обнюхивая запорошенные снегом расселины в утесах и пещеры под нависшими берегами реки. Старого волка все это нисколько не интересовало, но он покорно следовал за ней, а когда эти поиски затягивались, ложился на снег и ждал ее.

Не задерживаясь подолгу на одном месте, они пробежали до реки Маккензи и уже не спеша отправились вдоль берега, время от времени сворачивая в поисках добычи на небольшие притоки, но неизменно возвращаясь к реке. Иногда им попадались другие волки, бродившие обычно парами; но ни та ни другая сторона не выказывала ни радости при встрече, ни дружелюбных чувств, ни желания снова собраться в стаю. Встречались на их пути и одинокие волки. Это были самцы, которые охотно присоединились бы к Одноглазому и его подруге. Но Одноглазый не желал этого, и стоило только волчице стать плечом к плечу с ним, ощетиниться и оскалить зубы, как навязчивые чужаки отступали, поворачивали вспять и снова пускались в свой одинокий путь.

Как-то раз, когда они бежали лунной ночью по затихшему лесу, Одноглазый вдруг остановился. Он задрал кверху морду, напружил хвост и, раздув ноздри, стал нюхать воздух. Потом поднял переднюю лапу, как собака на стойке. Что-то встревожило его, и он продолжал принюхиваться, стараясь разгадать несшуюся по воздуху весть. Волчица потянула носом и побежала дальше, подбодряя своего спутника. Все еще не успокоившись, он последовал за ней, но то и дело останавливался, чтобы вникнуть в предостережение, которое нес ему ветер.

Осторожно ступая, волчица вышла из-за деревьев на большую поляну. Несколько минут она стояла там одна. Потом, весь насторожившись, каждым своим волоском излучая безграничное недоверие, к ней подошел Одноглазый. Они стали рядом, продолжая прислушиваться, всматриваться, поводить носом.

До их слуха донеслись звуки собачьей грызни, гортанные голоса мужчин, пронзительная перебранка женщин и даже тонкий, жалобный плач ребенка. С поляны им были видны только большие, обтянутые кожей вигвамы, пламя костров, которое поминутно заслоняли человеческие фигуры, и дым, медленно поднимавшийся в спокойном воздухе. Но их ноздри уловили множество запахов индейского поселка, говоривших о вещах, совершенно непонятных Одноглазому и знакомых волчице до мельчайших подробностей. Волчицу охватило странное беспокойство, и она продолжала принюхиваться все с большим и большим наслаждением. Но Одноглазый все еще сомневался. Он нерешительно тронулся с места и выдал этим свои опасения. Волчица повернулась, ткнула его носом в шею, как бы успокаивая, потом снова стала смотреть на поселок. В ее глазах светилась тоска, но это уже не была тоска, рожденная голодом. Она дрожала от охватившего ее желания бежать туда, подкрасться ближе к кострам, вмешаться в собачью драку, увертываться и отскакивать от неосторожных шагов людей.

Одноглазый нетерпеливо топтался возле нее; но вот прежнее беспокойство вернулось к волчице, она снова почувствовала неодолимую потребность найти то, что так долго искала. Она повернулась и, к большому облегчению Одноглазого, побежала в лес, под прикрытие деревьев.

Бесшумно, как тени, скользя в освещенном луной лесу, они напали на тропинку и сразу уткнулись носом в снег. Следы на тропинке были совсем свежие. Одноглазый осторожно двигался вперед, а его подруга следовала за ним по пятам. Их широкие лапы с толстыми подушками мягко, как бархат, ложились на снег. Но вот Одноглазый увидел что-то белое на такой же белой снежной глади. Скользящая поступь Одноглазого скрадывала быстроту его движений, а теперь он припустил еще быстрее. Впереди него мелькало какое-то неясное белое пятно.

Они с волчицей бежали по узкой прогалине, окаймленной по обеим сторонам зарослью молодых елей и выходившей на залитую луной поляну. Старый волк настигал мелькавшее перед ним пятнышко. Каждый его прыжок сокращал расстояние между ними. Вот оно уже совсем близко. Еще один прыжок — и зубы волка вопьются в него. Но прыжка этого так и не последовало. Белое пятно, оказавшееся зайцем, взлетело высоко в воздух прямо над головой Одноглазого и стало подпрыгивать и раскачиваться там, наверху, не касаясь земли, точно танцуя какой-то фантастический танец.

С испуганным фырканьем Одноглазый отскочил назад и, припав на снег, грозно зарычал на этот страшный и непонятный предмет. Однако волчица преспокойно обошла его, примерилась к прыжку и подскочила, стараясь схватить зайца. Она взвилась высоко, но промахнулась и только лязгнула зубами. За первым прыжком последовали второй и третий.

Медленно поднявшись, Одноглазый наблюдал за волчицей. Наконец ее промахи рассердили его, он подпрыгнул сам и, ухватив зайца зубами, опустился на землю вместе с ним. Но в ту же минуту сбоку послышался какой-то подозрительный шорох, и Одноглазый увидел склонившуюся над ним молодую елку, которая готова была вот-вот ударить его. Челюсти волка разжались; оскалив зубы, он метнулся от этой непонятной опасности назад, в горле его заклокотало рычание, шерсть встала дыбом от ярости и страха. А стройное деревце выпрямилось, и заяц снова заплясал высоко в воздухе.

Волчица рассвирепела. Она укусила Одноглазого в плечо, а он, испуганный этим неожиданным наскоком, с остервенением полоснул ее зубами по морде. Такой отпор, в свою очередь, оказался неожиданностью для волчицы, и она накинулась на Одноглазого, рыча от негодования. Тот уже понял свою ошибку и попытался умилостивить волчицу, но она продолжала кусать его. Тогда, оставив все надежды на примирение, Одноглазый начал увертываться от ее укусов, пряча голову и подставляя под ее зубы то одно плечо, то другое.

Тем временем заяц продолжал плясать в воздухе. Волчица уселась на снегу, и Одноглазый, боясь теперь своей подруги еще больше, чем таинственной елки, снова сделал прыжок. Схватив зайца и опустившись с ним на землю, он уставился своим единственным глазом на деревце. Как и прежде, оно согнулось до самой земли. Волк съежился, ожидая неминуемого удара, шерсть на нем встала дыбом, но зубы не выпускали добычи. Однако удара не последовало. Деревце так и осталось склоненным над ним. Стоило волку двинуться, как елка тоже двигалась, и он ворчал на нее сквозь стиснутые челюсти; когда он стоял спокойно, деревце тоже не шевелилось, и волк решил, что так безопаснее. Но теплая кровь зайца была такая вкусная!

Из этого затруднительного положения Одноглазого вывела волчица. Она взяла у него зайца и, пока елка угрожающе раскачивалась и колыхалась над ней, спокойно отгрызла ему голову. Елка сейчас же выпрямилась и больше не беспокоила их, заняв подобавшее ей вертикальное положение, в котором дереву положено расти самой природой. А волчица с Одноглазым поделили между собой добычу, пойманную для них этим таинственным деревцем.

Много попадалось им таких тропинок и прогалин, где зайцы раскачивались высоко в воздухе, и волчья пара обследовала их все. Волчица всегда была первой, а Одноглазый шел за ней следом, наблюдая и учась, как надо обкрадывать западни. И наука эта впоследствии сослужила ему хорошую службу.

Глава вторая
ЛОГОВИЩЕ

Два дня и две ночи бродили волчица и Одноглазый около индейского поселка. Одноглазый беспокоился и трусил, а волчицу поселок чем-то притягивал, и она никак не хотела уходить. Но однажды утром, когда в воздухе, совсем неподалеку от них, раздался выстрел и пуля ударила в дерево всего в нескольких дюймах от головы Одноглазого, волки уже больше не колебались и пустились в путь длинными ровными прыжками, быстро увеличивая расстояние между собой и опасностью.

Они бежали недолго — всего дня три. Волчица все с большей настойчивостью продолжала свои поиски. Она сильно отяжелела за эти дни и не могла быстро бегать. Однажды, погнавшись за зайцем, которого в обычное время ей ничего не стоило бы поймать, она вдруг оставила погоню и прилегла на снег отдохнуть. Одноглазый подошел к ней, но не успел он тихонько коснуться носом ее шеи, как она с такой яростью укусила его, что он упал на спину и, являя собой весьма комическое зрелище, стал отбиваться от ее зубов. Волчица сделалась еще раздражительнее, чем прежде; но Одноглазый был терпелив и заботлив, как никогда.

И вот наконец волчица нашла то, что искала. Нашла в нескольких милях вверх по течению небольшого ручья, летом впадавшего в Маккензи; теперь, промерзнув до каменистого дна, ручей затих, превратившись от истоков до устья в сплошной лед. Волчица усталой рысцой бежала позади Одноглазого, ушедшего далеко вперед, и вдруг приметила, что в одном месте высокий глинистый берег нависает над ручьем. Она свернула в сторону и подбежала туда. Буйные весенние ливни и тающие снега размыли узкую трещину в береге и образовали там небольшую пещеру.

Волчица остановилась у входа в нее и внимательно оглядела наружную стену пещеры, потом обежала ее с обеих сторон до того места, где обрыв переходил в пологий скат. Вернувшись назад, она вошла в пещеру через узкое отверстие. Первые фута три ей пришлось ползти, потом стены раздались вширь и ввысь, и волчица вышла на небольшую круглую площадку футов шести в диаметре. Головой она почти касалась потолка. Внутри было сухо и уютно. Волчица принялась обследовать пещеру, а Одноглазый стоял у входа и терпеливо наблюдал за ней. Опустив голову и почти касаясь носом близко сдвинутых лап, волчица несколько раз перевернулась вокруг себя, не то с усталым вздохом, не то с ворчанием подогнула лапы и растянулась на земле, головой ко входу. Одноглазый, навострив уши, посмеивался над ней, и волчице было видно, как кончик его хвоста добродушно ходит взад и вперед на фоне светлого пятна — входа в пещеру. Она прижала свои острые уши, открыла пасть и высунула язык, всем своим видом выражая полное удовлетворение и спокойствие.

Одноглазому хотелось есть. Он заснул у входа в пещеру, но сон его был тревожен. Он то и дело просыпался и, навострив уши, прислушивался к тому, что говорил ему мир, залитый ярким апрельским солнцем, игравшим на снегу. Лишь только Одноглазый начинал дремать, до ушей его доносился еле уловимый шепот невидимых ручейков, и он поднимал голову, напряженно вслушиваясь в эти звуки. Солнце снова появилось на небе, и пробуждавшийся Север слал свой призыв волку. Все вокруг оживало. В воздухе чувствовалась весна, под снегом зарождалась жизнь, деревья набухали соком, почки сбрасывали с себя ледяные оковы.

Одноглазый беспокойно поглядывал на свою подругу, но она не выказывала ни малейшего желания подняться с места. Он посмотрел по сторонам, увидел стайку пуночек, вспорхнувших неподалеку от него, приподнялся, но, взглянув еще раз на волчицу, лег и снова задремал. До его слуха донеслось слабое жужжание. Сквозь дремоту он несколько раз обмахнул лапой морду — потом проснулся. У кончика его носа с жужжанием вился комар. Комар был большой, — вероятно, он провел всю зиму в сухом пне, а теперь солнце вывело его из оцепенения. Волк был не в силах противиться зову окружающего мира; кроме того, ему хотелось есть.

Одноглазый подполз к своей подруге и попробовал убедить ее подняться. Но она только огрызнулась на него. Тогда волк решил отправиться один и, выйдя на яркий солнечный свет, увидел, что снег под ногами проваливается и путешествие будет делом не легким. Он побежал вверх по замерзшему ручью, где снег в тени деревьев был все еще твердый. Побродив часов восемь, Одноглазый вернулся затемно, еще голоднее прежнего. Он не раз видел дичь, но не мог поймать ее. Зайцы легко скакали по таявшему насту, а он проваливался и барахтался в снегу.

Какое-то смутное подозрение заставило Одноглазого остановиться у входа в пещеру. Оттуда доносились странные, слабые звуки. Они не были похожи на голос волчицы, но вместе с тем в них чудилось что-то знакомое. Он осторожно вполз внутрь и услышал предостерегающее рычание своей подруги. Это не смутило Одноглазого, но заставило все же держаться в некотором отдалении; его интересовали другие звуки — слабое, приглушенное повизгивание и плач.

Волчица сердито заворчала на него. Одноглазый свернулся клубком у входа в пещеру и заснул. Когда наступило утро и в логовище проник тусклый свет, волк снова стал искать источник этих смутно знакомых звуков. В предостерегающем рычании волчицы появились новые нотки: в нем слышалась ревность — и это заставляло волка держаться от нее подальше. И все-таки ему удалось разглядеть, что между лапами волчицы, прильнув к ее брюху, копошились пять маленьких живых клубочков; слабые, беспомощные, они тихо повизгивали и не открывали глаз на свет. Волк удивился. Это случалось не в первый раз в его долгой и удачливой жизни, это случалось часто, и все-таки каждый раз он заново удивлялся. Волчица смотрела на него с беспокойством. Время от времени она тихо ворчала, а когда волк, как ей казалось, подходил слишком близко, это ворчание становилось грозным. Инстинкт, опережающий у всех матерей-волчиц опыт, смутно подсказывал ей, что отцы могут съесть свое беспомощное потомство, хотя до сих пор она не знала такой беды. И страх заставлял ее гнать Одноглазого от порожденных им волчат.

Впрочем, волчатам ничто не грозило. Старый волк в свою очередь почувствовал веление инстинкта, перешедшего к нему от его отцов. Не задумываясь над ним, не противясь ему, он ощутил это веление всем своим существом и, повернувшись спиной к своему новорожденному потомству, отправился на поиски пищи.

В пяти-шести милях от логовища ручей разветвлялся, и оба его рукава под прямым углом поворачивали к горам. Волк пошел вдоль левого рукава и вскоре наткнулся на чьи-то следы. Обнюхав их и убедившись, что следы совсем свежие, он припал на снег и взглянул в том направлении, куда они вели. Потом не спеша повернулся и побежал вдоль правого рукава. Следы были гораздо крупнее его собственных — и он знал, что там, куда они приведут, надежды на добычу мало.

Пробежав с полмили вдоль правого рукава, волк уловил своим чутким ухом какой-то скрежещущий звук. Подкравшись ближе, он увидел дикобраза, который, встав на задние лапы, точил зубы о дерево. Одноглазый осторожно подобрался к нему, не надеясь, впрочем, на удачу. Так далеко на Севере дикобразы ему не попадались, но он знал этих зверьков, хотя за всю свою жизнь ни разу не попробовал их мяса. Однако опыт научил волка, что бывает в жизни счастье или удача, и он продолжал подбираться к дикобразу. Трудно было угадать, чем кончится эта встреча, ведь исхода борьбы с живым существом никогда нельзя знать заранее.

Дикобраз свернулся клубком, растопырив во все стороны свои длинные острые иглы, и нападение стало теперь невозможным. В молодости Одноглазый ткнулся однажды мордой в такой же вот безжизненный с виду клубок игл и неожиданно получил удар хвостом по носу. Одна игла так и осталась торчать у него в носу, причиняя жгучую боль, и вышла из раны только через несколько недель. Он лег, приготовившись к прыжку и держа нос на расстоянии целого фута от хвоста дикобраза. Замерев на месте, он ждал. Кто знает? Все может быть. Вдруг дикобраз развернется. Вдруг представится случай ловким ударом лапы распороть нежное, ничем не защищенное брюхо.

Но через полчаса Одноглазый поднялся, злобно зарычал на неподвижный клубок и побежал дальше. Слишком часто приходилось ему в прошлом караулить дикобразов — вот так же, безо всякого толка, чтобы сейчас тратить на это время. И он побежал дальше по правому рукаву ручья. День подходил к концу, а его поиски все еще не увенчались успехом.

Проснувшийся инстинкт отцовства управлял волком. Он знал, что пищу надо найти во что бы то ни стало. В полдень ему попалась белая куропатка. Он выбежал из зарослей кустарника и очутился нос к носу с этой глупой птицей. Она сидела на пне, в каком-нибудь футе от его морды. Они увидели друг друга одновременно. Птица испуганно взмахнула крыльями, но волк ударил ее лапой, сшиб на землю и схватил зубами как раз в тот миг, когда она заметалась по снегу, пытаясь взлететь в воздух. Как только зубы Одноглазого вонзились в нежное мясо, ломая хрупкие кости, челюсти его заработали. Потом он вдруг вспомнил что-то и пустился бежать к пещере, прихватив куропатку с собой.

Пробежав еще с милю своей бесшумной поступью, скользя, словно тень, и внимательно приглядываясь к каждому новому береговому изгибу, он опять наткнулся на следы все тех же больших лап. Следы удалялись в ту сторону, куда лежал и его путь, и он приготовился в любую минуту встретить обладателя этих лап.

Волк осторожно высунул голову из-за скалы в том месте, где ручей круто поворачивал, и его зоркий глаз приметил нечто такое, что заставило его сейчас же прильнуть к земле. Это был тот самый зверь, который оставил большие следы на снегу, — крупная самка-рысь. Она лежала перед свернувшимся в тугой клубок дикобразом в той же позе, в какой рано утром лежал перед таким же дикобразом и сам волк. Если раньше Одноглазого можно было сравнить со скользящей тенью, то теперь это был призрак той тени, осторожно огибавший с подветренной стороны безмолвную, неподвижную пару — дикобраза и рысь.

Волк лег на снег, положив куропатку рядом с собой, и сквозь иглы низкорослой сосны стал пристально следить за игрой жизни, развертывавшейся у него на глазах, — за рысью и дикобразом, которые хоть и притаились, но были полны сил и отстаивали каждый свое существование. Смысл же этой игры заключался в том, что один из ее участников хотел съесть другого, а тот не хотел быть съеденным.

Старый волк тоже принимал участие в этой игре из своего прикрытия, надеясь, а вдруг счастье окажется на его стороне и он добудет пищу, необходимую ему, чтобы жить.

Прошло полчаса, прошел час; все оставалось по-прежнему. Клубок игл сохранял полную неподвижность, и его легко можно было принять за камень; рысь превратилась в мраморное изваяние, а Одноглазый — тот был точно мертвый. Однако все трое жили такой напряженной жизнью, напряженной почти до ощущения физической боли, что вряд ли когда-нибудь им приходилось чувствовать в себе столько сил, сколько они чувствовали сейчас, когда тела их казались окаменелыми.

Одноглазый подался вперед, насторожившись еще больше. Там, за сосной, произошли какие-то перемены. Дикобраз в конце концов решил, что враг его удалился. Медленно, осторожно стал он расправлять свою непроницаемую броню. Его не тревожило ни малейшее подозрение. Колючий клубок медленно-медленно развернулся и начал выпрямляться. Одноглазый почувствовал, что рот у него наполняется слюной при виде живой дичи, лежавшей перед ним, как готовое угощение.

Еще не успев развернуться до конца, дикобраз увидел своего врага. И в это мгновение рысь ударила его.

Удар был быстрый как молния. Лапа с крепкими когтями, согнутыми как у хищной птицы, распорола нежное брюхо и тотчас же отдернулась назад. Если бы дикобраз развернулся во всю длину или заметил врага на какую-нибудь десятую долю секунды позже, лапа осталась бы невредимой, но в то мгновение, когда рысь отдернула лапу, дикобраз ударил ее сбоку хвостом и вонзил в нее свои острые иглы.

Все произошло одновременно — удар, ответный удар, предсмертный визг дикобраза и крик огромной кошки, ошеломленной болью. Одноглазый привстал, навострил уши и вытянул хвост, дрожавший от волнения. Рысь дала волю своему нраву. Она с яростью набросилась на зверя, причинившего ей такую боль. Но дикобраз, хрипя, взвизгивая и пытаясь свернуться в клубок, чтобы спрятать вывалившиеся из распоротого брюха внутренности, еще раз ударил хвостом. Большая кошка снова взвыла от боли и с фырканьем отпрянула назад; нос ее, весь утыканный иглами, стал похож на подушку для булавок. Она царапала его лапами, стараясь избавиться от этих жгучих, как огонь, стрел, тыкалась мордой в снег, терлась о ветки и прыгала вперед, назад, направо, налево, не помня себя от безумной боли и страха.

Не переставая фыркать, рысь судорожно дергала своим коротким хвостом, потом мало-помалу затихла. Одноглазый продолжал следить за ней и вдруг вздрогнул и ощетинился: рысь с отчаянным воем взметнулась высоко в воздух и кинулась прочь, сопровождая каждый свой прыжок пронзительным визгом. И только тогда, когда она скрылась и визги ее замерли вдали, Одноглазый решился выйти вперед. Он ступал с такой осторожностью, как будто весь снег был усыпан иглами, готовыми каждую минуту вонзиться в мягкие подушки на его лапах. Дикобраз встретил появление волка яростным визгом и лязганьем зубов. Он ухитрился кое-как свернуться, но это уже не был прежний, непроницаемый клубок: порванные мускулы не повиновались ему, он был разорван почти пополам и истекал кровью.

Одноглазый хватал пастью и с наслаждением глотал окровавленный снег. После такой закуски голод его только усилился; но он недаром пожил на свете — жизнь научила его осторожности. Надо было выждать время. Он лег на снег перед дикобразом, а тот скрежетал зубами, хрипел и тихо повизгивал. Несколько минут спустя Одноглазый заметил, что иглы дикобраза мало-помалу опускаются и по всему его телу пробегает дрожь. Потом дрожь сразу прекратилась. Длинные зубы лязгнули в последний раз, иглы опустились, тело обмякло и больше уже не двигалось.

Робким, боязливым движением лапы Одноглазый растянул дикобраза во всю длину и перевернул его на спину. Все обошлось благополучно. Дикобраз был мертв. После внимательного осмотра волк осторожно взял свою добычу в зубы и побежал вдоль ручья, волоча ее по снегу и повернув голову в сторону, чтобы не наступать на колючие иглы. Но вдруг он вспомнил что-то, бросил дикобраза и вернулся к куропатке. Он не колебался ни минуты, он знал, что надо сделать: надо съесть куропатку. И, съев ее, Одноглазый побежал туда, где лежала его добыча.

Когда он втащил свою ношу в логовище, волчица осмотрела ее, подняла голову и лизнула волка в шею. Но сейчас же вслед за тем она легонько зарычала, отгоняя его от волчат, — правда, на этот раз рычание было не такое уж злобное, в нем слышалось скорее извинение, чем угроза. Инстинктивный страх перед отцом ее потомства постепенно пропадал. Одноглазый вел себя, как и подобало волку-отцу, и не проявлял беззаконного желания сожрать малышей, произведенных ею на свет.

Глава третья
СЕРЫЙ ВОЛЧОНОК

Он сильно отличался от своих братьев и сестер. Их шерсть уже принимала рыжеватый оттенок, унаследованный от матери-волчицы, а он пошел весь в Одноглазого. Он был единственным серым волчонком во всем помете. Он родился настоящим волком и очень напоминал отца, с той лишь разницей, что у него было два глаза, а у отца — один.

Глаза у серого волчонка только недавно открылись, а он уже хорошо видел. И даже когда глаза у него были еще закрыты, чувства обоняния, осязания и вкуса уже служили ему. Он прекрасно знал своих двух братьев и двух сестер. Он поднимал с ними неуклюжую возню, подчас уже переходившую в драку, и его горлышко начинало дрожать от хриплых звуков — предвестников рычания. Задолго до того, как у него открылись глаза, он научился по запаху, осязанию и вкусу узнавать волчицу — источник тепла, пищи и нежности. И когда она своим мягким, ласкающим языком касалась его нежного тельца, он успокаивался, прижимался к ней и мирно засыпал.

Первый месяц его жизни почти весь прошел во сне; но теперь он уже хорошо видел, спал меньше и мало-помалу начинал знакомиться с миром. Мир его был темен, хотя он не подозревал этого, так как не знал никакого другого мира. Волчонка окружала полутьма, но глазам его не приходилось приспосабливаться к иному освещению. Мир его был очень мал, он ограничивался стенами логовища; волчонок не имел никакого понятия о необъятности внешнего мира, и поэтому жизнь в таких тесных пределах не казалась ему тягостной.

Впрочем, он очень скоро обнаружил, что одна из стен его мира отличается от других, — там был выход из пещеры, и оттуда шел свет. Он обнаружил, что эта стена не похожа на другие, еще задолго до того, как у него появились мысли и осознанные желания. Она непреодолимо влекла к себе волчонка еще в ту пору, когда он не мог видеть ее. Свет, шедший оттуда, бил ему в сомкнутые веки, и его зрительные нервы отвечали на эти теплые искорки, вызывавшие такое приятное и вместе с тем странное ощущение. Жизнь его тела, каждой клеточки его тела, жизнь, составлявшая самую его сущность и действовавшая помимо его воли, рвалась к этому свету, влекла его к нему, так же как сложный химический состав растения заставляет его поворачиваться к солнцу.

Еще задолго до того, как в волчонке забрезжило сознание, он то и дело подползал к выходу из пещеры. Сестры и братья не отставали от него. И в эту пору их жизни никто из них не забирался в темные углы у задней стены. Свет привлекал их к себе, как будто они были растениями; химический процесс, называющийся жизнью, требовал света; свет был необходимым условием их существования, и крохотные щенячьи тельца тянулись к нему, точно усики виноградной лозы, не размышляя, повинуясь только инстинкту. Позднее, когда в каждом из них начала проявляться индивидуальность, когда у каждого появились желания и сознательные побуждения, тяга к свету только усилилась. Они непрестанно ползли и тянулись к нему, и матери приходилось то и дело загонять их обратно.

Вот тут-то волчонок узнал и другие особенности своей матери, помимо ее мягкого, ласкающего языка.

Настойчиво порываясь к свету, он убедился, что у матери есть нос, которым она в наказание может отбросить его назад; затем он узнал и лапу, умевшую примять его к земле и быстрым, точно рассчитанным движением перекатить в угол. Так он впервые испытал боль и стал избегать ее, сначала просто не подвергая себя такому риску, а потом научившись увертываться и удирать от наказания. Это уже были сознательные поступки — результат появившейся способности обобщать явления мира. До сих пор он увертывался от боли бессознательно, так же бессознательно, как лез к свету. Но теперь он увертывался от нее потому, что знал, что такое боль.

Он был очень свирепым волчонком. И такими же были его братья и сестры. Этого и следовало ожидать. Ведь он был хищником и происходил из рода хищников, питавшихся мясом. Молоко, которое он сосал с первого же дня своей едва теплившейся жизни, вырабатывалось из мяса; и теперь, когда ему исполнился месяц и глаза его уже целую неделю были открыты, он тоже начал есть мясо, наполовину пережеванное волчицей для ее пятерых подросших детенышей, которым теперь не хватало молока.

С каждым днем серый волчонок становился все злее и злее. Рычание получалось у него более хриплым и громким, чем у братьев и сестер, припадки щенячьей ярости были страшнее. Он первый научился ловким ударом лапы опрокидывать их навзничь. И он же первый схватил другого волчонка за ухо и принялся теребить и таскать его из стороны в сторону, яростно рыча сквозь стиснутые челюсти. И уж конечно, он больше всех других волчат причинял беспокойство матери, старавшейся отогнать свой выводок от выхода из пещеры.

Свет с каждым днем все сильнее и сильнее манил к себе серого волчонка. Он поминутно пускался в странствования по пещере, стремясь к выходу из нее, и так же поминутно его оттаскивали назад. Правда, он не знал, что это был выход. Он не подозревал о существовании разных входов и выходов, которые ведут из одного места в другое. Он вообще не имел понятия о существовании других мест, а о способах добраться туда и подавно. Поэтому выход из пещеры казался ему стеной — стеной света. Чем солнце было для живущих на воле, тем для него была эта стена — солнцем его мира. Она притягивала его к себе, как огонь притягивает бабочку. Он беспрестанно стремился добраться туда. Жизнь, быстро росшая в нем, толкала его к стене света. Жизнь, таившаяся в нем, знала, что это единственный путь в мир — путь, на который ему суждено ступить. Но сам он ничего не знал об этом. Он не знал, что внешний мир существует.

У этой стены света было одно странное свойство. Его отец (а волчонок уже признал в нем одного из обитателей своего мира — похожее на мать существо, которое спит ближе к свету и приносит пищу) — его отец имел обыкновение проходить прямо сквозь далекую светлую стену и исчезать за ней. Серый волчонок не мог понять этого. Мать не позволяла ему приближаться к светлой стене, но он подходил к другим стенам пещеры, и всякий раз его нежный нос натыкался на что-то твердое. Это причиняло боль. И после нескольких таких путешествий обследование стен прекратилось. Не задумываясь, он принял исчезновение отца за его отличительное свойство, так же как молоко и мясная жвачка были отличительными свойствами матери.

В сущности говоря, серый волчонок не умел мыслить, во всяком случае так, как мыслят люди. Мозг его работал в потемках. И все-таки его выводы были не менее четки и определенны, чем выводы людей. Он принимал вещи такими, как они есть, не утруждая себя вопросом, почему случилось то-то или то-то. Достаточно было знать, что это случилось. Таков был его метод познания окружающего мира. И поэтому, ткнувшись несколько раз подряд носом в стены пещеры, он примирился с тем, что не может проходить сквозь них, не может делать то, что делает отец. Но желания разобраться в разнице между отцом и собой никогда не возникало у него. Логика и физика не принимали участия в формировании его мозга.

Как и большинству обитателей Северной глуши, ему рано пришлось испытать чувство голода. Наступили дни, когда отец перестал приносить мясо, когда даже материнские соски не давали молока. Волчата повизгивали и скулили и бóльшую часть времени проводили во сне; потом на них напало голодное оцепенение. Не было уже возни и драк, никто из них не приходил в ярость, не пробовал рычать; и путешествия к далекой белой стене прекратились. Они спали, и жизнь, чуть теплившаяся в них, мало-помалу гасла.

Одноглазый совсем потерял покой. Он рыскал повсюду и мало спал в логовище, которое стало теперь унылым и безрадостным. Волчица тоже оставила свой выводок и вышла на поиски корма. В первые дни после рождения волчат Одноглазый не раз наведывался к индейскому поселку и обкрадывал заячьи силки, но, как только снег растаял и реки вскрылись, индейцы ушли дальше и этот источник пищи иссяк.

Когда серый волчонок немного окреп и снова стал интересоваться далекой белой стеной, он обнаружил, что население его мира сильно уменьшилось. У него осталась всего лишь одна сестра. Остальные исчезли. Как только силы вернулись к нему, он стал играть, но играть в одиночестве, потому что сестра не могла ни поднять головы, ни шевельнуться. Его маленькое тело округлилось от мяса, которое он ел теперь, а для нее пища пришла слишком поздно. Она все время спала, и искра жизни в ее маленьком тельце, похожем на обтянутый кожей скелет, мерцала все слабее и слабее и наконец угасла.

Потом наступило время, когда Одноглазый перестал появляться сквозь стену и исчезать за ней; место, где он спал у входа в пещеру, опустело. Это случилось в конце второй, менее свирепой голодовки. Волчица знала, почему Одноглазый не вернулся в логовище, но не могла рассказать серому волчонку о том, что ей пришлось увидеть.

Отправившись за добычей вверх по левому рукаву ручья, туда, где жила рысь, она напала на вчерашний след Одноглазого. И там, где следы кончились, она нашла его самого — вернее, то, что от него осталось. Все кругом говорило о недавней схватке и о том, что, выиграв эту схватку, рысь ушла к себе в нору. Волчица отыскала эту нору, но, судя по многим признакам, рысь была там, и волчица не решилась войти к ней.

После этого волчица перестала охотиться на левом рукаве ручья. Она знала, что у рыси в норе есть детеныши и что сама рысь славится своей злобой и неустрашимостью в драках. Трем-четырем волкам ничего не стоит загнать на дерево фыркающую, ощетинившуюся рысь; однако совсем иное дело встретиться с ней с глазу на глаз, особенно когда знаешь, что за спиной у нее голодный выводок. Но Северная глушь есть Северная глушь, и материнство есть материнство — оно не останавливается ни перед чем как в Северной глуши, так и вне ее; и неминуемо должен был настать день, когда ради своего серого детеныша волчица отважится пойти по левому рукаву к норе в скалах, навстречу разъяренной рыси.

Глава четвертая
СТЕНА МИРА

К тому времени, когда мать стала оставлять пещеру и уходить на охоту, волчонок уже постиг закон, согласно которому ему запрещалось приближаться к выходу из логовища. Закон этот много раз внушала ему мать, толкая его то носом, то лапой, да и в нем самом начинал развиваться инстинкт страха. За всю свою короткую жизнь в пещере он ни разу не встретил ничего такого, что могло испугать его, — и все-таки он знал, что такое страх. Страх перешел к волчонку от отдаленных предков, через тысячу тысяч жизней. Это было наследие, полученное им непосредственно от Одноглазого и волчицы; но и к ним в свою очередь оно перешло через все поколения волков, бывших до них. Страх — наследие Северной глуши, и ни одному зверю не дано от него избавиться или променять его на чечевичную похлебку!

Итак, серый волчонок знал страх, хотя и не понимал его сущности. Он, вероятно, примирился с ним как с одной из преград, которые ставит жизнь. А в том, что такие преграды существуют, ему уже пришлось убедиться: он испытал голод и, не имея возможности утолить его, наткнулся на преграду своим желаниям. Плотные стены пещеры, резкие толчки носом, которыми наделяла его мать, сокрушительный удар ее лапы, неутоленный голод выработали в нем уверенность, что не все в мире дозволено, что в жизни существует множество ограничений и запретов. И эти ограничения и запреты были законом. Повиноваться им значило избегать боли и всяких жизненных осложнений.

Волчонок не размышлял обо всем этом так, как размышляют люди. Он просто разграничил окружающий мир на то, что причиняет боль, и то, что боли не причиняет, и, разграничив, старался избегать всего, причиняющего боль, то есть запретов и преград, и пользоваться только наградами и радостями, которые дает жизнь.

Вот почему, повинуясь закону, внушенному матерью, повинуясь неведомому закону страха, волчонок держался подальше от выхода из пещеры. Выход все еще казался ему светлой белой стеной. Когда матери в пещере не было, он большей частью спал, а просыпаясь, лежал тихо и сдерживал жалобное повизгивание, которое щекотало ему горло и рвалось наружу.

Проснувшись однажды, он услышал у белой стены непривычные звуки. Он не знал, что это была росомаха, которая остановилась у входа в пещеру и, трепеща от собственной дерзости, осторожно принюхивалась к шедшим оттуда запахам. Волчонок понимал только одно: звуки были непривычные, странные, а значит, неизвестные и страшные, ведь неизвестное было одним из основных элементов, из которых складывался страх.

Шерсть на спине у волчонка встала дыбом, но он молчал. Почему он догадался, что в ответ на эти звуки надо ощетиниться? У него не было такого опыта в прошлом — и все же так проявлялся в нем страх, которому нельзя было найти объяснения в прожитой жизни. Но страх сопровождался еще одним инстинктивным желанием — желанием притаиться, спрятаться. Волчонка охватил ужас, но он лежал без звука, без движения, застыв, окаменев, — лежал, как мертвый. Вернувшись домой и учуяв следы росомахи, его мать зарычала, бросилась в пещеру и с необычной для нее нежностью принялась лизать и ласкать волчонка. И волчонок понял, что ему удалось избежать сильной боли.

Но в нем действовали и другие силы, главной из которых был рост. Инстинкт и закон требовали от него повиновения, а рост требовал неповиновения. Мать и страх заставляли держаться подальше от белой стены, но рост есть жизнь, а жизни положено вечно тянуться к свету — и никакими преградами нельзя было остановить волну жизни, поднимавшейся в нем, поднимавшейся с каждым съеденным куском мяса, с каждым глотком воздуха. И наконец страх и послушание были отброшены в сторону напором жизни, и в один прекрасный день волчонок неверными, робкими шагами направился к выходу из пещеры.

В противоположность другим стенам, с которыми ему приходилось сталкиваться, эта стена, казалось, отступала все дальше и дальше, по мере того как он приближался к ней. Испытующе вытянув вперед свой маленький нежный нос, он ждал, что натолкнется на твердую поверхность, но стена оказалась такой же прозрачной и проницаемой, как свет. Волчонок вошел в то, что мнилось ему стеной, и погрузился в составлявшее ее вещество.

Это сбивало его с толку: ведь он полз сквозь что-то твердое! А свет становился все ярче и ярче. Страх гнал волчонка назад, но крепнувшая жизнь заставляла идти дальше. А вот и выход из пещеры. Стена, внутри которой, как ему мнилось, он находился, неожиданно отошла неизмеримо далеко. От яркого света стало больно глазам, он ослеплял волчонка; внезапно раздвинувшееся пространство кружило ему голову. Глаза понемногу привыкали к яркому свету и приноравливались к увеличившемуся расстоянию между предметами. Сначала стена отодвинулась так далеко, что потерялась из виду. Теперь он снова разглядел ее, но она отступила вдаль и выглядела уже совсем по-другому. Стена стала пестрой: в нее входили деревья, окаймлявшие ручей, и гора, возвышавшаяся позади деревьев, и небо, которое было еще выше горы.

На волчонка напал ужас. Неизвестных и грозных вещей стало еще больше. Он съежился у входа в пещеру и стал смотреть на открывшийся перед ним мир. Как страшно! Все неизвестное казалось ему враждебным. Шерсть у него на спине встала дыбом; он оскалил зубы, пытаясь издать яростное, устрашающее рычание. Крошечный испуганный звереныш бросал вызов и грозил всему миру.

Однако все обошлось благополучно. Волчонок продолжал смотреть и от любопытства даже позабыл, что надо рычать, забыл даже про свой испуг. Жизнь, крепнувшая в нем, на время победила страх, и страх уступил место любопытству. Волчонок начал различать то, что было у него перед глазами: открытую часть ручья, сверкавшего на солнце, засохшую сосну около откоса и сам откос, поднимавшийся прямо к пещере, у входа в которую он примостился.

До сих пор серый волчонок жил на ровной поверхности, ему еще не приходилось испытывать ушибы от падений — да он и не знал, что такое падение, — поэтому он смело шагнул прямо в воздух. Задние лапы у него задержались на выступе у входа в пещеру, так что он упал головой вниз. Земля больно стукнула его по носу, он жалобно тявкнул и тут же вслед за этим покатился кубарем по откосу. На него напал панический страх. Неизвестное наконец овладело им, оно держало его в своей власти и готовилось причинить ему невыносимую боль. Жизнь, крепнувшая в нем, снова уступила место страху, и он завизжал, как завизжал бы всякий перепуганный щенок.

Неизвестное грозило ему; он еще не мог понять чем, и выл и визжал не переставая. Это было куда хуже, чем лежать, замирая от страха, когда неизвестное только промелькнуло мимо него. Теперь оно завладело им целиком. Молчание ничему не поможет. Кроме того, теперь его терзал уже не страх, а ужас.

Но откос становился все более пологим, а у его подножия росла трава. Скорость падения уменьшилась. Остановившись наконец, волчонок отчаянно взвыл, потом заскулил протяжно и жалобно, а вслед за тем как ни в чем не бывало, точно ему уже тысячу раз приходилось заниматься своим туалетом, принялся слизывать приставшую к бокам сухую глину.

Покончив с этим, он сел и осмотрелся по сторонам — так же, как это сделал бы первый человек, попавший с Земли на Марс. Волчонок пробился сквозь стену мира, неизвестное выпустило его из своих объятий, и он остался невредимым. Но первый человек на Марсе встретил бы гораздо меньше необычного для себя, чем волчонок здесь, на земле. Безо всякого предварительного знания, безо всякой подготовки он очутился в роли исследователя совершенно незнакомого ему мира.

Теперь, когда страшная неизвестность отпустила волчонка на свободу, он забыл обо всех ее ужасах. Он испытывал лишь любопытство ко всему, что его окружало. Он осмотрел траву под собой, кустик брусники чуть подальше, ствол засохшей сосны, которая стояла на краю полянки, окруженной деревьями. Белка выбежала из-за сосны прямо на волчонка и привела его в ужас. Он припал к земле и зарычал. Но белка перепугалась еще больше; она быстро вскарабкалась на дерево и, очутившись в безопасности, сердито зацокала оттуда.

Это придало волчонку храбрости, и, хотя дятел, с которым ему пришлось вслед за тем встретиться, заставил его вздрогнуть, он уверенно продолжал свой путь. Уверенность эта возросла до такой степени, что, когда какая-то дерзкая птица подскочила к волчонку, он, играя, протянул к ней лапу. В ответ на это птица больно клюнула его в нос; он весь сжался и завизжал. Птица испугалась его визга и тут же упорхнула.

Волчонок учился. Его маленький, слабый мозг хоть и бессознательно, но сделал вывод. Вещи бывают живые и неживые. И живых вещей надо остерегаться. Неживые всегда остаются на месте, а живые двигаются, и никогда нельзя знать заранее, что они могут сделать. От них надо ждать всяких неожиданностей, с ними надо быть начеку.

Волчонок шагал неуклюже, он то и дело натыкался на что-нибудь. Ветка, которая, казалось, была так далеко, задевала его по носу или хлестала по бокам; земля была неровная. Он спотыкался, ушибал нос, лапы. Мелкие камни выскальзывали у него из-под ног, лишь только он наступал на них. И наконец волчонок понял, что не все неживые вещи находятся в состоянии устойчивого равновесия, как его пещера, и что маленькие неживые вещи гораздо чаще падают и переворачиваются, чем большие. С каждой своей ошибкой волчонок узнавал все больше и больше. Чем дальше он шел, тем тверже становился его шаг. Он приспосабливался. Он учился рассчитывать свои движения, приноравливаться к своим физическим возможностям, измерять расстояние между различными предметами, а также между ними и собой.

Удача всегда сопутствует новичкам. Рожденный, чтобы стать охотником (хотя сам он и не знал этого), волчонок напал на дичь сразу около пещеры, в первую же свою вылазку на свет божий. Искусно спрятанное гнездо куропатки попалось ему только вследствие его же собственной неловкости: он свалился на него. Он попробовал пройтись по стволу упавшей сосны; гнилая кора подалась под его ногами, и он с отчаянным визгом сорвался с круглого ствола, упал на куст и, пролетев сквозь листву и ветви, очутился прямо в гнезде, где сидели семь птенцов куропатки.

Птенцы запищали, и волчонок сначала испугался, потом, увидев, что они совсем маленькие, осмелел. Птенцы двигались. Он примял одного лапой, и тот затрепыхался еще сильнее. Волчонку это очень понравилось. Он обнюхал птенца, взял его в рот. Птенец бился и щекотал ему язык. В ту же минуту волчонок почувствовал голод. Челюсти его сомкнулись, птичьи косточки хрустнули, и он ощутил на языке теплую кровь. Кровь оказалась очень вкусной. В зубах у него была дичь, такая же дичь, какую ему приносила мать, только гораздо вкуснее, потому что она была живая. Волчонок съел птенца и остановился только тогда, когда покончил со всем выводком. Вслед за тем он облизнулся, точно так же, как это делала его мать, и стал выбираться из куста.

Его встретил крылатый вихрь. Стремительный натиск и яростные удары крыльев ослепили, ошеломили волчонка. Он уткнулся головой в лапы и завизжал. Удары посыпались с новой силой. Куропатка-мать была вне себя от ярости. Тогда волчонок разозлился. Он вскочил с рычанием и начал отбиваться лапами, потом запустил свои мелкие зубы в крыло птицы и принялся что есть силы дергать и таскать ее из стороны в сторону. Куропатка рвалась, ударяя его другим крылом. Это была первая схватка волчонка. Он ликовал. Он забыл весь свой страх перед неизвестным и уже ничего не боялся. Он рвал и бил живое существо, которое наносило ему удары. Кроме того, это живое существо было мясом. Волчонком овладела жажда крови. Он только что уничтожил семь маленьких живых существ. Сейчас он уничтожит большое живое существо. Он был слишком поглощен дракой и слишком счастлив, чтобы ощущать свое счастье. Он весь дрожал от возбуждения, которого до сих пор ему никогда не приходилось испытывать.

Он не выпускал крыла и рычал сквозь стиснутые зубы. Куропатка вытащила его из куста. Когда же она попыталась втащить его туда обратно, он выволок ее на открытое место. Птица кричала и била его свободным крылом, а перья ее разлетались по воздуху, как снежные хлопья. Волчонок уже не помнил себя от ярости, воинственная кровь предков поднялась и забушевала в нем. Сам того не ощущая, волчонок жил в эти минуты полной жизнью. Он выполнял предназначенную ему роль, делал то дело, для которого был рожден, — убивал добычу и дрался, прежде чем убить ее. Он оправдывал свое существование, выполняя высшее назначение жизни, потому что жизнь достигает своих вершин в те минуты, когда все ее силы устремляются на осуществление поставленных перед ней целей.

Наконец птица перестала бороться. Волчонок все еще держал ее за крыло. Они лежали на земле и смотрели друг на друга. Он попробовал яростно и угрожающе зарычать. Куропатка клюнула его в нос, и без того болевший. Волчонок вздрогнул, но не выпустил крыла. Птица клюнула его еще и еще раз. Он завизжал и попятился, не сообразив, что вместе с крылом потащит за собой и птицу. Град ударов посыпался на его многострадальный нос. Воинственный пыл волчонка погас. Выпустив добычу, он со всех ног пустился в бесславное бегство на другую сторону поляны и лег там возле кустарника, тяжело дыша, высунув язык и жалобно повизгивая. И вдруг предчувствие неминуемой беды сжало ему сердце. Неизвестное со всеми своими ужасами снова обрушилось на волчонка. Он инстинктивно отпрянул под защиту куста. На него пахнуло ветром, и большое крылатое тело в зловещем молчании пронеслось мимо: ястреб, ринувшийся на волчонка из поднебесья, промахнулся.

Пока волчонок лежал под кустом и, мало-помалу приходя в себя, начинал боязливо выглядывать оттуда, на другой стороне поляны из разоренного гнезда выпорхнула куропатка — горе утраты заставило ее забыть о крылатой молнии небес. Но волчонок все видел, и это послужило ему предостережением и уроком. Он видел, как ястреб камнем упал вниз, пронесся над землей, почти задевая траву крыльями, вонзил когти в куропатку, пронзительно вскрикнувшую от смертельной боли и ужаса, и взмыл ввысь, унося ее с собой.

Волчонок долго не выходил из своего убежища. Он познал многое. Живые существа — это мясо, они приятны на вкус. Но большие живые существа причиняют боль. Надо есть маленьких, таких как птенцы куропатки, а с большими, как сама куропатка, лучше не связываться. И все же его самолюбие было ущемлено. Ему вдруг захотелось еще раз схватиться с большой птицей — жаль, что ястреб унес ее. А может быть, найдутся другие куропатки? Надо пойти поискать.

Волчонок спустился по отлогому берегу к ручью. Воды он до сих пор еще не видал. На первый взгляд она была вполне надежная, ровная. Он смело шагнул вперед и, визжа от страха, пошел ко дну, прямо в объятия неизвестного. Стало холодно, у него перехватило дыхание. Вместо воздуха, которым он привык дышать, в легкие хлынула вода. Удушье сдавило ему горло, как смерть. Для волчонка оно было равносильно смерти. Он не знал, что такое смерть, но, как и все жители Северной глуши, боялся ее. Она была для него олицетворением самой страшной боли. В ней таилась самая сущность неизвестного, совокупность всех его ужасов. Это была последняя, непоправимая беда, которой он страшился, хоть и не мог представить ее себе до конца.

Волчонок выбрался на поверхность и всей пастью глотнул свежего воздуха. На этот раз он не пошел ко дну. Он ударил всеми четырьмя лапами, словно это было для него самым привычным делом, и поплыл. Ближний берег находился в каком-нибудь ярде от волчонка, но он вынырнул спиной к нему и, увидев дальний, сейчас же устремился туда. Ручей был узкий, но как раз в этом месте разливался широкой заводью.

На середине волчонка подхватило и понесло вниз по течению, прямо на маленькие пороги, начинавшиеся там, где русло снова сужалось. Плыть здесь было трудно. Спокойная вода вдруг забурлила. Волчонок то выбивался на поверхность, то уходил с головой под воду. Его кидало из стороны в сторону, переворачивало то на бок, то на спину, ударяло о камни. При каждом таком ударе он взвизгивал, и по этим визгам можно было сосчитать, сколько подводных камней попалось ему на пути.

Ниже порогов, где берега снова расширялись, волчонок попал в водоворот, который легонько отнес его к берегу и так же легонько положил на отмель. Он выкарабкался из воды и лег. Его знакомство с внешним миром продолжалось. Вода была неживая и все-таки двигалась! Кроме того, на первый взгляд она казалась твердой, как земля, на самом же деле твердости в ней не было и в помине. И волчонок пришел к выводу, что вещи не всегда таковы, какими кажутся. Страх перед неизвестным, бывший не чем иным, как унаследованным от предков недоверием к окружающему миру, только усилился после столкновения с действительностью. Отныне в нем на всю жизнь укоренится это недоверие к внешнему виду вещей. И прежде чем довериться им, он постарается узнать, каковы они на самом деле.

В этот день волчонку было суждено испытать еще одно приключение. Он вдруг вспомнил, что у него есть мать, и почувствовал, что она нужна ему больше всего на свете. От всех перенесенных испытаний у него устало не только тело — устал и мозг. За всю предыдущую жизнь мозгу его не приходилось так работать, как за один этот день. К тому же волчонку захотелось спать. И он отправился на поиски пещеры и матери, испытывая гнетущее чувство одиночества и полной беспомощности.

Пробираясь сквозь кустарник, волчонок вдруг услышал пронзительный свирепый крик. Перед глазами у него промелькнуло что-то желтое. Он увидел метнувшуюся в кусты ласку. Ласка была маленькая, и волчонок не испугался ее. Потом у самых своих ног он увидел живое существо, совсем крохотное, — это был детеныш ласки, который, так же как и волчонок, убежал из дому и отправился путешествовать. Крохотная ласка хотела было юркнуть в траву. Волчонок перевернул ее на спину. Ласка пискнула — голос у нее был скрипучий. В ту же минуту перед глазами у волчонка снова пронеслось желтое пятно. Он услышал свирепый крик, что-то сильно ударило его по голове, и острые зубы ласки-матери впились ему в шею.

Пока он с визгом и воем пятился назад, ласка подбежала к своему детенышу и скрылась с ним в кустах. Боль от укуса все еще не проходила, но боль от обиды давала себя чувствовать еще сильнее, и волчонок сел и тихо заскулил. Ведь ласка-мать была такая маленькая, а кусалась так больно! Волчонок еще не знал, что маленькая ласка — один из самых свирепых, мстительных и страшных хищников Северной глуши, но скоро ему предстояло узнать это.

Он еще не перестал скулить, когда ласка-мать снова появилась перед ним. Она не бросилась на него сразу, потому что теперь ее детеныш был в безопасности. Она приближалась осторожно, так что он мог рассмотреть ее тонкое, змеиное тельце и высоко поднятую змеиную головку. В ответ на резкий, угрожающий крик ласки шерсть на спине у волчонка поднялась дыбом, он зарычал. Она подходила все ближе и ближе. И вдруг прыжок, за которым он не мог уследить своим неопытным глазом, — тонкое желтое тело на одну секунду исчезло из его поля зрения, и ласка вцепилась ему в горло, глубоко прокусив шкуру.

Волчонок рычал, отбивался, но он был очень молод, это был его первый выход в мир, и поэтому рычание его перешло в визг, и он уже не дрался, а старался вырваться из зубов ласки и убежать. Но ласка не отпускала волчонка. Продолжая висеть у него на шее, она добиралась до вены, где пульсирует жизнь. Ласка любила кровь и предпочитала сосать ее прямо из горла — средоточия жизни.

Серого волчонка ждала верная гибель, и рассказ о нем остался бы ненаписанным, если бы из-за кустов не выскочила волчица. Ласка выпустила его и метнулась к горлу волчицы, но, промахнувшись, вцепилась ей в челюсть. Волчица взмахнула головой, как бичом, зубы ласки сорвались, и она взлетела высоко в воздух. Не дав тонкому желтому тельцу даже опуститься на землю, волчица подхватила его на лету, и ласка встретила свою смерть на ее острых зубах.

Новый прилив материнской нежности послужил наградой волчонку. Мать радовалась еще больше, чем сын. Она легонько подкидывала его носом, зализывала ему раны. А потом оба они поделили между собой кровопийцу-ласку, съели ее, вернулись в пещеру и легли спать.

Глава пятая
ЗАКОН ДОБЫЧИ

Волчонок развивался с поразительной быстротой. Два дня он отдыхал, а затем снова отправился путешествовать. В этот свой выход он встретил молодую ласку, мать которой была съедена с его помощью, и позаботился, чтобы детеныш отправился вслед за матерью. Но теперь он уже не плутал и, устав, нашел дорогу к пещере и лег спать. После этого волчонок каждый день отправлялся на прогулку и с каждым разом заходил все дальше и дальше.

Он привык точно соразмерять свою силу и слабость, соображая, когда надо проявить отвагу, а когда — осторожность. Оказалось, что осторожность следует соблюдать всегда, за исключением тех редких случаев, когда уверенность в собственных силах позволяет дать волю злобе и жадности.

При встречах с куропатками волчонок становился сущим дьяволом. Точно так же не упускал он случая ответить злобным рычанием на трескотню белки, которая попалась ему впервые около засохшей сосны. И один только вид птицы, напоминавшей ему ту, что клюнула его в нос, почти неизменно приводил его в бешенство.

Но бывало и так, что волчонок не обращал внимания даже на птиц, и это случалось тогда, когда ему грозило нападение других хищников, которые, так же как он, рыскали в поисках добычи. Волчонок не забыл ястреба и, завидев его тень, скользившую по траве, прятался подальше в кусты. Лапы его больше не разъезжались на ходу в разные стороны — он уже перенял от матери ее легкую, бесшумную походку, быстрота которой была неприметна для глаза.

Что касается охоты, то удачи его кончились с первым же днем. Семь птенцов куропатки и маленькая ласка — вот и вся добыча волчонка. Но жажда убивать крепла в нем день ото дня, и он лелеял мечту добраться когда-нибудь до белки, которая своей трескотней извещала всех обитателей леса о его приближении. Но белка с такой же легкостью лазила по деревьям, с какой птицы летали по воздуху, и волчонку оставалось только одно: незаметно подкрадываться к ней, пока она была на земле.

Волчонок питал глубокое уважение к своей матери. Она умела добывать мясо и никогда не забывала принести сыну его долю. Больше того — она ничего не боялась. Волчонку не приходило в голову, что это бесстрашие — плод опыта и знания. Он думал, что бесстрашие есть выражение силы. Мать была олицетворением силы; и, подрастая, он ощутил эту силу и в более резких ударах ее лапы, и в том, что толчки носом, которыми мать наказывала его прежде, заменились теперь свирепыми укусами. Это тоже внушало волчонку уважение к матери. Она требовала от него покорности, и чем больше он подрастал, тем суровее становилось ее обращение с ним.

Снова наступил голод, и теперь волчонок уже вполне осознанно испытывал его муки. Волчица совсем отощала в поисках пищи. Проводя почти все время на охоте, и большей частью безуспешно, она редко приходила спать в пещеру. На этот раз голодовка была недолгая, но свирепая. Волчонок не мог высосать ни капли молока из материнских сосков, а мяса ему уже давно не перепадало.

Прежде он охотился ради забавы, ради того удовольствия, которое доставляет охота, теперь же принялся за это по-настоящему, и все-таки ему не везло. Но неудачи лишь способствовали развитию волчонка. Он с еще большей старательностью изучал повадки белки и прилагал еще больше усилий к тому, чтобы подкрасться к ней незамеченным. Он выслеживал полевых мышей и учился выкапывать их из норок, узнал много нового о дятлах и других птицах. И вот наступило время, когда волчонок уже не забирался в кусты при виде скользившей по земле тени ястреба. Он стал сильнее, опытнее, чувствовал в себе бóльшую уверенность. Кроме того, голод ожесточил его. Теперь он садился посреди поляны на самом видном месте и ждал, когда ястреб спустится к нему. Там, над ним, в синеве неба, летала пища — пища, которой так настойчиво требовал его желудок. Но ястреб отказывался принять бой, и волчонок забирался в чащу, жалобно скуля от разочарования и голода.

Голод окончился. Волчица принесла домой мясо. Мясо было необычное, совсем не похожее на то, которое она приносила раньше. Это был детеныш рыси, уже подросший, но не такой крупный, как волчонок. И все мясо целиком предназначалось волчонку. Мать уже успела утолить свой голод, хотя сын ее и не подозревал, что для этого ей понадобился весь выводок рыси. Не подозревал он и того, какой отчаянный поступок пришлось совершить матери. Волчонок знал только одно: молоденькая рысь с бархатистой шкуркой была мясом; и он ел это мясо, наслаждаясь каждым проглоченным куском.

Полный желудок располагает к покою, и волчонок прилег в пещере рядом с матерью и заснул. Его разбудил ее голос. Никогда еще волчонок не слыхал такого страшного рычания. Возможно, за всю свою жизнь его мать никогда не рычала страшнее. Но для такого рычания повод был, и никто не знал этого лучше, чем сама волчица. Выводок рыси нельзя уничтожить безнаказанно.

В ярких лучах полуденного солнца волчонок увидел самку-рысь, припавшую к земле у входа в пещеру. Шерсть у него на спине поднялась дыбом. Ужас смотрел ему в глаза — он понял это, не дожидаясь подсказки инстинкта. И если бы даже вид рыси был недостаточно грозен, то ярость, которая послышалась в ее хриплом визге, внезапно сменившем рычание, говорила сама за себя.

Жизнь, крепнувшая в волчонке, словно подтолкнула его вперед. Он зарычал и храбро занял место рядом с матерью. Но его позорно оттолкнули назад. Низкий вход не позволял рыси сделать прыжок, она скользнула в пещеру, но волчица ринулась ей навстречу и прижала ее к земле. Мало что удалось волчонку разобрать в этой схватке. Он слышал только рев, фырканье и пронзительный визг. Оба зверя катались по земле; рысь рвала свою противницу зубами и когтями, а волчица могла пускать в ход только зубы.

Волчонок подскочил к рыси и с яростным рычанием вцепился ей в заднюю лапу. Тяжестью своего тела он, сам того не подозревая, мешал ее движениям и помогал матери. Борьба приняла новый оборот: сражавшиеся подмяли под себя волчонка, и ему пришлось разжать зубы. Но вот обе матери отскочили друг от друга, и рысь, прежде чем снова сцепиться с волчицей, ударила волчонка своей могучей лапой, разорвала ему плечо до самой кости и отбросила его к стене. Теперь к реву сражавшихся прибавился жалобный плач. Но схватка так затянулась, что у волчонка было достаточно времени, чтобы наплакаться вдоволь и испытать новый прилив мужества. И к концу схватки он снова вцепился в заднюю лапу рыси, яростно рыча сквозь сжатые челюсти.

Рысь была мертва. Но и волчица ослабела от полученных ран. Она принялась было ласкать волчонка и лизать ему плечо, но потеря крови лишила ее сил, и весь этот день и всю ночь она пролежала около своего мертвого врага, не двигаясь и еле дыша. Следующую неделю, выходя из пещеры только для того, чтобы напиться, волчица еле передвигала ноги, так как каждое движение причиняло ей боль. А потом, когда рысь была съедена, раны волчицы уже настолько зажили, что она могла снова начать охоту.

Плечо у волчонка все еще болело, и он еще долго ходил прихрамывая. Но за это время его отношение к миру изменилось. Он держался теперь с большей уверенностью, с чувством гордости, незнакомой ему до схватки с рысью. Он убедился, что жизнь сурова; он участвовал в битве; он вонзил зубы в тело врага и остался жив. И это придало ему смелости, в нем появился даже задор, чего раньше не было. Он перестал робеть и уже не боялся мелких зверьков, но неизвестное с его тайнами и ужасами по-прежнему властвовало над ним и не переставало угнетать его.

Волчонок стал сопровождать волчицу на охоту, много раз видел, как она убивает дичь, и сам принимал участие в этом. Он смутно начинал постигать закон *добычи*. В жизни есть две породы: его собственная и чужая. К первой принадлежит он с матерью, ко второй — все остальные существа, обладающие способностью двигаться. Но и они в свою очередь не едины. Среди них существуют нехищники и мелкие хищники — те, кого убивают и едят его сородичи; и существуют враги, которые убивают и едят его сородичей или сами попадаются им. Из этого разграничения складывался закон. Цель жизни — добыча. Сущность жизни — добыча. Жизнь питается жизнью. Все живое в мире делится на тех, кто ест, и тех, кого едят. И закон этот говорил: *ешь* или *съедят тебя самого*. Волчонок не мог ясно и четко сформулировать этот закон и не пытался сделать из него вывод. Он даже не думал о нем, а просто жил согласно его велениям.

Действие этого закона волчонок видел повсюду. Он съел птенцов куропатки. Ястреб съел их мать и хотел съесть самого волчонка. Позднее, когда волчонок подрос, ему захотелось съесть ястреба. Он съел маленькую рысь. Мать-рысь съела бы волчонка, если бы сама не была убита и съедена. Так оно и шло. Все живое вокруг волчонка жило согласно этому закону, крохотной частицей которого являлся и он сам. Он был хищником. Он питался только мясом, живым мясом, которое убегало от него, взлетало в воздух, карабкалось по деревьям, пряталось под землю или вступало с ним в бой, а иногда и обращало его в бегство.

Если бы волчонок умел мыслить как человек, он, возможно, пришел бы к выводу, что жизнь — это неутомимая жажда насыщения, а мир — арена, где сталкиваются все те, кто, стремясь к насыщению, преследует друг друга, охотится друг за другом, поедает друг друга; арена, где льется кровь, где царит жестокость, слепая случайность и хаос без начала и конца.

Но волчонок не умел мыслить как человек и не обладал способностью к обобщениям. Поставив себе какую-нибудь одну цель, он только о ней и думал, только ее одной и добивался. Кроме закона добычи, в жизни волчонка было множество других, менее важных законов, которые все же следовало изучить и, изучив, повиноваться им. Мир был полон неожиданностей. Жизнь, игравшая в волчонке, силы, управлявшие его телом, служили ему неиссякаемым источником счастья. Погоня за добычей заставляла его дрожать от наслаждения. Ярость и битвы приносили с собой одно удовольствие. И даже ужасы и тайны неизвестного помогали ему жить.

Кроме этого, в жизни было много других приятных ощущений. Полный желудок, ленивая дремота на солнышке — все это служило волчонку наградой за его рвение и труды, а рвение и труды сами по себе доставляли ему радость. И волчонок жил в ладу с окружавшей его враждебной средой. Он был полон сил, он был счастлив и гордился собой.

Часть третья

Глава первая

ТВОРЦЫ ОГНЯ

Волчонок наткнулся на это совершенно неожиданно. Все произошло по его вине. Осторожность — вот что было забыто. Он вышел из пещеры и побежал к ручью напиться. Причиной его оплошности, возможно, было еще и то, что ему хотелось спать. (Вся ночь прошла на охоте, и волчонок только что проснулся.) Но ведь дорога к ручью была ему так хорошо знакома! Он столько раз бегал по ней, и до сих пор все сходило благополучно.

Волчонок спустился по тропинке к засохшей сосне, пересек полянку и побежал между деревьями. И вдруг он одновременно увидел и почуял что-то незнакомое. Перед ним молча сидели на корточках пять живых существ — таких ему еще не приходилось видеть. Это была первая встреча волчонка с людьми. Но люди не вскочили, не оскалили зубов и не зарычали на него. Они не двигались и продолжали сидеть на корточках, храня зловещее молчание.

Не двигался и волчонок. Повинуясь инстинкту, он не раздумывая кинулся бы бежать от них, но впервые за всю его жизнь в нем внезапно возникло другое, совершенно противоположное чувство: волчонка объял трепет. Сознание собственной слабости и ничтожества лишило его способности двигаться. Перед ним были власть и сила, неведомые ему до сих пор.

Волчонок никогда еще не видел человека, но инстинктивно понял все его могущество. Где-то в глубине его сознания возникла уверенность, что это живое существо отвоевало себе право первенства у всех остальных обитателей Северной глуши. На человека сейчас смотрела не одна пара глаз — на него уставились глаза всех предков волчонка, круживших в темноте около бесчисленных зимних стоянок, приглядывавшихся издали, из-за густых зарослей, к странному, двуногому существу, которое стало властителем над всеми другими живыми существами. Волчонок очутился в плену у своих предков, в плену у благоговейного страха, рожденного вековой борьбой и опытом, накопленным поколениями. Это наследие подавило волка, который был всего-навсего волчонком. Будь он постарше, он бы убежал. Но сейчас он припал к земле, скованный страхом и готовый изъявить ту покорность, с которой его отдаленный предок шел к человеку, чтобы погреться у разведенного им костра.

Один из индейцев встал, подошел к волчонку и нагнулся над ним. Волчонок еще ниже припал к земле. Неизвестное обрело наконец плоть и кровь, приблизилось к нему и протянуло руку, собираясь схватить его. Шерсть у волчонка поднялась дыбом, губы дрогнули, обнажив маленькие клыки. Рука, нависшая над ним, на минуту задержалась, и человек сказал со смехом:

— *Вабам вабиска ип пит та!* (Смотрите! Какие белые клыки!)

Остальные громко рассмеялись и стали подзадоривать индейца, чтобы он взял волчонка. Рука опускалась все ниже и ниже, а в волчонке бушевали два инстинкта: один внушал, что надо покориться, другой толкал на борьбу. В конце концов волчонок пошел на сделку с самим собой. Он послушался обоих инстинктов: покорялся до тех пор, пока рука не коснулась его, а потом решил бороться и схватил ее зубами. И сейчас же вслед за тем удар по голове свалил его набок. Всякая охота бороться пропала. Волчонок превратился в покорного щенка, сел на задние лапы и заскулил. Но человек, которого он укусил за руку, рассердился. Волчонок получил второй удар по голове и, поднявшись на ноги, заскулил еще громче прежнего.

Индейцы рассмеялись, и даже тот, с укушенной рукой, присоединился к их смеху. Все еще смеясь, они окружили волчонка, продолжавшего выть от боли и ужаса.

И вдруг он насторожился. Индейцы тоже насторожились. Волчонок узнал этот голос и, издав последний протяжный вопль, в котором звучало скорее торжество, чем горе, смолк и стал ждать появления матери — своей неустрашимой, свирепой матери, которая умела сражаться с противниками, умела убивать их и никогда ни перед кем не трусила. Волчица приближалась с громким рычанием: она услыхала крики своего детеныша и бежала к нему на помощь.

Волчица бросилась к людям. Разъяренная, готовая на все, она являла собой малоприятное зрелище, но волчонка ее спасительный гнев только обрадовал.

Он взвизгнул от счастья и кинулся ей навстречу, а люди быстро отступили на несколько шагов назад. Волчица стала между своим детенышем и людьми. Шерсть на ней поднялась дыбом, в горле клокотало яростное рычание, губы и нос судорожно подергивались.

И вдруг один из индейцев крикнул:

— Кичи!

В этом возгласе слышалось удивление.

Волчонок почувствовал, как мать съежилась при звуке человеческого голоса.

— Кичи! — снова крикнул индеец, на этот раз резко и повелительно.

И тогда волчонок увидел, как волчица, его бесстрашная мать, припала к земле, коснувшись ее брюхом, и завиляла хвостом, повизгивая и прося мира. Волчонок ничего не понял. Его охватил ужас. Он снова затрепетал перед человеком. Инстинкт говорил ему правду. И мать подтвердила это. Она тоже выражала покорность людям.

Человек, сказавший «Кичи», подошел к волчице. Он положил ей руку на голову, и волчица еще ниже припала к земле. Она не укусила его, да и не собиралась это делать. Те четверо тоже подошли к ней, стали ощупывать и гладить ее, но она не протестовала. Волчонок не сводил глаз с людей. Их рты издавали громкие звуки. В этих звуках не было ничего угрожающего. Волчонок прижался к матери и решил смириться, но шерсть у него на спине все-таки стояла дыбом.

— Что же тут удивительного? — заговорил один из индейцев. — Отец у нее был волк, а мать собака. Ведь брат мой привязывал ее весной на три ночи в лесу! Значит, отец Кичи был волк.

— С тех пор как Кичи убежала, Серый Бобр, прошел целый год, — сказал другой индеец.

— И тут нет ничего удивительного, Язык Лосося, — ответил Серый Бобр. — Тогда был голод, и собакам не хватало мяса.

— Она жила среди волков, — сказал третий индеец.

— Ты прав, Три Орла, — усмехнулся Серый Бобр, дотронувшись до волчонка, — и вот доказательство твоей правоты.

Почувствовав прикосновение человеческой руки, волчонок глухо зарычал, и рука отдернулась назад, готовясь ударить его. Тогда он спрятал клыки и покорно приник к земле, а рука снова опустилась и стала почесывать у него за ухом и гладить его по спине.

— Вот доказательство твоей правоты, — повторил Серый Бобр. — Кичи — его мать. Но отец у него был волк. Поэтому собачьего в нем мало, а волчьего много. У него белые клыки, и я дам ему кличку Белый Клык. Я сказал. Это моя собака. Разве Кичи не принадлежала моему брату? И разве брат мой не умер?

Волчонок, получивший имя, лежал и слушал. Люди продолжали говорить. Потом Серый Бобр вынул нож из ножен, висевших у него на шее, подошел к кусту и вырезал палку. Белый Клык наблюдал за ним. Серый Бобр сделал на обоих концах палки по зарубке и обвязал вокруг них ремни из сыромятной кожи. Один ремень он надел на шею Кичи, подвел ее к невысокой сосне и привязал второй ремень к дереву.

Белый Клык пошел за матерью и улегся рядом с ней. Язык Лосося протянул к волчонку руку и опрокинул его на спину. Кичи испуганно смотрела на них. Белый Клык почувствовал, как страх снова охватывает его. Он не удержался и зарычал, но кусаться уже не посмел. Рука с растопыренными крючковатыми пальцами стала почесывать ему живот и перекатывать с боку на бок. Лежать на спине с задранными вверх лапами было глупо и унизительно. Кроме того, Белый Клык чувствовал себя совершенно беспомощным, и все его существо восставало против такого унижения. Но что тут поделаешь? Если этот человек захочет причинить ему боль, он в его власти. Разве можно отскочить в сторону, когда все четыре лапы болтаются в воздухе? И все-таки покорность взяла верх над страхом, и Белый Клык ограничился тихим рычанием. Рычания он не смог подавить, но человек не рассердился и не ударил его по голове. И, как это ни странно, Белый Клык испытывал какое-то необъяснимое удовольствие, когда рука человека гладила его по шерсти взад и вперед. Перевернувшись на бок, он перестал рычать. Пальцы начали скрести и почесывать у него за ухом, и от этого приятное ощущение только усилилось. И когда наконец человек погладил его в последний раз и отошел, Белый Клык окончательно приободрился. Ему предстояло еще не один раз испытать страх перед человеком, но дружеские отношения между ними зародились в эти минуты.

Спустя немного Белый Клык услышал приближение каких-то странных звуков. Он быстро догадался, что звуки эти исходят от людей. На тропинку вереницей вышло все индейское племя, перекочевывавшее на новое место. Их было человек сорок — мужчин, женщин, детей, сгибавшихся под тяжестью лагерного скарба. С ними шло много собак; и все собаки, кроме щенят, тоже были нагружены разной поклажей. Каждая собака несла на спине мешок с вещами фунтов в двадцать-тридцать весом.

Белый Клык никогда еще не видал собак, но сразу почувствовал, что они мало чем отличаются от его собственной породы. Учуяв волчонка и его мать, собаки сейчас же доказали, как незначительна эта разница. Началась свалка. Весь ощетинившись, Белый Клык рычал и огрызался на окружившие его со всех сторон разверстые собачьи пасти; собаки повалили волчонка, но он не переставал кусать и рвать их за ноги и за брюхо, чувствуя в то же время, как собачьи зубы впиваются ему в тело. Поднялся оглушительный лай. Волчонок слышал рычание Кичи, рванувшейся ему на подмогу, слышал крики людей, удары палок и визг собак, которым доставались эти удары.

Через несколько секунд волчонок снова был на ногах. Он увидел, что люди отгоняют собак палками и камнями, защищая, спасая его от свирепых клыков этих существ, которые все же чем-то отличались от волчьей породы. И хотя волчонок не мог ясно представить себе такого отвлеченного понятия, как справедливое возмездие, тем не менее он по-своему почувствовал справедливость человека и признал в нем существо, которое устанавливает закон и следит за его выполнением. Оценил он также способ, которым люди заставляют подчиняться своим законам. Они не кусались и не пускали в ход когтей, как все прочие звери, а использовали силы неживых предметов. Неживые предметы подчинялись их воле: камни и палки, брошенные этими странными существами, летали по воздуху, как живые, и наносили собакам чувствительные удары.

Власть эта казалась Белому Клыку необычайной, божественной властью, она выходила за пределы всего мыслимого. Белый Клык по самой природе своей не мог даже подозревать о существовании богов, в лучшем случае он чувствовал, что есть вещи непостижимые. Но благоговение и трепет, которые ему внушали люди, были сродни тому благоговению и трепету, которые ощутил бы человек при виде божества, мечущего с горной вершины молнии на землю.

Но вот последняя собака отбежала в сторону, суматоха улеглась, и Белый Клык принялся зализывать раны, размышляя о своем первом приобщении к стае и о своем первом знакомстве с ее жестокостью. До сих пор ему казалось, что вся их порода состоит из Одноглазого, матери и его самого. Они трое стояли особняком. Но вдруг, совершенно внезапно, обнаружилось, что есть еще много других существ, принадлежащих, очевидно, к его породе. И где-то в глубине сознания у волчонка появилось чувство обиды на своих собратьев, которые, едва завидев его, воспылали к нему смертельной ненавистью. Кроме того, он негодовал, что мать привязали к палке, хотя это и было сделано руками высшего существа. Тут попахивало капканом, неволей. Но что волчонок мог знать о капкане, о неволе? Свободу бродить, бегать, лежать когда заблагорассудится он унаследовал от предков. Теперь движения волчицы ограничивались длиной палки, и та же самая палка ограничивала и движения волчонка, потому что он еще не мог обойтись без матери.

Волчонку это не нравилось, и, когда люди поднялись и отправились в путь, он окончательно остался недоволен такими порядками, потому что какое-то маленькое человеческое существо взяло в руки палку, к которой была привязана Кичи, и повело ее за собой, как пленницу, а за Кичи побрел и Белый Клык, очень смущенный и обеспокоенный всем происходящим.

Они отправились вниз по речной долине, гораздо дальше тех мест, куда заходил в своих скитаниях Белый Клык, и дошли до самого конца ее, где речка впадала в Маккензи. На берегу стояли пироги, поднятые на высокие шесты, лежали решетки для сушки рыбы. Индейцы разбили здесь стоянку. Белый Клык с удивлением осматривался вокруг себя. Могущество людей росло с каждой минутой. Он уже убедился в их власти над свирепыми собаками. Эта власть говорила о силе. Но еще больше изумляла Белого Клыка власть людей над неживыми предметами, их способность изменять лицо мира. Это было самое поразительное. Вот люди установили шесты для вигвамов; тут, собственно, не было ничего примечательного — это делали те же самые люди, которые умели бросать камни и палки. Однако, когда шесты обтянули кожей и парусиной и они стали вигвамами, Белый Клык окончательно растерялся.

Больше всего его поражали огромные размеры вигвамов. Они росли повсюду с чудовищной быстротой, словно какие-то живые существа. Они занимали почти все поле зрения. Он боялся их. Вигвамы зловеще маячили в вышине, и, когда ветер пробегал по стоянке, вздувая на них парусину и кожу, Белый Клык в страхе припадал к земле, не сводя глаз с этих громад и готовясь отскочить в сторону, как только они начнут валиться на него.

Но скоро Белый Клык привык к вигвамам. Он видел, что женщины и дети входят и выходят оттуда безо всякого вреда для себя, что собакам тоже хочется проникнуть внутрь, но люди прогоняют их с бранью и швыряют камни им вслед. К концу дня Белый Клык оставил Кичи и осторожно подполз к ближайшему вигваму. Его подстрекала любознательность — потребность учиться жить, действовать и набираться опыта. Последние несколько шагов, отделявших его от стены вигвама, Белый Клык полз мучительно долго и осторожно. События этого дня уже подготовили его к тому, что неизвестное имеет склонность проявлять себя самым неожиданным, самым невероятным образом. Наконец его нос коснулся парусины. Белый Клык ждал, что будет. Ничего... все обошлось благополучно. Тогда он понюхал это страшное вещество, пропитанное запахом человека, взял его зубами и слегка потянул к себе. Опять все обошлось благополучно, хотя парусиновая стена и дрогнула. Он потянул еще раз. Стена заколыхалась. Ему это очень понравилось. Он тянул все сильнее и сильнее, пока вся стена не пришла в движение. Тогда в вигваме послышался резкий окрик индианки, и Белый Клык опрометью бросился к Кичи. Но с тех пор он перестал бояться высоких вигвамов.

Не прошло и пяти минут, как Белый Клык снова убежал от матери. Она была привязана к колышку, вбитому в землю, и не могла пойти за своим детенышем. К волчонку с воинственным видом приближался щенок гораздо старше и крупнее его. Щенка звали Лип-Лип, как это узнал позднее Белый Клык. Он уже был искушен в боях и слыл большим забиякой среди своих собратьев.

Белый Клык признал в щенке существо своей породы, к тому же на вид совсем неопасное, и, не ожидая от него никаких враждебных действий, приготовился оказать ему дружеский прием. Но как только незнакомец оскалил зубы и весь подобрался, Белый Клык тоже подобрался и тоже оскалил зубы. Ощетинившись и грозно рыча, волчонок и щенок стали кружить друг за другом, готовые ко всему. Это продолжалось довольно долго, и Белому Клыку такая игра начинала нравиться. И вдруг Лип-Лип сделал стремительный прыжок, рванул волчонка зубами и отскочил в сторону. Укус пришелся как раз в то плечо, которое все еще болело у Белого Клыка после схватки с рысью, болело глубоко, около самой кости. Белый Клык взвыл от неожиданности и боли, но тут же с яростью кинулся на Лип-Липа и впился в него зубами.

Но Лип-Лип недаром родился в индейском поселке и недаром участвовал в стольких драках со щенками. Новичку пришлось плохо от его мелких острых зубов, и он с визгом постыдно бежал под защиту матери. Это была первая схватка Белого Клыка с Лип-Липом, и таких схваток им предстояло много, потому что они с первой же встречи почувствовали глубокую врожденную ненависть друг к другу, которая приводила к непрестанным столкновениям.

Кичи ласково облизывала своего детеныша и старалась удержать его около себя, но любопытство Белого Клыка было ненасытно. Несколько минут спустя он снова отправился на разведку и натолкнулся на человека, которого звали Серым Бобром. Присев на корточки, Серый Бобр делал что-то с сухим мхом и палками, разложенными возле него на земле. Белый Клык подошел поближе и стал наблюдать за ним. Серый Бобр издал какие-то звуки, в которых, как показалось Белому Клыку, не было ничего враждебного, и он подошел еще ближе.

Женщины и дети подносили Серому Бобру палки и сучья. По-видимому, готовилось что-то интересное. Любопытство Белого Клыка так разгорелось, что он подошел к Серому Бобру вплотную, забыв, что перед ним находится грозное человеческое существо. И вдруг он увидел, что из-под рук Серого Бобра над сучьями и мохом поднимается что-то странное, похожее на туман. Потом из этого тумана, крутясь и извиваясь, возникло что-то живое, красное, как солнце в небе. Белый Клык не подозревал о существовании огня. Но огонь притягивал его к себе, как когда-то в пещере в дни младенчества его притягивал свет. Он подполз поближе, услышал над собой смех Серого Бобра и понял, что и в этих звуках нет ничего враждебного. Потом Белый Клык коснулся пламени носом и одновременно высунул язык.

В первую секунду он оцепенел. Притаившись среди сучьев и мха, неизвестное вцепилось ему в нос. Белый Клык отпрянул от огня, разразившись отчаянным визгом. Услышав этот визг, Кичи с рычанием рванулась вперед, насколько позволяла палка, и заметалась в бессильной ярости, чувствуя, что не может помочь сыну. Но Серый Бобр смеялся, хлопая себя по бедрам, и рассказывал всем о случившемся, и все тоже громко смеялись. А Белый Клык, усевшись на задние лапы, визжал и визжал и казался таким маленьким и жалким среди окружавших его людей.

Это была самая сильная боль, какую ему пришлось испытать. Живое существо, возникшее под руками Серого Бобра и похожее цветом на солнце, обожгло ему нос и язык. Белый Клык скулил, скулил не переставая, и каждый его вопль люди встречали новым взрывом смеха. Он попробовал лизнуть нос, но прикосновение обожженного языка к обожженному носу только усилило боль, и он завыл еще отчаянней, еще тоскливей.

А потом ему стало стыдно. Он понял, почему люди смеются. Нам не дано знать, каким образом некоторые животные понимают, что такое смех, и догадываются, что мы смеемся над ними. Вот это и произошло с Белым Клыком, и ему стало стыдно, когда люди подняли его на смех. Он повернулся и убежал, но убежать его заставила не боль от ожогов, а смех, потому что смех проникал глубже и ранил сильнее, чем огонь. Белый Клык кинулся к матери, бесновавшейся на привязи, к единственному в мире существу, которое не смеялось над ним.

Наступили сумерки, вслед за ними пришла ночь, а Белый Клык не отходил от Кичи. Нос и язык у него по-прежнему болели, но ему не давало успокоиться другое, еще более сильное чувство. Его охватила тоска. Он ощущал какую-то пустоту в себе, он томился по тишине и миру, царившим у ручья и в родной пещере. Жизнь стала слишком беспокойной. Тут было слишком много человеческих существ — мужчин, женщин, детей, — все они шумели и раздражали его. Собаки непрестанно ссорились, рычали, грызлись. Спокойное одиночество, которое он знал раньше, кончилось. Здесь даже сам воздух был насыщен жизнью. Она жужжала и гудела вокруг Белого Клыка, не умолкая ни на минуту. Новые звуки смущали и тревожили его, заставляя все время ждать новых событий.

Белый Клык наблюдал за людьми, которые ходили между вигвамами, исчезали, снова появлялись. Подобно тому как человек взирает на им же сотворенных богов, Белый Клык взирал на окружавших его людей. Они были для него высшими существами. Он видел во всех их деяниях ту же чудотворную силу, которой человек наделяет Бога. Они обладали непостижимым, безграничным могуществом. Они были властелинами живого и неживого мира; они держали в повиновении все, что способно двигаться, и сообщали движение неподвижным вещам; из сухого мха и палок они творили жизнь, которая больно жгла и цветом своим напоминала солнце. Они творили огонь! Они были боги!

Глава вторая
НЕВОЛЯ

Каждый новый день приносил Белому Клыку что-нибудь новое. Пока мать сидела на привязи, он бегал по всему поселку, исследуя, изучая его и набираясь опыта. Он быстро ознакомился с повадками человеческих существ, но такое близкое знакомство не вызвало в нем пренебрежения к ним. Чем больше он узнавал людей, тем больше убеждался в их могуществе.

Человек испытывает душевную боль, когда его богов ниспровергают и когда алтари, воздвигнутые его руками, рушатся, но волку и дикой собаке такая боль неведома. В противоположность человеку, боги которого — это легкая дымка мечты, никогда не обретающая реальности, это призраки, наделенные добротой и силой, это взлеты его «я» в царство духа, — в противоположность человеку волк и дикая собака, пригревшиеся у разведенного человеком костра, видят, что их боги облечены в плоть и кровь, что они осязаемы, занимают определенное место в пространстве и добиваются своих целей, оправдывают свое назначение в жизни, подчиняясь закону времени. Вера в таких богов дается легко, ее ничто не может поколебать. От такого бога никуда не уйдешь. Вот он стоит во весь рост, с палкой в руке — всесильный, гневный и добрый. В нем тайна и могущество, облеченные плотью, которая истекает кровью, когда ее рвут, и которая на вкус ничем не хуже любого другого мяса.

Так было и с Белым Клыком. Человеческие существа казались ему богами, несомненными и вездесущими богами. И он покорился им, так же как покорилась его мать Кичи, едва только она услышала свое имя из их уст. Он уступал им дорогу. Когда они подзывали его — он подходил, когда прогоняли прочь — поспешно убегал, когда грозили — припадал к земле, потому что за каждым их желанием была сила, которая проявлялась при помощи кулака и палки, летавших по воздуху камней и обжигавших болью ударов бича.

Белый Клык принадлежал людям, как принадлежали им все собаки. Его поступки зависели от их велений. Его тело они вольны были искалечить, растоптать или пощадить. Этот урок Белый Клык запомнил быстро, но дался он ему нелегко — слишком многое в его натуре восставало против того, с чем ему приходилось сталкиваться на каждом шагу. И вместе с тем незаметно для самого себя Белый Клык начинал постигать прелесть новой жизни, хотя привыкать к ней было и трудно, и неприятно. Он отдал свою судьбу в чужие руки и снял с себя всякую ответственность за собственное существование. Уже одно это служило ему наградой, потому что опираться на другого всегда легче, чем стоять одному.

Но все это случилось не сразу — за один день нельзя отдаться человеку и душой и телом. Белый Клык не мог отречься от наследия предков, не мог забыть Северную глушь. Бывали дни, когда он выходил на опушку леса и стоял там, прислушиваясь к зовам, влекшим его вдаль. И с таких прогулок он возвращался беспокойный, встревоженный, жалобно и тихо повизгивая, ложился рядом с Кичи и лизал ей морду своим быстрым, пытливым язычком.

Белый Клык быстро изучил жизнь индейского поселка. Он узнал, как несправедливы и жадны взрослые собаки при раздаче мяса и рыбы. Убедился, что мужчины справедливы, дети жестоки, а женщины добры и от них скорее, чем от других, можно получить кусок мяса или кость. А после двух или трех стычек с матерями щенят Белый Клык понял, что с этими фуриями лучше не связываться, — чем дальше от них держаться, тем будет спокойнее.

Но больше всех ему отравлял жизнь Лип-Лип. Он был старше и сильнее его. Белый Клык не избегал драк с ним, но всегда терпел поражение. Такой противник был ему не по силам. Лип-Лип преследовал свою жертву всюду. Стоило Белому Клыку отойти от матери, и забияка был тут как тут, ходил за ним по пятам, рычал, привязывался к нему и, если людей поблизости не было, лез в драку. Эти стычки доставляли Лип-Липу громадное удовольствие, потому что он всегда выходил из них победителем. Но то, что было для Лип-Липа самым большим наслаждением в жизни, приносило Белому Клыку лишь одни страдания.

Однако запугать Белого Клыка было не так легко. Он терпел поражение за поражением, но не смирялся. И все-таки эта вечная вражда начинала сказываться на нем. Он стал злобным и угрюмым. Свирепость была свойственна ему как волку, а бесконечные преследования еще больше ожесточали его. То добродушное, веселое, юное, что было в нем, не находило себе выхода. Он никогда не играл и не возился со своими сверстниками: Лип-Лип не допускал этого. Стоило Белому Клыку появиться среди щенят, как Лип-Лип подлетал к нему, затевал ссору и в конце концов прогонял его прочь.

Вскоре почти все щенячье, что было в Белом Клыке, исчезло, и он стал казаться гораздо старше своего возраста. Лишенный возможности давать выход своей энергии в игре, он ушел в себя и стал развиваться умственно. В нем появилась хитрость, а времени, чтобы обдумать свои проделки, у него было достаточно. Так как ему мешали получать свою долю мяса и рыбы во время общей кормежки собак, он сделался ловким вором. Приходилось самому заботиться о себе, и Белый Клык ухитрялся промышлять еду так искусно, что стал настоящим бичом для индианок. Он шнырял по всему поселку, знал, где что происходит, все видел и слышал, применялся к обстоятельствам и всячески избегал встреч со своим заклятым врагом.

Еще в первые дни своей жизни в поселке Белый Клык сыграл злую шутку с Лип-Липом и вкусил сладость мести. Он заманил его прямо в пасть свирепой Кичи примерно тем же способом, каким она когда-то заманивала собак и уводила их от людской стоянки на съедение волкам. Спасаясь от Лип-Липа, Белый Клык побежал не напрямик, а стал кружить между вигвамами. Бегал он хорошо, быстрее любого щенка его возраста и быстрее самого Лип-Липа. Но на этот раз он не особенно торопился и подпустил своего преследователя на расстояние всего только одного прыжка от себя.

Возбужденный погоней и близостью жертвы, Лип-Лип оставил всякую осторожность и забыл, где находится. Когда он вспомнил об этом, было уже поздно. На всем бегу обогнув вигвам, он с размаху налетел прямо на Кичи, лежавшую на привязи. Лип-Лип взвыл от ужаса. Хоть Кичи и была привязана, но отделаться от нее оказалось не так-то легко. Она сбила его с ног, чтобы он не мог убежать, и впилась в него зубами.

Откатившись наконец от волчицы в сторону, Лип-Лип с трудом поднялся, весь взлохмаченный, побитый и телесно, и морально. Шерсть на нем торчала клочьями в тех местах, где по ней прошлись зубы Кичи. Он раскрыл пасть и разразился протяжным, душераздирающим щенячьим воем. Но Белый Клык не дал ему даже повыть как следует. Он кинулся на своего врага и рванул его за заднюю лапу. Куда девалась былая воинственность щенка! Лип-Лип пустился наутек, а его жертва гналась за ним по пятам и не отстала до тех пор, пока ее мучитель не добежал до своего вигвама. Тут на выручку Лип-Липу подоспели индианки, и Белый Клык, превратившийся в разъяренного дьявола, отступил только под градом сыпавшихся на него камней.

Настал день, когда Серый Бобр отвязал Кичи, решив, что теперь она уже не убежит. Белый Клык ликовал, видя мать на свободе. Он с радостью отправился бродить с ней по всему поселку, и, пока Кичи была близко, Лип-Лип держался от Белого Клыка на почтительном расстоянии. Белый Клык даже ощетинивался и подходил к нему с воинственным видом, но Лип-Лип не принимал вызова. Он был неглуп и решил подождать с отмщением до тех пор, пока не встретится с Белым Клыком один на один.

В тот же день Кичи и Белый Клык вышли на опушку леса неподалеку от поселка. Белый Клык постепенно, шаг за шагом, уводил туда мать, и, когда она остановилась на опушке, он попробовал завлечь ее дальше. Ручей, логовище и спокойный лес манили к себе Белого Клыка, и ему хотелось, чтобы мать ушла вместе с ним. Он отбежал на несколько шагов, остановился и посмотрел на нее. Она стояла не двигаясь. Белый Клык жалобно заскулил и, играя, стал бегать среди кустов, потом вернулся, лизнул мать в морду и снова отбежал. Но она продолжала стоять на месте. Белый Клык смотрел на нее, и казалось, что настойчивость и нетерпение вселились вдруг в волчонка и затем медленно покинули его, когда Кичи повернула голову и посмотрела на поселок.

Даль звала Белого Клыка. И мать слышала этот зов. Но еще яснее она слышала зов огня и человека, зов, на который из всех зверей откликается только волк — волк и дикая собака, ибо они братья.

Кичи повернулась и медленно, рысцой побежала обратно. Поселок держал ее в своей власти крепче всякой привязи. Невидимыми, таинственными путями боги завладели волчицей и не отпускали ее от себя. Белый Клык сел в тени березы и тихо заскулил. Пахло сосной, нежные лесные ароматы наполняли воздух, напоминая Белому Клыку о прежней, вольной жизни, на смену которой пришла неволя. Но Белый Клык был всего-навсего щенком, и зов матери доносился до него яснее, чем зов Северной глуши или человека. Он привык полагаться на нее во всем. Независимость была еще впереди. Белый Клык встал и грустно поплелся в поселок, но по дороге раза два остановился и поскулил, прислушиваясь к зову, который все еще летел из лесной чащи.

В Северной глуши мать и детеныш недолго живут друг подле друга, но люди часто сокращают и этот короткий срок. Так было и с Белым Клыком. Серый Бобр задолжал другому индейцу, которого звали Три Орла. А Три Орла уходил вверх по реке Маккензи на Большое Невольничье озеро. Кусок красной материи, медвежья шкура, двадцать патронов и Кичи пошли в уплату долга. Белый Клык увидел, как Три Орла взял его мать к себе в пирогу, и хотел последовать за ней. Ударом кулака Три Орла отбросил его обратно на берег. Пирога отчалила. Белый Клык прыгнул в воду и поплыл за ней, не обращая внимания на крики Серого Бобра. Белый Клык не внял даже голосу человека — так боялся он разлуки с матерью.

Но боги привыкли, чтобы им повиновались, и разгневанный Серый Бобр, спустив на воду пирогу, поплыл вдогонку за Белым Клыком. Настигнув беглеца, он вытащил его за загривок из воды и, держа в левой руке, задал ему хорошую трепку. Белому Клыку попало как следует. Рука у индейца была тяжелая, удары были рассчитаны точно и сыпались один за другим.

Под градом этих ударов Белый Клык болтался из стороны в сторону, как испортившийся маятник. Самые разнообразные чувства волновали его. Сначала он удивился, потом на него напал страх, и он начал взвизгивать от каждого удара. Но страх вскоре сменился злобой. Свободолюбивая натура заявила о себе — Белый Клык оскалил зубы и бесстрашно зарычал прямо в лицо разгневанному божеству. Божество разгневалось еще больше. Удары посыпались чаще, стали тяжелее и больнее.

Серый Бобр не переставал бить Белого Клыка, Белый Клык не переставал рычать. Но это не могло продолжаться вечно, кто-то должен был уступить, и уступил Белый Клык. Страх снова овладел им. В первый раз в жизни человек бил его по-настоящему. Случайные удары палкой или камнем казались лаской по сравнению с тем, что ему пришлось испытать сейчас. Белый Клык сдался и начал визжать и выть. Сначала он взвизгивал от каждого удара, но скоро страх его перешел в ужас, и визги сменились непрерывным воем, не совпадавшим с ритмом побоев. Наконец Серый Бобр опустил правую руку. Белый Клык продолжал выть, повиснув в воздухе, как тряпка. Хозяин, по-видимому, остался доволен этим и швырнул его на дно пироги. Тем временем пирогу отнесло вниз по течению. Серый Бобр взялся за весло. Белый Клык мешал ему грести. Серый Бобр злобно толкнул его ногой. В этот миг свободолюбие снова дало себя знать в Белом Клыке, и он впился зубами в ногу, обутую в мокасин.

Предыдущая трепка была ничто в сравнении с той, которую ему пришлось вынести. Гнев Серого Бобра был страшен, и Белого Клыка обуял ужас. На этот раз Серый Бобр пустил в ход тяжелое весло, и, когда Белый Клык очутился на дне пироги, на всем его маленьком теле не было ни одного живого места. Серый Бобр еще раз ударил его ногой. Белый Клык не бросился на эту ногу. Неволя преподала ему еще один урок: никогда, ни при каких обстоятельствах, нельзя кусать бога — твоего хозяина и повелителя; тело бога священно, и зубы таких, как Белый Клык, не смеют осквернять его. Это считалось, очевидно, самой страшной обидой, самым страшным проступком, за который не было ни пощады, ни снисхождения.

Пирога причалила к берегу, но Белый Клык не шевельнулся и продолжал лежать, повизгивая и дожидаясь, когда Серый Бобр изъявит свою волю. Серый Бобр пожелал, чтобы Белый Клык вышел из пироги, и швырнул его на берег так, что тот со всего размаху ударился боком о землю. Дрожа всем телом, Белый Клык встал и заскулил. Лип-Лип, который наблюдал за происходящим с берега, кинулся, сшиб его с ног и впился в него зубами. Белый Клык был слишком беспомощен и не мог защищаться, и ему бы несдобровать, если бы Серый Бобр не ударил Лип-Липа ногой так, что тот взлетел высоко в воздух и шлепнулся на землю далеко от Белого Клыка.

Такова была человеческая справедливость, и Белый Клык, несмотря на боль и страх, не мог не почувствовать признательность к человеку. Он послушно поплелся за Серым Бобром через весь поселок к его вигваму. И с того дня Белый Клык запомнил, что право наказывать боги оставляют за собой, а животных, подвластных им, этого права лишают.

В ту же ночь, когда в поселке все стихло, Белый Клык вспомнил мать и загрустил. Но грустил он так громко, что разбудил Серого Бобра, и тот прибил его. После этого в присутствии богов он тосковал молча и давал волю своему горю тогда, когда выходил один на опушку леса.

В эти дни Белый Клык мог бы внять голосу прошлого, который звал его обратно к пещере и ручью, но память о матери удерживала его на месте. Может быть, она вернется в поселок, как возвращаются люди после охоты. И Белый Клык оставался в неволе, поджидая Кичи.

Подневольная жизнь не так уж тяготила Белого Клыка. Многое в ней его интересовало. События в поселке следовали одно за другим. Странным поступкам, которые совершали боги, не было конца, а Белый Клык всегда отличался любопытством. Кроме того, он научился ладить с Серым Бобром. Послушание, строгое, неукоснительное послушание требовалось от Белого Клыка, и, усвоив это, он не вызывал гнева у людей и избегал побоев.

А иногда случалось даже, что Серый Бобр сам швырял Белому Клыку кусок мяса и, пока тот ел, не подпускал к нему других собак. И такому куску не было цены. Он один был почему-то дороже, чем десяток кусков, полученных из рук женщин. Серый Бобр ни разу не погладил и не приласкал Белого Клыка. И может быть, его тяжелый кулак, может быть, его справедливость и могущество или все это вместе влияло на Белого Клыка, но в нем начинала зарождаться привязанность к угрюмому хозяину.

Какие-то предательские силы незаметно опутывали Белого Клыка узами неволи, и действовали они так же безошибочно, как палка или удар кулаком. Инстинкт, который издавна гонит волков к костру человека, развивается быстро. Развивался он и в Белом Клыке. И хотя его теперешняя жизнь была полна горестей, поселок становился ему все дороже и дороже. Но сам он не подозревал этого. Он чувствовал только тоску по Кичи, надеялся на ее возвращение и жадно тянулся к прежней, свободной жизни.

Глава третья
ОТЩЕПЕНЕЦ

Лип-Лип до такой степени отравлял жизнь Белому Клыку, что тот становился злее и свирепее, чем это полагалось ему от природы. Свирепость была свойственна его нраву, но теперь она перешла всякие границы. Он был известен своей злобой даже людям. Каждый раз, когда в поселке слышался лай, собачья грызня или женщины поднимали крик из-за украденного куска мяса, никто не сомневался, что виновником всего этого был Белый Клык. Люди не старались разобраться в причинах такого поведения. Они видели только следствия, и следствия эти были дурные. Белый Клык слыл пронырой, вором и зачинщиком всех драк; разгневанные индианки обзывали его волком, предрекали ему плохой конец, а он, слушая все это, зорко следил за ними и каждую минуту готов был увернуться от удара палкой или камнем.

Белый Клык чувствовал себя отщепенцем среди обитателей поселка. Все молодые собаки следовали примеру Лип-Липа. Между ними и Белым Клыком было какое-то различие. Может быть, собаки чуяли в нем другую породу и питали к нему инстинктивную вражду, которая всегда возникает между домашней собакой и волком. Как бы то ни было, но они присоединились к Лип-Липу. И, объявив Белому Клыку войну, собаки имели достаточно поводов, чтобы не прекращать ее. Все они до одной познакомились с его острыми зубами, и, надо отдать ему справедливость, он воздавал своим врагам сторицей. Многих собак он мог бы одолеть один на один, но такой возможности не представлялось. Начало каждой драки служило сигналом для всех молодых собак, они сбегались со всего поселка и набрасывались на Белого Клыка.

Вражда с собачьей сворой научила его двум важным вещам: отбиваться сразу от всей стаи и, имея дело с одним противником, наносить ему возможно большее количество ран в кратчайший срок. Не упасть, устоять среди осаждавших его со всех сторон врагов значило сохранить жизнь, и Белый Клык постиг эту науку в совершенстве. Он умел держаться на ногах не хуже кошки. Даже взрослые собаки могли сколько угодно теснить его — Белый Клык подавался назад, подскакивал, ускользал в сторону, и все же ноги не изменяли ему и твердо стояли на земле.

Перед каждой дракой собаки обычно соблюдают некий ритуал: рычат, прохаживаются друг перед другом, шерсть у них встает дыбом. Белый Клык обходился без этого. Всякая задержка грозила появлением всей собачьей стаи. Дело надо делать быстро, а затем удирать. И Белый Клык не показывал своих намерений. Он кидался в драку без всякого предупреждения и начинал кусать и рвать своего противника, не дожидаясь, пока тот приготовится. Таким образом он научился наносить собакам тяжелые раны. Кроме того, Белый Клык понял, что важно застать врага врасплох, — надо напасть неожиданно, распороть ему плечо, изорвать в клочья ухо, прежде чем он опомнится, — и тогда дело наполовину сделано.

Он убедился, что собаку, застигнутую врасплох, ничего не стоит сбить с ног, а тогда самое уязвимое место у нее на шее будет незащищенным. Белый Клык знал, где находится это место. Знание это досталось ему по наследству от многих поколений волков. И, нападая, он придерживался такой тактики: во-первых, подстерегал собаку, когда она была одна; во-вторых, налетал на нее неожиданно и сбивал с ног и, в-третьих, вцеплялся ей в горло.

Белый Клык был еще молод, и его неокрепшие челюсти не могли наносить смертельных ударов, но все же не один щенок бегал по поселку со следами его зубов на шее. И както раз, поймав одного из своих врагов на опушке леса, он все же ухитрился перекусить ему горло и выпустил из него дух. В тот вечер поселок заволновался. Его проделку заметили, весть о ней дошла до хозяина издохшей собаки, женщины припомнили Белому Клыку все его кражи, и около жилища Серого Бобра собралась толпа народу. Но он решительно закрыл вход в вигвам, где отсиживался преступник, и отказался выдать его своим соплеменникам.

Белого Клыка возненавидели и люди, и собаки. Он не знал ни минуты покоя. Каждая собака скалила на него зубы, каждый человек на него замахивался. Сородичи встречали его рычанием, боги — проклятиями и камнями. Он держался все время начеку, каждую минуту был готов напасть, отразить нападение или увернуться от удара. Он действовал стремительно и хладнокровно: сверкнув клыками, кидался на противника или с грозным рычанием отскакивал назад.

Что до рычания, то рычать он умел пострашнее собак — и старых, и молодых. Цель рычания — предостеречь или испугать врага; и надо хорошо разбираться в том, когда и при каких обстоятельствах следует пускать в ход такое средство. И Белый Клык знал это. В свое рычание он вкладывал всю ярость и злобу, все, чем только мог устрашить врага. Вздрагивавшие ноздри, вставшая дыбом шерсть, язык, красной змейкой извивавшийся между зубами, прижатые уши, горевшие ненавистью глаза, подергивавшиеся губы, оскаленные клыки заставляли призадуматься многих собак. Когда Белого Клыка застигали врасплох, ему было достаточно секунды, чтобы обдумать план действий. Но часто пауза эта затягивалась, противник отказывался от драки, и рычание Белого Клыка сплошь и рядом давало ему возможность отступить с почетом даже при стычках со взрослыми собаками.

Изгнав Белого Клыка из стаи, объявив ему войну, молодые собаки тем самым поставили себя лицом к лицу с его злобой, ловкостью и силой. Дело обернулось так, что теперь враги Белого Клыка и сами ни на шаг не могли отойти от стаи. Он не допускал этого. Молодые собаки каждую минуту ждали его нападения и не решались бегать поодиночке. Всем им, за исключением Лип-Липа, приходилось держаться стаей, чтобы общими усилиями отбиваться от своего грозного противника. Отправляясь в одиночестве к реке, щенок или шел на верную смерть, или оглашал весь поселок пронзительным визгом, улепетывая от выскочившего из засады волчонка.

Но Белый Клык продолжал мстить собакам даже после того, как они запомнили раз и навсегда, что им надо держаться всем вместе. Он нападал на собак, заставая их поодиночке; они нападали на него всей сворой. Стоило собакам завидеть Белого Клыка, как они дружно кидались за ним в погоню, и в таких случаях его спасали только быстрые ноги. Но горе тому псу, который, увлекшись, обгонял своих товарищей! Белый Клык на всем ходу поворачивался к преследователю, несшемуся впереди стаи, и бросался на него. Это случалось часто, потому что, возбужденные погоней, собаки забывали обо всем на свете, а Белый Клык всегда сохранял хладнокровие. То и дело оглядываясь назад, он готов был в любую минуту сделать на всем бегу крутой поворот и кинуться на слишком рьяного преследователя, отделившегося от своих товарищей.

В молодых собаках живет непреодолимая потребность играть, и враги Белого Клыка удовлетворяли эту потребность, превращая войну с ним в увлекательную забаву. Охота за волчонком стала для них самым любимым развлечением — правда, развлечением не шуточным и подчас смертельно опасным. А Белый Клык, с которым никто из собак не мог сравниться быстротой ног, в свою очередь не останавливался перед риском. В те дни, когда надежда на возвращение Кичи еще не покидала Белого Клыка, он часто заманивал собачью стаю в соседний лес. Но собакам не удавалось догнать его там. По тявканью и вою Белый Клык определял, где они находятся; сам же он бежал молча, тенью скользя между деревьями, как это делали его отец и мать. Кроме того, связь его с Северной глушью была теснее, чем у собак; он лучше понимал все ее тайны и хитрости. Чаще всего Белый Клык прибегал к такой уловке: переплывал ручей, запутывал свои следы и спокойно отлеживался где-нибудь в лесных зарослях, прислушиваясь к лаю потерявших его преследователей.

Вызывая и у своих собратьев, и у людей только одну ненависть и вечно враждуя со всеми, Белый Клык развивался быстро, но односторонне. При такой жизни в нем не могли зародиться ни добрые чувства, ни потребность в ласке. Обо всем этом он не имел ни малейшего понятия. Повинуйся сильному, угнетай слабого — вот закон, который руководил им. Серый Бобр — божество, он наделен силой, поэтому Белый Клык повиновался ему. Но собаки — те, которые моложе и меньше его ростом, — слабы, и их надо уничтожать.

В Белом Клыке развивались все те качества, которые помогали ему противостоять опасности, часто грозившей его жизни. Стальные мускулы выступали на его худом, гибком теле как веревки. В проворстве и хитрости с ним не мог сравниться никто; он бегал быстрее, был беспощаднее в драках, выносливее, злее, ожесточеннее и умнее всех остальных собак. Белый Клык должен был стать таким, иначе он не уцелел бы в той враждебной среде, в которую привела его жизнь.

Глава четвертая
ПОГОНЯ ЗА БОГАМИ

Осенью, когда дни стали короче и в воздухе уже чувствовалось приближение холодов, Белому Клыку представился случай вырваться на свободу. Уже несколько дней в поселке царила суматоха. Индейцы разбирали летние вигвамы и готовились выйти на осеннюю охоту. Белый Клык зорко следил за этими приготовлениями, и, когда вигвамы были разобраны, а вещи погружены в пироги, он понял все. Пироги одна за другой начали отчаливать от берега, и часть их уже скрылась из виду.

Белый Клык решил остаться и при первой же возможности улизнул из поселка в лес. Переплыв ручей, который уже затягивался льдом, он запутал свои следы. Потом забрался поглубже в чащу и стал ждать. Время шло. Он успел несколько раз заснуть, проснуться и снова заснуть. Его разбудил голос Серого Бобра. Потом послышались и другие голоса — жены хозяина, принимавшей участие в поисках, и Мит-Са — сына Серого Бобра.

Белый Клык задрожал от страха, услышав свою кличку, но устоял и не вышел из лесу, хотя что-то подстрекало его откликнуться на зов хозяина. Вскоре голоса замерли вдали, и тогда он выбрался из кустарника, довольный, что побег удался. Наступали сумерки. Белый Клык резвился между деревьями, радуясь свободе. И вдруг его охватило чувство одиночества. Он сел, тревожно прислушиваясь к лесной тишине: ни звука, ни движения... Это показалось ему подозрительным, его подстерегала какая-то неведомая опасность. Он всматривался в смутные очертания высоких деревьев, в густые тени между ними, где мог притаиться любой враг.

Потом ему стало холодно. Теплой стены вигвама, около которой он всегда грелся, здесь не было. Он сидел, поочередно поджимая то одну, то другую переднюю лапу, потом прикрыл их своим пушистым хвостом, и в эту минуту перед ним пронеслось видение. В этом не было ничего странного: перед его глазами встали знакомые картины. Он снова увидел поселок, вигвамы, пламя костров. Он услышал пронзительные голоса женщин, грубый бас мужской речи, лай собак. Белый Клык проголодался и вспомнил куски мяса и рыбы, которые ему перепадали от людей. Но сейчас его окружала тишина, сулившая не еду, а опасность.

Неволя изнежила Белого Клыка. Зависимость от людей лишила его части силы. Он разучился добывать себе корм. Над ним спускалась ночь. Его зрение и слух, привыкшие к шуму и движению поселка, к непрерывному чередованию звуков и картин, не находили себе работы. Ему нечего было делать, нечего слушать, не на что смотреть. Он старался уловить хоть малейший шорох или движение. В этом безмолвии и неподвижности природы таилась какая-то страшная опасность.

И вдруг Белый Клык вздрогнул. Что-то громадное и бесформенное пронеслось у него перед глазами. На землю легла тень дерева, освещенного выглянувшей из-за облаков луной. Успокоившись, он тихо заскулил, но, вспомнив, что это может привлечь к нему притаившегося где-нибудь врага, смолк.

Дерево, схваченное ночным морозом, громко скрипнуло у него над головой. Белый Клык взвыл и, не чуя под собой ног от ужаса, опрометью кинулся к поселку. Он чувствовал непреодолимую потребность в людском обществе, в защите, которую оно дает. В его ноздрях стоял запах дыма от костров, в ушах звенели голоса и крики. Он выбежал из лесу на залитую луной поляну, где не было ни теней, ни мрака, но глаза его не увидели знакомого поселка. Он забыл, что люди ушли оттуда.

Белый Клык остановился как вкопанный. Бежать было некуда. Он грустно бродил по опустевшему становищу, обнюхивая кучи мусора и хлама, оставленного богами. Теперь его обрадовал бы даже камень, брошенный какой-нибудь рассерженной женщиной, даже тяжелая рука Серого Бобра, а Лип-Липа и всю рычащую, трусливую свору собак он встретил бы с восторгом.

Он побрел к тому месту, где стоял прежде вигвам Серого Бобра, сел посредине и поднял морду к луне. Спазмы сжимали ему горло; пасть у него раскрылась, и одиночество, страх, тоска по Кичи, все прошлые горести и предчувствие грядущих невзгод и страданий — все это вылилось в протяжном, тоскливом вое. Это был волчий вой, впервые вырвавшийся из груди Белого Клыка.

С наступлением утра его страхи исчезли, но чувство одиночества только усилилось. Вид заброшенного становища, в котором еще так недавно кипела жизнь, наводил на него тоску. Долго раздумывать ему не пришлось: он повернул в лес и побежал вдоль берега реки. Он бежал весь день, не давая себе ни минуты отдыха. Казалось, он может бежать вечно. Его сильное тело не знало утомления. И даже когда утомление все-таки пришло, выносливость, доставшаяся ему от предков, продолжала гнать его все дальше и дальше.

Там, где река протекала между крутыми берегами, Белый Клык бежал в обход, по горам. Ручьи и речки, впадавшие в Маккензи, он переплывал или переходил вброд. Часто ему приходилось бежать по узкой кромке льда, намерзшей около берега; тонкий лед ломался, и, проваливаясь в ледяную воду, Белый Клык не раз бывал на волосок от гибели. И все это время он ждал, что вот-вот нападет на след богов в том месте, где они причалят к берегу и направятся вглубь страны.

По уму Белый Клык превосходил многих своих собратьев, и все-таки мысль о другом береге реки Маккензи не приходила ему в голову. Что, если след богов выйдет на ту сторону? Этого он не мог сообразить. Вероятно, позднее, когда Белый Клык набрался бы опыта в странствиях, повзрослел, научился бы отыскивать следы вдоль речных берегов, он допустил бы и эту возможность. Такая зрелость ждала его в будущем. Сейчас же он бежал наугад, принимая в расчет только один берег Маккензи.

Белый Клык бежал всю ночь, натыкаясь в темноте на препятствия и преграды, которые замедляли его бег, но не отбивали охоты двигаться дальше. К середине второго дня, через тридцать часов, его железные мускулы стали сдавать, поддерживало только напряжение воли. Он ничего не ел почти двое суток и совсем обессилел от голода. Сказывались на нем и непрестанные погружения в ледяную воду. Его великолепная шкура была вся в грязи, широкие подушки на лапах кровоточили. Он начал прихрамывать — сначала слегка, потом все больше и больше. В довершение всего небо нахмурилось и пошел снег — мокрый, тающий снег, который прилипал к его разъезжавшимся лапам, заволакивал все вокруг и скрывал неровности почвы, затрудняя и без того мучительную дорогу.

В эту ночь Серый Бобр решил сделать привал на дальнем берегу реки Маккензи, потому что путь к местам охоты шел в том направлении. Но незадолго до темноты Клу-

Куч, жена Серого Бобра, приметила на ближнем берегу лося, который подошел к реке напиться. И вот, не подойди лось к берегу, не сбейся Мит-Са из-за метели с правильного курса, Клу-Куч не заметила бы лося. Серый Бобр не уложил бы его метким выстрелом из ружья, и все дальнейшие события сложились бы совершенно по-иному. Серый Бобр не сделал бы привала на ближнем берегу реки Маккензи, а Белый Клык, пробежав мимо, или погиб бы, или попал бы к своим диким сородичам и остался бы волком до конца своих дней.

Наступила ночь. Снег повалил сильнее, и Белый Клык, спотыкаясь, прихрамывая и тихо повизгивая на ходу, напал на свежий след. След был настолько свеж, что Белый Клык сразу узнал его. Заскулив от нетерпения, он повернул от реки и бросился в лес. До ушей его донеслись знакомые звуки. Он увидел пламя костра, Клу-Куч, занятую стряпней, Серого Бобра, присевшего на корточки и жевавшего кусок сырого сала. У людей было свежее мясо!

Белый Клык ожидал расправы. При мысли о ней шерсть у него на спине встала дыбом. Потом он крадучись двинулся вперед. Он боялся ненавистных ему побоев и знал, что их не миновать. Но он знал также, что будет греться около огня, будет пользоваться покровительством богов, встретит общество собак, хоть и враждебное ему, но все же общество, которое способно удовлетворить его потребность в близости к живым существам.

Белый Клык ползком приближался к костру. Серый Бобр увидел его и перестал жевать сало. Белый Клык пополз еще медленнее; чувство унижения и покорности давило его, заставляя пресмыкаться перед человеком. Он полз прямо к Серому Бобру, все замедляя и замедляя движение, как будто ползти ему с каждым дюймом становилось труднее, и наконец лег у ног хозяина, которому предался отныне добровольно душой и телом. По собственному желанию подошел он к костру человека и признал над собой человеческую власть. Белый Клык дрожал, ожидая неминуемого наказания. Рука поднялась над ним. Он весь съежился, готовясь принять удар. Но удара не последовало.

Белый Клык украдкой взглянул вверх. Серый Бобр разорвал сало на две части. Серый Бобр протягивал ему кусок сала! Осторожно и недоверчиво Белый Клык понюхал его, а потом потянул к себе. Серый Бобр велел дать Белому Клыку мяса и, пока он ел, не подпускал к нему других собак. Благодарный и довольный, Белый Клык улегся у ног своего хозяина, глядя на жаркое пламя костра и сонно щурясь. Он знал, что утро застанет его не в мрачном лесу, а на привале, среди богов, которым он отдавал всего себя и от воли которых теперь зависел.

Глава пятая
ДОГОВОР

В середине декабря Серый Бобр отправился вверх по реке Маккензи. Мит-Са и Клу-Куч поехали вместе с ним. Сани Серого Бобра везли собаки, которых он выменял или взял взаймы у соседей. Во вторые сани, поменьше, были впряжены молодые собаки, и ими правил Мит-Са. Упряжка и сани больше походили на игрушечные, но Мит-Са был в восторге: он чувствовал, что исполняет настоящую мужскую работу. Кроме того, он учился управлять собаками и натаскивать их, и щенки тоже привыкали к упряжи. Сани Мит-Са шли не пустые, а везли около двухсот фунтов всякого скарба и провизии.

Белому Клыку приходилось и раньше видеть ездовых собак, и, когда его самого в первый раз запрягли в сани, он не противился этому. На шею ему надели набитый мхом ошейник, от которого шли две лямки к ремню, перекинутому поперек груди и через спину; к этому ремню была привязана длинная веревка, соединявшая его с санями.

Упряжка состояла из семи собак. Всем им исполнилось по девять-десять месяцев, и только одному Белому Клыку было восемь. Каждая собака шла на отдельной веревке. Все веревки были разной длины, и разница между ними измерялась длиной корпуса собаки. Соединялись они в кольце на передке саней. Передок был загнут кверху, чтобы сани — берестяные, без полозьев — не зарывались в мягкий, пушистый снег. Благодаря такому устройству тяжесть самих саней и поклажи распределялась на бóльшую поверхность. С той же целью — как можно более равномерного распределения тяжести — собак привязывали к передку саней веером, и ни одна из них не шла по следу другой.

У веерообразной упряжки было еще одно преимущество: разная длина веревок мешала собакам, бежавшим сзади, кидаться на передних, а затевать драку можно было только с той соседкой, которая шла на более короткой веревке. Однако тогда нападавший оказывался нос к носу со своим врагом и, кроме того, подставлял себя под удары бича погонщика. Но самое большое преимущество этой упряжки заключалось в том, что, стараясь напасть на передних собак, задние налегали на постромки, а чем быстрее катились сани, тем быстрее бежала и преследуемая собака. Таким образом, задняя никогда не могла догнать переднюю. Чем быстрее бежала одна, тем быстрее удирала от нее другая и тем быстрее бежали все остальные собаки. В результате всего этого быстрее катились и сани. Вот такими хитрыми уловками человек и укреплял свою власть над животными.

Мит-Са, очень похожий на отца, унаследовал от него и мудрость. Он давно уже заметил, что Лип-Лип не дает прохода Белому Клыку; но тогда у Лип-Липа были свои хозяева, и Мит-Са осмеливался только исподтишка бросать в него камнем. А теперь Лип-Лип принадлежал Мит-Са, и, решив отомстить ему за прошлое, Мит-Са привязал его на самую длинную веревку. Таким образом, Лип-Лип стал вожаком, ему как будто оказали большую честь — но на самом деле чести в этом было мало, потому что забияку и главаря всей стаи Лип-Липа ненавидели и преследовали теперь все собаки.

Так как Лип-Лип был привязан на самую длинную веревку, собакам казалось, что он удирает от них. Им были видны только его задние лапы и пушистый хвост, а это далеко не так страшно, как вставшая дыбом шерсть и сверкающие клыки. Кроме того, зрелище бегущей собаки вызывает в других собаках уверенность, что она убегает именно от них и что ее надо во что бы то ни стало догнать.

Как только сани тронулись, вся упряжка погналась за Лип-Липом, и эта погоня продолжалась весь день. На первых порах оскорбленный Лип-Лип то и дело порывался кинуться на своих преследователей, но Мит-Са каждый раз хлестал его по голове тридцатифутовым бичом, свитым из вяленых оленьих кишок, и заставлял вернуться на место. Лип-Лип не побоялся бы схватиться со всей упряжкой, однако бич был куда страшнее — и ему не оставалось ничего другого, как натягивать веревку и уносить свои бока от зубов товарищей.

Ум индейца неистощим на хитрости. Чтобы усилить вражду всей упряжки к Лип-Липу, Мит-Са стал отличать его перед другими собаками, возбуждая в них ревность и ненависть к вожаку. Мит-Са кормил его мясом в присутствии всей своры и никому другому мяса не давал. Собаки приходили в ярость. Они метались вокруг Лип-Липа, пока он ел, но близко подходить не осмеливались, так как Мит-Са стоял возле него с бичом в руке. А когда мяса не было, Мит-Са отгонял упряжку подальше и делал вид, что кормит Лип-Липа.

Белый Клык принялся за работу охотно. Покорившись богам, он в свое время проделал гораздо более длинный путь, чем остальные собаки, и гораздо глубже, чем они, постиг всю тщетность сопротивления воле богов. Кроме того, ненависть, которую питали к нему все собаки, уменьшала их значение в его глазах и увеличивала значение человека. Он не нуждался в обществе своих собратьев. Кичи была почти забыта, и верность богам, власть которых признал над собой Белый Клык, служила ему чуть ли не единственным способом выражать и чувства. И Белый Клык усердно работал, слушался приказаний и подчинялся дисциплине. Он трудился честно и охотно. Честность в труде присуща всем прирученным волкам и прирученным собакам, а Белый Клык был наделен этим качеством в полной мере.

Белый Клык общался и с собаками, но это общение выражалось во вражде и ненависти. Он никогда не играл с ними. Он умел драться — и дрался, воздавая сторицей за все укусы и притеснения, которые ему пришлось вынести в те дни, когда Лип-Лип был главарем стаи. Теперь Лип-Лип главенствовал над ней лишь тогда, когда бежал на конце длинной веревки впереди своих товарищей и подскакивавших по снегу саней. На стоянках Лип-Лип держался поближе к Мит-Са, Серому Бобру и Клу-Куч, не решаясь отойти от богов, потому что теперь клыки всех собак были направлены против него и он испытал на себе всю горечь вражды, которая приходилась раньше на долю Белого Клыка.

После падения Лип-Липа Белый Клык мог бы сделаться вожаком стаи, но он был слишком угрюм и замкнут для этого. Товарищи по упряжке получали от него только одни укусы, в остальном он словно не замечал их. При встречах с ним они сворачивали в сторону, и ни одна, даже самая смелая собака не решалась отнять у Белого Клыка его долю мяса. Напротив, они старались как можно скорее проглотить свою долю, боясь, как бы он не отнял ее. Белый Клык хорошо усвоил закон: притесняй слабого и подчиняйся сильному. Он торопливо съедал брошенный хозяином кусок, и тогда — горе той собаке, которая еще не закончила есть. Грозное рычание, оскаленные клыки — и ей оставалось только изливать свое негодование равнодушным звездам, пока Белый Клык доканчивал ее долю.

Время от времени то одна, то другая собака поднимала бунт против Белого Клыка, но он быстро усмирял их. Он ревниво оберегал свое обособленное положение в стае и нередко брал его с бою. Но такие схватки бывали непродолжительны. Собаки не могли тягаться с ним. Он наносил раны противнику, не дав ему опомниться, и собака истекала кровью, еще не успев как следует начать драку.

Белый Клык, так же как и боги, поддерживал среди своих собратьев суровую дисциплину. Он не давал им никаких поблажек и требовал безграничного уважения к себе. Между собой собаки могли делать все что угодно. Это его не касалось. Белый Клык следил только за тем, чтобы собаки не посягали на его обособленность, уступали ему дорогу, когда он появлялся среди стаи, и признавали его господство над собой. Стоило какому-нибудь смельчаку принять воинственный вид, оскалить зубы или ощетиниться, как Белый Клык кидался на него и без всякой жалости доказывал ему ошибочность его поведения.

Он был свирепым тираном, он правил с железной непреклонностью. Слабые не знали пощады от него. Жестокая борьба за существование, которую ему пришлось вести с раннего детства, когда вдвоем с матерью, одни, без всякой помощи, они бились за жизнь, преодолевая враждебность Северной глуши, не прошла бесследно. При встречах с сильнейшим противником Белый Клык вел себя смирно. Он угнетал слабого, но зато уважал сильного. И когда Серый Бобр встречал на своем долгом пути стоянки других людей, Белый Клык ходил между чужими взрослыми собаками тихо и осторожно.

Прошло несколько месяцев, а путешествие Серого Бобра все еще продолжалось. Долгая дорога и усердная работа в упряжке укрепили силы Белого Клыка, и умственное развитие его, видимо, завершилось. Окружающий мир был познан им до конца. И он смотрел на него мрачно, не питая по отношению к нему никаких иллюзий. Мир этот был суров и жесток, в нем не существовало ни тепла, ни ласки, ни привязанностей.

Белый Клык не чувствовал привязанности даже к Серому Бобру. Правда, Серый Бобр был богом, но богом жестоким. Белый Клык охотно признавал его власть над собой, хотя власть эта основывалась на умственном превосходстве и на грубой силе. В натуре Белого Клыка было нечто такое, что шло навстречу этому господству, иначе он не вернулся бы из Северной глуши и не доказал бы этим своей верности богам. В нем таились еще никем не исследованные глубины. Добрым словом или прикосновением Серый Бобр мог бы проникнуть в эти глубины, но Серый Бобр никогда не ласкал Белого Клыка, не сказал ему ни одного доброго слова. Это было не в его обычае. Превосходство Серого Бобра основывалось на жестокости, и с такой же жестокостью он повелевал, отправляя правосудие при помощи палки, наказуя преступление физической болью и воздавая по заслугам не лаской, а тем, что воздерживался от удара.

И Белый Клык не подозревал о том блаженстве, которым может наградить рука человека. Да он и не любил человеческих рук: в них было что-то подозрительное. Правда, иногда эти руки давали мясо, но чаще всего они причиняли боль. От них надо было держаться подальше, они швыряли камни, размахивали палками, дубинками, бичами, они могли бить и толкать, а если и прикасались, то лишь затем, чтобы ущипнуть, дернуть, вырвать клок шерсти. В чужих поселках он узнал, что детские руки тоже умеют причинять боль. Какой-то малыш однажды чуть не выколол ему глаз. После этого Белый Клык стал относиться к детям с большой подозрительностью. Он просто не выносил их. Когда те подходили и протягивали к нему свои руки, не сулившие добра, он вставал и уходил.

В одном из поселков на берегу Большого Невольничьего озера Белому Клыку довелось уточнить преподанный ему Серым Бобром закон, согласно которому нападение на богов считается непростительным грехом. По обычаю всех собак во всех поселках, Белый Клык отправился на поиски пищи. Он увидел мальчика, который разрубал топором мерзлую тушу лося. Кусочки мяса разлетались в разные стороны. Белый Клык остановился и стал подбирать их. Мальчик бросил топор и схватил увесистую дубинку. Белый Клык отскочил назад, еле успев увернуться от удара. Мальчик побежал за ним, и он, незнакомый с поселком, кинулся в проход между вигвамами и очутился в тупике перед высоким земляным валом.

Деваться было некуда. Мальчик загораживал единственный выход из тупика. Подняв дубинку, он сделал шаг вперед. Белый Клык рассвирепел. Его чувство справедливости было возмущено, он весь ощетинился и встретил мальчика грозным рычанием, Белый Клык хорошо знал закон: все остатки мяса, например кусочки мерзлой туши лося, принадлежат собаке, которая их находит; он не сделал ничего дурного, не нарушил никакого закона, и все-таки мальчик собирался побить его. Белый Клык сам не знал, как это случилось. Он сделал это в припадке бешенства, и все произошло так быстро, что его противник тоже ничего не успел понять. Мальчик вдруг растянулся на снегу, а зубы Белого Клыка прокусили ему руку, державшую дубинку.

Но Белый Клык знал, что закон, установленный богами, нарушен. Вонзивший зубы в священное тело одного из богов должен ждать самого страшного наказания. Он убежал под защиту Серого Бобра и сидел, съежившись, у его ног, когда укушенный мальчик и вся его семья явились требовать возмездия. Но они ушли ни с чем; Серый Бобр стал на защиту Белого Клыка. То же сделали Мит-Са и Клу-Куч. Прислушиваясь к перебранке людей и наблюдая за тем, как они гневно машут руками, Белый Клык начинал понимать, что для его проступка есть оправдание. И таким образом он узнал, что боги бывают разные: они делятся на его богов и на богов чужих; и это далеко не одно и то же. От своих богов следует принимать все — и справедливость, и несправедливость. Но он не обязан сносить несправедливость чужих богов, он вправе мстить за нее зубами. И это также было законом.

В тот же день Белый Клык познакомился с новым законом еще ближе. Собирая хворост в лесу, Мит-Са натолкнулся на компанию мальчиков, среди которых был и потерпевший. Произошла ссора. Мальчики набросились на Мит-Са. Ему приходилось туго. Удары сыпались на него со всех сторон. Белый Клык сначала просто наблюдал за дракой — это дело богов, это его не касается. Но потом он сообразил, что ведь бьют Мит-Са, одного из его собственных богов. И то, что он сделал вслед за этим, он сделал не рассуждая. Порыв бешеной ярости бросил его в самую середину свалки. Пять минут спустя мальчики разбежались с поля битвы, и многие из них оставили на снегу кровавые следы, говорившие о том, что зубы Белого Клыка не бездействовали. Когда Мит-Са рассказал в поселке о случившемся, Серый Бобр велел дать Белому Клыку мяса. Он велел дать ему много мяса. И Белый Клык, насытившись, лег у костра и заснул, твердо уверенный в том, что понял закон правильно.

Вслед за этим Белый Клык усвоил закон собственности и то, что собственность хозяина надо охранять. От защиты тела бога до защиты его имущества был один шаг, и Белый

Клык этот шаг сделал. То, что принадлежало богу, следовало защищать от всего мира, не останавливаясь даже перед нападением на других богов. Но поступок этот, святотатственный сам по себе, всегда сопряжен с большой опасностью. Боги всемогущи, и собаке трудно тягаться с ними; и все-таки Белый Клык научился безбоязненно давать им отпор. Чувство долга побеждало в нем страх, и в конце концов вороватые боги решили оставить имущество Серого Бобра в покое.

Белый Клык скоро понял, что вороватые боги трусливы и, заслышав тревогу, сейчас же убегают. Кроме того (как он убедился на опыте), промежуток времени между поднятой тревогой и появлением Серого Бобра бывал обычно очень короткий. И он понял также, что вор убегает не потому, что боится его, Белого Клыка, а потому, что боится Серого Бобра. Учуяв вора, Белый Клык не поднимал лая — да он и не умел лаять, — он кидался на непрошеного гостя и, если удавалось, впивался в него зубами. Угрюмость и необщительность помогли Белому Клыку стать надежным сторожем при хозяйском добре, и Серый Бобр всячески поощрял его в этом. И в конце концов Белый Клык стал еще злее, еще неукротимее и окончательно замкнулся в себе.

Месяцы шли один за другим, и время все больше и больше скрепляло договор между собакой и человеком. Этот договор еще в незапамятные времена был заключен первым волком, пришедшим из Северной глуши к человеку. И, подобно всем своим предшественникам — волкам и диким собакам, Белый Клык сам выработал условия этого договора. Они были очень просты. За поклонение божеству он отдал свою свободу. От бога Белый Клык получил общение с ним, покровительство, корм и тепло. Взамен он сторожил его имущество, защищал его тело, работал на него и покорялся ему.

Если у тебя есть бог, ему надо служить. И Белый Клык служил своему богу, повинуясь чувству долга и благоговейного страха. Но он не любил его. Он не знал, что такое любовь, и никогда не испытывал этого чувства. Кичи стала далеким воспоминанием. Кроме того, отдавшись человеку, Белый Клык не только порвал с Северной глушью и со своими сородичами, но подчинился и такому условию договора, которое не позволило бы ему покинуть бога и пойти за Кичи, даже если бы он встретил ее. Преданность человеку стала законом для Белого Клыка, и закон этот был сильнее любви к свободе, сильнее кровных уз.

Глава шестая
ГОЛОД

Весна была уже не за горами, когда длинное путешествие Серого Бобра кончилось. В один из апрельских дней Белый Клык, которому к этому времени исполнился год, снова вернулся в старый поселок, и там Мит-Са снял с него упряжь. Хотя Белый Клык еще не достиг полной зрелости, все же после Лип-Липа он был самым крупным из годовалых щенков. Унаследовав свой рост и силу от отца-волка и от Кичи, он почти сравнялся со взрослыми собаками, но уступал им в крепости сложения. Тело у него было поджарое и стройное; в драках он брал скорее увертливостью, чем силой; шкура серая, как у волка. И по виду он казался самым настоящим волком. Кровь собаки, перешедшая к нему от Кичи, не оставила следов на его внешнем облике, но характер его складывался не без ее участия.

Белый Клык бродил по поселку, с чувством спокойного удовлетворения узнавая богов, знакомых ему еще до путешествия. Встречал он здесь и щенят, тоже подросших за это время, и взрослых собак, которые теперь уже не казались ему такими большими и страшными. Белый Клык почти перестал бояться их и прогуливался среди своры с непринужденностью, доставлявшей ему на первых порах большое удовольствие.

Был здесь и старый седой Бэсик, которому раньше требовалось только оскалить зубы, чтобы прогнать Белого Клыка за тридевять земель. В прежние дни Бэсик не раз заставлял Белого Клыка убеждаться в собственном ничтожестве, но теперь тот же Бэсик помог ему оценить происшедшие в нем самом перемены. Бэсик старел, дряхлел, а Белый Клык был молод, и сил у него прибывало с каждым днем.

Перемена во взаимоотношениях с собаками стала ясна Белому Клыку вскоре после возвращения в поселок. Люди разделывали тушу только что убитого лося. Он получил копыто с частью берцовой кости, на которой было довольно много мяса. Убежав от дерущихся собак подальше в лес, чтобы его никто не видел, Белый Клык принялся за свою добычу. И вдруг на него налетел Бэсик. Еще не успев как следует сообразить, в чем дело, Белый Клык дважды полоснул старого пса зубами и отскочил в сторону. Остолбенев от такой дерзкой и стремительной атаки, Бэсик бессмысленно уставился на Белого Клыка, а кость со свежим мясом лежала между ними.

Бэсик был стар и уже испытал на себе отвагу той самой молодежи, которую раньше ему ничего не стоило припугнуть. Как это ни было горько, но волей-неволей обиды приходилось глотать, призывая на помощь всю свою мудрость, чтобы не сплоховать перед молодыми собаками. В прежние дни справедливый гнев заставил бы его кинуться на дерзновенного юнца, но теперь убывавшие силы не позволяли отважиться на такой поступок. Весь ощетинившись, он грозно поглядывал на Белого Клыка, а тот, вспомнив свой былой страх, съежился, словно маленький щенок, и уже прикидывал мысленно, как бы ему отступить с возможно меньшим позором.

Тут-то Бэсик и совершил ошибку. Удовольствуйся он грозным и свирепым видом — все сошло бы хорошо. Приготовившийся к бегству Белый Клык отступил бы, оставив кость ему. Но Бэсик не захотел ждать. Решив, что победа осталась за ним, он сделал шаг вперед и понюхал кость. Белый Клык слегка ощетинился. Даже сейчас можно было спасти положение. Продолжай Бэсик стоять с высоко поднятой головой, грозно поглядывая на противника, Белый Клык в конце концов удрал бы. Но ноздри Бэсику щекотал запах свежего мяса, и, не удержавшись, он схватил кость.

Этого Белый Клык не смог перенести. Господство над товарищами по упряжке было еще свежо в его памяти, и он уже не мог совладать с собой, глядя, как другая собака пожирает принадлежащее ему мясо. По своему обыкновению, он кинулся на Бэсика, не дав тому опомниться. После первого же укуса правое ухо у старого пса повисло клочьями. Внезапность нападения ошеломила его. Но немедленно вслед за этим и с такой же внезапностью последовали еще более печальные события: Бэсик был сбит с ног, на шее его зияла рана. Не дав старику подняться, молодая собака дважды рванула его за плечо. Стремительность нападения была поистине ошеломляющей. Бэсик кинулся на Белого Клыка, но зубы его только яростно щелкнули в воздухе. В следующую же минуту нос у Бэсика оказался располосованным, и он, шатаясь, отступил прочь.

Положение круто изменилось. Над костью стоял грозно ощетинившийся Белый Клык, а Бэсик держался поодаль, готовясь в любую минуту отступить. Он не осмеливался затеять драку с молодым, быстрым как молния противником. И снова, с еще большей горечью, Бэсик почувствовал приближавшуюся старость. Его попытка сохранить достоинство была поистине героической. Спокойно повернувшись спиной к молодой собаке и лежавшей на земле кости, как будто и то и другое совершенно не заслуживало внимания, он величественно удалился. И только тогда, когда Белый Клык уже не мог видеть его, Бэсик лег на землю и начал зализывать свои раны.

После этого случая Белый Клык окончательно уверовал в себя и возгордился. Теперь он спокойно расхаживал среди взрослых собак, стал не так уступчив. Не то чтобы он искал поводов для ссоры, далеко нет, — он требовал внимания к себе. Он отстаивал свои права и не хотел отступать перед другими собаками. С ним приходилось считаться, вот и все. Никто не смел пренебрегать им. Это участь щенят, и мириться с такой участью приходилось всей упряжке, щенки сторонились взрослых собак, уступали им дорогу, а иногда были вынуждены отдавать им свою долю мяса. Но необщительный, одинокий, угрюмый, грозный, чуждавшийся всех Белый Клык был принят как равный в среду взрослых собак. Они быстро поняли, что его надо оставить в покое, не объявляли ему войны и не делали попыток завязать с ним дружбу. Белый Клык платил им тем же, и после нескольких стычек собаки убедились, что такое положение дел устраивает всех как нельзя лучше.

В середине лета с Белым Клыком произошел неожиданный случай. Пробегая своей бесшумной рысцой в конец поселка, чтобы обследовать там новый вигвам, поставленный, пока он уходил с индейцами на охоту за лосем, Белый Клык наткнулся на Кичи. Он остановился и посмотрел на нее. Он помнил мать смутно, все-таки *помнил*, а Кичи забыла сына. Грозно зарычав, она оскалила на него зубы, и Белый Клык вспомнил все. Детство и то, о чем говорило это рычание, предстало перед ним. До встречи с богами Кичи была для Белого Клыка центром вселенной. Старые чувства вернулись и овладели им. Он подскочил к матери, но она встретила его оскаленной пастью и распорола ему скулу до самой кости. Белый Клык не понял, что произошло, и растерянно попятился назад, ошеломленный таким приемом.

Но Кичи была не виновата. Волчицы забывают своих волчат, которым исполнился год или больше года. Так и Кичи забыла Белого Клыка. Он был для нее незнакомцем, чужаком, и выводок, которым она обзавелась за это время, давал ей право враждебно относиться к таким незнакомцам.

Один из ее щенков подполз к Белому Клыку. Сами того не зная, они приходились друг другу сводными братьями. Белый Клык с любопытством обнюхал щенка, за что Кичи еще раз наскочила на него и располосовала ему морду. Белый Клык попятился еще дальше. Все старые воспоминания, воскресшие было в нем, снова умерли и превратились в прах. Он смотрел на Кичи, которая лизала своего детеныша и время от времени поднимала голову и рычала. Теперь Кичи была не нужна Белому Клыку. Он научился обходиться без нее и забыл, чем она была дорога ему. В его мире не осталось места для Кичи, так же как и в ее мире не осталось места для Белого Клыка.

Воспоминаний как не бывало — он стоял растерянный, ошеломленный всем случившимся. И тут Кичи метнулась к нему в третий раз, прогоняя его с глаз долой. Белый Клык покорился. Кичи была самка, а по закону, установленному его породой, самцы не должны драться с самками. Он ничего не знал об этом законе, он постиг его не на основании жизненного опыта — этот закон был подсказан ему инстинктом, тем самым инстинктом, который заставлял его выть на луну, на ночные звезды, бояться смерти и неизвестного.

Месяцы шли один за другим. Сил у Белого Клыка все прибавлялось, он становился крупнее, шире в плечах, а характер его развивался по тому пути, который предопределяли наследственность и окружающая среда. Белый Клык был создан из материала, мягкого как глина и таившего в себе много всяких возможностей. Среда лепила из этой глины все, что ей было угодно, придавая ей любую форму. Так, не подойди Белый Клык на огонь, зажженный человеком, Северная глушь сделала бы из него настоящего волка. Но боги даровали ему другую среду, и из Белого Клыка получилась собака, в которой было много волчьего, и все-таки это была собака, а не волк.

И вот под влиянием окружающей обстановки податливый материал, из которого был сделан Белый Клык, принял определенную форму. Это было неизбежно. Он становился все угрюмее, злее, он сторонился своих собратьев. И они поняли, что с ним лучше жить в мире, чем враждовать, а Серый Бобр день ото дня все больше и больше ценил его.

Но возмужалость не освободила Белого Клыка от одной слабости: он не терпел, когда над ним смеялись. Человеческий смех выводил его из себя. Люди могли смеяться между собой над чем угодно, и он не обращал на это внимания. Но стоило кому-нибудь засмеяться над ним, как он приходил в ярость: степенная, полная достоинства собака неистовствовала до нелепости. Смех так озлоблял ее, что она превращалась в сущего дьявола. И горе тем щенкам, которые попадались Белому Клыку в эти минуты! Он слишком хорошо знал закон, чтобы вымещать злобу на Сером Бобре; Серому Бобру помогали палка и ум, а у щенков не было ничего, кроме открытого пространства, которое и спасало их, когда перед ними появлялся Белый Клык, доведенный смехом до бешенства.

Когда Белому Клыку пошел третий год, индейцев, живших на реке Маккензи, постиг голод. Летом не ловилась рыба. Зимой олени ушли со своих обычных мест. Лоси попадались редко, зайцы почти исчезли. Хищные животные гибли. Изголодавшись, ослабев от голода, они стали пожирать друг друга. Выживали только сильные. Боги Белого Клыка всегда промышляли охотой. Старые и слабые среди них умирали один за другим. В поселке стоял плач. Женщины и дети уступали свою жалкую долю еды отощавшим, осунувшимся охотникам, которые рыскали по лесу в тщетных поисках дичи.

Голод довел богов до такой крайности, что они ели мокасины и рукавицы из сыромятной кожи, а собаки съедали свою упряжь и даже бичи. Кроме того, собаки ели друг друга, а боги ели собак. Сначала покончили с самыми слабыми и менее ценными. Собаки, оставшиеся в живых, видели все это и понимали, что их ждет такая же участь. Те, что были посмелее и поумнее, покинули костры, разведенные человеком, около которых теперь шла бойня, и убежали в лес, где их ждала голодная смерть или волчьи зубы.

В это тяжелое время Белый Клык тоже убежал в лес. Он был более приспособлен к жизни, чем другие собаки, — сказывалась школа, пройденная в детстве. Особенно искусно выслеживал он маленьких зверьков. Он мог часами следить за каждым движением осторожной белки и ждать, когда она решится слезть с дерева на землю; при этом он проявлял такое громадное терпение, которое ни в чем не уступало мучившему его голоду. Белый Клык никогда не торопился. Он выжидал до тех пор, пока можно было действовать наверняка, не боясь, что белка опять удерет на дерево. Тогда и только тогда Белый Клык с молниеносной быстротой выскакивал из своей засады, как снаряд, никогда не пролетающий мимо намеченной цели — мимо белки, которую не могли спасти ее быстрые ноги.

Но хотя охота на белок обычно кончалась удачей, одно обстоятельство мешало Белому Клыку наедаться досыта: белки попадались редко, и ему волей-неволей приходилось охотиться на более мелкую дичь. По временам голод так мучил его, что он не останавливался даже перед тем, чтобы выкапывать мышей из норок. Не погнушался он и вступить в бой с лаской, такой же голодной, как он сам, но в тысячу раз более свирепой.

Когда голод донимал Белого Клыка особенно жестоко, он подкрадывался поближе к кострам богов, но вплотную к ним не подходил. Он бегал по лесу, избегая встреч с богами, и обкрадывал силки, когда в них изредка попадалась дичь. Однажды он даже обворовал силок на зайца, поставленный Серым Бобром, а Серый Бобр в это время шел, пошатываясь, по лесу и то и дело садился отдыхать, еле переводя дух от слабости.

Как-то раз Белый Клык наткнулся на молодого волка, изможденного и еле державшегося на ногах. Если бы Белый Клык не был так голоден, он, вероятно, отправился бы дальше с ним и в конце концов примкнул бы к волчьей стае, но сейчас ему не оставалось ничего другого, как погнаться за волком, задрать и съесть его.

Судьба, казалось, благоприятствовала Белому Клыку. Всякий раз, когда недостаток в пище ощущался особенно остро, он находил какую-нибудь добычу. Счастье не изменило ему даже в те дни, когда сил совсем не стало, — ни разу за это время он не попался на глаза более крупным хищникам. Однажды, подкрепившись рысью, которой хватило на целых два дня, Белый Клык встретился с волчьей стаей. Началась долгая, жестокая погоня, но Белый Клык был крепче волков и в конце концов убежал от них. И не только убежал, а описал большой круг и, вернувшись назад, напал на одного из своих изможденных преследователей.

Вскоре Белый Клык покинул эти места и отправился в долину, на свою родину. Разыскав прежнее логовище, он встретил там Кичи. Кичи тоже покинула негостеприимные костры богов и, как только ей пришла пора щениться, вернулась в пещеру. К тому времени, когда около пещеры появился Белый Клык, из всего выводка Кичи остался лишь один волчонок, но и он доживал последние дни — молодой жизни трудно было уцелеть в такой голод.

Прием, который Кичи оказала своему взрослому сыну, нельзя было назвать теплым. Но Белый Клык отнесся к этому равнодушно. Не нуждаясь больше в матери, он невозмутимо отвернулся от нее и побежал вверх по ручью. На левом его рукаве Белый Клык нашел логовище рыси, с которой некогда ему пришлось сразиться вместе с матерью. Здесь, в заброшенной норе, он лег и отдыхал весь день.

Ранним летом, когда голодовка уже подходила к концу, Белый Клык встретил Лип-Липа, который, так же как и он, убежал в лес и влачил там жалкое существование. Белый Клык встретил его совершенно неожиданно. Огибая с противоположных сторон выступ крутого берега, они одновременно выбежали из-за высокой скалы и столкнулись нос к носу. Оба замерли, испуганные такой встречей, и уставились друг на друга.

Белый Клык был в прекрасном состоянии. Всю эту неделю он очень удачно охотился и ел много, а последней своей добычей был сыт до отвала. Но стоило ему только увидеть Лип-Липа, как шерсть у него на спине встала дыбом. Он ощетинился совершенно непроизвольно — это внешнее проявление злобы в прошлом сопутствовало каждой встрече с забиякой Лип-Липом. Так было и теперь: завидев своего врага, Белый Клык ощетинился и зарычал на него. Ни одна минута не пропала даром. Все было сделано быстро, в одно мгновение. Лип-Лип попятился назад, но Белый Клык сшибся с ним плечом к плечу, сбил его с ног, опрокинул на спину и впился зубами в его жилистую шею. Лип-Лип бился в предсмертных судорогах, а Белый Клык похаживал вокруг, не сводя с него глаз. Затем он снова пустился в путь и исчез за крутым поворотом берега.

Вскоре после этого Белый Клык выбежал на опушку леса и по узкой прогалине спустился к реке Маккензи. Он забегал сюда и раньше, но тогда на этом берегу было пусто, а сейчас тут виднелся поселок. Белый Клык остановился и, не выходя из-за деревьев, стал осматриваться. Звуки и запахи показались ему знакомыми. Это был старый поселок, перебравшийся на другое место, но в его звуках и запахах чувствовалось что-то новое. Не слышно было ни воя, ни плача. Эти звуки говорили о довольстве. И когда Белый Клык услышал сердитый женский голос, он понял, что так сердиться можно только на сытый желудок. В воздухе пахло рыбой — значит, в поселке была пища. Голод кончился. Он смело вышел из лесу и побежал прямо к хозяйскому вигваму. Самого хозяина не было дома, но Клу-Куч встретила Белого Клыка радостными криками, дала ему целую свежую рыбину, и он лег и стал ждать возвращения Серого Бобра.

Часть четвертая

Глава первая
ВРАГ

Если в натуре Белого Клыка была заложена хоть малейшая возможность сблизиться с представителями его породы, то возможность эта безвозвратно погибла после того, как он стал вожаком упряжки. Собаки возненавидели его; возненавидели за то, что Мит-Са подкидывал ему лишний кусок мяса; возненавидели за все те действительные и воображаемые преимущества, которыми он пользовался; возненавидели за то, что он всегда бежал в голове упряжки, доводя их до бешенства одним видом своего пушистого хвоста и быстро мелькавших ног.

И Белый Клык проникся к собакам точно такой же острой ненавистью. Роль вожака не доставляла ему ни малейшего удовольствия. Он через силу мирился с тем, что ему приходится убегать от заливающихся лаем собак, которые в течение трех лет находились под его властью. Но с этим надо было мириться, иначе ему грозила гибель, а жизни, бившей в нем ключом, гибнуть не хотелось. Лишь только Мит-Са трогал с места, вся упряжка с яростным лаем кидалась в погоню за Белым Клыком.

Защищаться он не мог: стоило ему повернуть голову к собакам, как Мит-Са хлестал его по морде бичом. Белому Клыку не оставалось ничего другого, как мчаться вперед. Отражать хвостом и задними лапами нападение всей завывавшей своры он не мог — таким оружием нельзя обороняться против множества безжалостных клыков. И Белый Клык несся вскачь, каждым прыжком насилуя свою природу и унижая свою гордость, а бежать так приходилось целый день.

Такое насилие над собой не проходит безнаказанно. Если волос, выросший на теле, заставить расти вглубь кожи, он будет причинять мучительную боль. То же самое происходило и с Белым Клыком. Всем своим существом он стремился разделаться с собаками, преследовавшими его по пятам, но волю богов нарушать было нельзя, тем более что воля их подкреплялась ударами тридцатифутового бича, свитого из оленьих кишок. И Белый Клык терпел все это, затаив в себе такую ненависть и злобу, на какую только был способен его свирепый и неукротимый нрав.

Если какое-нибудь живое существо и можно было назвать врагом своих собратьев, то это относилось именно к Белому Клыку. Он никогда не просил пощады и сам никого не щадил. Раны и шрамы не сходили у него с тела, а собаки в свою очередь не расставались с отметинами его зубов. В противоположность многим вожакам, кидавшимся под защиту богов, как только собак распрягали, Белый Клык пренебрегал такой защитой. Он безбоязненно разгуливал по стоянке, ночью расправляясь с собаками за все то, что приходилось терпеть от них днем. В те времена, когда Белый Клык еще не был вожаком, его теперешние товарищи по упряжке обычно старались не попадаться ему на дороге. Теперь положение изменилось. Погоня, длившаяся с утра и до вечера, сознание, что весь день Белый Клык убегал от них, находился в их власти, — все это не позволяло собакам отступать перед ним. Стоило ему появиться среди стаи, сейчас же начиналась драка. Его прогулки по стоянке сопровождались рычанием, грызней, визгом. Сам воздух, которым он дышал, был насыщен ненавистью и злобой, и это лишь усиливало ненависть и злобу в нем самом.

Когда Мит-Са приказывал упряжке остановиться, Белый Клык слушался его окрика. На первых порах эта остановка вызывала замешательство среди собак, все они набрасывались на ненавистного вожака. Но тут дело принимало совсем другой оборот: размахивая бичом, на помощь Белому Клыку приходил Мит-Са. И собаки поняли наконец, что, если сани останавливаются по приказанию Мит-Са, вожака лучше не трогать. Но если Белый Клык останавливался самовольно, значит, над ним можно было чинить расправу.

Вскоре Белый Клык перестал останавливаться без приказания. Такие уроки усваиваются быстро. Да Белый Клык и не мог не усваивать их, иначе он не выжил бы в той суровой среде, которую уготовила ему жизнь.

Но для собак эти уроки пропадали даром — они не оставляли его в покое на стоянках. Дневная погоня и яростный лай, в который упряжка вкладывала всю свою ненависть к вожаку, заставляли ее забывать то, что было предыдущей ночью; на следующую ночь урок повторялся, но к утру от него не оставалось и следа. Кроме того, вражду собак к Белому Клыку питало еще одно немаловажное обстоятельство: они чувствовали в нем иную породу, и этого было вполне достаточно, чтобы противопоставить их друг другу.

Так же как и Белый Клык, все они были прирученные волки, но за ними стояло уже несколько прирученных поколений. Многое, чем наделяет волка Северная глушь, было уже утеряно, и для собак в Северной глуши таились лишь неизвестность, вечная угроза и вечная вражда. Но внешность Белого Клыка, все его повадки и инстинкты говорили о крепкой связи с Северной глушью; он был символом и олицетворением ее. И поэтому, скаля на него зубы, собаки тем самым охраняли себя от гибели, таившейся в сумраке лесов и во тьме, со всех сторон обступавшей костры человека.

Впрочем, один урок собаки заучили твердо: надо держаться вместе. Белый Клык был слишком опасным противником, и никто не решался встретиться с ним один на один. Собаки нападали на него всей сворой, иначе он разделался бы с ними за одну ночь. И Белому Клыку не удавалось разделаться ни с одним из своих врагов. Он сбивал противника с ног, но стая сейчас же набрасывалась на него, не давая ему прокусить собаке горло. При малейшем намеке на ссору вся упряжка дружно ополчалась на своего вожака.

Собаки постоянно грызлись между собой, но стоило только кому-нибудь из них затеять драку с Белым Клыком, как все прочие ссоры мигом забывались.

Однако загрызть Белого Клыка они не могли при всем своем старании. Он был слишком подвижен для них, слишком грозен и умен. Он избегал тех мест, где можно было попасть в ловушку, и всегда ускользал, когда свора старалась окружить его кольцом. А о том, чтобы сбить Белого Клыка с ног, не могла помышлять ни одна собака. Лапы его с таким же упорством цеплялись за землю, с каким сам он цеплялся за жизнь. И поэтому в той нескончаемой войне, которую Белый Клык вел со стаей, сохранить жизнь и удержаться на ногах — были для него понятия равнозначные, и никто не знал этого лучше, чем он сам.

Итак, Белый Клык стал непримиримым врагом своих собратьев — врагом волков, которые пригрелись у костра, разведенного человеком, и изнежились под спасительною сенью человеческого могущества. Таким сделала его жизнь. Он объявил кровную месть всем собакам и мстил так жестоко, что даже Серый Бобр, в котором было достаточно ярости и дикости, не мог надивиться злобе Белого Клыка. «Нет другой такой собаки!» — говорил Серый Бобр. И индейцы из чужих поселков подтверждали его слова, вспоминая, как Белый Клык расправлялся с их собаками.

Белому Клыку было около пяти лет, когда Серый Бобр снова взял его с собой в длинное путешествие, и в поселках у Скалистых гор, вдоль рек Маккензи и Поркьюпайн, вплоть до самого Юкона, долго помнили расправы Белого Клыка с собаками. Он упивался своей местью. Чужие собаки не ждали от него ничего плохого, им не приходилось встречаться с противником, который нападал бы так внезапно. Они не знали, что имеют дело с врагом, убивающим, как молния, с одного удара. Собаки в чужих поселках подходили к Белому Клыку с вызывающим видом, а он, не теряя времени на предварительные церемонии, кидался на них стремительно, словно развернувшаяся стальная пружина, хватал за горло и убивал противника, не дав ему опомниться от изумления.

Белый Клык стал опытным бойцом. Он дрался расчетливо, никогда не тратил сил понапрасну, не затягивал борьбы. Он налетал и, если случалось промахнуться, сейчас же отскакивал назад. Как и все волки, Белый Клык избегал длительного соприкосновения с противником. Он не выносил этого. Такое соприкосновение таило в себе опасность и приводило его в бешенство. Он хотел быть свободным, хотел твердо держаться на ногах. Северная глушь не выпускала Белого Клыка из своих цепких объятий и утверждала свою власть над ним. Отчужденность с самого раннего детства от общества себе подобных только усилила в нем это стремление к свободе. Непосредственная близость к противнику таила в себе какую-то угрозу, Белый Клык подозревал здесь ловушку, и страх перед этой ловушкой не покидал его.

Чужие собаки не могли тягаться с ним. Белый Клык увертывался от их клыков; он расправлялся с ними и убегал невредимый. Правда, нет правила без исключения. Бывало и так, что на Белого Клыка налетали сразу несколько противников и он не успевал убежать от них, а иногда ему здорово влетало и от какой-нибудь одной собаки. Но это случалось редко. Белый Клык стал таким искусным бойцом, что выходил с честью почти из всех драк.

Он обладал еще одним достоинством — умением правильно рассчитывать время и расстояние. Делалось это, разумеется, совершенно бессознательно. Просто его никогда не подводило зрение, и весь его организм, слаженный лучше, чем у других собак, работал точно и быстро; координация сил умственных и физических была совершеннее, чем у них. Когда зрительные нервы передавали мозгу Белого Клыка движущееся изображение, его мозг без всякого усилия определял пространство и время, необходимое для того, чтобы это движение завершилось. Таким образом, он мог увернуться от прыжка собаки или от ее клыков и в то же время использовать каждую секунду, чтобы самому броситься на противника. Но воздавать ему хвалу за это не следует — природа одарила его более щедро, чем других, вот и все.

Было лето, когда Белый Клык попал в Форт-Юкон. В конце зимы Серый Бобр пересек водораздел между Маккензи и Юконом и всю весну проохотился на западных отрогах Скалистых гор. А когда река Поркьюпайн очистилась ото льда, Серый Бобр сделал пирогу и спустился вниз по ней к месту слияния ее с Юконом, как раз под самым полярным кругом. Здесь стоял форт Компании Гудзонова залива. В форте было много индейцев, много съестных припасов, повсюду царило небывалое оживление. Было лето 1898 года, и золотоискатели тысячами двигались вверх по Юкону, к Доусону и на Клондайк. До цели путешествия им оставались еще сотни миль, а между тем многие из них находились в пути уже год; меньше пяти тысяч миль не сделал никто, а некоторые приехали сюда с другого конца света.

В Форт-Юконе Серый Бобр сделал остановку. Слухи о золотой лихорадке достигли и его ушей, и он привез с собой несколько тюков с мехами и один тюк с рукавицами и мокасинами. Серый Бобр никогда не отважился бы пуститься в такой далекий путь, если б его не привлекла сюда надежда на большую наживу. Но то, что Серый Бобр увидел здесь, превзошло все его ожидания. В самых своих безудержных мечтах он рассчитывал выручить от продажи мехов сто процентов, а убедился, что можно выручить и тысячу. И, как истинный индеец, Серый Бобр принялся за дело не спеша, решив просидеть здесь хоть до осени, только бы не просчитаться и не продешевить.

В Форт-Юконе Белый Клык впервые увидел белых людей. Рядом с индейцами они казались ему существами другой породы — богами, власть которых опиралась на еще большее могущество. Эта уверенность пришла к Белому Клыку сама собой; ему не надо было напрягать свои мыслительные способности, чтобы убедиться в могуществе белых богов. Он только чувствовал его, но чувствовал с необычайной силой. Вигвамы, построенные индейцами, казались ему когда-то свидетельством величия человека, а теперь его поражали громадный форт и дома из толстых бревен. Все это говорило о могуществе. Белые боги обладали силой. Власть их простиралась дальше власти прежних богов Белого Клыка, среди которых самым могущественным существом был Серый Бобр. Но и Серый Бобр казался ничтожеством по сравнению с белокожими богами.

Разумеется, Белый Клык только чувствовал все это и не отдавал себе ясного отчета в своих ощущениях. Но животные действуют чаще всего на основании именно таких ощущений; и каждый поступок Белого Клыка объяснялся теперь уверенностью в могуществе белых богов. Он относился к ним с большой опаской. Кто знает, какого неведомого ужаса и какой новой беды можно ждать от них? Белый Клык с любопытством наблюдал за белыми богами, но боялся попадаться им на пути. Первые несколько часов он довольствовался тем, что настороженно следил за ними издали, но потом, увидев, что белые боги не причиняют никакого вреда своим собакам, подошел поближе.

В свою очередь Белый Клык привлекал к себе всеобщее внимание: его сходство с волком сразу же бросалось в глаза, и люди показывали на него друг другу пальцами. Это заставило Белого Клыка насторожиться. Лишь только кто-нибудь подходил к нему, он скалил зубы и отбегал в сторону. Людям так и не удавалось дотронуться до него рукой — и хорошо, что не удавалось.

Вскоре Белый Клык узнал, что очень немногие из этих богов — всего человек десять — постоянно живут в форте. Каждые два-три дня к берегу приставал пароход (еще одно великое доказательство всемогущества белых людей) и по нескольку часов стоял у причала. Боги приезжали и снова уезжали на пароходах. Казалось, людям этим нет числа. В первые же два дня Белый Клык увидел их столько, сколько не видел индейцев за всю свою жизнь. И каждый день они приезжали, ходили по форту и снова уезжали вверх по реке.

Но если белые боги были всемогущи, то собаки их ничего не стоили. Белый Клык быстро убедился в этом, столкнувшись с теми, что сходили на берег вместе со своими хозяевами. Все они были не похожи одна на другую. У одних были короткие, слишком короткие лапы, у других — длинные, слишком длинные. Вместо густого меха их покрывала короткая шерсть, а у некоторых и шерсти почти не было. И ни одна из этих собак не умела драться.

Питая ненависть ко всей своей породе, Белый Клык считал себя обязанным вступать в драку и с этими собаками. После нескольких стычек он проникся к ним глубочайшим презрением: они оказались неуклюжими, беспомощными и старались одолеть Белого Клыка одной силой, тогда как он брал сноровкой и хитростью. Собаки кидались на него с лаем. Белый Клык прыгал в сторону. Они теряли его из виду, и тогда он налетал на них сбоку, сбивал плечом с ног и вцеплялся им в горло.

Часто укус этот бывал смертельным, и его противник бился в грязи под ногами индейских собак, которые только и ждали той минуты, когда можно будет броситься всей стаей и разорвать чужака на куски. Белый Клык был мудр. Он уже давно знал, что боги гневаются, когда кто-нибудь убивает их собак. Белые боги не составляли исключения. Поэтому, свалив противника с ног и прокусив ему горло, он отбегал в сторону и позволял стае доканчивать начатое им дело. В это время белые люди подбегали и обрушивали свой гнев на стаю, а Белый Клык выходил сухим из воды. Обычно он стоял в стороне и наблюдал, как его собратьев бьют камнями, палками, топорами и всем, что только попадалось людям под руку. Белый Клык был мудр.

Но его собратья тоже кое-чему научились: они поняли, что самая потеха начинается в ту минуту, когда пароход пристает к берегу. Вот собаки сбежали с парохода, и две-три из них мгновенно оказались растерзанными. Тогда люди загоняют остальных обратно и принимаются за жестокую расправу. Однажды белый человек, на глазах у которого разорвали его сеттера, выхватил револьвер. Он выстрелил шесть раз подряд, и шесть собак из стаи повалились замертво. Это было еще одно проявление могущества белых людей, надолго запомнившееся Белому Клыку.

Белый Клык упивался всем этим, он не жалел своих собратьев, а сам ухитрялся оставаться в таких стычках невредимым. На первых порах драки с собаками белых людей просто развлекали его, потом он принялся за это по-настоящему. Другого дела у него не было. Серый Бобр занялся торговлей, богател. И Белый Клык слонялся по пристани, поджидая вместе со сворой беспутных индейских собак прибытия пароходов. Как только пароход причаливал к берегу, начиналась потеха. К тому времени, когда белые люди приходили в себя от неожиданности, собачья свора разбегалась в разные стороны и ожидала следующего парохода.

Однако Белого Клыка нельзя было считать членом собачьей своры. Он не смешивался с ней, держался в стороне, никогда не терял своей независимости, и собаки даже побаивались его. Правда, он действовал с ними заодно. Он затевал ссору с чужаком и сбивал его с ног. Тогда собаки кидались и приканчивали чужака, а Белый Клык сейчас же удирал, предоставляя своре получать наказание от разгневанных богов.

Для того чтобы затеять такую ссору, не требовалось большого труда. Белому Клыку стоило только показаться на пристани, когда чужие собаки сходили на берег, — этого было достаточно, они кидались на него. Так повелевал им инстинкт. Собаки чуяли в Белом Клыке Северную глушь, неизвестное, ужас, вечную угрозу; чуяли в нем то, что ходило, крадучись, во мраке, окружавшем человеческие костры, когда они, подобравшись к этим кострам, отказывались от своих прежних инстинктов и боялись Северной глуши, покинутой и преданной ими. От поколения к поколению передавался собакам этот страх перед Северной глушью. Северная глушь грозила гибелью, но их повелители дали им право убивать все живое, что приходит оттуда. И, воспользовавшись этим правом, они защищали себя и богов, допустивших их в свое общество.

И поэтому выходцам с Юга, сбегавшим по сходням на берег Юкона, достаточно было увидеть Белого Клыка, чтобы почувствовать непреодолимое желание кинуться и растерзать его. Среди приезжих собак попадались и городские, но инстинктивный страх перед Северной глушью сохранился и в них. На представшего перед ними средь бела дня зверя, похожего на волка, они смотрели не только своими глазами — они смотрели на Белого Клыка глазами предков, и память, унаследованная от всех предыдущих поколений, подсказывала им, что перед ними стоит волк, к которому порода их питает извечную вражду.

Все это доставляло удовольствие Белому Клыку. Если одним своим видом он заставляет собак кидаться в драку, тем лучше для него и тем хуже для них. Они чуяли в Белом Клыке свою законную добычу, и точно так же относился к ним и он.

Недаром Белый Клык впервые увидел дневной свет в уединенном логовище и в первых же своих битвах имел таких противников, как белая куропатка, ласка и рысь. И недаром его раннее детство было омрачено враждой с Лип-Липом и со всей стаей молодых собак. Сложись его жизнь по-иному — и он сам был бы иным. Не будь в поселке Лип-Липа, Белый Клык подружился бы с другими щенками, был бы больше похож на собаку и с большей терпимостью относился бы к своим собратьям. Будь Серый Бобр мягче и добрее, он сумел бы пробудить в нем чувство привязанности и любви. Но все сложилось по-иному. Жизнь круто обошлась с Белым Клыком, и он стал угрюмым, замкнутым, злобным зверем — врагом своих собратьев.

Глава вторая
СУМАСШЕДШИЙ БОГ

Белых людей в Форт-Юконе было не много. Все они уже давно жили здесь, называли себя «кислым тестом» и очень гордились этим. Тех, кто приезжал сюда из других мест, старожилы презирали. Люди, сходившие с парохода на берег, были новичками и назывались чечако. Новички сильно недолюбливали свое прозвище. Они замешивали тесто на сухих дрожжах, и это проводило резкую грань между ними и старожилами, которые ставили хлеб на закваске, потому что дрожжей у них не было.

Но все это — между прочим. Жители форта презирали приезжих и радовались всякий раз, когда у тех случалась какая-нибудь неприятность. Особенное удовольствие доставляли им расправы Белого Клыка и всей бесчинствовавшей своры с чужими собаками. Как только пароход подходил, старожилы форта спешили на берег, чтобы не прозевать потехи. Они предвкушали развлечение не меньше индейских собак и, конечно, сейчас же оценили ту роль, какую играл в этих драках Белый Клык.

Но был среди старожилов один человек, которому эта забава доставляла особенное удовольствие. Заслышав гудок приближавшегося парохода, он со всех ног пускался к берегу, а когда драка заканчивалась и свора собак разбегалась в разные стороны, человек этот медленно уходил с пристани, всем своим видом выражая глубокое сожаление. Часто, когда изнеженная южная собака с предсмертным воем падала на землю и погибала, раздираемая на клочки налетевшей на нее сворой, человек этот кричал и прыгал от восторга. И каждый раз он завистливо поглядывал на Белого Клыка.

Старожилы форта прозвали этого человека Красавчиком. Настоящего его имени никто не знал, и в здешних местах он был известен как Красавчик Смит. Правда, красивого в нем было мало, поэтому, вероятно, ему и дали такое прозвище. Он был на редкость уродлив. Создавая его, природа поскупилась. Он был низкорослый, а на его щуплом теле сидела неправильной формы удлиненная голова. В детстве, еще до того как за ним укрепилось новое прозвище Красавчик, сверстники звали его Гвоздиком.

Затылок у Смита был совершенно приплюснутый, лоб низкий и несуразно широкий. А потом природа вдруг расщедрилась и наделила Красавчика Смита вылупленными глазами, к тому же расставленными так широко, что между ними могла бы поместиться еще одна пара глаз. Чтобы как-нибудь заполнить оставшееся свободное пространство, природа дала ему тяжелую нижнюю челюсть, которая выдавалась вперед и чуть ли не лежала у него на груди, а может быть, это только так казалось, ибо шея у Красавчика Смита была слишком тонка для такой громоздкой ноши.

Нижняя челюсть придавала его лицу выражение свирепой решительности, но в эту решительность как-то не верилось, возможно, потому, что челюсть была слишком уж велика и массивна. Другими словами, никакой решительности в натуре Красавчика Смита не было и в помине. Он слыл повсюду за презренного, жалкого труса. Для полноты картины следует упомянуть, что зубы у него были длинные и желтые, а оба клыка вылезали наружу из-под тонких губ. На глаза у природы, видимо, не хватило краски, она соскребла для них все остатки со своей палитры — и получилось нечто мутно-желтое. То же самое можно сказать и про жидкие волосы, которые клочьями торчали у него на голове и на скулах, напоминая растрепанный ветром сноп соломы.

Короче говоря, Красавчик Смит был урод, но винить в этом его самого не следует. Таким уж человек появился на свет божий. Он стряпал на жителей форта, мыл посуду и исполнял всякую другую грязную работу. В форте к нему относились терпимо и даже снисходительно, как к существу, которому не повезло в жизни. Кроме того, Красавчика Смита побаивались. От такого злобного труса можно было получить и пулю в спину, и стакан кофе с отравой. Но ведь кому-нибудь нужно было заниматься стряпней, а Красавчик Смит, несмотря на все его недостатки, знал свое дело.

Таков был человек, который восхищался отчаянной удалью Белого Клыка и мечтал завладеть им. Красавчик Смит начал заигрывать с Белым Клыком. Тот не обращал на это никакого внимания. Когда заигрывания стали настойчивее, Белый Клык скалил на Красавчика Смита зубы, ощетинивался и убегал. Этот человек не нравился ему. Белый Клык чуял в нем что-то злое и ненавидел его, боясь его протянутой руки и вкрадчивого голоса.

Добро и зло воспринимаются простым существом очень просто. Добро есть все то, что прекращает боль, что несет с собой свободу и удовлетворение. Поэтому добро приятно. Зло же ненавистно, потому что оно приносит беспокойство, опасность, страдание. Как над гнилым болотом поднимается туман, так и от уродливого тела и грязной душонки Красавчика Смита веяло чем-то дурным, нездоровым. Бессознательно, словно с помощью шестого чувства, Белый Клык угадывал, что этот человек таит в себе зло, грозит гибелью и что его надо ненавидеть.

Белый Клык был дома, когда Красавчик Смит впервые зашел на стоянку Серого Бобра. Еще задолго до появления Красавчика Смита, по одному звуку его шагов, Белый Клык понял, кто идет к ним, и ощетинился. Хотя ему было и очень удобно лежать, но, лишь только этот человек подошел ближе, он сейчас же поднялся и бесшумно, как настоящий волк, отбежал в сторону. Белый Клык не знал, о чем шел разговор с этим человеком у Серого Бобра, он видел только, что хозяин разговаривает с ним. Во время беседы Красавчик Смит показал на Белого Клыка пальцем, и тот зарычал, как будто эта рука была не на расстоянии пятидесяти футов от него, а опускалась ему на спину. Красавчик Смит захохотал, и Белый Клык решил скрыться в лес и, убегая, все оглядывался назад, на разговаривавших людей.

Серый Бобр отказался продать собаку. Он разбогател, у него все есть. Кроме того, лучшей ездовой собаки и лучшего вожака нигде не сыщешь — ни на Маккензи, ни на Юконе. Белый Клык мастер драться. Разорвать собаку ему ничего не стоит — все равно что человеку прихлопнуть комара. (Глаза у Красавчика Смита заблестели при этих словах, и он с жадностью облизал свои тонкие губы.) Нет, Серый Бобр ни за какие деньги не продаст Белого Клыка.

Но Красавчик Смит хорошо знал индейцев. Он стал часто наведываться к Серому Бобру и каждый раз приносил за пазухой бутылку. Виски обладает одним могучим свойством — оно возбуждает жажду. И такая жажда появилась у Серого Бобра. Его нутро требовало все больше и больше этой жгучей жидкости, и, потеряв с непривычки к ней власть над собой, он был готов на что угодно, лишь бы раздобыть эту жидкость. Деньги, вырученные от продажи мехов, рукавиц и мокасин, начали таять. Их становилось все меньше и меньше, и чем больше пустел мешок, в котором они хранились у Серого Бобра, тем он становился беспокойнее.

Наконец все ушло — и деньги, и товары, и спокойствие. У Серого Бобра осталась только жажда, которая росла с каждой минутой. И тогда Красавчик Смит снова завел речь о продаже Белого Клыка, но на этот раз цена определялась уже не долларами, а бутылками виски, и Серый Бобр прислушался к предложению более внимательно.

— Сумеешь поймать — собака твоя, — было его последнее слово.

Бутылки перешли к нему, но через два дня Красавчик Смит сам сказал Серому Бобру:

— Поймай собаку.

Вернувшись как-то вечером домой, Белый Клык со вздохом облегчения улегся около вигвама. Страшного белого бога не было. За последние дни он все больше и больше приставал к Белому Клыку, и тот предпочел на это время совсем уйти из дому. Он не знал, какую опасность таят в себе руки этого человека, он только чуял что-то недоброе и решил держаться от них подальше.

Как только Белый Клык улегся, Серый Бобр, пошатываясь, подошел к нему и обвязал ремень вокруг его шеи. Потом Серый Бобр сел рядом с Белым Клыком, держа в одной руке конец ремня. В другой он держал бутылку и то и дело прикладывался к ней, и тогда Белый Клык слышал бульканье.

Так прошел час, и вдруг до ушей Белого Клыка донеслись звуки чьих-то шагов. Он различил их первый и, догадавшись, кто идет, весь ощетинился. Серый Бобр сидел и клевал носом. Белый Клык осторожно потянул ремень из рук хозяина, но ослабевшие пальцы сжались крепче, и Серый Бобр проснулся.

Красавчик Смит подошел к вигваму и остановился рядом с Белым Клыком. Тот глухо зарычал на это страшное существо, не сводя глаз с его рук. Одна рука вытянулась вперед и стала опускаться над его головой. Белый Клык зарычал громче. Рука продолжала медленно опускаться, а Белый Клык, злобно глядя на нее и уже задыхаясь от яростного рычания, все ниже и ниже припадал к земле. И вдруг его зубы сверкнули, как у змеи, и с резким металлическим звуком лязгнули в воздухе. Рука отдернулась вовремя. Красавчик

Смит испугался и рассвирепел. Серый Бобр ударил Белого Клыка по голове, и тот снова покорно лег на землю.

Белый Клык следил за каждым движением обоих людей. Он увидел, что Красавчик Смит ушел и вскоре вернулся с увесистой палкой. Серый Бобр передал ему ремень. Красавчик Смит шагнул вперед. Ремень натянулся. Белый Клык все еще лежал. Серый Бобр ударил его несколько раз, заставляя подняться с места. Белый Клык повиновался и прыгнул прямо на чужого человека, который хотел увести его с собой. Тот ждал этого нападения и ударом палки свалил Белого Клыка на землю, остановив его прыжок на полпути. Серый Бобр засмеялся и одобрительно закивал. Красавчик Смит снова потянул за ремень, и Белый Клык, оглушенный ударом, с трудом поднялся на ноги.

Он не повторил своего прыжка. Одного такого удара было достаточно, чтобы убедить его, что белый бог не зря держит палку в руках. Белый Клык был мудр и видел всю тщету борьбы с неизбежностью. Поджав хвост и не переставая глухо рычать, он поплелся за Красавчиком Смитом, а тот не спускал с него глаз и держал палку наготове.

Придя в форт, Красавчик Смит крепко привязал Белого Клыка и улегся спать. Белый Клык прождал час, а потом принялся за ремень и через какие-нибудь десять секунд очутился на свободе. Он не тратил времени понапрасну: ремень был перерезан наискось чисто, как ножом. Оглядевшись по сторонам, Белый Клык ощетинился и зарычал. Потом повернулся и побежал к вигваму Серого Бобра. Он не был обязан повиноваться этому чужому и страшному богу. Он отдал всего себя Серому Бобру, и никто другой, кроме Серого Бобра, не мог владеть им.

Все предыдущее повторилось, но с некоторой разницей. Серый Бобр снова привязал его и утром отвел к Красавчику Смиту. Вот тут-то Белый Клык и ощутил эту разницу. Красавчик Смит задал ему трепку. Белому Клыку, крепко привязанному на этот раз, не оставалось ничего другого, как метаться в бессильной ярости и сносить наказание. Красавчик Смит пустил в ход палку и хлыст, и таких побоев Белому Клыку не приходилось испытывать еще ни разу в жизни.

Даже та порка, которую когда-то давно ему задал Серый Бобр, была пустяком по сравнению с тем, что пришлось вынести теперь.

Красавчик Смит испытывал наслаждение. Он жадно глядел на свою жертву, и глаза его загорались тусклым огнем, когда Белый Клык выл от боли и рычал после каждого удара палкой или хлыстом. Красавчик Смит был жесток, как бывают жестоки только трусы. Покорно снося от людей удары и брань, он вымещал свою злобу на слабейших существах. Все живое любит власть, и Красавчик Смит не представлял собою исключения: не имея возможности властвовать над равными себе, он пользовался беззащитностью животных. Но Красавчика Смита не следует винить за это. Уродливое тело и низкий интеллект были даны ему от рождения, а жизнь обошлась с ним сурово и не выправила его.

Белый Клык знал, почему его бьют. Когда Серый Бобр надел ремень ему на шею и передал привязь Красавчику Смиту, Белый Клык понял, что его бог приказывает ему идти с этим человеком. И когда Красавчик Смит посадил его на привязь в форте, он понял, что тот приказывает ему остаться здесь. Следовательно, он нарушил волю обоих богов и заслужил наказание. Ему приходилось и раньше видеть, как собак, убежавших от нового хозяина, били так же, как били сейчас его. Белый Клык был мудр, но в нем жили силы, перед которыми отступала и сама мудрость. Одной из этих сил была верность. Белый Клык не любил Серого Бобра — и все же хранил верность ему наперекор его воле, его гневу. Он ничего не мог с собой поделать. Таким он был создан. Верность была достоянием породы Белого Клыка, верность отличала его от всех других животных, верность привела волка и дикую собаку к человеку и позволила им стать его товарищами. После избиения Белого Клыка оттащили обратно в форт, и на этот раз Красавчик Смит привязал его по индейскому способу — с палкой. Но отказываться от своего божества нелегко, и Белый Клык испытал это на себе. Серый Бобр был для него богом, и он продолжал цепляться за Серого Бобра против его воли. Серый Бобр предал и отверг Белого Клыка, но это ничего не значило. Недаром же Белый Клык отдался Серому Бобру душой и телом. Узы, связывающие его с хозяином, было не так легко порвать.

И ночью, когда весь форт спал, Белый Клык принялся грызть палку, к которой его привязали. Палка была сухая и твердая и так близко примыкала к шее, что он с трудом, после мучительного напряжения мускулов, дотянулся до нее зубами, а для того, чтобы перегрызть привязь, ему понадобилось несколько часов терпеливейшей работы. До него ни одна собака не делала ничего подобного, но Белый Клык сделал это и рано утром убежал из форта с болтавшимся на шее огрызком палки.

Белый Клык был мудр. И будь он только мудр, он не пришел бы к Серому Бобру, уже два раза предавшему его. Но мудрость сочеталась в нем с верностью — он прибежал домой, и хозяин предал его в третий раз. Снова Белый Клык позволил надеть себе ремень на шею, и снова за ним пришел Красавчик Смит. И на этот раз Белому Клыку досталось еще больше. Серый Бобр безучастно смотрел, как белый человек взмахивает хлыстом. Он не пытался защитить собаку. Она уже не принадлежала ему. Когда избиение кончилось, Белый Клык был чуть жив. Изнеженная южная собака не вынесла бы таких побоев, но Белый Клык вынес. Его закалила суровая жизненная школа. Он был слишком жизнеспособен, и его хватка за жизнь была сильнее, чем у других собак. Но сейчас Белый Клык еле дышал. Он не мог даже шевельнуться. Красавчику Смиту пришлось подождать с полчаса, прежде чем вести его домой. А потом Белый Клык встал пошатываясь и, ничего перед собой не видя, поплелся за Красавчиком Смитом в форт.

На этот раз его посадили на цепь, которую нельзя было перегрызть. Он старался вырвать скобу, вбитую в бревно, но все его усилия были тщетны. Через несколько дней разорившийся Серый Бобр протрезвился и отправился в долгий путь по реке Поркьюпайн на Маккензи. Белый Клык остался в Форт-Юконе и перешел в полную собственность к сумасшедшему, потерявшему человеческий облик существу. Но что знает собака о сумасшествии? Для Белого Клыка Красавчик Смит стал богом — страшным, но все же богом. Это был сумасшедший бог, но Белый Клык не знал, что такое сумасшествие; он знал только, что надо подчиняться воле этого человека и исполнять все его прихоти и капризы.

Глава третья
ЦАРСТВО НЕНАВИСТИ

В руках сумасшедшего бога Белый Клык превратился в дьявола. Устроив в дальнем конце форта загородку, Красавчик Смит посадил Белого Клыка на цепь и принялся дразнить его и доводить до бешенства мелкими, но мучительными нападками. Он очень скоро обнаружил, что Белый Клык не выносит, когда над ним смеются, и обычно заканчивал свои пытки взрывами оглушительного хохота. Издеваясь над Белым Клыком, бог показывал на него пальцем. В эти минуты собака теряла всякую власть над собой и в припадках ярости, обуревавшей ее, казалась более бешеной, чем Красавчик Смит.

До сих пор Белый Клык чувствовал вражду — правда, свирепую вражду — только к существам одной с ним породы. Теперь он стал врагом всего, что видел вокруг себя. Издевательства Красавчика Смита доводили его до такого озлобления, что он слепо и безрассудно ненавидел всех и вся. Он возненавидел свою цепь, людей, глазевших на него сквозь перекладины загородки, приходивших вместе с людьми собак, на злобное рычание которых он ничем не мог ответить. Белый Клык ненавидел даже доски, из которых была сделана его загородка. Но прежде всего и больше всего он ненавидел Красавчика Смита.

Обращаясь так с Белым Клыком, Красавчик Смит преследовал определенную цель. Однажды около загородки собралось несколько человек. Красавчик Смит вошел к Белому Клыку, держа в руке палку, и снял с него цепь. Как только хозяин вышел, Белый Клык заметался по загородке из угла в угол, стараясь добраться до глазевших на него людей. Белый Клык был великолепен в своей ярости. Полных пяти футов в длину и двух с половиной в вышину, он весил девяносто фунтов — гораздо больше любого взрослого волка. Массивный корпус собаки он унаследовал от матери, причем на теле его не было и следов жира. Мускулы, кости, сухожилия — и ни унции лишнего веса, как и подобает бойцу, который находится в прекрасной форме.

Дверь в загородку снова приоткрылась. Белый Клык остановился. Происходило что-то непонятное. Дверь открылась шире. И вдруг к нему втолкнули большую собаку. Дверь тотчас же захлопнулась. Белый Клык никогда не видел такой породы (это был мастиф), но размеры и свирепый вид незнакомца ничуть не смутили его. Он видел перед собой не дерево, не железо, а живое существо, на котором можно было сорвать злобу. Сверкнув клыками, он прыгнул на мастифа и располосовал ему шею. Мастиф замотал головой и с хриплым рычанием ринулся на Белого Клыка. Но Белый Клык скакал из стороны в сторону, ухитряясь увертываться и ускользать от противника, и в то же время успевал рвать его клыками и снова отпрыгивать назад.

Зрители кричали, аплодировали, а Красавчик Смит, дрожа от восторга, не отрывал жадного взгляда от Белого Клыка, расправлявшегося с противником. Грузный, неповоротливый мастиф был обречен с самого начала, и схватка кончилась тем, что Красавчик Смит палкой отогнал Белого Клыка, а мастифа, полумертвого, выволокли наружу. Затем проигравшие уплатили пари, и в руке Красавчика Смита зазвенели деньги.

С этого дня Белый Клык уже с нетерпением ждал той минуты, когда вокруг его загородки снова соберется толпа. Это предвещало драку, а драка стала теперь для него единственным способом проявлять свою сущность. Сидя взаперти, затравленный, обезумевший от ненависти, он находил исход для этой ненависти только тогда, когда хозяин впускал к нему в загородку собаку. Красавчик Смит, видимо, умел рассчитывать силы Белого Клыка, потому что Белый Клык всегда выходил победителем из таких сражений. Однажды к нему впустили одну за другой трех собак. Потом, через несколько дней, — только что пойманного взрослого волка. А в третий раз ему пришлось драться с двумя собаками сразу. Из всех его драк это была самая отчаянная, и хотя он уложил обоих своих противников, но к концу побоища и сам еле дышал.

Осенью, когда выпал первый снег и по реке потянулось сало, Красавчик Смит взял место для себя и для Белого Клыка на пароходе, отправлявшемся вверх по Юкону в Доусон. Слава о Белом Клыке прокатилась повсюду. Он был известен под кличкой Бойцового Волка, и поэтому около его клетки на палубе всегда толпились любопытные. Он рычал и кидался на зрителей или же лежал неподвижно и с холодной ненавистью смотрел на них. Разве эти люди не заслуживали его ненависти? Белый Клык никогда не задавал себе такого вопроса. Он знал только одно это чувство и весь отдавался ему. Жизнь стала для него адом. Как и всякий дикий зверь, попавший в руки к человеку, он не мог сидеть взаперти. А ему приходилось терпеть неволю.

Зеваки глазели на Белого Клыка, совали палки сквозь решетку; он рычал, а они смеялись над ним. Эти люди будили в нем такую ярость, какой не предполагала наделить его и сама природа. Однако природа дала ему способность приспосабливаться. Там, где другое животное погибло бы или смирилось, Белый Клык применялся к обстоятельствам и продолжал жить, не ломая своего упорства. Возможно, дьяволу в образе Красавчика Смита в конце концов и удалось бы сломить Белого Клыка, но пока что все его старания были тщетны.

Если в Красавчике Смите сидел дьявол, то и Белый Клык не уступал ему в этом, и оба дьявола вели нескончаемую войну друг против друга. Прежде у Белого Клыка хватало благоразумия на то, чтобы покориться человеку, который держит палку в руке; теперь же это благоразумие его оставило. Ему достаточно было увидеть Красавчика Смита, чтобы прийти в бешенство. И когда они сталкивались и палка загоняла Белого Клыка в угол клетки, он и тогда не переставал рычать и скалить зубы. Унять его было невозможно. Красавчик Смит мог бить Белого Клыка как угодно и сколько угодно — тот не сдавался. Лишь только хозяин прекращал избиение и уходил, вслед ему слышался вызывающий рев или же Белый Клык кидался на прутья клетки и выл от бушевавшей в нем ненависти.

Когда пароход прибыл в Доусон, Белого Клыка свели на берег. Но и в Доусоне он жил по-прежнему на виду у всех, в клетке, постоянно окруженный зеваками. Красавчик Смит выставил напоказ своего Бойцового Волка, и люди платили по пятидесяти центов золотым песком, чтобы поглядеть на него. У Белого Клыка не было ни минуты покоя. Если он спал, его будили, поднимали с места палкой. Зрители хотели получить полное удовольствие за свои деньги. А для того чтобы сделать зрелище еще более занимательным, Белого Клыка постоянно держали в состоянии бешенства.

Но хуже всего была та атмосфера, в которой он жил. На него смотрели как на страшного, дикого зверя, и это отношение людей проникало к Белому Клыку сквозь прутья клетки. Каждое их слово, каждое движение убеждало его в том, насколько страшна людям его ярость. Это лишь подливало масла в огонь, и свирепость Белого Клыка росла с каждым днем. Вот еще одно доказательство податливости материала, из которого он был сделан, — доказательство его способности применяться к окружающей среде.

Красавчик Смит не только выставил Белого Клыка напоказ, он сделал из него профессионального бойца. Когда являлась возможность устроить бой, Белого Клыка выводили из клетки и вели в лес, за несколько миль от города. Обычно это делалось ночью, чтобы избежать столкновения с местной конной полицией. Через несколько часов, на рассвете, появлялись зрители и собака, с которой ему предстояло драться. Белому Клыку приходилось встречать противников всех пород и всех размеров. Он жил в дикой стране, и люди здесь были дикие, а собачьи бои обычно кончались смертью одного из участников.

Но Белый Клык продолжал сражаться, и, следовательно, погибали его противники. Он не знал поражений. Боевая закалка, полученная с детства, когда Белому Клыку приходилось сражаться с Лип-Липом и со всей стаей молодых собак, сослужила ему хорошую службу. Белого Клыка спасала твердость, с которой он держался на ногах. Ни одному противнику не удавалось повалить его. Собаки, в которых еще сохранилась кровь их далеких предков — волков, пускали в ход свой излюбленный боевой прием: кидались на противника прямо или неожиданным броском сбоку, рассчитывая ударить его в плечо и опрокинуть навзничь. Гончие, лайки, овчарки, ньюфаундленды — все испробовали на Белом Клыке этот прием и ничего не добились. Не было случая, чтобы Белый Клык потерял равновесие. Люди рассказывали об этом друг другу и каждый раз надеялись, что его собьют с ног, но он неизменно разочаровывал их.

Белому Клыку помогала его молниеносная быстрота. Она давала ему громадный перевес над противниками. Даже самые опытные из них еще не встречали такого увертливого бойца. Приходилось считаться и с неожиданностью его нападения. Все собаки обычно выполняют перед дракой определенный ритуал — скалят зубы, ощетиниваются, рычат, и все собаки, которым приходилось драться с Белым Клыком, бывали сбиты с ног и прикончены прежде, чем вступали в драку или приходили в себя от неожиданности. Это случалось так часто, что Белого Клыка стали придерживать, чтобы дать его противнику возможность выполнить положенный ритуал и даже первым броситься в драку.

Но самое большое преимущество в боях давал Белому Клыку его опыт. Белый Клык понимал толк в драках, как ни один его противник. Он дрался чаще их всех, умел отразить любое нападение, а его собственные боевые приемы были гораздо разнообразнее и вряд ли нуждались в улучшении.

Время шло, и драться приходилось все реже и реже. Любители собачьих боев уже потеряли надежду подыскать Белому Клыку достойного соперника, и Красавчику Смиту не оставалось ничего другого, как выставлять его против волков. Индейцы ловили их капканами специально для этой цели, и бой Белого Клыка с волком неизменно привлекал толпы зрителей. Однажды удалось раздобыть где-то взрослую самку-рысь, и на этот раз Белому Клыку пришлось отставивать в бою свою жизнь. Рысь не уступала ему ни в быстроте движений, ни в ярости и пускала в ход и зубы, и острые когти, тогда как Белый Клык действовал только зубами.

Но после схватки с рысью бои прекратились. Белому Клыку уже не с кем было драться — никто не мог выпустить на него достойного противника. И он просидел в клетке до весны, а весной в Доусон приехал некто Тим Кинен, по профессии картежный игрок. Кинен привез с собой бульдога — первого бульдога, появившегося на Клондайке. Встреча Белого Клыка с этой собакой была неизбежна, и для некоторых обитателей города предстоявшая схватка между ними целую неделю служила главной темой разговоров.

Глава четвертая
ЦЕПКАЯ СМЕРТЬ

Красавчик Смит снял с него цепь и отступил назад.

И впервые Белый Клык кинулся в бой не сразу. Он стоял как вкопанный, навострив уши, и с любопытством всматривался в странное существо, представшее перед ним. Он никогда не видел такой собаки.

Тим Кинен подтолкнул бульдога вперед и сказал:

— Взять его!

Приземистый, неуклюжий пес проковылял на середину круга и, моргая, остановился против Белого Клыка.

Из толпы закричали:

— Взять его, Чероки! Всыпь ему как следует! Взять, взять его!

Но Чероки, видимо, не имел ни малейшей охоты драться. Он повернул голову, посмотрел на кричавших людей и добродушно завилял обрубком хвоста. Чероки не боялся Белого Клыка, просто ему было лень начинать драку. Кроме того, он не был уверен, что с собакой, стоявшей перед ним, надо вступать в бой. Чероки не привык встречать таких противников и ждал, когда к нему приведут настоящего бойца.

Тим Кинен вошел в круг и, нагнувшись над бульдогом, стал поглаживать его против шерсти и легонько подталкивать вперед. Эти движения должны были подзадорить Чероки. И они не только подзадорили, но и разозлили его. Послышалось низкое, приглушенное рычание. Движения рук человека точно совпадали с рычанием собаки. Когда руки подталкивали Чероки вперед, он начинал рычать, потом умолкал, но на следующее прикосновение отвечал тем же. Каждое движение рук, поглаживавших Чероки против шерсти, заканчивалось легким толчком, и так же, словно толчком, из горла у него вырывалось рычание.

Белый Клык не мог оставаться равнодушным ко всему этому. Шерсть на загривке и на спине поднялась у него дыбом. Тим Кинен подтолкнул Чероки в последний раз и отступил назад. Пробежав по инерции несколько шагов вперед, бульдог не остановился и, быстро перебирая своими кривыми лапами, выскочил на середину круга. В эту минуту Белый Клык кинулся на него. Зрители восхищенно вскрикнули. Белый Клык с легкостью кошки в один прыжок покрыл все расстояние между собой и противником, с тем же кошачьим проворством рванул его зубами и отскочил в сторону.

На толстой шее бульдога, около самого уха, показалась кровь. Словно не заметив этого, даже не зарычав, Чероки повернулся и побежал за Белым Клыком. Подвижность Белого Клыка и упорство Чероки разожгли страсти толпы. Зрители заключали новые пари, увеличивали ставки. Белый Клык прыгнул на бульдога еще и еще раз, рванул его зубами и отскочил в сторону невредимым, а этот необычный противник продолжал спокойно и как бы деловито бегать за ним, не торопясь, но и не замедляя хода. В поведении Чероки чувствовалась какая-то определенная цель, от которой его ничто не могло отвлечь.

Все его движения, все повадки были проникнуты этой целью. Он сбивал Белого Клыка с толку. Никогда в жизни не встречалась ему такая собака. Шерсть у нее была совсем короткая, кровь показывалась на ее мягком теле от малейшей царапины. И где пушистый мех, который так мешает в драках? Зубы Белого Клыка без всякого труда впивались в податливое тело бульдога, который, судя по всему, совсем не умел защищаться. И почему он не визжит, не лает, как делают все собаки в таких случаях? Если не считать глухого рычания, бульдог терпел укусы молча и ни на минуту не прекращал погони за противником.

Чероки нельзя было упрекнуть в неповоротливости. Он вертелся и сновал из стороны в сторону, но Белый Клык все-таки ускользал от него. Чероки тоже был сбит с толку. Ему еще ни разу не приходилось драться с собакой, которая не подпускала бы его к себе. Желание сцепиться друг с другом до сих пор всегда было обоюдным. Но эта собака все время держалась на расстоянии, прыгала взад и вперед и увертывалась от него. И, даже рванув Чероки зубами, она сейчас же разжимала челюсти и отскакивала прочь.

А Белый Клык никак не мог добраться до горла своего противника. Бульдог был слишком мал ростом; кроме того, выдававшаяся вперед челюсть служила ему хорошей защитой. Белый Клык бросался на него и отскакивал в сторону, ухитряясь не получить ни одной царапины, а количество ран на теле Чероки все росло и росло. Голова и шея у него были располосованы с обеих сторон, из ран хлестала кровь, но Чероки не проявлял ни малейших признаков беспокойства. Он все так же упорно, так же добросовестно гонялся за Белым Клыком и за все это время остановился всего лишь раз, чтобы недоуменно посмотреть на людей и помахать обрубком хвоста в знак своей готовности продолжать драку.

В эту минуту Белый Клык налетел на Чероки и, рванув его за ухо, и без того изодранное в клочья, отскочил в сторону. Начиная сердиться, Чероки снова пустился в погоню, бегая внутри круга, который описывал Белый Клык, и стараясь вцепиться мертвой хваткой ему в горло. Бульдог промахнулся на самую малость, и Белый Клык, вызвав громкое одобрение толпы, спас себя только тем, что сделал неожиданный прыжок в противоположную сторону.

Время шло. Белый Клык плясал и вертелся около Чероки, то и дело кусая его и сейчас же отскакивая прочь. А бульдог с мрачной настойчивостью продолжал бегать за ним. Рано или поздно, а он добьется своего и, схватив Белого Клыка за горло, решит исход боя. Пока же ему не оставалось ничего другого, как терпеливо переносить все нападения противника. Его короткие уши повисли бахромой, шея и плечи покрылись множеством ран, и даже губы у него были разодраны и залиты кровью — и все это наделали молниеносные укусы Белого Клыка, которых нельзя было ни предвидеть, ни избежать.

Много раз Белый Клык пытался сбить Чероки с ног, но разница в росте была слишком велика между ними. Чероки был коренастый, приземистый. И на этот раз счастье изменило Белому Клыку. Прыгая и вертясь юлой около Чероки, он улучил минуту, когда противник, не успев сделать крутой поворот, отвел голову в сторону и оставил плечо незащищенным. Белый Клык кинулся вперед, но его собственное плечо пришлось гораздо выше плеча противника, он не смог удержаться и со всего размаху перелетел через его спину. И впервые за всю боевую карьеру Белого Клыка люди стали свидетелями того, как Бойцовый Волк не сумел устоять на ногах. Он извернулся в воздухе, как кошка, и только это помешало ему упасть навзничь. Он грохнулся на бок и в следующее же мгновение опять стоял на ногах, но зубы Чероки уже впились ему в горло.

Хватка была не совсем удачная, она пришлась слишком низко, ближе к груди, но Чероки не разжимал челюстей. Белый Клык заметался из стороны в сторону, пытаясь стряхнуть с себя бульдога. Эта волочившаяся за ним тяжесть доводила его до бешенства. Она связывала его движения, лишала его свободы, как будто он попал в капкан. Его инстинкт восставал против этого. Он не помнил себя. Жажда жизни овладела им. Его тело властно требовало свободы. Мозг, разум не участвовали в этой борьбе, отступив перед слепой тягой к жизни, к движению — прежде всего к движению, ибо в нем и проявляется жизнь.

Не останавливаясь ни на секунду, Белый Клык кружился, прыгал вперед, назад, силясь стряхнуть пятидесятифунтовый груз, повисший у него на шее. А бульдогу было важно только одно: не разжимать челюстей. Изредка, когда ему удавалось на одно мгновение коснуться лапами земли, он пытался сопротивляться Белому Клыку и тут же описывал круг в воздухе, повинуясь каждому движению обезумевшего противника. Чероки поступал так, как велел ему инстинкт. Он знал, что поступает правильно, что разжимать челюсти нельзя, и по временам вздрагивал от удовольствия. В такие минуты он даже закрывал глаза и, не считаясь с болью, позволял Белому Клыку крутить себя то вправо, то влево. Все это не имело значения. Сейчас Чероки важно было одно: не разжимать зубов, и он не разжимал их.

Белый Клык перестал метаться, только окончательно выбившись из сил. Он уже ничего не мог сделать, ничего не мог понять. Ни разу за всю его жизнь ему не приходилось испытывать ничего подобного. Собаки, с которыми он дрался раньше, вели себя совершенно по-другому. С ними надо было действовать так: вцепился, рванул зубами, отскочил, вцепился, рванул зубами, отскочил. Тяжело дыша, Белый Клык полулежал на земле. Не разжимая зубов, Чероки налегал на него всем телом, пытаясь повалить навзничь. Белый Клык сопротивлялся и чувствовал, как челюсти бульдога, словно жуя его шкуру, передвигаются все выше и выше. С каждой минутой они приближались к горлу. Бульдог действовал расчетливо: стараясь не упустить захваченного, он пользовался малейшей возможностью захватить больше. Такая возможность предоставлялась ему, когда Белый Клык лежал спокойно, но, лишь только тот начинал рваться, бульдог сразу сжимал челюсти.

Белый Клык мог дотянуться только до загривка Чероки. Он запустил ему зубы повыше плеча, но перебирать ими, как бы жуя шкуру, не смог — этот способ был незнаком ему, да и челюсти его не были приспособлены для такой хватки. Он судорожно рвал Чероки зубами и вдруг почувствовал, что положение их изменилось. Чероки опрокинул его на спину и, все еще не разжимая челюстей, ухитрился встать над ним. Белый Клык согнул задние лапы и, как кошка, начал рвать когтями своего врага. Чероки рисковал остаться с распоротым брюхом и спасся только тем, что прыгнул в сторону, под прямым углом к Белому Клыку.

Высвободиться из его хватки было немыслимо. Она сковывала с неумолимостью судьбы. Зубы Чероки медленно передвигались вверх, вдоль вены. Белого Клыка оберегали от смерти только широкие складки кожи и густой мех на шее. Чероки забил себе всю пасть его шкурой, но это не мешало ему пользоваться малейшей возможностью, чтобы захватить ее еще больше. Он душил Белого Клыка, и дышать тому с каждой минутой становилось все труднее и труднее.

Борьба, по-видимому, приближалась к концу. Те, кто ставил на Чероки, были вне себя от восторга и предлагали чудовищные пари. Сторонники Белого Клыка приуныли и отказывались поставить десять против одного и двадцать против одного. Но нашелся один человек, который рискнул принять пари в пятьдесят против одного. Это был Красавчик Смит. Он вошел в круг и, показав на Белого Клыка пальцем, стал презрительно смеяться над ним. Это возымело свое действие. Белый Клык обезумел от ярости. Он собрал последние силы и поднялся на ноги. Но стоило ему заметаться по кругу с пятидесятифунтовым грузом, повисшим у него на шее, как эта ярость уступила место ужасу. Жажда жизни снова овладела им, и разум в нем погас, подчиняясь велениям тела. Он бегал по кругу, спотыкаясь, падая и снова поднимаясь, взвивался на дыбы, вскидывал своего врага вверх, и все-таки все его попытки стряхнуть с себя цепкую смерть были тщетны.

Наконец Белый Клык опрокинулся навзничь, и бульдог сразу же перехватил зубами еще выше и, забирая его шкуру пастью, почти не давал ему перевести дух. Гром аплодисментов приветствовал победителя, из толпы кричали: «Чероки! Чероки!» Бульдог рьяно завилял обрубком хвоста. Но аплодисменты не помешали ему. Хвост и массивные челюсти действовали совершенно независимо друг от друга.

Хвост ходил из стороны в сторону, а челюсти все сильнее и сильнее сдавливали Белому Клыку горло.

И тут зрители отвлеклись от этой забавы. Вдали послышались крики погонщиков собак, звон колокольчиков. Все, кроме Красавчика Смита, насторожились, решив, что нагрянула полиция. Но на дороге вскоре показались двое мужчин, бежавших рядом с нартами. Они направлялись не из города, а в город, возвращаясь, по всей вероятности, из какой-нибудь разведочной экспедиции. Увидев собравшуюся толпу, незнакомцы остановили собак и подошли узнать, что тут происходит.

Один из них был высокий молодой человек; его гладко выбритое лицо раскраснелось от быстрого движения на морозе. Другой, погонщик, был ниже ростом и с усами.

Белый Клык прекратил борьбу. Время от времени он начинал судорожно биться, но теперь всякое сопротивление было бесцельно. Безжалостные челюсти бульдога все сильнее сдавливали ему горло, воздуху не хватало, дыхание его становилось все прерывистее. Чероки давно прокусил бы ему вену, если бы его зубы с самого начала не пришлись так близко к груди. Он перехватывал ими все выше, подбираясь к горлу, но на это уходило много времени, к тому же пасть его была вся забита толстыми складками шкуры Белого Клыка.

Тем временем зверская жестокость Красавчика Смита вытеснила в нем последние остатки разума. Увидев, что глаза Белого Клыка уже заволакивает пеленой, он понял, что бой проигран. Словно сорвавшись с цепи, он бросился к Белому Клыку и начал яростно бить его ногами. Зрители закричали, послышался свист, но тем дело и ограничилось. Не обращая внимания на эти протесты, Красавчик Смит продолжал бить Белого Клыка. Но вдруг в толпе произошло какое-то движение: высокий молодой человек пробирался вперед, бесцеремонно расталкивая всех направо и налево. Он вошел в круг как раз в ту минуту, когда Красавчик Смит заносил правую ногу для очередного удара; перенеся всю тяжесть на левую, он находился в состоянии неустойчивого равновесия. В это мгновение молодой человек с сокрушительной силой ударил его кулаком по лицу. Красавчик Смит не удержался и, подскочив в воздухе, рухнул на снег.

Молодой человек повернулся к толпе.

— Трусы! — закричал он. — Мерзавцы!

Он не помнил себя от гнева, того гнева, которым загорается только здравомыслящий человек. Его серые глаза сверкали стальным блеском. Красавчик Смит встал и боязливо двинулся к нему. Незнакомец не понял его намерения. Не подозревая, что перед ним отчаянный трус, он решил, что Красавчик Смит хочет драться, и, крикнув: «Мерзавец!» — вторично опрокинул его навзничь. Красавчик Смит сообразил, что лежать на снегу безопаснее, и уже не делал больше попыток подняться на ноги.

— Мэт, помогите-ка мне! — сказал незнакомец погонщику, который вместе с ним вошел в круг.

Оба они нагнулись над собаками. Мэт приготовился оттащить Белого Клыка в сторону, как только Чероки ослабит свою мертвую хватку. Молодой человек стал разжимать зубы бульдогу. Но все его усилия были напрасны. Стараясь разомкнуть ему челюсти, он не переставал повторять вполголоса: «Мерзавцы!»

Зрители заволновались, и кое-кто уже начинал протестовать против такого непрошеного вмешательства. Но стоило незнакомцу поднять голову и посмотреть на толпу, как протестующие голоса смолкли.

— Мерзавцы вы этакие! — крикнул он снова и принялся за дело.

— Нечего и стараться, мистер Скотт. Так мы их никогда не растащим, — сказал наконец Мэт.

Они выпрямились и осмотрели сцепившихся собак.

— Крови вышло не много, — сказал Мэт, — до горла еще не успел добраться.

— Того и гляди доберется, — ответил Скотт. — Видали? Еще выше перехватил.

Волнение молодого человека и его страх за участь Белого Клыка росли с каждой минутой. Он ударил Чероки по голове — раз, другой. Но это не помогло. Чероки завилял обрубком хвоста в знак того, что, прекрасно понимая смысл этих ударов, он все же исполнит свой долг до конца и не разожмет челюстей.

— Помогите кто-нибудь! — крикнул Скотт, в отчаянии обращаясь к толпе.

Но ни один человек не двинулся с места. Зрители начинали подтрунивать над ним и засыпали его целым градом язвительных советов.

— Всуньте ему что-нибудь в пасть, — посоветовал Мэт.

Скотт схватился за кобуру, висевшую у него на поясе, вынул револьвер и попробовал просунуть дуло между сжатыми челюстями бульдога. Он старался изо всех сил, слышно было, как сталь скрипит о стиснутые зубы Чероки. Они с погонщиком стояли на коленях, нагнувшись над собаками.

Тим Кинен шагнул в круг. Подойдя к Скотту, он тронул его за плечо и проговорил угрожающим тоном:

— Не сломайте ему зубов, незнакомец.

— Не зубы, так шею сломаю, — ответил Скотт, продолжая всовывать револьверное дуло в пасть Чероки.

— Говорю вам, не сломайте зубов! — еще настойчивее повторил Тим Кинен.

Но если он рассчитывал запугать Скотта, это ему не удалось.

Продолжая орудовать револьвером, Скотт поднял голову и хладнокровно спросил:

— Ваша собака?

Тим Кинен буркнул что-то себе под нос.

— Тогда разожмите ей зубы.

— Вот что, друг любезный, — со злобой заговорил Тим, — это не так просто, как вам кажется. Я не знаю, что тут делать.

— Тогда убирайтесь, — последовал ответ, — и не мешайте мне. Видите, я занят.

Тим Кинен не уходил, но Скотт уже не обращал на него никакого внимания. Он кое-как втиснул бульдогу дуло между зубами и теперь старался просунуть его дальше, чтобы оно вышло с другой стороны.

Добившись этого, Скотт начал осторожно, потихоньку разжимать бульдогу челюсти, а Мэт тем временем освобождал из его пасти складки шкуры Белого Клыка.

— Держите свою собаку! — скомандовал Скотт Тиму.

Хозяин Чероки послушно нагнулся и обеими руками схватил бульдога.

— Ну! — крикнул Скотт, сделав последнее усилие. Собак растащили в разные стороны. Бульдог отчаянно сопротивлялся.

— Уведите его, — приказал Скотт, и Тим Кинен увел Чероки в толпу.

Белый Клык попытался встать — раз-другой. Но ослабевшие ноги подогнулись под ним, и он медленно повалился на снег. Его полузакрытые глаза потускнели, нижняя челюсть отвисла, язык вывалился наружу... Задушенная собака. Мэт осмотрел его.

— Чуть жив, — сказал он, — но дышит все-таки.

Красавчик Смит встал и подошел взглянуть на Белого Клыка.

— Мэт, сколько стоит хорошая ездовая собака? — спросил Скотт.

Погонщик подумал с минуту и ответил, не поднимаясь с колен:

— Триста долларов.

— Ну а такая, на которой живого места не осталось? — И Скотт ткнул Белого Клыка ногой.

— Половину, — решил погонщик.

Скотт повернулся к Красавчику Смиту.

— Слышали вы, зверь? Я беру у вас собаку и плачу за нее полтораста долларов.

Он открыл бумажник и отсчитал эту сумму. Красавчик Смит заложил руки за спину, отказываясь взять протянутые ему деньги.

— Не продаю, — сказал он.

— Нет, продаете, — заявил Скотт, — потому что я покупаю. Получите деньги. Собака моя.

Все еще держа руки за спиной, Красавчик Смит попятился назад. Скотт шагнул к нему и замахнулся кулаком.

Красавчик Смит втянул голову в плечи.

— Собака моя... — начал было он.

— Вы потеряли все права на эту собаку, — перебил Скотт. — Возьмете деньги или мне ударить вас еще раз?

— Хорошо-хорошо, — испуганно забормотал Красавчик Смит. — Но вы меня принуждаете. Этой собаке цены нет. Я не позволю себя грабить. У каждого человека есть свои права.

— Верно, — ответил Скотт, передавая ему деньги. — У всякого человека есть свои права. Но вы не человек, а зверь.

— Дайте мне только вернуться в Доусон, — пригрозил ему Красавчик Смит, — там я найду на вас управу.

— Посмейте только рот открыть, я вас живо из Доусона выпровожу! Поняли?

Красавчик Смит пробормотал что-то невнятное.

— Поняли? — крикнул Скотт, рассвирепев.

— Да, — буркнул Красавчик Смит, попятившись от него.

— Как?

— Да, сэр, — рявкнул Красавчик Смит.

— Осторожнее! Он кусается! — крикнул кто-то, и в толпе захохотали.

Скотт повернулся к Красавчику Смиту спиной и подошел к погонщику, который все еще возился с Белым Клыком.

Кое-кто из зрителей уже уходил, другие собирались кучками, поглядывая на Скотта и переговариваясь между собой.

К одной из этих групп подошел Тим Кинен.

— Что это за птица? — спросил он.

— Уидон Скотт, — ответил кто-то.

— Какой такой Уидон Скотт?

— Да инженер с приисков. Он среди здешних заправил свой человек. Если не хочешь нажить неприятностей, держись от него подальше. Ему сам начальник приисков друг-приятель.

— Я сразу понял, что это важная персона, — сказал Тим Кинен. — Нет, думаю, с таким лучше не связываться.

Глава пятая
НЕУКРОТИМЫЙ

— Нет! Ничего тут не поделаешь! — безнадежным тоном сказал Уидон Скотт.

Он опустился на ступеньку и посмотрел на погонщика, который так же безнадежно пожал плечами.

Оба перевели взгляд на Белого Клыка. Весь ощетинившись и злобно рыча, он рвался с цепи, стараясь добраться до собак, выпряженных из нарт. Собаки же, получив изрядное количество наставлений от Мэта — наставлений, подкрепленных палкой, — понимали, что с Белым Клыком лучше не связываться.

Сейчас они лежали в сторонке и, казалось, совершенно забыли о его существовании.

— Да-а, он волк, а волка не приручишь, — сказал Уидон Скотт.

— Кто его знает? — возразил Мэт. — Может, в нем от собаки больше, чем от волка. Но в чем я уверен, с того меня уж не собьешь.

Погонщик замолчал и с таинственным видом кивнул в сторону Лосиной горы.

— Ну, не заставляйте себя просить, — резко проговорил Скотт, так и не дождавшись продолжения. — Выкладывайте, в чем дело.

Погонщик ткнул большим пальцем через плечо, показывая на Белого Клыка.

— Волк он или собака — это не важно, а только его пробовали приручить.

— Быть того не может!

— Я вам говорю — пробовали. Он и в упряжке ходил. Вы посмотрите поближе. У него стертые места на груди.

— Правильно, Мэт! До того как попасть к Красавчику Смиту, он ходил в упряжке.

— А почему бы ему не походить в упряжке и у нас?

— А в самом деле? — воскликнул Скотт.

Но появившаяся было надежда сейчас же угасла, и он сказал, покачивая головой:

— Мы его держим уже две недели, а он, кажется, еще злее стал.

— Давайте спустим его с цепи — посмотрим, что получится, — предложил Мэт.

Скотт недоверчиво взглянул на него.

— Да-да! — продолжал Мэт. — Я знаю, что вы это уже пробовали, так попробуйте еще раз, только не забудьте взять палку.

— Хорошо, но теперь я поручу это вам.

Погонщик вооружился палкой и подошел к сидевшему на привязи Белому Клыку. Тот следил за палкой, как лев следит за бичом укротителя.

— Смотрите, как на палку уставился, — сказал Мэт. — Это хороший признак. Значит, пес не так уж глуп. Не посмеет броситься на меня, пока я с палкой. Не бешеный же он, в конце концов.

Как только рука человека приблизилась к шее Белого Клыка, он ощетинился и с рычанием припал к земле. Не спуская глаз с руки Мэта, он в то же время следил за палкой, занесенной над его головой. Мэт быстро отстегнул цепь с ошейника и шагнул назад.

Белому Клыку не верилось, что он очутился на свободе. Многие месяцы прошли с тех пор, как им завладел Красавчик Смит, и за все это время его спускали с цепи только для драк с собаками, а потом опять сажали на привязь.

Что ему было делать со своей свободой? А вдруг боги снова замыслили какую-нибудь дьявольскую штуку?

Белый Клык сделал несколько медленных, осторожных шагов, каждую минуту ожидая нападения. Он не знал, как вести себя, настолько непривычна была эта свобода. На всякий случай лучше держаться подальше от наблюдающих за ним богов и отойти за угол хижины. Так он и сделал, и все обошлось благополучно.

Озадаченный этим, Белый Клык вернулся обратно и, остановившись футах в десяти от людей, настороженно уставился на них.

— А не убежит? — спросил новый хозяин.

Мэт пожал плечами.

— Рискнем! Риск — благородное дело.

— Бедняга! Больше всего он нуждается в человеческой ласке, — с жалостью пробормотал Скотт и вошел в хижину.

Он вынес оттуда кусок мяса и швырнул его Белому Клыку. Тот отскочил в сторону и стал недоверчиво разглядывать кусок издали.

— Назад, Майор! — крикнул Мэт, но было уже поздно.

Майор кинулся к мясу, и в ту минуту, когда кусок уже был у него в зубах, Белый Клык налетел и сбил его с ног. Мэт бросился к ним, но Белый Клык сделал свое дело быстро. Майор с трудом привстал, и кровь, хлынувшая у него из горла, красной лужей расползлась по снегу.

— Жалко Майора, но поделом ему, — поспешно сказал Скотт.

Но Мэт уже занес ногу, чтобы ударить Белого Клыка. Быстро один за другим последовали прыжок, лязг зубов и громкий крик боли.

Свирепо рыча, Белый Клык отполз назад, а Мэт нагнулся и стал осматривать свою прокушенную ногу.

— Цапнул все-таки, — сказал он, показывая на разорванную штанину и нижнее белье, на котором расплывался кровавый круг.

— Я же говорил вам, что это безнадежно, — упавшим голосом проговорил Скотт. — Я об этой собаке много думал, не выходит она у меня из головы. Ну что ж, ничего другого не остается.

С этими словами он нехотя вынул из кармана револьвер и, осмотрев барабан, убедился, что пули в нем есть.

— Послушайте, мистер Скотт, — взмолился Мэт, — чего только этой собаке не пришлось испытать! Нельзя же требовать, чтобы она сразу превратилась в ангелочка. Дайте ей срок.

— Полюбуйтесь на Майора, — ответил Скотт.

Погонщик взглянул на искалеченную собаку. Она валялась на снегу в луже крови и была, по-видимому, при последнем издыхании.

— Поделом ему. Вы же сами так сказали, мистер Скотт. Позарился на чужой кусок — значит, спета его песенка. Этого следовало ожидать. Я и гроша ломаного не дам за собаку, которая отдаст свой корм без боя.

— Ну а вы сами, Мэт? Собаки собаками, но всему должна быть мера.

— И мне поделом, — не сдавался Мэт. — За что, спрашивается, я его ударил? Вы же сами сказали, что он прав. Значит, не за что было его бить.

— Мы сделаем доброе дело, застрелив эту собаку, — настаивал Скотт. — Нам ее не приручить!

— Послушайте, мистер Скотт. Дадим ему, бедняге, показать себя. Ведь он черт знает что вытерпел, прежде чем попасть к нам. Давайте попробуем. А если он не оправдает нашего доверия, я его сам застрелю.

— Да мне вовсе не хочется его убивать, — ответил Скотт, пряча револьвер. — Пусть побегает на свободе, и посмотрим, чего от него можно добиться добром. Вот я сейчас попробую.

Он подошел к Белому Клыку и заговорил с ним мягким, успокаивающим голосом.

— Возьмите палку на всякий случай! — предостерег его Мэт.

Скотт отрицательно покачал головой и продолжал говорить, стараясь завоевать доверие Белого Клыка.

Белый Клык насторожился. Ему грозила опасность. Он загрыз собаку этого бога, укусил его товарища. Чего же теперь ждать, кроме сурового наказания? И все-таки он не смирился. Шерсть на нем встала дыбом, все тело напряглось, он оскалил зубы и зорко следил за человеком, приготовившись ко всякой неожиданности. В руках у Скотта не было палки, и Белый Клык подпустил его к себе совсем близко. Рука бога стала опускаться над его головой. Белый Клык съежился и припал к земле. Вот где таится опасность и предательство! Руки богов, с их непререкаемой властью и коварством, были ему хорошо известны. Кроме того, он по-прежнему не выносил прикосновения к своему телу. Он зарычал еще злее и пригнулся к земле еще ниже, а рука все продолжала опускаться. Он не хотел кусать эту руку и терпеливо переносил опасность, которой она грозила, до тех пор, пока мог бороться с инстинктом — с ненасытной жаждой жизни.

Уидон Скотт был уверен, что всегда успеет вовремя отдернуть руку. Но тут ему довелось испытать на себе, как Белый Клык умеет разить с меткостью и стремительностью змеи, развернувшей свои кольца.

Скотт вскрикнул от неожиданности и схватил прокушенную правую руку левой рукой. Мэт громко выругался и подскочил к нему. Белый Клык отполз назад, весь ощетинившись, скаля зубы и угрожающе поглядывая на людей. Теперь уж, наверное, его ждут побои не менее страшные, чем те, которые приходилось выносить от Красавчика Смита.

— Что вы делаете? — вдруг крикнул Скотт.

А Мэт уже успел сбегать в хижину и появился на пороге с ружьем в руках.

— Ничего особенного, — медленно, с напускным спокойствием проговорил он. — Хочу сдержать свое обещание. Сказал, что застрелю собаку, значит, застрелю.

— Нет, не застрелите.

— Нет, застрелю! Вот смотрите.

Теперь настала очередь Уидона Скотта вступиться за Белого Клыка, как вступился за него несколько минут назад укушенный Мэт.

— Вы сами предлагали испытать его, так испытайте! Мы же только начали, нельзя сразу бросать дело. Я сам виноват. И... посмотрите-ка на него!

Глядя на них из-за угла хижины, Белый Клык рычал с такой яростью, что кровь стыла в жилах, но ярость его вызывал не Скотт, а погонщик.

— Ну что ты скажешь! — воскликнул Мэт.

— Видите, какой он понятливый! — торопливо продолжал Скотт. — Он не хуже нас с вами знает, что такое огнестрельное оружие. С такой умной собакой стоит повозиться. Оставьте ружье.

— Ладно. Давайте попробуем. — И Мэт прислонил ружье к штабелю дров. — Да нет! Вы только полюбуйтесь на него! — воскликнул он в ту же минуту.

Белый Клык успокоился и перестал ворчать.

— Попробуйте еще раз. Следите за ним.

Мэт взял ружье — и Белый Клык снова зарычал. Мэт отошел от ружья — Белый Клык спрятал зубы.

— Ну, еще раз. Это просто интересно!

Мэт взял ружье и стал медленно поднимать его к плечу. Белый Клык сразу же зарычал, и рычание его становилось все громче и громче по мере того, как ружье поднималось кверху. Но не успел Мэт навести на него дуло, как он отпрыгнул в сторону и скрылся за углом хижины. На прицеле у Мэта был белый снег, а место, где только что стояла собака, опустело.

Погонщик медленно отставил ружье, повернулся и посмотрел на своего хозяина.

— Правильно, мистер Скотт. Пес слишком умен. Жалко его убивать.

Глава шестая

НОВАЯ НАУКА

Увидев приближавшегося Уидона Скотта, Белый Клык ощетинился и зарычал, давая этим понять, что не потерпит расправы над собой. С тех пор как он прокусил Скотту руку, которая была теперь забинтована и висела на перевязи, прошли сутки. Белый Клык помнил, что боги иногда откладывают наказание, и сейчас ждал расплаты за свой проступок. Иначе не могло и быть. Он совершил святотатство: впился зубами в священное тело бога, притом белокожего бога. По опыту, который остался у него от общения с богами, Белый Клык знал, какое суровое наказание грозит ему.

Бог сел в нескольких шагах от него. В этом еще не было ничего страшного — обычно они наказывают стоя. Кроме того, у этого бога не было ни палки, ни хлыста, ни ружья, да и сам Белый Клык находился на свободе. Ничто его не удерживало — ни цепь, ни ремень с палкой, и он мог спастись бегством, прежде чем бог успеет встать на ноги. А пока что надо подождать и посмотреть, что будет дальше.

Бог сидел совершенно спокойно, не делая попыток встать с места, и злобный рев Белого Клыка постепенно перешел в глухое ворчание, а потом и ворчание смолкло. Тогда бог заговорил, и при первых же звуках его голоса шерсть на загривке у Белого Клыка поднялась дыбом, в горле снова заклокотало. Но бог продолжал говорить все так же спокойно, не делая никаких резких движений. Белый Клык рычал в унисон с его голосом, и между словами и рычанием установился согласный ритм. Но речь человека лилась без конца. Он говорил так, как еще никто никогда не говорил с Белым Клыком. В мягких, успокаивающих словах слышалась нежность, и эта нежность находила какой-то отклик в Белом Клыке. Невольно, вопреки всем предостережениям инстинкта, он почувствовал доверие к своему новому богу. В нем родилась уверенность в собственной безопасности — в том, в чем ему столько раз приходилось разубеждаться при общении с людьми.

Бог говорил долго, а потом встал и ушел. Когда же он снова появился на пороге хижины, Белый Клык подозрительно осмотрел его. В руках у него не было ни хлыста, ни палки, ни оружия. И здоровая рука его не пряталась за спину. Он сел на то же самое место в нескольких шагах от Белого Клыка и протянул ему мясо. Навострив уши, Белый Клык недоверчиво оглядел кусок, ухитряясь смотреть одновременно и на него, и на бога, и приготовился отскочить в сторону при первом же намеке на опасность.

Но наказание все еще откладывалось. Бог протягивал ему еду — только и всего. Мясо как мясо, ничего страшного в нем не было. Но Белый Клык все еще сомневался и не взял протянутого куска, хотя рука Скотта подвигалась все ближе и ближе к его носу. Боги мудры — кто знает, какое коварство таится в этой безобидной с виду подачке? По своему прошлому опыту, особенно когда приходилось иметь дело с женщинами, Белый Клык знал, что мясо и наказание сплошь и рядом имели между собой тесную и неприятную связь.

В конце концов бог бросил мясо на снег, к ногам Белого Клыка. Тот тщательно обнюхал подачку, не глядя на нее, — глаза его были устремлены на бога. Ничего плохого не произошло. Тогда он взял кусок в зубы и проглотил его. Но и тут все обошлось благополучно. Бог предлагал ему другой кусок. И во второй раз Белый Клык отказался принять его из рук, и бог снова бросил мясо на снег. Так повторилось несколько раз. Но наступило время, когда бог отказался бросить мясо. Он держал кусок и настойчиво предлагал Белому Клыку взять подачку у него из рук.

Мясо было вкусное, а Белый Клык проголодался. С бесконечной осторожностью он подошел ближе и наконец решился взять кусок из человеческих рук. Не спуская глаз с бога, Белый Клык вытянул шею и прижал уши, шерсть у него на загривке встала дыбом, в горле клокотало глухое рычание, как бы предостерегавшее человека, что шутки сейчас неуместны. Белый Клык съел кусок, и ничего с ним не случилось. И так мало-помалу он съел все мясо, и все-таки с ним ничего не произошло. Значит, наказание откладывалось.

Белый Клык облизнулся и стал ждать, что будет дальше. Бог продолжал говорить. В голосе его слышалась ласка — то, о чем Белый Клык не имел до сих пор никакого понятия. И ласка эта будила в нем неведомые до сих пор ощущения. Он почувствовал странное спокойствие, словно удовлетворялась какая-то его потребность, заполнялась какая-то пустота в его существе. Потом в нем снова проснулся инстинкт, и прошлый опыт снова послал ему предостережение. Боги хитры: трудно угадать, какой путь они выберут, чтобы добиться своих целей.

Так и есть! Коварная рука тянется все дальше и дальше и опускается над его головой. Но бог продолжает говорить. Голос его звучит мягко и успокаивающе. Несмотря на угрозу, которую таит в себе рука, голос внушает доверие. И, несмотря на всю мягкость голоса, рука внушает страх. Противоположные чувства и ощущения боролись в Белом

Клыке. Казалось, он упадет замертво, раздираемый на части враждебными силами, ни одна из которых не получала перевеса в этой борьбе только потому, что он прилагал неимоверные усилия, чтобы обуздать их.

И Белый Клык пошел на сделку с самим собой: он рычал, прижимал уши, но не делал попыток ни укусить Скотта, ни убежать от него. Рука опускалась. Расстояние между ней и головой Белого Клыка становилось все меньше и меньше. Вот она коснулась вставшей дыбом шерсти. Белый Клык припал к земле. Рука последовала за ним, прижимаясь плотнее и плотнее. Съежившись, чуть ли не дрожа, он все еще сдерживал себя. Он испытывал муку от прикосновения этой руки, насиловавшей его инстинкты. Он не мог забыть в один день все то зло, которое причинили ему человеческие руки. Но такова была воля бога, и он делал все возможное, чтобы заставить себя подчиниться ей.

Рука поднялась и снова опустилась, лаская и гладя его. Так повторилось несколько раз, но стоило только руке подняться, как поднималась и шерсть на спине у Белого Клыка. И каждый раз, как рука опускалась, уши его прижимались к голове и в горле начинало клокотать рычание. Белый Клык рычал, предупреждая бога, что готов отомстить за боль, которую ему причинят. Кто знает, когда наконец обнаружатся истинные намерения бога! В любую минуту его мягкий, внушающий такое доверие голос может перейти в гневный крик, а эти нежные, ласкающие пальцы сожмутся, как тиски, и лишат Белого Клыка всякой возможности сопротивляться наказанию.

Но слова бога были по-прежнему ласковы, а рука его все так же поднималась и снова касалась Белого Клыка, и в этих прикосновениях не было ничего враждебного. Белый Клык испытывал двойственное чувство. Инстинкт восставал против такого обращения, оно стесняло его, шло наперекор его стремлению к свободе. И все-таки физической боли он не испытывал. Наоборот, эти прикосновения были даже приятны. Мало-помалу рука бога передвинулась к его ушам и стала осторожно почесывать их; приятное ощущение как будто даже усилилось. Но страх не оставлял Белого Клыка; он все так же настораживался, ожидая чего-то недоброго и испытывая попеременно то страдание, то удовольствие, в зависимости от того, какое из этих чувств одерживало в нем верх.

— Ах, черт возьми!

Эти слова вырвались у Мэта. Он вышел из хижины с засученными рукавами, неся в руках таз с грязной водой, и только хотел выплеснуть ее на снег, как вдруг увидел, что Уидон Скотт ласкает Белого Клыка.

При первых же звуках его голоса Белый Клык отскочил назад и свирепо зарычал.

Мэт посмотрел на своего хозяина, неодобрительно и сокрушенно покачав головой.

— Вы меня извините, мистер Скотт, но, ей-богу, в вас сидят по крайней мере семнадцать дураков, и каждый орудует на свой лад.

Уидон Скотт улыбнулся с видом превосходства, встал и нагнулся над Белым Клыком. Он ласково заговорил с ним, потом медленно протянул руку и снова начал гладить его по голове. Белый Клык терпеливо сносил это поглаживание, но смотрел он — смотрел во все глаза — не на того, кто его ласкал, а на Мэта, стоявшего в дверях хижины.

— Может быть, из вас и получился первоклассный инженер, мистер Скотт, — разглагольствовал погонщик, — но я считаю, вы многое утратили в жизни: вам бы следовало в детстве удрать из дому и поступить в цирк.

Белый Клык зарычал, услышав голос Мэта, но на этот раз уже не отскочил от руки, ласково гладившей его по голове и по шее.

И это было началом конца прежней жизни, конца прежнего царства ненависти. Для Белого Клыка началась новая, непостижимо прекрасная жизнь. В этом деле от Уидона Скотта требовалось много терпения и ума. А Белый Клык должен был преодолеть веления инстинкта, пойти наперекор собственному опыту, отказаться от всего, чему научила его жизнь.

Прошлое не только не вмещало всего нового, что ему пришлось узнать теперь, но опровергало это новое. Короче говоря, от Белого Клыка требовалось неизмеримо большее умение разбираться в окружающей обстановке, чем то, с которым он пришел из Северной глуши и добровольно подчинился власти Серого Бобра. В то время он был всего-навсего щенком, еще не сложившимся, готовым принять любую форму под руками жизни. Но теперь все шло по-иному. Прошлая жизнь обработала Белого Клыка слишком усердно; она ожесточила его, превратила в свирепого, неукротимого бойцового волка, который никого не любил и не пользовался ничьей любовью. Переродиться — значило для него пройти через полный внутренний переворот, отбросить все прежние навыки, — и это требовалось от него теперь, когда молодость была позади, когда гибкость была утрачена и мягкая ткань приобрела несокрушимую твердость, стала узловатой, неподатливой, как железо, а инстинкты раз и навсегда установили потребности и законы поведения.

И все-таки новая обстановка, в которой очутился Белый Клык, опять взяла его в обработку. Она смягчала в нем ожесточенность, лепила из него иную, более совершенную форму. В сущности говоря, все зависело от Уидона Скотта. Он добрался до самых глубин натуры Белого Клыка и лаской вызвал к жизни все те чувства, которые дремали и уже наполовину заглохли в нем. Так Белый Клык узнал, что такое *любовь*. Она заступила место *склонности* — самого теплого чувства, доступного ему в общении с богами.

Но любовь не может прийти в один день. Возникнув из склонности, она развивалась очень медленно. Белому Клыку нравился его вновь обретенный бог, и он не убегал от него, хотя все время оставался на свободе. Жить у нового бога было несравненно лучше, чем в клетке у Красавчика Смита; кроме того, Белый Клык не мог обойтись без божества. Чувствовать над собой человеческую власть стало для него необходимостью. Печать зависимости от человека осталась на Белом Клыке с тех далеких дней, когда он покинул Северную глушь и подполз к ногам Серого Бобра, покорно ожидая побоев. Эта неизгладимая печать снова была наложена на него, когда он во второй раз вернулся из

Северной глуши после голодовки и почувствовал запах рыбы в поселке Серого Бобра.

И Белый Клык остался у своего нового хозяина, потому что он не мог обходиться без божества и потому что Уидон Скотт был лучше Красавчика Смита. В знак преданности он взял на себя обязанности сторожа при хозяйском добре. Он бродил вокруг хижины, когда ездовые собаки уже спали, и первому же запоздалому гостю Скотта пришлось отбиваться от него палкой до тех пор, пока на выручку не прибежал сам хозяин. Но Белый Клык вскоре научился отличать воров от честных людей, понял, как много значат походка и поведение. Человека, который твердой поступью шел прямо к дверям, он не трогал, хотя и не переставал зорко следить за ним, пока дверь не открывалась и благонадежность посетителя не получала подтверждения со стороны хозяина. Но тот, кто пробирался крадучись, окольными путями, стараясь не попасться на глаза, — тот не знал пощады от Белого Клыка и пускался в поспешное и позорное бегство.

Уидон Скотт задался целью вознаградить Белого Клыка за все то, что ему пришлось вынести, вернее — искупить грех, в котором человек был повинен перед ним. Это стало для Скотта делом принципа, делом совести. Он чувствовал, что люди остались в долгу перед Белым Клыком и долг этот надо выплатить, — и поэтому он старался проявлять к Белому Клыку как можно больше нежности. Он взял себе за правило ежедневно и подолгу ласкать и гладить его.

На первых порах эта ласка вызывала у Белого Клыка одни лишь подозрения и враждебность, но мало-помалу он начал находить в ней удовольствие. И все-таки от одной своей привычки Белый Клык никак не мог отучиться: как только рука человека касалась его, он начинал рычать и не умолкал до тех пор, пока Скотт не отходил. Но в этом рычании появились новые нотки. Посторонний не расслышал бы их, для него рычание Белого Клыка оставалось по-прежнему выражением первобытной дикости, от которой у человека кровь стынет в жилах. С той дальней поры, когда Белый Клык жил с матерью в пещере и первые приступы ярости овладевали им, его горло огрубело от рычания, и он уже не мог выразить свои чувства по-иному. Тем не менее чуткое ухо Скотта различало в этом свирепом реве новые нотки, которые только одному ему чуть слышно говорили о том, что собака испытывает удовольствие.

Время шло, и любовь, возникшая из склонности, все крепла и крепла. Белый Клык сам начал чувствовать это, хотя и бессознательно. Любовь давала знать о себе ощущением пустоты, которая настойчиво, жадно требовала заполнения. Любовь принесла с собой боль и тревогу, которые утихали только от прикосновения руки нового бога. В эти минуты любовь становилась радостью — необузданной радостью, пронизывавшей все существо Белого Клыка. Но стоило богу уйти, как боль и тревога возвращались и Белого Клыка снова охватывало ощущение пустоты, ощущение голода, властно требовавшего утоления.

Белый Клык понемногу находил самого себя. Несмотря на свои зрелые годы, несмотря на жесткость формы, в которую он был отлит жизнью, в характере его возникали все новые и новые черты. В нем зарождались непривычные чувства и побуждения. Теперь Белый Клык вел себя совершенно по-другому. Прежде он ненавидел неудобства и боль и всячески старался избегать их. Теперь все стало иначе: ради нового бога Белый Клык часто терпел неудобства и боль. Так, например, по утрам, вместо того чтобы бродить в поисках пищи или лежать где-нибудь в укромном уголке, он проводил целые часы на холодном крыльце, ожидая появления Скотта. Поздно вечером, когда тот возвращался домой, Белый Клык оставлял теплую нору, вырытую в сугробе, ради того, чтобы почувствовать прикосновение дружеской руки, услышать приветливые слова. Он забывал о еде — даже о еде, — лишь бы побыть около бога, получить от него ласку или отправиться вместе с ним в город.

И вот склонность уступила место любви. Любовь затронула в нем такие глубины, куда никогда не проникала склонность. За любовь Белый Клык платил любовью. Он обрел божество, лучезарное божество, в присутствии которого он расцветал, как растение под лучами солнца. Белый Клык не умел проявлять свои чувства. Он был уже немолод и слишком суров для этого. Постоянное одиночество выработало в нем сдержанность. Его угрюмый нрав был результатом долголетнего опыта. Он не умел лаять и уже не мог научиться приветствовать своего бога лаем. Он никогда не лез ему на глаза, не суетился и не прыгал, чтоб доказать свою любовь, никогда не кидался навстречу, а ждал в сторонке — но ждал всегда. Любовь эта граничила с немым, молчаливым обожанием. Только глаза, следившие за каждым движением хозяина, выдавали чувства Белого Клыка. Когда же хозяин смотрел на него и заговаривал с ним, он смущался, не зная, как выразить любовь, завладевшую всем его существом.

Белый Клык начинал приспосабливаться к новой жизни. Так, он понял, что собак хозяина трогать нельзя. Но его властный характер заявлял о себе; и собакам пришлось убедиться на деле в превосходстве своего нового вожака. Признав его власть над собой, они уже не доставляли ему хлопот. Стоило Белому Клыку появиться среди стаи, как собаки уступали ему дорогу и покорялись его воле.

Точно так же он привык и к Мэту, как к собственности хозяина. Уидон Скотт сам очень редко кормил Белого Клыка, эта обязанность возлагалась на Мэта, — и Белый Клык понял, что пища, которую он ест, принадлежит хозяину, поручившему Мэту заботиться о нем. Тот же самый Мэт попробовал как-то запрячь его в нарты вместе с другими собаками. Но эта попытка потерпела неудачу, и Белый Клык покорился только тогда, когда Уидон Скотт сам надел на него упряжь и сам сел в нарты. Он понял: хозяин хочет, чтобы Мэт правил им так же, как и другими собаками.

У клондайкских нарт, в отличие от саней, на которых ездят на Маккензи, есть полозья. Способ запряжки здесь тоже совсем другой. Собаки бегут гуськом в двойных постромках, а не расходятся веером. И здесь, на Клондайке, вожак действительно вожак. На первое место ставят самую понятливую и самую сильную собаку, которой боится и слушается вся упряжка. Как и следовало ожидать, Белый Клык вскоре занял это место. После многих хлопот Мэт понял, что на меньшее тот не согласится. Белый Клык сам выбрал себе это место, и Мэт, не стесняясь в выражениях, подтвердил правильность его выбора после первой же пробы. Бегая целый день в упряжке, Белый Клык не забывал и о том, что ночью надо сторожить хозяйское добро. Таким образом, он верой и правдой служил Скотту, и у того во всей упряжке не было более ценной собаки, чем Белый Клык.

— Если уж вы разрешите мне высказать свое мнение, — заговорил как-то Мэт, — то доложу вам, что с вашей стороны было очень умно дать за эту собаку полтораста долларов. Ловко вы провели Красавчика Смита, уж не говоря о том, что и по физиономии ему съездили.

Серые глаза Уидона Скотта снова загорелись гневом, и он сердито пробормотал: «Мерзавец!»

Поздней весной Белого Клыка постигло большое горе: внезапно, безо всякого предупреждения, хозяин исчез. Собственно говоря, предупреждение было, но Белый Клык не имел опыта в таких делах и не знал, чего надо ждать от человека, который укладывает свои вещи в чемоданы. Впоследствии он вспомнил, что укладывание вещей предшествовало отъезду хозяина, но тогда у него не зародилось ни малейшего подозрения. Вечером Белый Клык, как всегда, ждал его прихода. В полночь поднялся ветер; пес укрылся от холода за хижиной и лежал там, прислушиваясь сквозь дремоту, не раздадутся ли знакомые шаги. Но в два часа ночи беспокойство выгнало его из-за хижины, он свернулся клубком на холодном крыльце и стал ждать дальше.

Хозяин не приходил. Утром дверь отворилась, и на крыльцо вышел Мэт. Белый Клык тоскливо посмотрел на погонщика: у него не было другого способа спросить о том, что ему так хотелось знать. Дни шли за днями, а хозяин не появлялся. Белый Клык, не знавший до сих пор, что такое болезнь, заболел. Он был плох, настолько плох, что Мэту пришлось в конце концов взять его в хижину. Кроме того, в своем письме к хозяину Мэт приписал несколько строк о Белом Клыке.

Получив письмо в Серкле, Уидон Скотт прочел следующее:

«Проклятый волк отказывается работать. Ничего не ест. Совсем приуныл. Собаки не дают ему проходу. Хочет знать, куда вы девались, а я не умею растолковать ему. Боюсь, как бы не сдох».

Мэт писал правду. Белый Клык затосковал, перестал есть, не отбивался от налетавших на него собак. Он лежал в комнате на полу около печки, потеряв всякий интерес к еде, к Мэту, ко всему на свете. Мэт пробовал говорить с ним ласково, пробовал кричать — ничего не действовало: Белый Клык поднимал на него потускневшие глаза, а потом снова ронял голову на передние лапы.

Но однажды вечером, когда Мэт сидел за столом и читал, шепотом бормоча слова и шевеля губами, внимание его привлекло тихое повизгивание Белого Клыка. Белый Клык встал с места, навострил уши, глядя на дверь, и внимательно прислушивался. Минутой позже Мэт услышал шаги. Дверь отворилась, и вошел Уидон Скотт. Они поздоровались. Потом Скотт огляделся по сторонам.

— А где волк? — спросил он и увидел его.

Белый Клык стоял около печки. Он не бросился вперед, как это сделала бы всякая другая собака, а стоял и смотрел на своего хозяина.

— Черт возьми! — воскликнул Мэт. — Да он хвостом виляет!

Уидон Скотт вышел на середину комнаты и подозвал Белого Клыка к себе. Белый Клык не прыгнул к нему навстречу, но сейчас же подошел на зов. Движения его сковывала застенчивость, но в глазах появилось какое-то новое, необычное выражение: чувство глубокой любви засветилось в них.

— На меня небось ни разу так не взглянул, пока вас не было, — сказал Мэт.

Но Уидон Скотт ничего не слышал. Присев на корточки перед Белым Клыком, он ласкал его: почесывал ему за ушами, гладил шею и плечи, нежно похлопывал по спине. А Белый Клык тихо рычал в ответ, и мягкие нотки слышались в его рычании яснее, чем прежде.

Но это было не все. Каким образом радость помогла найти выход глубокому чувству, рвавшемуся наружу? Белый Клык вдруг вытянул шею и сунул голову хозяину под мышку; и, спрятавшись так, что на виду оставались одни только уши, он уже не рычал больше и прижимался к хозяину все теснее и теснее.

Мужчины переглянулись. У Скотта блестели глаза.

— Вот поди ж ты! — воскликнул пораженный Мэт. Потом добавил: — Я всегда говорил, что это не волк, а собака. Полюбуйтесь на него!

С возвращением хозяина, научившего его любви, Белый Клык быстро пришел в себя. В хижине он провел еще две ночи и день, а потом вышел на крыльцо. Собаки уже успели забыть его доблести, у них осталось в памяти, что за последнее время Белый Клык был слаб и болен, — и, как только он появился на крыльце, они кинулись на него со всех сторон.

— Ну и свалка! — с довольным видом пробормотал Мэт, наблюдавший эту сцену с порога хижины. — Нечего с ними церемониться, волк! Задай им как следует. Ну, еще, еще!

Белый Клык не нуждался в поощрении. Приезда любимого хозяина было вполне достаточно — чудесная буйная жизнь снова забилась в его жилах. Он дрался, находя в драке единственный выход для своей радости. Конец мог быть только один: собаки разбежались, потерпев поражение, и вернулись обратно лишь с наступлением темноты, униженно и кротко заявляя Белому Клыку о своей покорности.

Научившись прижиматься к хозяину головой, Белый Клык частенько пользовался этим новым способом выражения своих чувств. Это был предел, дальше которого он не мог идти. Голову свою он оберегал больше всего и не выносил, когда до нее дотрагивались. Так велела ему Северная глушь: бойся капкана, бойся всего, что может причинить боль. Инстинкт требовал, чтобы голова оставалась свободной. А теперь, прижимаясь к хозяину, Белый Клык по собственной воле ставил себя в совершенно беспомощное положение. Он выражал этим беспредельную веру, беззаветную покорность хозяину и как бы говорил ему: «Отдаю себя в твои руки. Поступай со мной как знаешь».

Однажды вечером, вскоре после своего возвращения, Скотт играл с Мэтом в криббидж на сон грядущий.

— Пятнадцать и два, пятнадцать и четыре, и еще двойка... — подсчитывал Мэт, как вдруг снаружи послышались чьи-то крики и рычание.

Переглянувшись, они вскочили из-за стола.

— Волк дерет кого-то! — сказал Мэт.

Отчаянный вопль заставил их броситься к двери.

— Посветите мне! — крикнул Скотт, выбегая на крыльцо.

Мэт последовал за ним с лампой, и при свете ее они увидели человека, навзничь лежавшего на снегу. Он закрывал лицо и шею руками, пытаясь защититься от зубов Белого Клыка. И это была не лишняя предосторожность: не помня себя от ярости, Белый Клык старался во что бы то ни стало добраться зубами до горла незнакомца; от рукавов куртки, синей фланелевой блузы и нижней рубашки у того остались одни клочья, а искусанные руки были залиты кровью.

Скотт и погонщик разглядели все это в одну секунду. Скотт схватил Белого Клыка за шею и оттащил назад. Белый Клык рвался с рычанием, но не кусал хозяина и после его резкого окрика быстро успокоился.

Мэт помог человеку встать на ноги. Поднимаясь, тот отнял руки от лица, и, увидев зверскую физиономию Красавчика Смита, погонщик отскочил назад как ошпаренный. Щурясь на свету, Красавчик Смит огляделся по сторонам. Лицо у него перекосило от ужаса, как только он взглянул на Белого Клыка.

В ту же минуту погонщик увидел, что на снегу что-то лежит. Он поднес лампу поближе и подтолкнул носком сапога стальную цепь и толстую палку.

Уидон Скотт понимающе кивнул. Они не произнесли ни слова. Погонщик взял Красавчика Смита за плечо и повернул к себе спиной. Все было понятно. Красавчик Смит припустил во весь дух.

А хозяин гладил Белого Клыка и говорил:

— Хотел увести тебя, да? А ты не позволил? Так-так, значит, просчитался этот молодчик!

— Он небось подумал, что на него вся преисподняя кинулась, — ухмыльнулся Мэт.

А Белый Клык продолжал рычать; но мало-помалу шерсть у него на спине улеглась, и мягкая нотка, совсем было потонувшая в этом злобном рычании, становилась все слышнее и слышнее.

Часть пятая

Глава первая

В ДАЛЬНИЙ ПУТЬ

Это носилось в воздухе. Белый Клык почувствовал беду еще задолго до того, как она дала знать о своем приближении. Весть о грядущей перемене какими-то неведомыми путями дошла до него. Предчувствие зародилось в нем по вине богов, хотя он и не отдавал себе отчета в том, как и почему это случилось. Сами того не подозревая, боги выдали свои намерения собаке, и она уже не покидала крыльца хижины и, не входя в комнату, знала, что люди что-то затевают.

— Послушайте-ка! — сказал как-то за ужином погонщик.

Уидон Скотт прислушался. Из-за двери доносилось тихое тревожное поскуливание, похожее скорее на сдерживаемый плач. Потом стало слышно, как Белый Клык обнюхивает дверь, желая убедиться в том, что бог его все еще тут, а не исчез таинственным образом, как в прошлый раз.

— Чует, в чем дело, — сказал погонщик.

Уидон Скотт почти умоляюще взглянул на Мэта, но слова его не соответствовали выражению глаз.

— На кой черт мне волк в Калифорнии? — спросил он.

— Вот и я то же самое говорю, — ответил Мэт. — На кой черт вам волк в Калифорнии?

Но эти слова не удовлетворили Уидона Скотта; ему показалось, что Мэт осуждает его.

— Наши собаки с ним не справятся, — продолжал Скотт. — Он их всех перегрызет. И если даже я не разорюсь окончательно на одни штрафы, полиция все равно отберет его у меня и разделается с ним по-своему.

— Настоящий бандит, что и говорить! — подтвердил погонщик.

Уидон Скотт недоверчиво взглянул на него.

— Нет, это невозможно, — сказал он решительно.

— Конечно невозможно, — согласился Мэт. — Да вам придется специального человека к нему приставить.

Все колебания Скотта исчезли. Он радостно кивнул. В наступившей тишине стало слышно, как Белый Клык тихо поскуливает, словно сдерживая плач, и обнюхивает дверь.

— А все-таки здорово он к вам привязался, — сказал Мэт.

Хозяин вдруг вскипел:

— Да ну вас к черту, Мэт! Я сам знаю, что делать.

— Я не спорю, только...

— Что «только»? — оборвал его Скотт.

— Только... — тихо начал погонщик, но вдруг осмелел и не стал скрывать, что сердится: — Чего вы так взъерошились? Глядя на вас, можно подумать, что вы так-таки и не знаете, что делать.

Минуту Уидон Скотт боролся с самим собой, а потом сказал уже гораздо более мягким тоном:

— Вы правы, Мэт. Я сам не знаю, что делать. В том-то вся и беда... — И, помолчав, добавил: — Да нет, было бы чистейшим безумием взять собаку с собой.

— Я с вами совершенно согласен, — ответил Мэт, но его слова и на этот раз не удовлетворили хозяина. — Каким образом он догадывается, что вы уезжаете, вот чего я не могу понять! — как ни в чем не бывало продолжал Мэт.

— Я и сам этого не понимаю, — ответил Скотт, грустно покачав головой.

А потом наступил день, когда в открытую дверь хижины Белый Клык увидел, как хозяин укладывает вещи в тот самый проклятый чемодан. Хозяин и Мэт то и дело уходили и приходили, и мирная жизнь хижины была нарушена. У Белого Клыка не осталось никаких сомнений. Он уже давно чуял беду, а теперь понял, что ему грозит: бог снова готовится к бегству. Уж если он не взял его с собой в первый раз, то, очевидно, не возьмет и теперь.

Этой ночью Белый Клык поднял вой — протяжный волчий вой. Белый Клык выл, подняв морду к безучастным звездам, и изливал им свое горе так же, как в детстве, когда, прибежав из Северной глуши, он не нашел поселка и увидел только кучку мусора на том месте, где стоял прежде вигвам Серого Бобра.

В хижине только что легли спать.

— Он опять перестал есть, — сказал со своей койки Мэт.

Уидон Скотт пробормотал что-то и заворочался под одеялом.

— В тот раз тосковал, а уж теперь, наверное, сдохнет.

Одеяло на другой койке опять пришло в движение.

— Да замолчите вы! — крикнул в темноте Скотт. — Заладили одно, как старая баба!

— Совершенно справедливо, — ответил погонщик, и у Скотта не было твердой уверенности, что тот не подсмеивается над ним втихомолку.

На следующий день беспокойство и страх Белого Клыка только усилились. Он следовал за хозяином по пятам, а когда Скотт заходил в хижину, торчал на крыльце. В открытую дверь ему были видны вещи, разложенные на полу. К чемодану прибавились два больших саквояжа и ящик. Мэт складывал одеяла и меховую одежду хозяина в брезентовый мешок. Белый Клык заскулил, глядя на эти приготовления.

Вскоре у хижины появились два индейца. Белый Клык внимательно следил, как они взвалили вещи на плечи и спустились с холма вслед за Мэтом, который нес чемодан и брезентовый мешок. Вскоре Мэт вернулся. Хозяин вышел на крыльцо и позвал Белого Клыка в хижину.

— Эх ты, бедняга! — ласково сказал он, почесывая ему за ухом и гладя по спине. — Уезжаю, старина. Тебя в такую даль с собой не возьмешь. Ну, порычи на прощание, порычи, порычи как следует.

Но Белый Клык отказывался рычать. Вместо этого он бросил на хозяина грустный, пытливый взгляд и спрятал голову у него под мышкой.

— Гудок! — крикнул Мэт.

С Юкона донесся резкий вой пароходной сирены.

— Заканчивайте прощаться! Да не забудьте захлопнуть переднюю дверь! Я выйду через заднюю. Поторапливайтесь!

Обе двери захлопнулись одновременно, и Скотт подождал на крыльце, пока Мэт выйдет из-за угла хижины. За дверью слышалось тихое повизгиванье, похожее на плач. Потом Белый Клык стал глубоко, всей грудью втягивать воздух, уткнувшись носом в порог.

— Берегите его, Мэт, — говорил Скотт, когда они спускались с холма. — Напишите мне, как ему тут живется.

— Обязательно, — ответил погонщик. — Стойте!.. Слышите?

Он остановился. Белый Клык выл, как воют собаки над трупом хозяина. Глубокое горе звучало в этом вое, переходившем то в душераздирающий плач, то в жалобные стоны, то опять взлетавшем вверх в новом порыве отчаяния.

Пароход «Аврора» первый в этом году отправлялся с Клондайка, и палубы его были забиты пассажирами. Тут толпились люди, которым повезло в погоне за золотом, люди, которых золотая лихорадка разорила, — и все они стремились уехать из этой страны, так же как в свое время стремились попасть сюда.

Стоя около сходней, Скотт прощался с Мэтом. Погонщик уже хотел сойти на берег, как вдруг глаза его уставились на что-то в глубине палубы, и он не ответил на рукопожатие Скотта. Тот обернулся: Белый Клык сидел в нескольких шагах от них и тоскливо смотрел на своего хозяина.

Мэт чертыхнулся вполголоса. Скотт смотрел на собаку в полном недоумении.

— Вы заперли переднюю дверь?

Скотт кивнул и спросил:

— А вы заднюю?

— Конечно запер! — горячо ответил Мэт.

Белый Клык с заискивающим видом прижал уши, но продолжал сидеть в сторонке, не пытаясь подойти к ним.

— Придется увести его с собой.

Мэт сделал два шага по направлению к Белому Клыку; тот метнулся в сторону. Погонщик бросился за ним, но Белый Клык проскользнул между ногами пассажиров. Увертываясь, шныряя из стороны в сторону, он бегал по палубе и не давался Мэту.

Но стоило хозяину заговорить, как Белый Клык покорно подошел к нему.

— Сколько времени кормил его, а он меня теперь и близко не подпускает! — обиженно пробормотал погонщик. — А вы хоть бы раз покормили с того первого дня! Убейте меня — не знаю, как он догадался, что хозяин вы.

Скотт, гладивший Белого Клыка, вдруг нагнулся и показал на свежие порезы на его морде и глубокую рану между глазами.

Мэт провел рукой ему по брюху.

— А про окно-то мы с вами забыли! Глядите, все брюхо изрезано. Должно быть, разбил стекло и выскочил.

Но Уидон Скотт не слушал, он быстро обдумывал что-то. «Аврора» дала последний гудок. Провожающие торопливо сходили на берег. Мэт снял платок с шеи и хотел взять Белого Клыка на привязь. Скотт схватил его за руку:

— Прощайте, Мэт! Прощайте, дружище! Вам, пожалуй, не придется писать мне про волка... Я... я...

— Что?! — вскрикнул погонщик. — Неужели вы...

— Вот именно. Спрячьте свой платок. Я вам сам про него напишу.

Мэт задержался на сходнях.

— Он не перенесет климата! Вам придется стричь его в жару!

Сходни втащили на палубу, и «Аврора» отвалила от берега. Уидон Скотт помахал Мэту на прощанье и повернулся к Белому Клыку, стоявшему рядом с ним.

— Ну, теперь рычи, негодяй, рычи, — сказал он, глядя на доверчиво прильнувшего к его ногам Белого Клыка и почесывая ему за ушами.

Глава вторая
НА ЮГЕ

Белый Клык сошел с парохода в Сан-Франциско.

Он был потрясен. Представление о могуществе всегда соединялось у него с представлением о божестве. И никогда еще белые люди не казались ему такими чудодеями, как сейчас, когда он шел по скользким тротуарам Сан-Франциско. Вместо знакомых бревенчатых хижин по сторонам высились громадные здания. Улицы были полны всякого рода опасностей — колясок, карет, автомобилей, рослых лошадей, впряженных в огромные фургоны, — а среди них двигались страшные трамваи, непрестанно грозя Белому Клыку пронзительным звоном и дребезгом, напоминавшим визг рыси, с которой ему приходилось встречаться в северных лесах.

Все вокруг говорило о могуществе. За всем этим чувствовалось присутствие властного человека, утвердившего свое господство над миром вещей. Белый Клык был ошеломлен и подавлен этим зрелищем. Ему стало страшно. Сознание собственного ничтожества охватило гордую, полную сил собаку, как будто она снова превратилась в щенка, прибежавшего из Северной глуши к поселку Серого Бобра. А сколько богов здесь было! От них у Белого Клыка рябило в глазах. Уличный грохот оглушал его, он терялся от непрерывного потока и мелькания вещей. Он чувствовал, как никогда, свою зависимость от хозяина и шел за ним по пятам, стараясь не упускать его из виду.

Город пронесся кошмаром, но воспоминание о нем долгое время преследовало Белого Клыка во сне. В тот же день хозяин посадил его на цепь в угол багажного вагона, среди груды чемоданов и сундуков. Здесь всем распоряжался коренастый, очень сильный бог, который с грохотом двигал сундуки и чемоданы, втаскивал их в вагон, громоздил один на другой или же швырял за дверь, где их подхватывали другие боги.

И здесь, в этом кромешном аду, хозяин покинул Белого Клыка — по крайней мере Белый Клык считал себя покинутым до тех пор, пока не учуял рядом с собой хозяйских вещей и, учуяв, стал на стражу около них.

— Вовремя пожаловали, — проворчал коренастый бог, когда часом позже в дверях появился Уидон Скотт. — Эта собака дотронуться мне не дала до ваших чемоданов.

Белый Клык вышел из вагона. Опять неожиданность! Кошмар закончился. Он принимал вагон за комнату в доме, который со всех сторон был окружен городом. Но за этот час город исчез. Грохот его уже не лез в уши. Перед Белым Клыком расстилалась веселая, залитая солнцем, спокойная страна. Но удивляться этой перемене было некогда. Белый Клык смирился с ней, как смирялся со всеми чудесами, сопутствовавшими каждому шагу богов.

Их ожидала коляска. К хозяину подошли мужчина и женщина. Женщина протянула руки и обняла хозяина за шею... Это враг! В следующую же минуту Уидон Скотт вырвался из ее объятий и схватил Белого Клыка, который рычал и бесновался вне себя от ярости.

— Ничего, мама! — говорил Скотт, не отпуская Белого Клыка и стараясь усмирить его. — Он думал, что вы хотите меня обидеть, а этого делать не разрешается. Ничего, ничего. Он скоро все поймет.

— А до тех пор я смогу выражать свою любовь к сыну только тогда, когда его собаки не будет поблизости, — засмеялась миссис Скотт, хотя лицо ее побелело от страха.

Она смотрела на Белого Клыка, который все еще рычал и, весь ощетинившись, не сводил с нее глаз.

— Он скоро все поймет, вот увидите, — должен понять! — сказал Скотт.

Он начал ласково говорить с Белым Клыком и, окончательно успокоив его, крикнул строгим голосом:

— Лежать! Тебе говорят!

Белому Клыку уже были знакомы эти слова, и он повиновался приказанию, пусть и неохотно.

— Ну, мама!

Скотт протянул руки, не сводя глаз с Белого Клыка.

— Лежать! — крикнул он еще раз.

Белый Клык ощетинился, привстал, но сейчас же опустился на место, не переставая наблюдать за враждебными действиями незнакомых богов. Однако ни женщина, ни мужчина, обнявший вслед за ней хозяина, не сделали ему ничего плохого. Незнакомцы и хозяин уложили вещи в коляску, сели в нее сами, и Белый Клык побежал следом за ней, время от времени подскакивая вплотную к лошадям и словно предупреждая их, что он не позволит причинить никакого вреда богу, которого они так быстро везут по дороге.

Через четверть часа коляска въехала в каменные ворота и покатила по аллее, обсаженной густым, переплетавшимся наверху орешником. За аллеей по обе стороны расстилался большой луг с видневшимися на нем кое-где могучими дубами. Подстриженную зелень луга оттеняли золотисто-коричневые, выжженные солнцем поля; еще дальше были холмы с пастбищами на склонах. В конце аллеи, на невысоком пригорке, стоял дом с длинной верандой и со множеством окон.

Но Белый Клык не успел как следует рассмотреть все это. Едва только коляска въехала в аллею, как на него с разгоревшимися от негодования и злобы глазами налетела овчарка. Белый Клык оказался отрезанным от хозяина. Весь ощетинившись и, как всегда, молча он приготовился нанести ей сокрушительный удар, но удара этого так и не последовало. Белый Клык остановился на полдороге как вкопанный и осел на задние лапы, стараясь во что бы то ни стало избежать соприкосновения с собакой, которую минуту тому назад он хотел сбить с ног. Это была самка, а закон его породы охранял ее от таких нападений. Напасть на самку значило бы для Белого Клыка ни больше ни меньше как пойти против велений инстинкта.

Но самке инстинкт говорил совсем другое. Будучи овчаркой, она питала бессознательный страх перед Северной глушью и особенно перед таким ее обитателем, как волк. Белый Клык был для овчарки волком, исконным врагом, грабившим стада еще в те далекие времена, когда первая овца была поручена заботам ее отдаленных предков. И поэтому, как только Белый Клык остановился, отказавшись от драки, овчарка сама бросилась на него. Он невольно зарычал, почувствовав, как острые зубы впиваются ему в плечо, но все-таки не укусил овчарку, а только смущенно попятился назад, стараясь обежать ее сбоку. Однако все его старания были напрасны — овчарка не давала ему проходу.

— Назад, Колли! — крикнул незнакомец, сидевший в коляске.

Уидон Скотт засмеялся:

— Ничего, отец. Это хороший урок Белому Клыку. Ему ко многому придется привыкать. Пусть начинает сразу. Ничего, обойдется как-нибудь.

Коляска удалялась, а Колли все еще преграждала Белому Клыку путь. Он попробовал обогнать ее и, свернув с дороги, кинулся через лужайку, но овчарка бежала по внутреннему кругу, и Белый Клык всюду натыкался на ее оскаленную пасть. Он повернул назад, к другой лужайке, но она и здесь обогнала его.

А коляска увозила хозяина. Белый Клык видел, как она мало-помалу исчезает за деревьями. Положение было безвыходное. Он попробовал описать еще один круг. Овчарка не отставала. Тогда Белый Клык на всем ходу повернулся к ней. Он решился на свой испытанный боевой прием — ударил ее в плечо и сшиб с ног. Овчарка бежала так быстро, что удар этот не только свалил ее на землю, но заставил по инерции перевернуться несколько раз подряд. Пытаясь остановиться, она загребала когтями землю и громко выла от негодования и оскорбленной гордости.

Белый Клык не стал ждать. Путь был свободен, а ему только это и требовалось. Не переставая тявкать, овчарка бросилась за ним вдогонку. Он взял напрямик, а уж что касается умения бегать, так тут овчарка могла многому поучиться у него. Она мчалась с истерическим лаем, собирая все свои силы для каждого прыжка, а Белый Клык несся вперед молча, без малейшего напряжения и, словно призрак, скользил по траве.

Обогнув дом, Белый Клык увидел, как хозяин выходит из коляски, остановившейся у подъезда. В ту же минуту он понял, что на него готовится новое нападение. К нему неслась шотландская борзая. Белый Клык хотел оказать ей достойный прием, но не смог остановиться сразу, и борзая уже была почти рядом. Она налетела на него сбоку. От такого неожиданного удара Белый Клык со всего размаху кубарем покатился по земле. А когда он вскочил на ноги, вид его был страшен: уши, прижатые вплотную к голове, судорожно подергивавшиеся губы и нос, клыки, лязгнувшие в каком-нибудь дюйме от горла борзой.

Хозяин бросился на выручку, но он был слишком далеко от них, и спасителем борзой оказалась овчарка Колли. Подбежав как раз в ту минуту, когда Белый Клык готовился к прыжку, она не позволила ему нанести смертельный удар противнику. Колли налетела как шквал. Чувство оскорбленного достоинства и справедливый гнев только разожгли в овчарке ненависть к этому выходцу из Северной глуши, который ухитрился ловким маневром провести и обогнать ее и вдобавок вывалял в песке. Она кинулась на Белого Клыка под прямым углом в тот миг, когда он метнулся к борзой, и вторично сшибла его с ног.

Подоспевший к этому времени хозяин схватил Белого Клыка, а отец хозяина отозвал собак.

— Нечего сказать, хороший прием здесь оказывают несчастному волку, приехавшему из Арктики, — говорил Скотт, успокаивая Белого Клыка. — За всю свою жизнь он только раз был сбит с ног, а здесь его опрокинули дважды за какие-нибудь полминуты.

Коляска отъехала, а из дому вышли новые незнакомые боги. Некоторые из них остановились на почтительном расстоянии от хозяина, но две женщины подошли и обняли его за шею. Белый Клык начинал понемногу привыкать к этому враждебному жесту. Он не причинял никакого вреда хозяину, а в словах, которые боги произносили при этом, не чувствовалось ни малейшей угрозы. Незнакомцы попытались было подойти к Белому Клыку, но он предостерегающе зарычал, а хозяин подтвердил его предостережение словами. Белый Клык жался к ногам хозяина, и тот успокаивал его, ласково поглаживая по голове.

По команде: «Дик! На место!» — борзая взбежала по ступенькам и легла на веранде, все еще рыча и не спуская глаз с пришельца. Одна из женщин обняла Колли за шею и принялась ласкать и гладить ее. Но Колли никак не могла успокоиться и, возмущенная присутствием волка, скулила, в полной уверенности, что боги совершают ошибку, допуская его в свое общество.

Боги поднялись на веранду. Белый Клык шел за хозяином по пятам. Дик зарычал на него. Белый Клык ощетинился и ответил ему тем же.

— Уведите Колли в дом, а эти двое пусть подерутся, — сказал отец Скотта. — После драки они станут друзьями.

— Тогда, чтобы доказать свою дружбу Дику, Белому Клыку придется выступить в роли главного плакальщика на его похоронах, — засмеялся хозяин.

Отец недоверчиво посмотрел сначала на Белого Клыка, потом на Дика и в конце концов на сына.

— Ты думаешь, что?..

Уидон кивнул.

— Вы угадали. Ваш Дик отправится на тот свет через минуту, самое большее через две.

Он повернулся к Белому Клыку.

— Пойдем, волк. Видно, в дом придется увести не Колли, а тебя.

Белый Клык осторожно поднялся по ступенькам и прошел всю веранду, подняв хвост, не сводя глаз с Дика и в то же время готовясь к любой неожиданности, которая могла встретить его в доме. Но ничего страшного там не было. Войдя в комнаты, он тщательно обследовал все углы, попрежнему ожидая, что ему грозит опасность. Потом с довольным ворчанием улегся у ног хозяина, не переставая следить за всем, что происходило вокруг, и готовясь каждую минуту вскочить с места и вступить в бой с теми ужасами, которые, как ему казалось, таились в этой западне.

Глава третья

ВЛАДЕНИЯ БОГА

Переезды с места на место заметно развили в Белом Клыке умение приспосабливаться к окружающей среде, дарованное ему от природы, и укрепили в нем сознание необходимости такого приспособления. Он быстро свыкся с жизнью в Сиерра-Висте — так называлось поместье судьи Скотта. Никаких серьезных недоразумений с собаками больше не было. Здесь, на Юге, собаки знали обычаи богов лучше, чем он, и в их глазах существование Белого Клыка уже оправдывалось тем фактом, что боги разрешили ему войти в свое жилище. До сих пор Колли и Дику никогда не приходилось сталкиваться с волком, но, раз боги допустили его к себе, им обоим не оставалось ничего другого, как подчиниться.

На первых порах отношение Дика к Белому Клыку не могло не быть несколько настороженным, но вскоре он примирился с ним как с неотъемлемой принадлежностью Сиерра-Висты. Если бы все зависело от одного Дика, они стали бы друзьями, но Белый Клык не чувствовал необходимости в дружбе. Он требовал, чтобы собаки оставили его в покое. Всю жизнь он держался особняком от своих собратьев и не имел ни малейшего желания нарушать теперь этот порядок вещей. Дик надоедал ему своими приставаниями, и он, рыча, прогонял его прочь. Еще на Севере Белый

Клык понял, что хозяйских собак трогать нельзя, и не забывал этого урока и здесь. Но он продолжал настаивать на своей обособленности и замкнутости и до такой степени игнорировал Дика, что этот добродушный пес оставил все попытки завязать дружбу с волком и в конце концов уделял ему внимания не больше, чем коновязи около конюшни.

Но с Колли дело обстояло несколько иначе. Смирившись с тем, что боги разрешили волку жить в доме, она все же не видела в этом достаточных оснований для того, чтобы совсем оставить его в покое. В памяти у Колли стояли бесчисленные преступления, совершенные волком и его родичами против ее предков. Набеги на овчарни нельзя забыть ни за один день, ни за целое поколение, они взывали к мести. Колли не смела нарушить волю богов, подпустивших к себе Белого Клыка, но это не мешало ей отравлять ему жизнь. Между ними была вековая вражда, и Колли взялась непрестанно напоминать об этом Белому Клыку.

Воспользовавшись преимуществами, которые давал ей пол, она всячески изводила и преследовала его. Инстинкт не позволял ему нападать на Колли, но оставаться равнодушным к ее настойчивым приставаниям было просто невозможно. Когда овчарка кидалась на него, он подставлял под ее острые зубы свое плечо, покрытое густой шерстью, и величественно отходил в сторону; если это не помогало, с терпеливым и скучающим видом начинал ходить кругами, пряча от нее голову. Впрочем, когда она все же ухитрялась вцепиться ему в заднюю лапу, отступать приходилось гораздо поспешнее, уже не думая о величественности. Но в большинстве случаев Белый Клык сохранял достойный и почти торжественный вид. Он не замечал Колли, если только это было возможно, и старался не попадаться ей на глаза, а увидев или заслышав ее поблизости, вставал с места и уходил.

Белый Клык много чему должен был научиться в Сиерра-Висте. Жизнь на Севере была проста по сравнению со здешними сложными делами. Прежде всего ему пришлось познакомиться с семьей хозяина, но это было для него не в новинку. Мит-Са и Клу-Куч принадлежали Серому Бобру, ели добытое им мясо, грелись около его костра и спали под его одеялами; точно так же и все обитатели Сиерра-Висты принадлежали хозяину Белого Клыка.

Но и тут чувствовалась разница, и разница довольно значительная. Сиерра-Виста была куда больше вигвама Серого Бобра. Белому Клыку приходилось сталкиваться здесь с очень многими людьми. В Сиерра-Висте был судья Скотт со своей женой. Потом там были две сестры хозяина — Бет и Мэри. Была жена хозяина — Элис и, наконец, его дети — Уидон и Мод, двое малышей четырех и шести лет. Никто не мог рассказать Белому Клыку о всех этих людях, а об узах родства и человеческих взаимоотношениях он ничего не знал, да и никогда не смог бы узнать. И все-таки он быстро понял, что все эти люди принадлежат его хозяину. Потом, наблюдая за их поведением, вслушиваясь в их речь и интонацию голосов, он мало-помалу разобрался в степени близости каждого из обитателей Сиерра-Висты к хозяину, почувствовал меру расположения, которым он дарил их. И соответственно всему этому Белый Клык и сам стал относиться к новым богам: то, что ценил хозяин, ценил и он; то, что было дорого хозяину, надлежало всячески охранять и ему самому.

Так обстояло дело с хозяйскими детьми. Всю свою жизнь Белый Клык не терпел детей, боялся и не переносил прикосновения их рук: он не забыл детской жестокости и тирании, с которыми ему приходилось сталкиваться в индейских поселках. И когда Уидон и Мод в первый раз подошли к нему, он предостерегающе зарычал и злобно сверкнул глазами. Удар кулаком и резкий окрик хозяина заставили Белого Клыка подчиниться их ласкам, хотя он не переставал рычать, пока крошечные руки гладили его, и в этом рычании не слышалось ласковой нотки. Позднее, заметив, что мальчик и девочка дороги хозяину, он позволял им гладить себя, уже не дожидаясь удара и резкого окрика.

Все же проявлять свои чувства Белый Клык не умел. Он покорялся детям хозяина с откровенной неохотой и переносил их приставания, как переносят мучительную операцию. Если они уж очень надоедали ему, он вставал и с решительным видом уходил прочь. Но вскоре Уидон и Мод расположили к себе Белого Клыка, хотя он все еще никак не высказывал своего отношения к ним. Он никогда не подходил к детям сам, но уже не убегал от них и ждал, когда они подойдут. А потом взрослые стали замечать, что при виде детей в глазах Белого Клыка появляется довольное выражение, которое уступало место чему-то вроде легкой досады, как только они оставляли его для других игр.

Много нового пришлось постичь Белому Клыку, но на все это потребовалось время. Следующее место после детей Белый Клык отводил судье Скотту. Объяснялось это двумя причинами: во-первых, хозяин, очевидно, очень ценил его, во-вторых, судья Скотт был человек сдержанный. Белый Клык любил лежать у его ног, когда тот читал газету на просторной веранде. Взгляд или слово, изредка брошенные в сторону Белого Клыка, говорили ему, что судья Скотт замечает его присутствие и умеет дать почувствовать это безо всякой навязчивости. Но так бывало, когда хозяин куда-нибудь уходил. Стоило только ему показаться, и весь остальной мир переставал существовать для Белого Клыка.

Белый Клык позволял всем членам семьи Скотта гладить и ласкать себя, но ни к кому из них он не относился так, как к хозяину. Никакие ласки не могли вызвать любовных ноток в его рычании. Как ни старались родные Скотта, никому из них не удалось заставить Белого Клыка прижаться к ним головой. Этим выражением безграничного доверия, подчинения и преданности Белый Клык удостаивал одного Уидона Скотта. В сущности говоря, остальные члены семьи были для него не чем иным, как хозяйской собственностью.

Точно так же Белый Клык очень рано почувствовал разницу между членами семьи хозяина и слугами. Слуги боялись его, а он со своей стороны воздерживался от нападений на этих людей только потому, что считал их тоже хозяйской собственностью. Между ними и Белым Клыком поддерживался нейтралитет, и только. Они варили обед для хозяина, мыли посуду и исполняли всякую другую работу, точно так же как на Клондайке все это делал Мэт. Короче говоря, слуги входили необходимой составной частью в жизненный уклад Сиерра-Висты.

Много нового пришлось узнать Белому Клыку и за пределами поместья. Владения хозяина были широки и обширны, но и они имели свои границы. Около Сиерра-Висты проходило шоссе. За ним начинались общие владения всех богов — дороги и улицы. Личные же их владения стояли за изгородями. Все это управлялось бесчисленным множеством законов, которые диктовали Белому Клыку его поведение, хотя он и не понимал языка богов и мог знакомиться с их законами только на основании собственного опыта. Он действовал сообразно своим инстинктам до тех пор, пока не сталкивался с одним из людских законов. После нескольких таких столкновений Белый Клык постигал закон и больше никогда не нарушал его.

Но сильнее всего действовали на Белого Клыка строгие нотки в голосе хозяина и наказующая рука хозяина. Белый Клык любил своего бога беззаветной любовью, и его строгость причиняла ему такую боль, какой не могли причинить ни Серый Бобр, ни Красавчик Смит. Их побои были ощутимы только для тела, а дух, гордый, неукротимый дух Белого Клыка продолжал бушевать. Удары нового хозяина были чересчур слабы, чтобы причинить боль, и все-таки они проникали глубже. Хозяин выражал свое неодобрение Белому Клыку и этим уязвлял его в самое сердце.

В сущности говоря, Белому Клыку не так уж часто попадало от хозяина. Хозяйского голоса было вполне достаточно; по этому голосу Белый Клык судил, правильно он поступает или нет, к нему приноравливал свое поведение, поступки. Этот голос был для него компасом, по которому он направлял свой путь, компасом, который помогал ему знакомиться с новой страной и новой жизнью.

На Севере единственным прирученным животным была собака. Все остальные жили на воле и являлись законной добычей каждой собаки, если только она могла с ней справиться. Раньше Белому Клыку часто приходилось промышлять охотой, и ему было невдомек, что на Юге дело обстоит по-иному. Убедился он в этом в самом начале своего пребывания в долине Санта-Клара. Гуляя как-то рано утром около дома, он вышел из-за угла и наткнулся на курицу, убежавшую с птичьего двора. Вполне понятно, что ему захотелось съесть ее. Прыжок, сверкнувшие зубы, испуганное кудахтанье — и отважная путешественница встретила свой конец. Курица была хорошо откормленная, жирная и нежная на вкус; Белый Клык облизнулся и решил, что еда попалась неплохая. В тот же день он набрел около конюшни еще на одну заблудшую курицу. На выручку ей прибежал конюх. Не зная нрава Белого Клыка, он захватил с собой для устрашения тонкий хлыстик. После первого же удара Белый Клык оставил курицу и бросился на человека. Его можно было бы остановить палкой, но не хлыстом. Второй удар, встретивший его на середине прыжка, он принял молча, не дрогнув от боли. Конюх вскрикнул, шарахнулся назад от прыгнувшей ему на грудь собаки, уронил хлыст, схватился за шею руками. В результате рука его была располосована от локтя вниз до самой кости.

Конюх страшно перепугался. Его ошеломила не столько злоба Белого Клыка, сколько то, что он бросился молча, не залаяв, не зарычав. Все еще не отнимая искусанной и залитой кровью руки от лица и горла, конюх начал отступать к сараю. Не появись на сцене Колли, ему бы несдобровать. Колли спасла конюху жизнь, так же как в свое время она спасла жизнь Дику. Не помня себя от ярости, овчарка кинулась на Белого Клыка. Она оказалась умнее слишком доверчивых богов. Все ее подозрения оправдались: это грабитель! Он снова принялся за свои старые проделки! Он неисправим!

Конюх убежал на конюшню, а Белый Клык начал отступать перед свирепыми зубами Колли, кружась и подставляя под ее укусы то одно, то другое плечо. Но Колли продолжала донимать его, не ограничиваясь на этот раз обычным наказанием. Ее волнение и злоба разгорались с каждой минутой, и в конце концов Белый Клык забыл все свое достоинство и удрал в поле.

— Он не будет охотиться на кур, — сказал хозяин, — но сначала мне нужно застать его на месте преступления.

Случай представился два дня спустя, но хозяин даже не предполагал, каких размеров достигнет это преступление. Белый Клык внимательно следил за птичьим двором и его обитателями. Вечером, когда куры уселись на насест, он взобрался на груду недавно привезенного теса, перепрыгнул оттуда на крышу курятника, перелез через ее гребень и соскочил на землю. Секундой позже в курятнике началось смертоубийство.

Утром, когда хозяин вышел на веранду, глазам его предстало любопытное зрелище: конюх выложил на траве в один ряд пятьдесят зарезанных белых леггорнов. Скотт тихо засвистал, сначала от удивления, потом от восторга. Глазам его предстал также и Белый Клык, который не выказывал ни малейших признаков смущения или сознания собственной вины. Он держался очень горделиво, как будто и в самом деле совершил поступок, достойный всяческих похвал. При мысли о предстоявшей ему неприятной задаче хозяин сжал губы; затем он резко заговорил с безмятежно настроенным преступником, и в голосе его — голосе бога — слышался гнев. Больше того, хозяин ткнул Белого Клыка носом в зарезанных кур и ударил его кулаком.

С тех пор Белый Клык уже не совершал налетов на курятник. Куры охранялись законом, и Белый Клык понял это. Вскоре хозяин взял его с собой на птичий двор. Как только живая птица засновала чуть ли не под самым носом у Белого Клыка, он сейчас же приготовился к прыжку. Это было вполне естественное движение, но голос хозяина заставил его остановиться. Они пробыли на птичьем дворе с полчаса. И каждый раз, когда Белый Клык, поддаваясь инстинкту, бросался за птицей, голос хозяина останавливал его. Таким образом он усвоил еще один закон и тут же, не выходя из этого птичьего царства, научился не замечать его обитателей.

— Такие охотники на кур неисправимы, — грустно покачивая головой, проговорил за завтраком судья Скотт, когда сын рассказал ему об уроке, преподанном Белому Клыку. — Стоит им только повадиться на птичий двор и попробовать вкус крови... — И он снова с грустью покачал головой.

Но Уидон Скотт не соглашался с отцом.

— Знаете, что я сделаю? — сказал он наконец. — Я запру Белого Клыка в курятнике на целый день.

— Что же будет с курами! — запротестовал отец.

— Больше того, — продолжал сын, — за каждую задушенную курицу я плачу золотой доллар.

— На папу тоже надо наложить какой-нибудь штраф, — вмешалась Бет.

Сестра поддержала ее, и все сидевшие за столом хором одобрили это предложение. Судья не стал возражать.

— Хорошо! — Уидон Скотт на минуту задумался. — Если к концу дня Белый Клык не тронет ни одного куренка, за каждые десять минут, проведенные им на птичьем дворе, вы скажете ему совершенно серьезным и торжественным голосом, как в суде во время оглашения приговора: «Белый Клык, ты умнее, чем я думал».

Выбрав такие места, где их не было видно, все члены семьи приготовились наблюдать за событиями. Но им пришлось испытать сильное разочарование. Как только хозяин ушел со двора, Белый Клык лег и заснул. Потом проснулся и подошел к корыту напиться. На кур он не обращал ни малейшего внимания — они для него не существовали. В четыре часа он прыгнул с разбегу на крышу курятника, соскочил на землю по другую сторону и степенной рысцой побежал к дому. Он усвоил новый закон. И судья Скотт, к великому удовольствию всей семьи, собравшейся на веранде, торжественным голосом сказал шестнадцать раз подряд: «Белый Клык, ты умнее, чем я думал».

Но многообразие законов очень часто сбивало Белого Клыка с толку и повергало его в немилость. В конце концов он твердо уяснил себе, что нельзя трогать и кур, принадлежащих другим богам. То же самое относилось к кошкам, кроликам и индюшкам. Откровенно говоря, после первого ознакомления с этим законом у него создалось впечатление, что все живые существа неприкосновенны. Перепелки вспархивали на лугу из-под самого его носа и улетали невредимыми. Белый Клык дрожал всем телом, но все же смирял в себе инстинктивное желание схватить птицу. Он повиновался воле богов.

Но вот однажды ему пришлось увидеть, как Дик спугнул на лугу зайца. Хозяин тоже видел это и не только не вмешивался, но даже подстрекал Белого Клыка присоединиться к погоне. Таким образом, Белый Клык узнал, что новый закон не распространяется на зайцев, и в конце концов усвоил его целиком. С домашними животными надо жить в мире. Если дружба с ними не ладится, то нейтралитет следует поддерживать во всяком случае. Но другие животные — белки, перепела и зайцы, не порвавшие связи с лесной глушью и не покорившиеся человеку, — законная добыча каждой собаки. Боги защищали только ручных животных и не позволяли им враждовать между собой. Боги были властны в жизни и смерти своих подданных и ревниво оберегали эту власть.

Жизнь в Сиерра-Висте была далеко не так проста, как на Севере. Цивилизация требовала от Белого Клыка прежде всего власти над самим собой и выдержки — той уравновешенности, которая неосязаема, словно паутинка, и в то же время тверже стали. Жизнь здесь была тысячелика, и Белый Клык соприкасался с ней во всем ее многообразии. Так, когда ему приходилось бежать вслед за хозяйской коляской по городу Сан-Хосе или ждать хозяина на улице, жизнь текла мимо него глубоким, необъятным потоком, непрестанно требуя мгновенного приспособления к своим законам и почти всегда заставляя его заглушать в себе все естественные порывы.

В городе он видел мясные лавки, в которых прямо перед носом висело мясо. Но трогать его не разрешалось. В домах, куда заходил хозяин, были кошки, которых тоже следовало оставлять в покое. А собаки встречались повсюду, и драться с ними было нельзя, хоть они и рычали на него. Кроме того, по тротуарам сновало бесчисленное множество людей, чье внимание он привлекал к себе. Люди останавливались, показывали на него друг другу, разглядывали его со всех сторон, заговаривали с ним и, что было хуже всего, трогали его руками. Приходилось терпеливо выносить прикосновение чужих рук, но терпением Белый Клык уже успел запастись. Он сумел даже преодолеть свою неуклюжую застенчивость и с высокомерным видом принимал все знаки внимания, которыми наделяли его незнакомые боги. Они снисходили до него, и он отвечал им тем же. И все же в Белом Клыке было что-то такое, что препятствовало слишком фамильярному обращению с ним. Прохожие гладили его по голове и отправлялись дальше, довольные собственной смелостью.

Но Белому Клыку не всегда удавалось отделаться так легко. Когда хозяйская коляска проезжала предместьями Сан-Хосе, мальчишки, попадавшиеся на пути, встречали его камнями. Белый Клык знал, что догнать их и разделаться с ними как следует нельзя. Приходилось поступать вопреки инстинкту самосохранения, и он, заглушая в себе голос инстинкта, становился мало-помалу совсем ручной, цивилизованной собакой.

И все же такое положение дел не совсем удовлетворяло Белого Клыка, хоть он и не знал, что такое беспристрастие и честность. Но каждое живое существо до известной степени обладает чувством справедливости, и Белому Клыку трудно было примириться с тем, что ему не позволяют защищаться от этих мальчишек. Он забыл, что договор, заключенный между ним и богами, обязывал последних заботиться о нем и охранять его. И вот однажды хозяин выскочил из коляски с хлыстом в руках и как следует проучил сорванцов. После этого они перестали бросаться камнями, и Белый Клык все понял и почувствовал полное удовлетворение.

Вскоре Белому Клыку пришлось испытать другой подобный же случай. Около салуна, мимо которого он пробегал по дороге в город, всегда слонялись три пса, взявшие себе за правило бросаться на него. Зная, чем кончаются все схватки Белого Клыка с собаками, хозяин неустанно втолковывал ему закон, запрещавший драки. Белый Клык хорошо усвоил этот закон и, пробегая мимо салуна на перекрестке, всегда попадал в очень неприятное положение. Его злобное рычание сейчас же отгоняло всех трех собак на приличную дистанцию, но они продолжали свою погоню издали, лаяли, оскорбляли его. Так продолжалось довольно долгое время. Посетители салуна даже поощряли собак и как-то раз совершенно открыто натравили их на Белого Клыка. Тогда хозяин остановил коляску.

— Взять их! — сказал он Белому Клыку.

Белый Клык не поверил собственным ушам. Он посмотрел на хозяина, посмотрел на собак. Потом еще раз бросил на хозяина вопросительный и тревожный взгляд.

Тот кивнул.

— Возьми их, старик! Задай им как следует!

Белый Клык отбросил все колебания. Он повернулся и молча кинулся на врагов. Те не отступили. Началась свалка. Собаки лаяли, рычали, лязгали зубами. Вставшая столбом пыль заслонила поле битвы. Но через несколько минут две собаки уже бились на дороге в предсмертных судорогах, а третья бросилась наутек. Она перепрыгнула канаву, проскочила сквозь изгородь и убежала в поле. Белый Клык мчался за ней совершенно бесшумно, как настоящий волк, не уступая волку и в быстроте, и на середине поля настиг и прикончил ее.

Это тройное убийство положило конец его неладам с чужими собаками. Слух о происшествии разнесся по всей долине, и люди стали следить за тем, чтобы их собаки не приставали к бойцовому волку.

Глава четвертая
ГОЛОС КРОВИ

Месяцы шли один за другим. Еды на Юге было вдоволь, работы от Белого Клыка не требовали, и он вошел в тело, благоденствовал и был счастлив. Юг стал для Белого Клыка не только географической точкой — он жил на Юге жизни. Человеческая ласка согревала его, как солнце, и он расцветал, словно растение, посаженное в добрую почву.

И все-таки между Белым Клыком и собаками чувствовалась какая-то разница. Он знал все законы даже лучше своих собратьев, которым не приходилось жить в других условиях, и соблюдал их с большей точностью — и тем не менее свирепость не изменяла ему, как будто Северная глушь все еще держала его в своей власти, как будто волк, живший в нем, только задремал на время.

Белый Клык не дружил с собаками. Он всегда был одиночкой и намеревался держаться в стороне от своих собратьев и впредь. С первых лет своей жизни, омраченных враждой с Лип-Липом и со всей сворой щенков, и за те месяцы, которые ему пришлось провести у Красавчика Смита, Белый Клык возненавидел собак. Жизнь его уклонилась от нормального течения, и он сблизился с человеком, отдалившись от своих сородичей.

Кроме того, на Юге собаки относились к Белому Клыку с большой подозрительностью: он будил в них инстинктивный страх перед Северной глушью, и они встречали его лаем и рычанием, в котором слышалась ненависть. Он же со своей стороны понял, что кусать их совсем необязательно. Оскаленные клыки и злобно вздрагивавшие губы действовали безошибочно и останавливали почти любую разъяренную собаку.

Но жизнь послала Белому Клыку испытание, и этим испытанием была Колли. Она не давала ему ни минуты покоя. Закон не обладал для нее такой же непреложной силой, как для Белого Клыка, и Колли противилась всем попыткам хозяина заставить их подружиться. Ее злобное, истеричное рычание неотвязно преследовало Белого Клыка: Колли не могла простить ему историю с курами и была твердо уверена в преступности всех его намерений. Она находила вину там, где ее еще и не было. Она отравляла Белому Клыку существование, следуя за ним по пятам, как полисмен, и стоило ему только бросить любопытный взгляд на голубя или курицу, как овчарка поднимала яростный, негодующий лай. Излюбленный способ Белого Клыка отделаться от нее заключался в том, что он ложился на землю, опускал голову на передние лапы и притворялся спящим. В таких случаях она всегда терялась и сразу умолкала.

За исключением неприятностей с Колли, все остальное шло гладко. Белый Клык научился сдерживать себя, твердо усвоил законы. В характере его появились положительность, спокойствие, философское терпение. Среда перестала быть враждебной ему. Предчувствия опасности, угрозы боли и смерти как не бывало. Мало-помалу исчез и ужас перед неизвестным, подстерегавшим его раньше на каждом шагу. Жизнь стала спокойной и легкой. Она текла ровно, не омрачаемая ни страхами, ни враждой.

Ему не хватало снега, но сам он не понимал этого. «Как затянулось лето!» — подумал бы, вероятно, Белый Клык, если бы мог так подумать. Потребность в снеге была смутная, бессознательная. Точно так же в летние дни, когда солнце жгло безжалостно, он испытывал легкие приступы тоски по Северу. Но тоска эта проявлялась только в беспокойстве, причины которого оставались неясными ему самому.

Белый Клык никогда не отличался экспансивностью. Он прижимался головой к хозяину, ласково ворчал и только такими способами выражал свою любовь. Но вскоре ему пришлось узнать и третий способ. Он не мог оставаться равнодушным, когда боги смеялись. Смех приводил его в бешенство, заставлял терять рассудок от ярости. Но на хозяина Белый Клык не мог сердиться, и, когда тот начал однажды добродушно подшучивать и смеяться над ним, он растерялся. Прежняя злоба поднималась в нем, но на этот раз ей приходилось бороться с любовью. Сердиться он не мог — что же ему было делать? Он старался сохранить величественный вид, но хозяин захохотал громче. Он набрался еще больше величия, а хозяин все хохотал и хохотал. В конце концов Белый Клык сдался. Верхняя губа у него дрогнула, обнажив зубы, и глаза загорелись не то лукавым, не то любовным огоньком. Белый Клык научился смеяться.

Научился он и играть с хозяином: позволял валить себя с ног, опрокидывать на спину, проделывать над собой всякие шутки, а сам притворялся разъяренным, весь ощетинивался, рычал и лязгал зубами, делая вид, что хочет укусить хозяина. Но до этого никогда не доходило: его зубы щелкали в воздухе, не задевая Скотта. И в конце такой возни, когда удары, толчки, лязганье зубами и рычание становились все сильнее и сильнее, человек и собака вдруг отскакивали в разные стороны, останавливались и смотрели друг на друга. А потом так же внезапно — будто солнце вдруг проглянуло над разбушевавшимся морем — они начинали смеяться. Игра обычно заканчивалась тем, что хозяин обнимал Белого Клыка за шею, а тот заводил свою ворчливо-нежную любовную песенку.

Но, кроме хозяина, никто не осмеливался поднимать такую возню с Белым Клыком. Он не допускал этого. Стоило кому-нибудь другому покуситься на его чувство собственного достоинства, как угрожающее рычание и вставшая дыбом шерсть убивали у этого смельчака всякую охоту поиграть с ним. Если Белый Клык разрешал хозяину такие вольности, это вовсе не значило, что он расточает свою любовь направо и налево, как обыкновенная собака, готовая возиться и играть с кем угодно. Он любил только одного человека и отказывался разменивать свою любовь.

Хозяин много ездил верхом, и Белый Клык считал своей первейшей обязанностью сопровождать его в такие прогулки. На Севере он доказывал свою верность людям тем, что ходил в упряжи, но на Юге никто не ездил на нартах, и здешних собак не нагружали тяжестями. Поэтому Белый Клык всегда был при хозяине во время его поездок, найдя в этом новый способ для выражения своей преданности. Ему ничего не стоило бежать так хоть целый день. Он бежал без малейшего напряжения, не чувствуя усталости, ровной волчьей рысью и, проделав миль пятьдесят, все так же резво несся впереди лошади.

Эти поездки хозяина дали Белому Клыку возможность научиться еще одному способу выражения своих чувств, и замечательно то, что он воспользовался им только два раза за всю свою жизнь. Впервые это случилось, когда Уидон Скотт добивался от горячей чистокровной лошади, чтобы она позволяла ему открывать и закрывать калитку, не сходя с седла. Раз за разом он подъезжал к калитке, пытаясь закрыть ее за собой, но лошадь испуганно пятилась назад, шарахалась в сторону. Она горячилась все больше и больше, взвивалась на дыбы, а когда хозяин давал ей шпоры и заставлял опустить передние ноги, начинала бить задом. Белый Клык следил за ними с возраставшим беспокойством и под конец, не имея больше сил сдерживать себя, подскочил к лошади и злобно и угрожающе залаял на нее.

После случая с лошадью он часто пытался лаять, и хозяин поощрял его попытки, но сделать это ему удалось еще только один раз, причем хозяина в то время не было поблизости. Поводом к этому послужили следующие события: хозяин скакал верхом по полю, как вдруг лошадь метнулась в сторону, испугавшись выскочившего из-под самых ее копыт зайца, споткнулась, хозяин вылетел из седла, упал и сломал ногу. Белый Клык рассвирепел и хотел было вцепиться провинившейся лошади в горло, но хозяин остановил его.

— Домой! Ступай домой! — крикнул он, удостоверившись, что нога сломана.

Белый Клык не желал оставлять его одного. Хозяин хотел написать записку, но не нашел в карманах ни карандаша, ни бумаги. Тогда он снова приказал Белому Клыку бежать домой.

Белый Клык тоскливо посмотрел на него, сделал несколько шагов, вернулся и тихо заскулил. Хозяин заговорил с ним ласковым, но серьезным тоном; Белый Клык насторожил уши, с мучительным напряжением вслушиваясь в слова.

— Не смущайся, старик, ступай домой, — говорил Уидон Скотт. — Ступай домой и расскажи там, что случилось. Домой, волк, домой!

Белый Клык знал слово «домой» и, не понимая остального, все же догадался, о чем говорит хозяин. Он повернулся и нехотя побежал по полю. Потом остановился в нерешительности и посмотрел назад.

— Домой! — раздалось строгое приказание, и на этот раз Белый Клык повиновался.

Когда он подбежал к дому, все сидели на веранде, наслаждаясь вечерней прохладой. Белый Клык был весь в пыли и тяжело дышал.

— Уидон вернулся, — сказала мать Скотта.

Дети встретили Белого Клыка радостными криками и кинулись ему навстречу. Он ускользнул от них в дальний конец веранды, но маленький Уидон и Мод загнали его в угол между качалкой и перилами. Он зарычал, пытаясь вырваться на свободу. Жена Скотта испуганно посмотрела в ту сторону.

— Все-таки я в постоянной тревоге за детей, когда они вертятся около Белого Клыка, — сказала она. — Только и ждешь, что в один прекрасный день он бросится на них.

Белый Клык с яростным рычанием выскочил из ловушки, свалив мальчика и девочку с ног. Мать подозвала их к себе и стала утешать и уговаривать оставить Белого Клыка в покое.

— Волк всегда останется волком, — заметил судья Скотт. — На него нельзя полагаться.

— Но он не настоящий волк, — вмешалась Бет, вставая на сторону отсутствовавшего брата.

— Ты полагаешься на слова Уидона, — возразил судья. — Он думает, что в Белом Клыке есть собачья кровь, но ведь это только его предположение. А по виду...

Судья не закончил фразы. Белый Клык остановился перед ним и яростно зарычал.

— Пошел на место! На место! — строго проговорил судья Скотт.

Белый Клык повернулся к жене хозяина. Она испуганно вскрикнула, когда он схватил ее зубами за платье и, потянув к себе, разорвал легкую материю.

Тут уж Белый Клык стал центром всеобщего внимания. Он стоял, высоко подняв голову, и вглядывался в лица людей. Горло его подергивалось судорогой, но не издавало ни звука. Он силился как-то выразить то, что рвалось в нем наружу и не находило себе выхода.

— Уж не взбесился ли он? — сказала мать Уидона. — Я говорила Уидону, что северная собака не перенесет теплого климата.

— Он того и гляди заговорит! — воскликнула Бет.

В эту минуту Белый Клык обрел дар речи и разразился оглушительным лаем.

— Что-то случилось с Уидоном, — с уверенностью сказала жена Скотта.

Все вскочили с места, а Белый Клык бросился вниз по ступенькам, оглядываясь назад и словно приглашая людей следовать за собой. Он лаял второй и последний раз в жизни и добился, что его поняли.

После этого случая обитатели Сиерра-Висты стали лучше относиться к Белому Клыку, и даже конюх с искусанной рукой признал, что Белый Клык умный пес, хоть он и волк. Судья Скотт тоже придерживался этой точки зрения и, к всеобщему неудовольствию, приводил в доказательство своей правоты описания и таблицы, взятые из энциклопедии и различных книг по зоологии.

Дни шли один за другим, щедро заливая долину Санта-Клара солнечными лучами. Но с приближением зимы, второй его зимы на Юге, Белый Клык сделал странное открытие — зубы Колли перестали быть такими острыми: ее игривые, легкие укусы уже не причиняли боли. Белый Клык забыл, что когда-то овчарка отравляла ему жизнь, и, стараясь отвечать ей такой же игривостью, проделывал это до смешного неуклюже.

Однажды Колли долго носилась по лугу, а потом увлекла Белого Клыка за собой в лес. Хозяин собирался покататься до обеда верхом, и Белый Клык знал об этом: оседланная лошадь стояла у подъезда. Белый Клык колебался. Он чувствовал в себе нечто такое, что было сильнее всех познанных им законов, сильнее всех привычек, сильнее любви к хозяину, сильнее воли к жизни. И когда овчарка куснула его и побежала прочь, он оставил свою нерешительность, повернулся и последовал за ней. В тот день хозяин ездил один, а Белый Клык бегал по лесу бок о бок с Колли, так же как много лет назад в безмолвной северной чаще его мать Кичи бегала с Одноглазым.

Глава пятая
ДРЕМЛЮЩИЙ ВОЛК

Приблизительно в это же время в газетах появились сообщения о смелом побеге из сан-квентинской тюрьмы одного заключенного, славившегося своей свирепостью. Это была натура, исковерканная с самого рождения и не получившая ни малейшей помощи от окружающей среды, натура, являвшая собой поразительный пример того, во что может обратиться человеческий материал, когда он попадает в безжалостные руки общества. Это было животное, — правда, животное в образе человека, но тем не менее иначе как хищником его нельзя было назвать.

В сан-квентинской тюрьме он считался неисправимым. Никакое наказание не могло сломить его упорства. Он был способен бунтовать до последнего издыхания, не помня себя от ярости, но не мог жить побитым, покоренным. Чем яростнее бунтовал он, тем суровее общество обходилось с ним, и эта суровость только разжигала его злобу. Смирительная рубашка, голод, побои не достигали своей цели, а ничего другого Джим Холл не получал от жизни. Так обращались с Джимом Холлом с самого раннего детства, проведенного им в трущобах Сан-Франциско, когда он был мягкой глиной, готовой принять любую форму в руках общества.

В третий раз отбывая срок заключения в тюрьме, Джим Холл встретил там сторожа, который был почти таким же зверем, как и он сам. Сторож всячески преследовал его, оклеветал перед смотрителем, и Джима лишили последних тюремных поблажек. Вся разница между Джимом и сторожем заключалась лишь в том, что сторож носил при себе связку ключей и револьвер, а у Джима Холла были только голые руки да зубы. Но однажды он бросился на сторожа и вцепился зубами ему в горло, как дикий зверь в джунглях.

После этого Джима Холла перевели в одиночную камеру. Он прожил в ней три года. Пол, стены и потолок камеры были обиты железом. За все это время он ни разу не вышел из нее, ни разу не увидел неба и солнца. Вместо дня в камере стояли сумерки, вместо ночи — черное безмолвие. Джим Холл был заживо погребен в железной могиле. Он не видел человеческого лица, не обменялся ни с кем ни словом. Когда ему просовывали пищу, он рычал, как дикий зверь. Он ненавидел весь мир. Он мог выть от ярости день за днем, ночь за ночью, потом замолкал на недели и месяцы, не издавая ни звука в этом черном безмолвии, проникавшем ему в самую душу.

А потом как-то ночью он убежал. Смотритель уверял, что это немыслимо, но тем не менее камера была пуста, а на пороге ее лежал убитый сторож. Еще два трупа отмечали путь преступника через тюрьму к наружной стене — всех троих Джим Холл убил голыми руками, чтобы ничего не было слышно.

Сняв с убитых сторожей оружие, Джим Холл скрылся в горы. Голову его оценили в крупную сумму золотом. Алчные фермеры гонялись за ним с ружьями. Ценой его крови можно было выкупить закладную или послать сына в колледж. Граждане, воодушевившиеся чувством долга, вышли на Холла с ружьями в руках. Свора ищеек мчалась по его кровавым следам. А ищейки закона, состоявшие на жалованье у общества, звонили по телефону, слали телеграммы, заказывали специальные поезда, ни днем ни ночью не прекращая своих розысков.

Время от времени Джим Холл попадался на глаза преследователям, и тогда люди геройски шли ему навстречу или кидались от него врассыпную, к великому удовольствию всей страны, читавшей об этом в газетах за завтраком. После таких стычек убитых и раненых развозили по больницам, а их места занимали другие любители охоты на человека.

А затем Джим Холл исчез. Ищейки тщетно рыскали по его следам. Вооруженные люди задерживали ни в чем не повинных фермеров и требовали, чтобы те удостоверили свою личность. А жаждавшие получить выкуп за голову Холла десятки раз находили в горах его труп.

Все это время газеты читались и в Сиерра-Висте, но не столько с интересом, сколько с беспокойством. Женщины были перепуганы. Судья Скотт хорохорился и подшучивал над ними, впрочем без всяких оснований, так как незадолго до того, как он вышел в отставку, Джим Холл предстал перед ним в суде и выслушал от него свой приговор. И там же, в зале суда, перед всей публикой Джим Холл заявил, что настанет день, когда он отомстит судье, вынесшему этот приговор.

На этот раз Джим Холл был невиновен. Его осудили неправильно. В воровском мире и среди полицейских это называлось «закатать в тюрьму».

Джима Холла «закатали» за преступление, которого он не совершал. Приняв во внимание две прежние судимости Джима Холла, судья Скотт дал ему пятьдесят лет тюрьмы.

Судья Скотт не знал многих обстоятельств дела, не подозревал он и того, что стал невольным соучастником сговора полицейских, что показания были подстроены и извращены, что Джим Холл не был причастен к преступлению. А Джим Холл со своей стороны не знал, что судья Скотт действовал по неведению. Джим Холл был уверен, что судья Скотт прекрасно обо всем осведомлен и, вынося этот чудовищный по своей несправедливости приговор, действует рука об руку с полицией. И поэтому, когда судья Скотт огласил приговор, осуждавший Джима Холла на пятьдесят лет жизни, мало чем отличавшейся от смерти, Джим Холл, ненавидевший мир, который так круто обошелся с ним, вскочил со своего места и бесновался от ярости до тех пор, пока его враги, одетые в синие мундиры, не повалили его на пол. Он считал судью Скотта краеугольным камнем обрушившейся на него твердыни несправедливости и грозил ему местью. А потом Джима Холла заживо погребли в тюремной камере... и он убежал оттуда.

Обо всем этом Белый Клык ничего не знал. Но между ним и женой хозяина, Элис, существовала тайна. Каждую ночь, после того как вся Сиерра-Виста отходила ко сну, Элис вставала с постели и впускала Белого Клыка на всю ночь в холл. А так как Белый Клык не был комнатной собакой и ему не полагалось спать в доме, то рано утром, до того как все встанут, Элис тихонько сходила вниз и выпускала его во двор.

В одну такую ночь, когда весь дом покоился во сне, Белый Клык проснулся, но продолжал лежать тихо. И так же тихо он повел носом и сразу поймал несшуюся к нему по воздуху весть о присутствии в доме незнакомого бога. До его слуха доносились звуки шагов. Белый Клык не залаял. Это было не в его обычае. Незнакомый бог ступал очень тихо, но еще тише ступал Белый Клык, потому что на нем не было одежды, которая шуршит, прикасаясь к телу. Он двигался бесшумно. В Северной глуши ему приходилось охотиться за пугливой дичью, и он знал, как важно застать ее врасплох.

Незнакомый бог остановился у лестницы и стал прислушиваться. Белый Клык замер. Он стоял не шевелясь и ждал, что будет дальше. Лестница вела в коридор, где были комнаты хозяина и самых дорогих для него существ. Белый Клык ощетинился, но продолжал ждать молча. Незнакомый бог поставил ногу на нижнюю ступеньку; он стал подниматься вверх по лестнице...

И в эту минуту Белый Клык кинулся. Он сделал это без всякого предупреждения, даже не зарычал. Тело его взвилось в воздух и опустилось прямо на спину незнакомому богу. Белый Клык повис у него на плечах и впился зубами ему в шею. Он повис на незнакомом боге всей своей тяжестью и в одно мгновение опрокинул его навзничь. Оба рухнули на пол. Белый Клык отскочил в сторону, но, как только человек попытался встать на ноги, он снова кинулся на него и снова запустил зубы ему в шею.

Обитатели Сиерра-Висты в страхе проснулись. По шуму, доносившемуся с лестницы, можно было подумать, что там сражаются полчища дьяволов. Раздался револьверный выстрел, за ним второй, третий. Кто-то пронзительно вскрикнул от ужаса и боли. Потом послышалось громкое рычание. И все эти звуки сопровождал звон стекла и грохот опрокидываемой мебели.

Но шум замер так же внезапно, как и возник. Все это длилось не больше трех минут. Перепуганные обитатели дома столпились на верхней площадке лестницы. Снизу, из темноты, доносились булькающие звуки, будто воздух выходил пузырьками на поверхность воды. По временам бульканье переходило в шипение, чуть ли не в свист. Но и эти звуки быстро замерли, и во мраке слышалось только тяжелое дыхание, словно кто-то мучительно ловил ртом воздух.

Уидон Скотт повернул выключатель, и потоки света залили лестницу и холл. Потом он и судья Скотт осторожно спустились вниз, держа наготове револьверы. Впрочем, осторожность их оказалась излишней: Белый Клык уже сделал свое дело. Посреди опрокинутой и переломанной мебели лежал на боку человек, лицо его было прикрыто рукой. Уидон Скотт нагнулся, убрал руку и повернул человека лицом вверх. Зиявшая на горле рана не оставляла никаких сомнений относительно причины его смерти.

— Джим Холл! — сказал судья Скотт.

Отец и сын многозначительно переглянулись, затем перевели взгляд на Белого Клыка. Он тоже лежал на боку. Глаза у него были закрыты, но, когда люди наклонились над ним, он приподнял веки, силясь взглянуть вверх, и чуть шевельнул хвостом. Уидон Скотт погладил его, и в ответ на эту ласку он тихонько зарычал. Но рычание прозвучало чуть слышно и сейчас же оборвалось. Веки у Белого Клыка дрогнули и закрылись, все тело как-то сразу обмякло, и он вытянулся на полу.

— Кончено твое дело, бедняга, — пробормотал хозяин.

— Ну, это мы еще посмотрим, — заявил судья и пошел к телефону.

— Откровенно говоря, у него один шанс на тысячу, — сказал хирург, полтора часа провозившись около Белого Клыка.

Первые солнечные лучи, глянувшие в окна, побороли электрический свет. Вся семья, кроме детей, собралась около хирурга, чтобы послушать, что он скажет о Белом Клыке.

— Перелом задней лапы, — продолжал тот. — Три сломанных ребра, и по крайней мере одно из них прошло в легкое. Большая потеря крови. Возможно, что имеются и другие внутренние повреждения, так как, по-видимому, его топтали ногами. Я уже не говорю о том, что все три пули прошли навылет. Да нет, один шанс на тысячу — это, пожалуй, слишком оптимистично. У него нет и одного на десять тысяч.

— Но нельзя терять и этого шанса! — воскликнул судья Скотт. — Я заплачу любые деньги! Надо сделать просвечивание — все, что понадобится... Уидон, телеграфируй сейчас же в Сан-Франциско доктору Николсу. Вы не обижайтесь, доктор, мы вам верим, но для этой собаки надо сделать все, что можно.

— Ну разумеется, разумеется! Я понимаю, собака этого заслуживает. За ней надо ухаживать, как за человеком, как за больным ребенком. И следите за температурой. Я загляну в десять часов.

И за Белым Клыком ухаживали действительно как за человеком. Дочери судьи с негодованием отвергли предложение вызвать сиделку и взялись за это дело сами. И Белый Клык вырвал у жизни тот единственный шанс, в котором ему отказал хирург.

Но не следует осуждать хирурга за его ошибку. До сих пор ему приходилось лечить и оперировать изнеженных цивилизацией людей, потомков многих изнеженных поколений. По сравнению с Белым Клыком все они казались хрупкими и слабыми и не умели цепляться за жизнь. Белый Клык был выходцем из Северной глуши, которая никому не позволяет изнежиться и быстро уничтожает слабых. Ни у его матери, ни у его отца, ни у многих поколений их предков не было признаков изнеженности. Северная глушь наградила Белого Клыка железным организмом и живучестью, и он цеплялся за жизнь и духом, и телом с тем упорством, которое в прежние времена было свойственно каждому живому существу.

Прикованный к месту, лишенный возможности даже шевельнуться из-за тугих повязок и гипса, Белый Клык долгие недели боролся со смертью. Он подолгу спал, видел множество снов, и в мозгу его нескончаемой вереницей проносились видения Севера. Прошлое ожило и обступило Белого Клыка со всех сторон. Он снова жил в логовище с Кичи; дрожа всем телом, подползал к ногам Серого Бобра, выражая ему свою покорность; спасался бегством от Лип-Липа и завывавшей своры щенков.

Белый Клык снова бегал по безмолвному лесу, охотясь за дичью в дни голода; снова видел себя во главе упряжки; слышал, как Мит-Са и Серый Бобр щелкают бичами и кричат: «Раа! Раа!» — когда сани въезжают в ущелье и упряжка сжимается, как веер, на узкой дороге. День за днем прошли перед ним жизнь у Красавчика Смита и бои, в которых он участвовал. В эти минуты он скулил и рычал, и люди, сидевшие около него, говорили, что Белому Клыку снится дурной сон.

Но мучительнее всего был один повторявшийся кошмар: Белому Клыку снились трамваи, которые с грохотом и дребезгом мчались на него, точно громадные, пронзительно воющие рыси. Вот Белый Клык, притаившись, лежит в кустах, поджидая той минуты, когда белка решится наконец спуститься с дерева на землю. Вот он прыгает на свою добычу... Но белка мгновенно превращается в страшный трамвай, который громоздится над ним, как гора, угрожающе визжит, грохочет и плюет на него огнем. Так же было и с ястребом. Ястреб камнем падал на него с неба и превращался на лету все в тот же трамвай. Белый Клык видел себя в загородке у Красавчика Смита. Кругом собирается толпа, и он знает, что скоро начнется бой. Он смотрит на дверь, поджидая своего противника. Дверь распахивается, и страшный трамвай летит на него. Такой кошмар повторялся день за днем, ночь за ночью, и каждый раз Белый Клык испытывал ужас во сне.

Наконец в одно прекрасное утро с него сняли последнюю гипсовую повязку, последний бинт. Какое это было торжество! Вся Сиерра-Виста собралась около Белого Клыка. Хозяин почесывал ему за ухом, а он пел свою ворчливо-ласковую песенку. Бесценный Волк — назвала его жена хозяина. Это новое прозвище было встречено восторженными криками, и все женщины стали повторять: «Бесценный Волк! Бесценный Волк!»

Он попробовал было подняться на лапы, сделал несколько безуспешных попыток и упал. Выздоровление так затянулось, что мускулы его потеряли упругость и силу. Ему было стыдно своей слабости, как будто он провинился в чем-то перед богами. И, сделав героическое усилие, он встал на все четыре лапы, пошатываясь из стороны в сторону.

— Бесценный Волк! — хором воскликнули женщины.

Судья Скотт бросил на них торжествующий взгляд.

— Вашими устами глаголет истина! — сказал он. — Я твердил об этом все время. Ни одна собака не могла бы сделать того, что сделал Белый Клык. Он — волк.

— Бесценный Волк, — поправила его миссис Скотт.

— Да, Бесценный Волк, — согласился судья. — И отныне я только так и буду называть его.

— Ему придется сызнова учиться ходить, — сказал врач. — Пусть сейчас и начинает. Теперь уже можно. Выведите его во двор.

И Белый Клык вышел во двор, а за ним, словно за августейшей особой, почтительно шли все обитатели Сиерра-Висты. Он был очень слаб и, дойдя до лужайки, лег на траву и несколько минут отдыхал.

Затем процессия двинулась дальше, и мало-помалу, с каждым шагом мускулы Белого Клыка наливались силой, кровь быстрее и быстрее бежала по жилам. Дошли до конюшни, и там около ворот лежала Колли, а вокруг нее резвились на солнце шестеро упитанных щенков.

Белый Клык посмотрел на них с недоумением. Колли угрожающе зарычала, и он предпочел держаться от нее подальше. Хозяин подтолкнул к нему ногой ползавшего по траве щенка. Белый Клык ощетинился, но хозяин успокоил его. Колли, которую сдерживала Бет, не спускала с Белого Клыка настороженных глаз и рычанием предупреждала, что успокаиваться еще рано.

Щенок подполз к Белому Клыку. Тот навострил уши и с любопытством оглядел его. Потом они коснулись друг друга носами, и Белый Клык почувствовал, как теплый язычок щенка лизнул его в щеку. Сам не зная, почему так получилось, он тоже высунул язык и облизал щенку мордочку.

Боги встретили это рукоплесканиями и криками восторга. Белый Клык удивился и недоуменно посмотрел на них. Потом его снова охватила слабость; он опустился на землю и, поглядывая на щенка, нагнул голову набок. Остальные щенки тоже подползли к нему, к великому неудовольствию Колли, и Белый Клык с важным видом позволял им карабкаться себе на спину и скатываться на траву.

Рукоплескания смутили его и заставили почувствовать былую неловкость. Но вскоре это прошло. Щенки продолжали свою возню, а Белый Клык лежал на солнышке и, полузакрыв глаза, медленно погружался в дремоту.

РАССКАЗЫ

БЕЛОЕ БЕЗМОЛВИЕ

— Кармен и двух дней не протянет.

Выплюнув кусок льда, Мэйсон с сожалением оглядел несчастное животное, а затем сунул себе в рот его лапу и снова принялся выгрызать лед, накрепко застывший между собачьих пальцев.

— Собаки с такими звучными именами обычно гроша ломаного не стоят, — заявил он, закончив работу и оттолкнув животное прочь. — Они от такой ответственности чахнут и подыхают. Вы когда-нибудь видели, чтобы что-нибудь приключилось с собакой, у которой нормальная кличка — Касьяр, например, или Сиваш, или Хаски? Никогда! Вы посмотрите на Шукума: он...

Щелк! Тощий зверь промелькнул как стрела, и белые зубы едва не сомкнулись на горле Мэйсона.

— Ах вот ты как?

Рукоятка кнута ловко стегнула пса по уху, и тот, мелко дрожа, растянулся в снегу, пуская с клыков желтые слюни.

— Так вот, я говорю: посмотрите на Шукума — этот не пропадет. Держу пари, он сожрет Кармен — не пройдет и недели.

— А я тебе на это вот что скажу, — откликнулся Мэйлмют Кид, переворачивая хлеб, который он размораживал у огня. — Мы сами съедим Шукума еще прежде, чем доберемся до места. Как думаешь, Руфь?

Опустив в посудину кусочек льда, чтобы кофе осел, индианка взглянула на Мэйлмюта Кида, потом на мужа, потом на собак, но до ответа не снизошла. Он был настолько очевиден, что не стоило тратить слов. Впереди лежало еще двести миль снежной целины, а еды оставалось в лучшем случае на шесть дней — это для людей, а для собак не было вовсе. О чем же тут спорить? Присев у костра, двое мужчин и женщина принялись за скудную трапезу. Лежа в упряжках (не было смысла их распрягать на время короткого дневного привала), собаки завистливо провожали взглядами каждый кусок.

— Обедать больше не будем, — объявил Мэйлмют Кид. — И за собаками — глаз да глаз. Они начинают злиться. Загрызут при первой возможности.

— А ведь я был когда-то главой методистской общины и преподавал в воскресной школе, — ни с того ни с сего сообщил Мэйсон и погрузился в задумчивое созерцание своих мокасин, от которых шел пар. Из этого состояния его вывела Руфь, протянув ему горячую кружку. — Слава богу, что хоть чая у нас вволю. Я видел, как он растет в Теннесси. Все на свете бы отдал сейчас за горячую кукурузную лепешку! Ничего, Руфь: голодать тебе осталось недолго, да и в мокасинах ходить тоже.

При этих словах ее хмурое лицо просияло, а глаза наполнились безграничной любовью к белому господину — первому белому человеку, которого ей довелось встретить, и первому мужчине, который обращался с женщиной лучше, чем с вьючным животным.

— Да-да, Руфь, — продолжал ее муж на том особом смешанном наречии, на котором они только и понимали друг друга, — вот закончим дела — и отправимся на Большую землю. Сядем в каноэ Белого Человека и поплывем по Соленой Воде. Да-да, по воде, которую нельзя пить, по бурной воде, — по ней так и пляшут огромные горы — вверх-вниз. Мы поплывем далеко-далеко, пройдет десять снов, двадцать снов, сорок снов, — для наглядности он отсчитывал сутки на пальцах, — и все время вода, плохая вода. А за ней — огромная деревня, полная людей, как комаров летом. И высокие-высокие вигвамы — как десять — нет, двадцать сосен. *Хай-ю скукум!*

Тут он запнулся и беспомощно взглянул на Мэйлмюта Кида, а затем жестами изобразил, как ставит двадцать сосен одну на другую. Мэйлмют Кид скептически улыбнулся, но глаза Руфи были полны удивления и блаженства: она верила и не верила, думала, что муж, наверное, шутит, и эта милость пролила бальзам на сердце бедняжки.

— А потом ты заходишь... в ящик, и вдруг — пуф! — летишь вверх. — Для наглядности Мэйсон подбросил пустую кружку и, ловко поймав ее, воскликнул: — А потом — бух! — и вниз. О, там живут великие колдуны! Ты едешь в Форт-Юкон, я еду в Арктик-Сити — двадцать пять снов — большая веревка, всю дорогу — я поймал веревку — я говорю: «Привет, Руфь! Как дела?» — а ты говоришь: «Это мой добрый муж?» — а я говорю: «Да», — а ты говоришь: «Нельзя спечь хороший хлеб, соды нет», — а я: «Посмотри в кладовке под мукой, до встречи». Ты смотришь — а там полно соды. И ты все время в Форт-Юконе, а я в Арктик-Сити. Хай-ю колдун!

Руфь так простодушно улыбалась, слушая эту сказку, что оба мужчины не выдержали и расхохотались. Собачья драка положила конец рассказам о чудесах Большой земли, а когда рычащих соперников удалось разнять, Руфь уже увязала нарты и можно было трогаться в путь.

— Вперед! Пошел, Плешивый! Ну, пошел! — Мэйсон ловко орудовал кнутом и, когда собаки взвыли, натягивая постромки, двинул нарты вперед, оттолкнувшись шестом. Со второй упряжкой отправилась Руфь, а Мэйлмют Кид, который помог ей оттолкнуться, остался замыкающим. Силач, способный повалить быка одним ударом, он не мог бить несчастных собак и жалел их — вопреки местным обычаям. Да что там, он был готов визжать вместе с ними от сострадания.

— Ну давайте, вперед, колченогие! — проворчал он после нескольких безуспешных попыток тронуться с места.

В конце концов его терпение было вознаграждено, и, поскуливая от боли, собаки поспешили вослед своим собратьям.

Разговоры закончились: дорога — тяжелый труд, и впустую расходовать силы — роскошь непозволительная. Из всех видов каторжного труда путешествие по Северной тропе — самый тяжкий. Блажен тот, кому удается ценой молчания выдержать день, даже на проторенной тропе.

И уж точно нет труда тяжелее, чем прокладывать тропу. Ноги в огромных плетеных лыжах на каждом шагу проваливаются в сугробы по колено. Затем ногу нужно поднимать — строго вверх: малейшее отклонение, даже на дюйм, может привести к катастрофе, — до тех пор, пока лыжа не высвободится из снега полностью, и тогда — вперед и снова вниз, затем на пол-ярда перпендикулярно поверхности поднимают вторую ногу. Тот, кто делает такое впервые, даже чудом умудрившись не поставить ноги слишком близко друг к другу и не растянуться во весь рост на зыбкой тверди, рухнет в изнеможении, не преодолев и сотни ярдов. Тот, кому удастся ни разу за день не попасть под собачью упряжку, может с чистой совестью заползти в спальный мешок, преисполнившись гордости сверх всякой меры. А уж тому, кто выдержит на Великой Северной тропе двадцать ночевок, могут завидовать боги.

День все тянулся. Со священным трепетом, который порождало в них Белое Безмолвие, странники молчали, продолжая свой тяжкий труд. У природы есть много уловок, чтобы убедить человека в его бренности: она потрясает его воображение беспрестанной сменой морских приливов и отливов, яростью бурь, мощными подземными толчками, долгими раскатами небесной артиллерии, — но сильнее всего ошеломляет и ужасает это бесстрастное и безграничное Белое Безмолвие. Все замерло, небо расчистилось и отливает медью; малейший, даже самый тихий шепот кажется кощунством, и человек невольно робеет, пугаясь звуков собственного голоса. Одинокая искра жизни, летящая через мертвую призрачную пустыню, он содрогается от собственной дерзости, сознавая, что здесь он — лишь жалкий червь, и не более. Странные, неожиданные мысли приходят в голову, а тайна всего сущего так и просится на уста — чтобы наконец облечься в слова. И на человека накатывает страх — перед смертью, перед Создателем, перед Вселенной, надежда на Воскресение и на Жизнь, и жажда бессмертия, тщетное стремление немощной твари, — и только тогда он, возможно, оказывается один на один с Богом.

День подходил к концу. Река описала огромный изгиб, и Мэйсон направил свою упряжку напрямик, через узкий перешеек. Но собаки всё никак не могли взобраться по крутому склону на берег. Они снова и снова сползали вниз, хотя Руфь и Мэйлмют Кид налегали на нарты, подталкивая их вверх. Наконец они предприняли решающую попытку. Несчастные создания, ослабевшие от голода, вложили в нее все последние силы. Вверх — еще выше — вот нарты уже почти на крутом берегу: но вдруг вожак забрал вправо, потянув за собой остальных, впряженных следом за ним, и зацепил упряжью лыжи Мэйсона. Результат оказался плачевным. Мэйсона сбили с ног; одна из собак тоже упала, нарты опрокинулись и снова скатились вниз вместе с поклажей.

Вжик! Кнут обрушился на собак — особенно яростно на ту, что упала.

— Мэйсон, не надо! — взмолился Мэйлмют Кид. — Бедняга и так на последнем издыхании. Погоди, я своих припрягу.

Мэйсон остановился, молча дождался, пока товарищ произнесет последнее слово, — и вновь взметнул длинный кнут, который буквально обвился вокруг провинившегося животного. Кармен — а это была она — вжалась в снег, жалобно взвизгнула и повалилась набок.

Наступил трагический момент, один из самых печальных, какие бывают в дороге: умирающая собака, разгневанные попутчики. Руфь встревоженно переводила взгляд с одного на другого. Но Мэйлмют Кид сдержался, хотя взгляд его был полон укоризны, и, склонившись над собакой, обрезал постромки. Никто не проронил ни слова. Упряжки спарили, крутой склон преодолели; нарты вновь двинулись в путь, умирающее животное плелось следом. Кармен не пристрелят, пока она сможет передвигаться. Для нее это последняя возможность выжить: если она доберется до лагеря и если люди добудут лося.

Мэйсон уже сожалел о том, как повел себя в приступе гнева, но был слишком упрям, чтобы извиниться; он шел впереди, с трудом пролагая путь, и не подозревал, что над ним нависла угроза. Они пробирались через укрытую от ветра низину, поросшую лесом. Футах в пятидесяти от тропы высилась величавая сосна. Она пережила уже не одно поколение людей, и все это время судьба готовила ей такой вот конец, — как, возможно, и Мэйсону.

Он наклонился, чтобы затянуть распустившуюся завязку у мокасина. Нарты остановились, и собаки без единого звука улеглись в снег. Заиндевевший лес был пугающе неподвижен, ни единое дуновение не нарушало потустороннюю тишину; холод и безмолвие леденили душу и обжигали дрожащие губы природы. Вдруг воздух содрогнулся от тихого вздоха: казалось, они его не услышали, а скорее почувствовали, — как предвестие нарождающегося движения в неподвижной пустоте. И вот огромное дерево, под гнетом лет и снегов, доиграло свою роль в трагедии жизни. Услышав предостерегающий треск, Мэйсон попытался вскочить на ноги, и ему это почти удалось, как вдруг чудовищный удар обрушился ему на плечо.

Нежданная угроза, внезапная смерть — Мэйлмют Кид давно был с ними на «ты». Сосновые иглы еще трепетали, когда он отдал необходимые команды и взялся за дело. А юная индианка не упала в обморок и не стала сотрясать воздух праздными стенаниями, как, скорее всего, поступили бы ее бледнолицые сестры. По приказу Мэйлмюта Кида она навалилась всем весом на конец толстой палки — импровизированного рычага — и облегчила таким образом тяжесть ствола, прислушиваясь к стонам мужа; сам же Кид тем временем орудовал топором. Сталь весело звенела, впиваясь в насквозь промерзший ствол; за каждым ударом слышался громкий, натужный выдох лесоруба: «Ух! Ух!» Наконец Кид добрался до того, что некогда было человеком. Но гораздо больнее, чем муки товарища, было видеть беззвучное страдание несчастной женщины, это вопросительное выражение у нее на лице, полное одновременно надежды и отчаяния. Говорили мало: на Севере быстро познаёшь тщетность слов и несравненную ценность дел. Лежа в снегу при температуре минус шестьдесят пять градусов по Фаренгейту, человек долго не проживет. Кид и Руфь обрезали постромки и уложили беднягу Мэйсона, укутанного в меха, на ложе из веток. Перед ним разожгли жаркий костер, нарубив дров из того самого дерева, которое послужило причиной несчастья. С другой стороны и отчасти сверху соорудили что-то вроде палатки: натянули кусок полотна, которое улавливало тепло и отражало его на больного, — прием, хорошо известный тем, кто учится физике у самой природы.

А те, кому случалось делить ложе со смертью, узнают ее зов. Мэйсон был искалечен страшно. Это было видно даже при беглом осмотре. Правая рука, нога и позвоночник были сломаны; обе ноги полностью парализованы; скорее всего, были и внутренние повреждения. Кроме редких стонов, других признаков жизни он не подавал.

Положение безнадежное: сделать ничего невозможно. Безжалостная ночь тянулась медленно. Руфь держалась стойко, пряча отчаяние, как свойственно ее народу; на бронзовом лице Мэйлмюта Кида пролегли несколько новых складок. Вообще говоря, Мэйсон мучился меньше всех: он пребывал в Восточном Теннесси, у подножия хребта Большие Дымчатые горы, где прошло его детство. И до чего же трогательно звучали давно забытые им интонации родного южного наречия, когда он бредил об омутах, и об охоте на енотов, и о ворованных арбузах. Руфь понимала не больше, чем если бы он говорил по-китайски, зато Кид понимал все прекрасно — понимал и чувствовал так, как может чувствовать только тот, кто на долгие годы оказался оторван от всех благ цивилизации.

Наутро искалеченный Мэйсон пришел в сознание, и Мэйлмют Кид склонился поближе, чтобы разобрать его шепот.

— Помнишь, как мы встретились на Танане? В ледоход четыре года будет. Тогда она для меня мало что значила. Хорошенькая... просто нравилась, наверное. Но теперь...

все мои мысли — о ней, понимаешь? Она была мне хорошей женой, всегда рядом. Ну а в нашем деле ей равных нет, сам знаешь. Помнишь, как она преодолела пороги Лосиные Рога, чтобы забрать нас с той скалы, когда пули градом лупили по воде? А голод в Нуклукайто помнишь? А как она перебралась через реку в ледоход, чтобы передать нам вести? Да, она была мне прекрасной женой — куда лучшей, чем та, другая. А ты разве не знал? Я не рассказывал? В общем, я был женат когда-то — там, в Штатах. Потому и оказался здесь. Мы с ней выросли вместе. Я уехал, чтобы ей проще было получить развод. Она его получила.

Но я не о ней — о Руфи. Думал закончить здесь все дела и отправиться в будущем году в Большую землю — вместе с ней. Слишком поздно. Кид, ты только не отсылай ее обратно, к племени. Для женщины это страшно тяжело — возвращаться. Подумай только: почти четыре года она ела копченую свинину, бобы, хлеб, сушеные фрукты, а там — опять рыба да карибу! Познать наш образ жизни, понять, что нам живется лучше, чем ее народу, и вернуться — нет, это никуда не годится. Позаботься о ней, Кид... а может, ты?.. Хотя нет, ты всегда избегал их и никогда не рассказывал, как тебя занесло в эти края. Будь с ней помягче. Отправь ее поскорее в Штаты. Только устрой так, чтобы она могла возвратиться, если вдруг затоскует. Всякое бывает.

Ты знаешь, ребенок очень нас сблизил. Надеюсь, это парень. Представляешь, Кид: плоть от плоти моей![1] Ему нельзя оставаться в этих краях. Ты продай мои меха, они потянут тысяч на пять, не меньше, и еще столько же за компанией. А если девочка... нет, не может быть... Я хочу, чтобы ты вел мои дела заодно со своими. Тот участок... думаю, там будет чем поживиться. Проследи, чтобы он получил хорошее образование. Но главное, Кид, не позволяй ему сюда возвращаться. Эта земля — не для белых. А я... я, Кид, человек пропащий. Три-четыре ночевки переживу — в лучшем случае. Вам надо двигаться дальше. Вы должны! И помни: это моя жена и мой сын, — Господи, вот бы это был

[1] Быт. 2: 23.

сын! Вы не должны задерживаться из-за меня. Послушайся умирающего: не задерживайтесь, езжайте.

— Дай мне три дня, — взмолился Мэйлмют Кид. — Может, тебе станет лучше. Может, нам повезет.

— Нет.

— Всего три дня.

— Вам нужно ехать.

— Два дня.

— Кид, это мои жена и сын. Даже не думай.

— Один день.

— Нет, нет! Заклинаю...

— Всего день. Мы попробуем добыть лося.

— Нет... ну ладно: один день, и ни минутой больше. Да, Кид: и не бросай меня тут одного. Один выстрел, просто спусти курок. Ну, понимаешь. Ты только представь себе! Только представь! Плоть от плоти моей, и я никогда его не увижу!.. Пришли сюда Руфь. Я хочу попрощаться. Скажу, чтобы думала о сыне и не ждала, пока я умру. Если я не скажу, она, чего доброго, не уйдет. Ну, прощай же, старик, прощай. Кид! И еще: попробуй копнуть повыше, у самого склона. Я там центов по сорок намывал. Погоди, Кид!

Тот склонился пониже, чтобы разобрать последние, совсем уже тихо произнесенные слова. Отринув гордыню, умирающий произнес:

— Ты прости за... ну, за Кармен.

Предоставив молодой женщине тихо оплакивать мужа, Мэйлмют Кид накинул парку, надел лыжи, сунул под мышку ружье и отправился в лес. Не новичок в северных землях, он пережил здесь много суровых испытаний, но все они не шли ни в какое сравнение с этим. Если отвлечься от чувств и мыслить математически, речь шла о простом уравнении: три жизни против одной, к тому же обреченной. Но как решиться? Ведь узы товарищества, связавшие Кида и Мэйсона, сплетались и крепли пять лет, пройденных плечом к плечу, по рекам и тропам, через стоянки и прииски, перед лицом смерти, в лесных дебрях и бурных водах. Так прочна была эта связь, что Кид порой ловил себя на ревности к Руфи — с той самой минуты, когда индианка впервые встала между ними. И что же теперь? Он должен собственноручно обрубить эту связь.

Он молился о том, чтобы в лесу ему встретился лось — всего один лось, но казалось, вся живность покинула эти места, и к ночи изможденный охотник с трудом добрел до лагеря — с пустыми руками и тяжелым сердцем. Услышав громкий лай собак и пронзительные крики Руфи, он ринулся вперед со всей скоростью, на какую был еще способен.

Добежав до лагеря, он увидел, что рычащая собачья стая окружила женщину, а та отбивается, размахивая топором. Нарушив железное правило своих хозяев, собаки растаскивали остатки провианта. Орудуя прикладом ружья, Кид присоединился к Руфи, и извечный закон естественного отбора в очередной раз доказал свою непреложность — со всей первобытной жестокостью. Ружье и топор однообразными движениями взлетали и опускались, то попадая в цель, то промахиваясь; собаки с горящими от бешенства глазами и оскаленными пастями, бросаясь на людей, корчились под ударами; зверь и человек сражались за власть, и плачевный исход их борьбы не заставил себя ждать. Побежденные животные отползли к самому краю светового круга, образованного отблесками костра, и принялись зализывать раны, громко жалуясь звездам на свою неудачу.

Все запасы вяленого лосося оказались уничтожены, а муки осталось в лучшем случае фунтов пять — и это на двести с лишним миль пути по безлюдной пустыне. Руфь возвратилась к мужу, а Мэйлмют Кид разделал еще теплую тушу одной из собак, чей череп был проломлен топором. Все части туши он припрятал, кроме шкуры и требухи, — их он швырнул тем, кто еще минуту назад бился вместе с погибшим зверем.

Утро принесло с собой новые неприятности. Собаки дрались между собой. Стая загрызла Кармен, которая до того времени еще продолжала цепляться за жизнь. Напрасно кнут ходил по их спинам. Собаки скулили и виляли хвостом под ударами, но оставить добычу отказывались до тех пор, пока на снегу ничего не осталось — ни костей, ни шкуры, ни шерсти.

Мэйлмют Кид принялся за дело, вслушиваясь в бред Мэйсона, который вернулся в свой Теннесси и теперь обращался к былым приятелям с бессвязными речами и нелепыми призывами.

Руфь наблюдала, как Кид, используя ближайшие сосенки, ловко сооружает схрон, какие охотники используют иногда, чтобы до мяса не добрались росомахи и псы. Он пригнул верхушку сначала одной небольшой сосны, потом другой почти к самой земле и связал их ремнями из лосиной кожи. Затем кнутом заставил собак подчиниться, запряг их в двое нарт, куда сложил весь скарб, кроме шкур, в которые был укутан Мэйсон. Этими шкурами он плотно обернул товарища и крепко обмотал сверху веревками, а получившийся кокон с обоих концов привязал к согнутым соснам. Теперь достаточно одного удара охотничьего ножа — и тело взмоет высоко в воздух.

Получив от мужа последние наставления, Руфь не перечила его воле. Жизнь научила бедняжку беспрекословному повиновению. С детства она склонялась — и видела, как все женщины склоняются — перед волей мужчины, венца творения, и ей казалось, что для женщины противоестественно прекословить этой воле. Мэйлмют Кид позволил Руфи лишь одно проявление горя — поцеловать мужа (ее народ не знал такого обычая), а затем проводил ее до передних нарт и помог надеть лыжи. Вслепую, бессознательно она взяла в руки шест и кнут, прикрикнула на собак и двинулась в путь. А Кид возвратился к Мэйсону, лежавшему в беспамятстве, и долго еще после того, как Руфь скрылась из виду, сидел скорчившись у костра: ждал, надеялся, молился, чтобы товарищ умер.

Несладко остаться наедине с тяжелыми мыслями посреди Белого Безмолвия. Безмолвие сумрака милосердно: обволакивая человека, оно словно берет его под защиту, и кажется, будто все кругом дышит сочувствием; но Белое Безмолвие, залитое ярким светом, ясное и холодное под стальными небесами, совершенно безжалостно.

Прошел час, потом два часа, а несчастный все не умирал. В полдень солнце не показалось над южным горизонтом, оно лишь бросило на небеса огненный блик, который почти сразу исчез. Мэйлмют Кид поднялся на ноги и подошел к товарищу. Огляделся по сторонам. Белое Безмолвие, казалось, глумливо усмехалось, и Кида охватил ужас. Грянул выстрел; Мэйсон взмыл в свою воздушную могилу, а Мэйлмют Кид принялся настегивать собак, и они бешено рванулись вперед через снежную пустыню.

СЫН ВОЛКА

Мужчина редко понимает, как много значит для него близкая женщина, — во всяком случае, он не ценит ее по-настоящему, пока не лишится семьи. Он не замечает тончайшего, неуловимого тепла, создаваемого присутствием женщины в доме; но едва оно исчезнет, в жизни его образуется пустота, и он смутно тоскует о чем-то, сам не зная, чего же ему недостает. Если его товарищи не более умудрены опытом, чем он сам, они с сомнением покачают головами и начнут пичкать его сильно действующими лекарствами. Но голод не отпускает — напротив, мучит все сильней; человек теряет вкус к обычному, повседневному существованию, становится мрачен и угрюм; и вот в один прекрасный день, когда сосущая пустота внутри становится нестерпимой, его наконец осеняет.

Когда такое случается с человеком на Юконе, он обычно снаряжает лодку, если дело происходит летом, а зимою запрягает своих собак — и устремляется на Юг. Несколько месяцев спустя, если он одержим Севером, он возвращается сюда вместе с женою, которой придется разделить с ним любовь к этому холодному краю, а заодно все труды и тяготы. Вот лишнее доказательство чисто мужского эгоизма! И тут поневоле вспоминается история, приключившаяся с Бирюком Маккензи в те далекие времена, когда Клондайк еще не испытал золотой лихорадки и нашествия чечако[1] и славился только как место, где отлично ловится лосось.

---

[1] *Чечако* — новички.

В Бирюке Маккензи с первого взгляда можно было узнать пионера, осваивателя земель. На лицо его наложили отпечаток двадцать пять лет непрерывной борьбы с грозными силами природы; и самыми тяжкими были последние два года, проведенные в поисках золота, таящегося под сенью полярного круга. Когда щемящее чувство пустоты овладело Бирюком, он не удивился, так как был человек практический и уже встречал на своем веку людей, пораженных тем же недугом. Но он ничем не обнаружил своей болезни, только стал работать еще яростнее. Все лето он воевал с комарами и, разжившись снаряжением под долю в будущей добыче, занимался промывкой песка в низовьях реки Стюарт. Потом связал плот из солидных бревен, спустился по Юкону до Сороковой Мили и построил себе отличную хижину. Это было такое прочное и уютное жилище, что немало нашлось охотников разделить его с Бирюком. Но он несколькими словами, на удивление краткими и выразительными, разбил вдребезги все их надежды и закупил в ближайшей фактории двойной запас провизии.

Как уже сказано, Маккензи был человек практический. Обычно, чего-нибудь захотев, он добивался желаемого и при этом по возможности не изменял своим привычкам и не уклонялся от своего пути. Тяжкий труд и испытания были Бирюку не в новинку, однако ему ничуть не улыбалось проделать шестьсот миль по льду на собаках, потом плыть за две тысячи миль через океан и, наконец, еще ехать добрую тысячу миль до мест, где он жил прежде, — и все это лишь затем, чтоб найти себе жену. Жизнь слишком коротка. А потому он запряг своих собак, привязал к нартам несколько необычный груз и двинулся по направлению к горному хребту, на западных склонах которого берет начало река Танана.

Он был неутомим в пути, а его собаки считались самой выносливой, быстроногой и неприхотливой упряжкой на Юконе. И три недели спустя он появился в становище племени стиксов с верховьев Тананы. Все племя пришло в изумление, увидев его. О стиксах с верховьев Тананы шла дурная слава; им не раз случалось убивать белых из-за такого пустяка, как острый топор или сломанное ружье.

Но Бирюк Маккензи пришел к ним один, и во всей его повадке была очаровательная смесь смирения, непринужденности, хладнокровия и нахальства. Нужно большое искусство и глубокое знание психологии дикаря, чтобы успешно пользоваться столь разнообразным оружием; но Маккензи был великий мастер в этих делах и хорошо знал, когда надо подольститься, а когда метать громы и молнии.

Прежде всего он засвидетельствовал свое почтение вождю племени Тлинг-Тиннеху, преподнес ему несколько фунтов черного чая и табаку и тем завоевал его благосклонность. Затем свел знакомство с мужчинами и девушками племени и в тот же вечер задал им потлач. В снегу была вытоптана овальная площадка около ста футов в длину и двадцать пять в ширину. Посередине развели огромный костер, по обе его стороны настлали еловых веток. Все племя высыпало из вигвамов, и добрая сотня глоток затянула в честь гостя индейскую песню.

За эти два года Бирюк Маккензи выучился языку индейцев — запомнил несколько сот слов, одолел гортанные звуки, затейливые формы и обороты, выражения почтительности, частицы и приставки. И вот он стал ораторствовать, подделываясь под их речь, полную первобытной поэзии, не скупясь на аляповатые красоты и корявые метафоры. Тлинг-Тиннех и шаман отвечали ему в том же стиле, потом он оделил мужчин мелкими подарками, вместе с ними распевал песни и показал себя искусным игроком в их любимой азартной игре «пятьдесят два».

Итак, они курили его табак и были очень довольны. Однако молодежь племени держалась по-иному — тут чувствовались и вызов, и похвальба; и нетрудно было понять, в чем дело, — стоило прислушаться к хихиканью молодых девушек и грубым намекам беззубых старух. Они знавали не так уж много белых людей — Сыновей Волка, — но эти немногие преподали им кое-какие уроки.

При всей своей кажущейся беззаботности Бирюк Маккензи отлично это замечал. По правде сказать, забравшись на ночь в спальный мешок, он все обдумал еще раз, обдумал с величайшей серьезностью и немало трубок выкурил, разрабатывая план кампании. Из всех девушек только одна привлекла его внимание, и не кто-нибудь, а сама Заринка, дочь вождя. Она резко выделялась среди своих соплеменниц; черты ее лица, фигура, осанка больше отвечали представлениям белого человека о красоте. Он добьется этой девушки, он возьмет ее в жены и назовет... да, он будет звать ее Гертрудой! Придя к этому решению, Маккензи повернулся на бок и уснул — истинный сын рода победителей.

Это была нелегкая задача, она требовала времени и труда, но Бирюк Маккензи действовал хитро, и вид у него при этом был самый беспечный, что совсем сбивало индейцев с толку. Он постарался доказать мужчинам, что он превосходный стрелок и бесподобный охотник, и все становище рукоплескало ему, когда он уложил лося выстрелом с шестисот ярдов. Однажды вечером он посетил вождя Тлинг-Тиннеха в его вигваме из лосиных и оленьих шкур; он хвастал без удержу и не скупился на табак. Не упустил он случая оказать ту же честь и шаману: он ведь хорошо понимал, как прислушивается племя к слову колдуна, и хотел непременно заручиться его поддержкой. Но сей почтенный муж держался до крайности надменно, не пожелал сменить гнев на милость, и Маккензи уверенно занес его в список будущих противников.

Случая поговорить с Заринкой не представлялось, но Маккензи то и дело поглядывал на нее, давая понять, каковы его намерения. И она, разумеется, отлично поняла его, но из кокетства окружала себя целой толпой женщин всякий раз, как мужчины были далеко и Бирюк мог бы к ней подойти. Но он не торопился; притом он знал, что она поневоле думает о нем, — так пусть подумает еще денек-другой, это ему только на руку.

Наконец однажды вечером он решил, что настало время действовать; внезапно поднявшись, он вышел из душного, прокуренного жилища вождя и быстро прошел в соседний вигвам. Заринка, по обыкновению, сидела окруженная женщинами и молодыми девушками; все они были заняты делом: шили мокасины или расшивали бисером одежду. Маккензи встретили взрывом смеха, посыпались шуточки по адресу его и Заринки; но он без церемоний, одну за другой, вышвырнул женщин из вигвама прямо на снег, и они разбежались по становищу, чтобы всем рассказать о случившемся.

Он весьма убедительно изложил Заринке все, что хотел сказать, на ее родном языке (его языка она не знала) и часа через два собрался уходить.

— Так, значит, Заринка пойдет жить в вигвам белого человека? Хорошо! Сейчас я поговорю с твоим отцом, может быть, он еще и не согласен. Я дам ему много даров, но пусть он не спрашивает лишнего. А вдруг он скажет «нет», говоришь ты? Что ж, хорошо! Заринка все равно пойдет в вигвам белого человека.

Он уже поднял шкуру, которой был завешен вход, но тут девушка негромко окликнула его, и он тотчас вернулся. Она опустилась на колени на устилавший пол медвежий мех, лицо ее сияло тем светом, каким светятся лица истинных дочерей Евы; она робко расстегнула тяжелый пояс Маккензи. Он смотрел на нее с недоумением, опасливо прислушиваясь к каждому шороху снаружи. Но следующий жест девушки рассеял его подозрения, и он улыбнулся, польщенный. Она достала из мешка, где лежало ее рукоделие, ножны из шкуры лося; на них были вышиты бисером яркие фантастические узоры. Вытащила большой охотничий нож Маккензи, почтительно поглядела на острое лезвие, осторожно потрогала его пальцем и вложила в новые ножны. Потом надела их на пояс и сдвинула на обычное место — у левого бедра.

Право же, это было совсем как сцена из далекой старины: дама и ее рыцарь. Маккензи поднял девушку на ноги и коснулся усами ее алых губ — для нее это была незнакомая, чуждая ласка, ласка Волка. Так встретился каменный век с веком стали.

Когда Бирюк Маккензи с объемистым свертком под мышкой вновь появился на пороге шатра Тлинг-Тиннеха, вокруг чувствовалось необычайное оживление. Дети бегали по становищу, стаскивали сучья и хворост для потлача, болтовня женщин стала громче, молодые охотники сходились кучками и мрачно переговаривались, а из жилища шамана доносились зловещие звуки заклинаний.

Вождь сидел один со своей женой, смотревшей прямо перед собой тусклыми, остановившимися глазами, но Маккензи тотчас понял, что то, о чем он собирается говорить, тут уже известно. Он передвинул вышитые бисером ножны на самое видное место — в знак того, что обручение совершилось, и немедля приступил к делу.

— О Тлинг-Тиннех, могучий повелитель племени стиксов и всей страны Танана, властелин лосося и медведя, лося и оленя! Белого человека привела к тебе великая цель. Уже много лун жилище его пусто, и он одинок. Сердце его тоскует в тиши и томится о женщине — пусть сидит рядом с ним в его жилище, пусть встречает его, когда он возвращается с охоты, разводит огонь в очаге и готовит пищу. Белому человеку чудились странные вещи, он слышал топот маленьких мокасин и детские голоса. И однажды ночью ему было видение. Ворон — твой предок, великий Ворон, отец племени стиксов — явился ему и заговорил с ним. И вот что сказал Ворон одинокому белому человеку: «Надень мокасины, и стань на лыжи, и нагрузи свои нарты припасами для многих переходов и богатыми дарами, предназначенными вождю Тлинг-Тиннеху, ибо ты должен обратиться лицом в ту сторону, где прячется за край земли весеннее солнце, и держать путь в края, где охотится великий Тлинг-Тиннех. Туда привезешь ты щедрые подарки, и сын мой — Тлинг-Тиннех — станет тебе отцом. В его вигваме есть девушка, в которую я для тебя вдохнул дыхание жизни. Эту девушку возьмешь ты в жены». Так говорил великий Ворон, о вождь. Вот почему я кладу эти дары к твоим ногам. Вот почему я пришел взять в жены твою дочь.

Старый вождь царственным жестом плотнее завернулся в свою меховую одежду, но медлил с ответом. В это время в шатер проскользнул мальчишка, сообщил, что вождя ждут на совет племени, и тотчас исчез.

— О белый человек, которого мы назвали Грозой Лосей, известный также под именем Волка и Сына Волка! Мы знаем, ты происходишь из великого племени; мы горды тем, что ты был нашим гостем; но кета не пара лососю. Так и Волк не пара Ворону.

— Неверно! — воскликнул Маккензи. — Я встречал дочерей Ворона в лагерях Волка — у Мортимера, у Треджидго, у Бэрнеби, — в его жилище скво вошла два ледохода назад; и я слышал, что есть еще и другие, хоть и не видел их собственными глазами.

— Ты говоришь правду, мой сын, но это дурные браки: все равно что брак воды с песком, снежинки с солнцем. А встречал ли ты человека по имени Мэйсон и его скво? Нет? Он первым из Волков пришел сюда, десять ледоходов тому назад. С ним был великан, могучий, как медведь гризли, и стройный, как побег ивы, с сердцем, точно полная луна летом. Так вот, его...

— Да это Мэйлмют Кид! — прервал Маккензи, узнав по описанию личность, хорошо известную всем на Севере.

— Это он, великан. Но видел ли ты когда-нибудь скво Мэйсона? Она родная сестра Заринки.

— Нет, вождь, я не видал ее, но слышал о ней. Далеко-далеко на Севере обрушилась под тяжестью лет вековая сосна и, падая, убила Мэйсона. Но любовь его была велика, и у него было много золота. Женщина взяла золото, взяла сына, которого оставил он ей, и пустилась в долгий путь, и через несчетное множество переходов прибыла в страну, где и зимой светит солнце... Там она живет до сих пор, там нет свирепых морозов, нет снега, летом в полночь не светит солнце, а зимой в полдень не царит мрак.

Тут их прервал второй гонец и сказал, что вождя требуют в совет. Вышвырнув его в снег, Маккензи мельком заметил раскачивающиеся фигуры вокруг огня, где собрался совет племени, услышал размеренное пение низких мужских голосов и понял, что шаман раздувает гнев в людях племени. Время не ждало. Маккензи обернулся к вождю.

— Слушай! — сказал он. — Я хочу взять твою дочь в жены. Смотри: вот табак, вот чай, много чашек сахару, вот теплые одеяла и большие, крепкие платки, а вот настоящее ружье, и к нему много патронов и много пороха.

— Нет, — возразил старик, силясь не поддаться соблазну огромного богатства, разложенного перед ним. — Сейчас собралось на совет мое племя. Оно не захочет, чтоб я отдал тебе Заринку.

— Но ведь ты вождь.

— Да, но юноши наши разгневаны, потому что Волки отнимают у них невест.

— Слушай, Тлинг-Тиннех! Прежде чем эта ночь перейдет в день, Волк погонит своих собак к Восточным горам и дальше — на далекий Юкон. И Заринка будет прокладывать путь его собакам.

— А может быть, прежде, чем эта ночь достигнет середины, мои юноши бросят мясо Волка собакам, и кости его будут валяться под снегом, пока снег не растает под весенним солнцем.

Угроза в ответ на угрозу. Бронзово-смуглое лицо Маккензи залилось краской. Он возвысил голос. Старуха, жена вождя, до этой минуты остававшаяся бесстрастной зрительницей, попыталась проскользнуть мимо него к выходу. Пение оборвалось, послышался гул множества голосов; Маккензи грубо отбросил старуху на ее ложе из шкур.

— Снова я взываю к тебе — слушай, о Тлинг-Тиннех! Волк умирает, сомкнув челюсти, и вместе с ним навсегда уснут десять сильнейших мужчин твоего племени, — а в мужчинах будет нужда; время охоты только начинается, и до начала рыбной ловли осталось не так уж много лун. И что пользы тебе от того, что я умру? Я знаю обычаи твоего народа: не много из моих богатств придется на твою долю. Отдай мне твою дочь — и все достанется тебе одному. И еще скажу тебе: сюда придут мои братья — их много, и они ненасытны, — и дочери Ворона станут рождать детей в жилищах Волка. Мое племя сильнее твоего. Такова судьба. Отдай мне дочь, и все эти богатства — твои.

Снаружи заскрипел под мокасинами снег. Маккензи вскинул ружье и расстегнул кобуры обоих револьверов на поясе.

— Отдай, о Тлинг-Тиннех!

— Но мой народ скажет «нет»!

— Отдай, и это богатство — твое. А с твоим народом я поговорю потом.

— Пусть будет, как хочет Волк. Я возьму дары, но помни, я тебя предупреждал.

Маккензи передал ему подарки, не забыв поднять предохранитель ружья, и дал в придачу ослепительно-пестрый шелковый платок. Тут вошел шаман в сопровождении пяти или шести молодых воинов, но Маккензи дерзко растолкал их и вышел из шатра.

— Собирайся! — вместо приветствия коротко бросил он Заринке, проходя мимо ее вигвама, и поспешно стал запрягать собак.

Через несколько минут он явился на совет, ведя за собой свою упряжку; девушка шла бок о бок с ним. Он занял место в верхнем конце утоптанной площадки, рядом с вождем. Заринке он указал место слева от себя, на шаг позади, как ей и подобало. Притом в час, когда можно ждать недоброго, надо, чтобы кто-нибудь охранял тебя с тыла.

Справа и слева склонились к огню мужчины, голоса их слились в древней, полузабытой песне. Нельзя сказать, чтобы она была красива, эта песня, — вся из странных, неожиданных переходов, внезапных пауз, навязчивых повторений. Вернее всего, пожалуй, назвать ее страшной. В дальнем конце площадки с десяток женщин кружились перед шаманом в обрядовой пляске. И шаман гневно выговаривал тем, кто недостаточно самозабвенно отдавался исполнению обряда. Наполовину окутанные распущенными черными, как вороново крыло, волосами, женщины медленно раскачивались взад и вперед, и тела их изгибались, покорные непрестанно меняющемуся ритму.

Странное это было зрелище, чистейший анахронизм. Дальше к югу был на исходе девятнадцатый век, истекали последние годы его последнего десятилетия, — а здесь процветал первобытный человек, тень доисторического пещерного жителя, забытый обломок Древности. Большие рыжие псы сидели рядом со своими одетыми в звериные шкуры хозяевами или дрались из-за места у огня, и отблески костра играли в их налитых кровью глазах, на влажных клыках. Дремучий лес, окутанный призрачным снежным покровом, спал непробудно, не тревожимый происходящим. Белое Безмолвие, на краткий миг отброшенное к дебрям, обступившим становище, словно готовилось вновь заполонить все; звезды дрожали и плясали в небе, как всегда в пору Великого Холода, и Полярные Духи раскинули по всему небосклону свои сияющие огненные одежды.

Бирюк Маккензи, смутно сознавая дикое величие этой картины, обвел взглядом ряды неподвижных фигур в меховых одеждах, высматривая, кого не хватает. На мгновение глаза его остановились на новорожденном младенце, мирно сосавшем обнаженную грудь матери. Было сорок градусов ниже нуля — семьдесят с лишним градусов мороза. Маккензи подумал о нежных женщинах своего народа и хмуро улыбнулся. И однако он, рожденный одною из этих нежных женщин, унаследовал то, что давало ему и его сородичам власть над сушей и морем, над животными и людьми во всех краях земли. Один против ста, в недрах арктической зимы, вдалеке от родных мест, чувствовал он зов этого наследия — волю к власти, безрассудную любовь к опасностям, боевой пыл, решимость победить или умереть.

Пение и пляски прекратились, и шаман разразился речью. Сложными и запутанными примерами из богатой мифологии индейцев он умело действовал на легковерных слушателей. Он говорил сильно и убедительно. Воплощению мирного созидательного начала — Ворону — он противопоставил Волка-Маккензи, заклеймив его как воплощение начала воинственного и разрушительного. Борьба этих начал не только духовная, борются и люди — каждый во имя своего тотема. Племя стиксов — дети Джелкса, Ворона, носителя Прометеева огня; Маккензи — сын Волка, иными словами — дьявола. Пытаться приостановить эту извечную войну двух начал, отдавать дочерей племени в жены заклятому врагу — значит совершать величайшее предательство и кощунство. Самые резкие слова, самые гнусные оскорбления еще слишком мягки для Маккензи — ядовитого змея, коварно пытающегося вкрасться к ним в доверие, посланника самого сатаны. Тут слушатели глухо, грозно заворчали, а шаман продолжал:

— Джелкс всемогущ, братья мои! Не он ли принес на землю небесный огонь, чтобы мы могли согреться? Не он ли извлек солнце, месяц и звезды из их небесных нор, чтобы мы могли видеть? Не он ли научил нас бороться с духами Голода и Мороза? А ныне Джелкс разгневался на своих детей, и от племени осталась жалкая горсточка, и Джелкс не поможет им. Ибо они забыли его, они дурно поступают, и идут по дурным тропам, и вводят его врагов в свои вигвамы, и сажают у своего очага. И Ворон скорбит о злонравии своих детей. Но, когда они поймут глубину своего падения и докажут, что они вернулись к Джелксу, он выйдет из мрака им на помощь. О братья! Носитель Огня поведал шаману свою волю — теперь выслушайте ее вы. Пусть юноши отведут девушек в свои вигвамы, а сами ринутся на Волка, и пусть их ненависть не ослабевает! Тогда женщины будут рождать детей, и народ Ворона станет многочисленным и могущественным. И Ворон выведет великие племена их отцов и дедов с Севера, и они будут сражаться с Волками, пока не превратят их в ничто, в пепел прошлогоднего костра, а сами снова станут властелинами всей страны. Так сказал Джелкс, Ворон!

Услышав эту весть о близком пришествии мессии, стиксы с хриплым воплем вскочили на ноги. Маккензи высвободил большие пальцы из рукавиц и ждал. Раздались крики: «Лис! Лис!» Они становились все громче; наконец один из молодых охотников выступил вперед и заговорил:

— Братья! Шаман сказал мудрые слова. Волки отнимают наших женщин, и некому рождать нам детей. Нас осталась горсточка. Волки отнимают у нас теплые меха и дают нам взамен злого духа, живущего в бутылке, и одежды, сделанные не из шкуры бобра или рыси, но из травы. И эти одежды не дают тепла, и наши люди умирают от непонятных болезней. У меня, Лиса, нет жены. А почему? Дважды девушки, которые нравились мне, уходили в лагерь Волка.

Вот и сейчас отложил я шкуры бобра, лося, оленя, чтобы завоевать благосклонность Тлинг-Тиннеха и взять в жены его дочь Заринку. И вот, смотрите, она встала на лыжи и готова прокладывать путь собакам Волка. И я говорю не за себя одного. То же самое мог бы сказать Медведь. Он тоже пожелал стать отцом детей Заринки и тоже приготовил много шкур, чтобы отдать Тлинг-Тиннеху. Я говорю за всех молодых охотников, у которых нет жен. Волки вечно голодны. И всегда они берут себе лучшие куски, а Воронам достаются жалкие остатки.

Посмотрите, вот Гукла! — И Лис бесцеремонно указал на одну из женщин; она была хромая. — Ноги ее искривлены, точно борта лодки. Она не может собирать дрова и хворост, не может носить за охотниками убитую дичь. Выбрали ее Волки?

— О! О! — вскричали собратья Лиса.

— Вот Мойри, — продолжал он. — Злой дух перекосил ей глаза. Даже младенцы пугаются, глядя на нее, и, говорят, сам медведь уступает ей дорогу. Выбрали ее Волки?

И снова грозный гул одобрения.

— А вот сидит Писчет. Она не слышит моих слов. Никогда она не слышала ни веселой беседы, ни голоса своего мужа, ни лепета своего ребенка. Она живет в Белом Безмолвии. Разве Волки хотя бы взглянули на нее? Нет! Им достается отборная добыча, нам — остатки. Братья, больше так быть не должно! Довольно Волкам рыскать у наших костров! Время настало!

Гигантское огненное полотнище северного сияния — пурпурное, зеленое, желтое пламя — затрепетало в небе, охватив его от края до края. И Лис, запрокинув голову и воздев руки к небесам, воскликнул:

— Смотрите! Духи наших предков восстали! Великие дела совершатся в эту ночь!

Он отступил, и другой молодой охотник нерешительно вышел вперед, подталкиваемый товарищами. Он был на голову выше всех остальных, широкая грудь обнажена, точно назло морозу. Он переминался с ноги на ногу, слова не шли у него с языка, он был застенчив и неловок. Страшно было смотреть на его лицо: когда-то его, видимо, изорвало, исковеркало каким-то чудовищной силы ударом. Наконец он гулко ударил себя кулаком в грудь, точно в барабан, и заговорил; голос его звучал глухо, как шум прибоя в пещере на берегу океана:

— Я Медведь, Серебряное Копье и сын Серебряного Копья. Когда мой голос был еще звонок, как голос девушки, я убивал рысь, лося и оленя; когда он зазвучал как крик росомахи в ловушке, я пересек Южные горы и убил троих из племени Белой реки; когда он стал как рев чинука, я встретил медведя гризли — и я не уступил ему дороги.

Он помедлил, многозначительно провел ладонью по страшным шрамам на лице. Потом продолжал:

— Я не Лис. Язык мой замерз, как река. Я не умею красно говорить. Слов у меня не много. Лис говорит: «Великие дела совершатся в эту ночь». Хорошо! Речь его бежит с языка, точно река в половодье, но на дела он совсем не так щедр. Сегодня ночью я буду сражаться с Волком. Я убью его, и Заринка сядет у моего очага. Я, Медведь, сказал.

Настоящий ад бушевал вокруг, но Маккензи был тверд. Хорошо понимая, что ружье на таком близком расстоянии бесполезно, он незаметно передвинул вперед на поясе обе кобуры, готовясь пустить в дело револьверы, и спустил рукавицы так низко, что они теперь висели у него на пальцах. Он знал, что, если на него нападут все разом, ему не на что надеяться, но, верный своей недавней похвальбе, намеревался умереть, сомкнув челюсти на горле врага. Но Медведь сдержал своих собратьев, отбросил самых пылких назад ударами страшного кулака. Буря начала стихать, и Маккензи мельком взглянул на Заринку. Это было великолепное зрелище. Стоя на лыжах, она вся подалась вперед, губы ее приоткрылись, ноздри трепетали — совсем тигрица перед прыжком. В больших черных глазах ее, устремленных на сородичей, были и страх, и вызов. Все ее существо напряглось, как натянутая тетива, она даже дышать забывала. Она так и застыла, судорожно прижав одну руку к груди, стиснув в другой длинный бич. Но как только Маккензи взглянул на нее, Заринку словно отпустило. Напряженные мышцы ослабли, она глубоко вздохнула, выпрямилась и ответила ему взглядом, полным безграничной преданности.

Тлинг-Тиннех пытался заговорить, но голос его утонул в общем крике. И тут Маккензи выступил вперед. Лис открыл было рот, но тотчас шарахнулся назад, и пронзительный вопль застрял у него в глотке — с таким бешенством обернулся к нему Маккензи. Поражение Лиса было встречено взрывами хохота — теперь его соплеменники готовы были слушать.

— Братья! — начал Маккензи. — Белый человек, которого вы называете Волком, пришел к вам с открытой душой. Он не станет лгать, подобно иннуиту. Он пришел как друг, как тот, кто хочет стать вам братом. Но ваши мужчины сказали свое слово, и время мирных речей прошло. Так слушайте: прежде всего ваш шаман — злой болтун и лживый прорицатель, и воля, которую он передал вам, — не воля Носителя Огня. Уши его глухи к голосу Ворона, он сам сочиняет коварные небылицы, и он обманул вас. Он бессилен. Когда вам пришлось убить и съесть своих собак и на желудке у вас была тяжесть от сыромятной кожи мокасин; когда умирали старики, и умирали старухи, и младенцы умирали у иссохшей груди матери; когда ваша земля была окутана тьмою и все живое гибло, точно лосось в осеннюю пору; да, когда голод обрушился на вас, — разве ваш шаман принес удачу охотникам? Разве он наполнил мясом ваши желудки? Опять скажу вам: шаман бессилен. Вот, я плюю ему в лицо!

Все были поражены этим кощунством, но никто не крикнул. Иные женщины перепугались, мужчины же в волнении ждали чуда. Все взоры обратились на двух главных героев происходящего. Жрец понял, что настала решающая минута, почувствовал, что власть его колеблется, и уже готов был разразиться угрозами, но передумал: Маккензи занес кулак и шагнул к нему — свирепый, со сверкающими глазами. Шаман злобно усмехнулся и отступил.

— Что ж, поразила меня внезапная смерть? Сожгло меня молнией? Или, может, звезды упали с неба и раздавили меня? Тьфу! Я покончил с этим псом. Теперь я скажу вам о моем племени, могущественнейшем из племен, которое владычествует во всех землях. Сначала мы охотимся, как я, в одиночку. Потом охотимся стаями и, наконец, как оленьи стада, заполняем весь край. Те, кого мы берем в свои вигвамы, остаются в живых, остальных ждет смерть. Заринка красивая девушка, крепкая и сильная, она будет хорошей матерью Волков. Вы можете убить меня, но она все равно станет матерью Волков, ибо мои братья многочисленны, и они придут по следу моих собак. Слушайте, вот Закон Волка: если ты отнимешь жизнь у одного Волка, десятеро из твоего племени заплатят за это своей жизнью. Эту цену платили уже во многих землях, во многих землях ее еще будут платить.

Теперь я буду говорить с Лисом и с Медведем. Видно, им приглянулась эта девушка. Так? Но смотрите — я купил ее! Тлинг-Тиннех опирается на мое ружье, и еще я дал за нее другие товары, которые лежат у его очага. И все-таки я буду справедлив к молодым охотникам. Лису, у которого язык пересох от долгих речей, я дам табаку — пять больших пачек. Пусть рот его вновь увлажнится, чтоб он мог всласть шуметь на совете. Медведю же — я горжусь знакомством с ним — я дам два одеяла, двадцать чашек муки, табаку вдвое больше, чем Лису; а если он пойдет со мной к Восточным горам, я дам ему еще и ружье, такое же, как у Тлинг-Тиннеха. А если он не хочет? Что ж, хорошо! Волк устал говорить. Но он еще раз повторит вам Закон: если ты отнимешь жизнь у одного Волка, десятеро из твоего племени заплатят за это своей жизнью.

Маккензи улыбнулся и отступил на прежнее место, но на душе у него было неспокойно. Ночь была еще совсем темна. Девушка стала рядом с Маккензи и наскоро рассказывала, какие хитрости пускает в ход Медведь, когда дерется на ножах, и Маккензи внимательно слушал.

Итак, решено — они будут биться. Мигом десятки мокасин расширили утоптанную площадку вокруг огня. Немало тут было и разговоров о поражении, которое у всех на глазах потерпел шаман; некоторые уверяли, что он еще покажет свою силу, другие вспоминали разные события минувшего и соглашались с Волком. Медведь выступил вперед, в руке у него был обнаженный охотничий нож русской работы. Лис обратил общее внимание на револьверы Маккензи, и тот, сняв свой пояс, надел его на Заринку и передал ей свое ружье. Она покачала головой в знак того, что не умеет стрелять: откуда женщине знать, как обращаться со столь драгоценным оружием.

— Тогда, если опасность придет сзади, крикни громко: «Муж мой!» Нет, вот так: «Муж мой!»

Он рассмеялся, когда она повторила незнакомое английское слово, ущипнул ее за щеку и вернулся в круг. Медведь превосходил его не только ростом, у него и руки были длиннее, и нож длиннее на добрых два дюйма. Бирюку Маккензи случалось и прежде смотреть в глаза противнику, и он сразу понял, что перед ним настоящий мужчина; и однако он весь ожил при виде сверкнувшей стали, и, послушная зову предков, кровь быстрей побежала в его жилах.

Снова и снова противник отбрасывал его то к самому костру, то в глубокий снег, но снова и снова, шаг за шагом, как опытный боксер, Маккензи отжимал его к центру. Никто не крикнул ему ни слова одобрения, тогда как его соперника подбадривали похвалами, советовали, предостерегали. Но Маккензи только крепче стискивал зубы, когда со звоном сталкивались лезвия ножей, и нападал или отступал с хладнокровием, которое рождается из сознания своей силы. Сперва он ощущал невольную симпатию к врагу, но это чувство исчезло перед инстинктом самосохранения, который в свою очередь уступил место жажде убийства. Десять тысяч лет цивилизации слетели с Маккензи как шелуха, и он стал просто пещерным жителем, сражающимся из-за самки.

Дважды он достал Медведя ножом и ускользнул невредимый; но на третий раз, чтобы избежать удара, ему пришлось схватиться с Медведем вплотную — каждый свободной рукой стиснул руку противника, вооруженную ножом. И тут Маккензи почувствовал всю ужасающую силу соперника. Мышцы его мучительно свело, все связки и сухожилия готовы были лопнуть от напряжения... а лезвие русской стали все ближе, ближе... Он попытался оторваться от противника, но только ослабил свою позицию. Кольцо людей в меховых одеждах сомкнулось теснее, — никто не сомневался, что близок последний удар, и всем не терпелось его увидеть. Но приемом опытного борца Маккензи откачнулся в сторону и ударил противника головой. Медведь невольно попятился, потерял равновесие. Маккензи мгновенно воспользовался этим и, всей тяжестью обрушившись на Медведя, отшвырнул его за круг зрителей, в глубокий, неутоптанный снег. Медведь с трудом выбрался оттуда и ринулся на Маккензи.

— О муж мой! — зазвенел голос Заринки, предупреждая о близкой опасности.

Загудела тетива, но Маккензи уже успел пригнуться — стрела с костяным наконечником, пролетев над ним, вонзилась в грудь Медведя, и тот тяжело упал, подминая под себя противника. Секунду спустя Маккензи был снова на ногах. Медведь лежал без движения, но по ту сторону костра шаман готовился пустить вторую стрелу.

Маккензи схватил тяжелый нож за конец лезвия, коротко взмахнул им. Сверкнув как молния, нож пролетел над костром. Лезвие вонзилось шаману в горло по самую рукоятку, он зашатался и рухнул на пылающие уголья.

Клик! Клик! — Лис завладел ружьем Тлинг-Тиннеха и тщетно пытался загнать патрон в ствол, но тотчас выронил ружье, услышав хохот Бирюка.

— Так, значит, Лис еще не научился обращаться с этой игрушкой? Стало быть, Лис пока еще женщина? Поди сюда! Дай ружье, я покажу тебе, что надо делать.

Лис колебался.

— Поди сюда, говорят тебе!

И Лис подошел, неловкий, как побитый щенок.

— Вот так и так — и всё в порядке.

Патрон скользнул на место, щелкнул курок, Маккензи вскинул ружье к плечу.

— Лис сказал, что великие дела совершатся в эту ночь, и он говорил правду. Великие дела совершились, но их совершил не Лис. Что же, он все еще намерен взять Заринку в свой вигвам? Он желает пойти той тропой, которую проложили шаман и Медведь? Нет? Хорошо!

Маккензи презрительно отвернулся и вытащил свой нож из горла шамана.

— Может быть, кто-нибудь другой из молодых охотников этого хочет? Если так, Волк отправит их той же дорогой — по двое, по трое, пока ни одного не останется. Никто не хочет? Хорошо. Тлинг-Тиннех, второй раз я отдаю тебе это ружье. Если когда-нибудь ты отправишься на Юкон, знай, что в жилище Волка тебя всегда ждет место у очага и вдоволь еды. А теперь ночь переходит в день. Я ухожу, но, возможно, я еще вернусь. И в последний раз говорю: помните Закон Волка!

Он подошел к Заринке, а они смотрели на него как на какое-то сверхъестественное существо. Заринка заняла свое место впереди упряжки, и собаки пошли. Несколько минут спустя призрачный снежный лес поглотил их. И тогда стоявший неподвижно Маккензи в свою очередь стал на лыжи, готовый двинуться следом.

— Разве Волк забыл про пять больших пачек табаку?

Маккензи гневно обернулся к Лису, но тут же ему стало смешно.

— Я дам тебе одну маленькую пачку.

— Как будет угодно Волку, — скромно сказал Лис и протянул руку.

ЗА ТЕХ, КТО В ПУТИ

— Лей давай.

— Слушай, Кид, а не крепковато получится? Хватило бы и виски со спиртом; а тут еще и бренди, и перечный соус, и...

— Лей, говорю. Кто тут, в конце концов, готовит пунш? — И Мэйлмют Кид одарил собеседника добродушной улыбкой, которая так и светилась сквозь клубы пара. — Вот поживешь в этих краях с мое, сынок, на одной крольчатине да лососине, — поймешь, что Рождество бывает раз в году. А праздновать Рождество без пунша — все равно что пробурить скважину до коренной породы и не наткнуться ни на одну жилу.

— Хорошо сказал! — одобрил Большой Джим Белден. Он приехал сюда прямиком со своего участка на Мэйзи-Мэй, где, как все знали, уже два месяца питался одной лосятиной. — А помнишь, какую славную брагу мы приготовили тогда на Танане, а?

— Да, такое не забудешь. Видели б вы, ребята: все племя упилось в хлам. Казалось бы, всего-то: перебродившая с сахаром закваска. Это до тебя еще, — пояснил Мэйлмют Кид, обращаясь к Стэнли Принсу, молодому горному инженеру, приехавшему пару лет назад. — Белых женщин там не было, а Мэйсон хотел жениться. Отец Руфи, вождь племени танана, воспротивился — да и все племя. Что тут поделаешь? Ну, я и пустил на это последний фунт сахару. Брага получилась что надо, я такой еще не делал. Видели бы вы, как мы удирали от них вдоль реки, а потом через реку!

— А как же скво? — спросил Луи Савой, рослый француз из Канады, с явным интересом: он уже слышал об этой удалой выходке в Сороковой Миле прошлой зимой.

Тут Мэйлмют Кид, прирожденный рассказчик, поведал присутствующим о подвиге северного Лохинвара — все как было, без прикрас. И многие из этих суровых искателей приключений, этих рыцарей Севера, вдруг почувствовали, как сердца их сжимаются от смутной тоски по солнечным пастбищам Юга, где жизнь обещает так много — куда больше, чем тщетную битву со смертью и холодом.

— Через Юкон мы успели перебраться сразу после первого ледохода, — закончил он. — А индейцы за нами, всего в четверти часа. Но нам повезло: второй ледоход прорвал ледяную плотину выше по течению и отрезал погоню. Когда племя добралось наконец до Нуклукайто, их уже поджидал весь гарнизон. А что было дальше — вот у отца Рубо спросите: он совершил обряд.

Священник вынул изо рта трубку, но и протестанты, и католики так бурно аплодировали, что ему оставалось лишь выразить удовольствие теплой отеческой улыбкой.

— Черт подери! — рявкнул Луи Савой, в полном восхищении от столь романтического сюжета. — La petite[1] скво; mon Mason brav[2]. Черт подери!

Когда жестяные кружки с пуншем прошли по кругу, Беттлз Неугомонный вскочил на ноги и завел свою любимую застольную песню:

Вот Генри Уорд Бичер,
Законоучитель,
С другими святошами пьет;
Только как ни крути,
Хоть они и в чести,
Это тот же запретный плод.

— Это тот же запретный плод! —

подхватил хор захмелевших голосов, —

Это тот же запретный плод!
Только как ни крути,
Хоть они и в чести,
Это тот же запретный плод!

Крепчайший пунш Мэйлмюта Кида сделал свое дело: души бродяг и охотников размякли, и застолье оживилось от дружеских шуток, песен и рассказов о былых приключениях. Совершенно чужие друг другу люди, пришедшие из разных стран, они чествовали друг друга и всех подряд. Принс, англичанин, предложил тост за «Дядюшку Сэма, это не по годам смышленое дитя Нового Света»; Беттлз, янки, выпил за «королеву, храни ее Боже»; а Савой вместе с торговцем Майерсом, немцем, дружно подняли кружки за Эльзас-Лотарингию.

Тут с кружкой в руке поднялся Мэйлмют Кид. Обратив взгляд в окно, которое было затянуто вместо стекла про-

---

[1] Маленькая *(фр.)*.

[2] Молодец, Мэйсон *(искаж. фр.)*.

масленной бумагой, обросшей инеем в три дюйма толщиной, он произнес:

— Я пью за тех, кто этой ночью в пути: чтобы им хватило еды, чтобы их собаки не пали и ни одна спичка не погасла зря.

Вжик! Вжик! — послышались знакомая песня кнута, жалобный вой собак и скрип снега под полозьями нарт, подъезжавших к хижине. Разговоры стихли: все ждали, что будет дальше.

— Человек старой закалки: сперва заботится о собаках, потом о себе, — шепнул Принсу Мэйлмют Кид, прислушиваясь к клацанью зубов и голодному урчанию вперемежку с визгом. Эти звуки ясно говорили опытному уху о том, что незнакомец отгоняет чужих собак и кормит своих.

Наконец в дверь постучали — уверенно и резко, — и приезжий вошел. Зажмурившись от яркого света, он с мгновение постоял на пороге, так что все успели его рассмотреть. А вид у него был весьма примечательный и даже живописный, одет он был так, как одеваются только на Севере, — в меха и шерсть. Росту в нем было шесть футов с лишком, плечи и грудь пропорционально широки, гладко выбритое лицо так и сияло морозным румянцем, длинные ресницы и густые брови заиндевели, а небрежно приподнятые задний отворот и уши огромной шапки из волчьего меха торчали в разные стороны. Казалось, сам Мороз собственной персоной шагнул через порог из непроглядного мрака. На вышитом поясе, застегнутом поверх куртки из валяной шерсти, висели два больших кольта и охотничий нож, в руках же, помимо кнута для собак, он сжимал винтовку самого крупного калибра и новейшего образца. Вошел незнакомец твердым и упругим шагом, но было заметно, что он очень устал.

Его сердечное приветствие: «Как дела, ребята?» — мгновенно сломало лед, и Мэйлмют Кид поспешил обменяться с незнакомцем крепким рукопожатием. Они никогда прежде не встречались, но были наслышаны друг о друге и сразу друг друга узнали. Пришельцу не дали сказать ни слова, пока все не пожали ему руку и пока в него не влили кружку пунша.

— А давно здесь проехали трое на плетеных нартах, запряженных восемью собаками? — спросил он.

— Ровно два дня назад. Гонишься за ними, что ли?

— Да, мою упряжку увели. Прямо из-под носа, негодяи. Что ж, два дня я наверстал, еще переход — и точно догоню.

— Думаешь, будет заварушка? — спросил Белден, просто чтобы поддержать разговор, пока Мэйлмют Кид ставил кофе на огонь и поджаривал лосятину с беконом.

Незнакомец многозначительно похлопал рукой по револьверам.

— Когда же ты выехал из Доусона?

— В двенадцать.

— Прошлой ночью? — Ответ казался очевидным.

— Сегодня днем.

По комнате прокатился гул удивления. Еще бы: только что наступила полночь, а преодолеть семьдесят пять миль по замерзшей реке за двенадцать часов — не шутка.

Однако вскоре разговор сделался общим и обратился к детским воспоминаниям. Пока пришелец ел свой незатейливый ужин, Мэйлмют Кид внимательно разглядывал его лицо и почти сразу решил, что оно ему нравится — спокойное, честное и открытое. Еще молодое, но тяготы и невзгоды уже оставили на нем свой отпечаток. Теплый в дружеской беседе, мягкий в минуты отдыха, взгляд его голубых глаз наверняка леденел и вспыхивал стальным блеском, если нужно было действовать, особенно внезапно. Тяжелая челюсть и квадратный подбородок выдавали нрав упрямый и непокорный. И в то же время столь очевидные признаки силы и храбрости сочетались с некоторой мягкостью, чем-то неуловимо женственным, намеком на то, что в этом львином сердце обитает чувствительная душа.

— Вот так мы с моей старухой и поженились, — этими словами Белден закончил увлекательную повесть о своем сватовстве. — «А вот и мы, папенька», — говорит она. А он ей: «Да иди ты к черту». А мне: «А ты, Джим, — ты кончай дурака валять. Чтобы к ужину вспахал мне бóльшую часть вот того участка». А потом опять ей говорит: «А ты, Сэл, — марш посуду мыть». А потом как-то вдруг шмыгнул носом, что ли, и поцеловал ее. А я был прям так счастлив... Но он увидел меня да как рявкнет: «Я кому сказал!» Я со всех ног так и дунул в сарай.

— Дети в Штатах остались? — спросил незнакомец.

— Нет, Сэл померла рано. Не успели. Потому я сюда и подался. — Белден принялся рассеянно разжигать трубку, которая еще не погасла, а потом вдруг оживился: — Ну а ты-то сам что? Женат?

Вместо ответа незнакомец откинул крышку карманных часов, снял их с ремешка, на котором держал их за неимением цепочки, и протянул собеседнику. Поправив фитиль масляной лампы, Белден внимательно изучил внутреннюю сторону крышки и, восхищенно выругавшись, передал часы Луи Савою. Тот, несколько раз повторив свое любимое «Черт подери!», вручил часы Принсу, и все заметили, что руки у того вдруг задрожали, а взгляд стал теплым. Вклеенная под крышку часов фотография женщины — мечты таких вот мужчин, любящей и верной, с младенцем у груди, — переходила из одних грубых рук в другие. Те, кто не успел еще увидеть это чудо, ерзали от нетерпения, а те, кто уже видел, погружались в мечтательное безмолвие. Любая опасность была им нипочем: голод, болезни, огонь и вода, — но образ незнакомой женщины с младенцем вдруг всех обезоружил и превратил в женщин и детей.

— Ребенка я еще не видел. Пишет, что парень. Два года ему, — сообщил незнакомец, когда сокровище вернулось к нему в руки. Взглянув на фотографию, он немного помедлил, а затем захлопнул крышку и поспешно отвернулся — не успев, впрочем, спрятать набежавшую ненароком слезу.

Мэйлмют Кид отвел его к койке и уговорил прилечь.

— Только разбуди меня в четыре ровно. Смотри не забудь, — сказал незнакомец и спустя мгновение уже провалился в тяжелый сон, в какой проваливаешься только в полном изнеможении.

— Отчаянный парень, ей-богу! — заметил Принс. — Семьдесят пять миль на собаках — и всего три часа сна, а потом снова в путь. Кид, кто он такой?

— Джек Уэстондэйл. Уже три года здесь — и все без толку, хотя пашет как лошадь. Не везет ему страшно. Сам я его прежде не встречал, только слышал от Ситки Чарли.

— Тяжко, верно, парню, при такой-то хорошенькой молодой жене терять годы в этой богом забытой дыре, где год за два идет.

— Беда в том, что он упрям. Дважды уже он сколотил себе состояние — и оба раза все потерял.

Беседу прервали разудалые крики Беттлза: впечатление от фотографии стало рассеиваться, и вскоре унылые годы, прожитые на однообразной пище и в непосильном труде, забылись в новом порыве грубого веселья. Только Мэйлмюту Киду, казалось, не удавалось забыться: он то и дело бросал тревожные взгляды на часы. В конце концов, надев рукавицы и бобровую шапку, он вышел из хижины и принялся рыться в кладовке.

Не смог он и дождаться назначенного времени — и разбудил своего гостя раньше на четверть часа. Оказалось, что молодой великан не в силах разогнуть ни руки ни ноги: пришлось как следует его растереть, чтобы он смог встать. Морщась от боли, бедняга вышел на улицу. Все было уже готово к отъезду, собаки ждали в упряжке. Компания пожелала ему счастливого пути и успешной погони. Отец Рубо, наспех благословив его, первым сбежал обратно в хижину, и неудивительно: в семьдесят четыре градуса ниже нуля с неприкрытыми ушами и голыми руками на улице лучше не задерживаться.

Мэйлмют Кид проводил гостя до большой тропы и там, крепко пожав ему руку, дал краткое напутствие.

— В нартах ты найдешь сто фунтов лососевой икры, — сказал он. — Собакам это как сто пятьдесят фунтов рыбы. Ты, я думаю, собирался запастись для них едой в Пелли: там ее нет, имей в виду.

Глаза незнакомца вдруг вспыхнули, он явно встревожился, но перебивать не стал.

— Еды раздобыть не удастся — ни себе, ни собакам — до самых порогов Пяти Пальцев, а это еще двести миль.

Будь осторожен на Тридцатимильной реке: не попади в полынью. И обязательно срежь выше Ле-Баржа.

— Как ты узнал? Неужели новости меня опередили?

— Я ничего не знаю и даже знать не хочу. Только упряжка, за которой ты гонишься, никогда твоей не была. Ситка Чарли продал ее тем ребятам еще прошлой весной. Но он как-то сказал мне, что ты парень честный, и я ему верю. Я видел твое лицо, оно мне понравилось. К тому же я видел... Да ну тебя к черту, езжай давай к этой своей жене! Там будешь сырость разводить... — С этими словами Кид снял рукавицу и протянул ему мешочек с золотым песком.

— Этого не надо. — Слезы катились по щекам гостя и тут же замерзали, пока он судорожно тряс руку Мэйлмюта Кида.

— Ну так не щади собак. Упадет какая — сразу режь постромки. Бери новых за любые деньги, сколько бы они ни стоили. Их можно купить и возле Пяти Пальцев, и в Малом Лососе, и в Хуталинкве. И смотри ноги не промочи, — посоветовал он на прощанье. — До двадцати пяти градусов не останавливайся, а станет холоднее — разложи костер и поменяй носки.

Едва минула четверть часа, как звон колокольчиков возвестил о прибытии новых гостей. Дверь распахнулась, и вошел офицер Северо-Западной конной полиции, а за ним — два метиса, погонщики собак. Как и Уэстондэйл, они были вооружены до зубов и заметно устали. Метисы легко переносили трудный путь, они были рождены для него, а вот молодой полицейский совсем обессилел. Однако необоримое упорство, столь свойственное его народу, гнало его вперед и не позволило бы отступить до самого конца.

— Когда уехал Уэстондэйл? — спросил полицейский. — Он здесь останавливался, верно? — Вопрос был совершенно лишним: следы это подтверждали достаточно красноречиво.

Мэйлмют Кид поймал взгляд Белдена, и тот, почуяв, куда дует ветер, уклончиво ответил:

— Да уж изрядно времени прошло.

— Давай, дружище, говори как есть! — попробовал урезонить его полицейский.

— Знать, он изрядно в Доусоне набедокурил, коли вам так нужен?

— Он ограбил Гарри Макфарленда на сорок тысяч и обменял в Компании Тихоокеанского побережья на чек банка Сиэтла. Если мы его не поймаем, он получит деньги — и поминай как звали. Так когда он уехал?

Присутствующие дружно скрывали свое волнение, стараясь не выдать его даже взглядом, ведь Мэйлмют Кид дал понять, что так надо, поэтому любой офицер, как ни вертел головой, повсюду встречал совершенно бесстрастные лица.

Тогда он подошел к Принсу и задал тот же вопрос ему лично. Бедняге было непросто смотреть в честное, открытое лицо земляка, и он ни к селу ни к городу стал что-то мямлить о состоянии дороги.

Тут полицейский заметил отца Рубо, который лгать не мог.

— С четверть часа назад, — ответил священник, — но и он, и собаки отдыхали четыре часа.

— Четверть часа назад! И со свежими силами! Господи! — Бедняга поплелся к двери, едва не теряя сознание от усталости и разочарования и бормоча что-то про десять часов, за которые он добрался сюда из Доусона, и про еле живых собак.

Мэйлмют Кид заставил полицейского выпить кружку пунша; затем офицер вновь направился к двери и приказал погонщикам следовать за ним. Но в хижине было так тепло и им так хотелось отдохнуть, что метисы дружно запротестовали. Их французское наречие было знакомо Киду, и он с тревогой вслушивался в спор.

Погонщики божились, что собаки уже на последнем издыхании; что Сиваша и Бабетту придется пристрелить на первой же миле, да и остальные протянут не намного дольше, и что всем нужен отдых.

— Одолжите мне пять собак? — спросил полицейский у Мэйлмюта Кида.

Но Кид покачал головой.

— Я выпишу чек от имени капитана Констэнтайна на пять тысяч. Вот мои документы. У меня есть полномочия.

Опять молчаливый отказ.

— Что ж, тогда я их конфискую именем королевы.

Скептически улыбаясь, Кид бросил взгляд на свой богатый арсенал, и англичанин, осознав свое бессилие, направился к двери. Но погонщики продолжали протестовать. В бешенстве обернувшись, он обозвал их бабами и трусливыми шавками. Смуглое лицо старшего из метисов вспыхнуло, однако он взял себя в руки и доходчиво, не стесняясь в выражениях, объяснил, что, бросив в снегу загнанного вожака, он с удовольствием оставит там же и своего начальника.

Собрав волю в кулак, молодой офицер твердым шагом вышел на двор, тщетно изображая бодрость. Все оценили его достойное поведение, тем более что лицо его при этом дважды страдальчески исказилось. Собаки, покрытые инеем, свернувшись калачиком, лежали в снегу. Поднять их удалось лишь с огромным трудом. Обозленные погонщики жестоко стегали несчастных животных, и те жалобно взвизгивали от жалящих ударов; и только когда Бабетту, вожака, выпрягли, наконец удалось сдвинуть нарты с места и тронуться в путь.

— Негодяй! Лжец!

— Черт подери! Чтоб ему!

— Вор!

— Да он хуже индейца!

Все были откровенно злы: во-первых, их обвели вокруг пальца; во-вторых, неписаный закон Северной страны, согласно которому честность почиталась как высшая добродетель, был нарушен.

— И мы еще помогали этому проходимцу, даже когда нам сказали, что он натворил!

Все взгляды с упреком обратились на Мэйлмюта Кида, который вышел из угла, где устраивал Бабетту, и молча разлил по кружкам остатки пунша.

— Холодная выдалась ночка, ребята, очень холодная. — Так он начал свою оправдательную речь — со слов, вроде бы не имевших отношения к делу. — Все вы знаете, что такое долгий путь в подобную ночь. Не стоит бить лежачего. Вы выслушали только одну сторону. Никогда еще ни вам, ни мне не доводилось есть из одного котелка или делить кров с человеком более честным, чем Джек Уэстондэйл. Прошлой осенью он отдал все, что успел заработать, все сорок тысяч, Джо Кастреллу, чтобы тот вложил их в канадские прииски. Сегодня он мог бы быть миллионером. Да только сам он остался в Серкл-Сити ухаживать за другим своим компаньоном, больным цингой. И что же тем временем сделал Кастрелл? Отправился прямиком к Макфарленду и проигрался в пух и прах. На другой день его нашли в сугробе мертвым. И бедолаге Джеку не удалось вернуться этой зимой к жене и ребенку, которого он еще даже не видел. Обратите внимание: он взял ровно столько, сколько потерял его компаньон, — сорок тысяч. В любом случае, он уже уехал: что вы можете сделать?

Кид обвел своих судей взглядом и, заметив, что выражение их лиц смягчилось, поднял кружку.

— Так выпьем же за того, кто этой ночью в пути: чтобы ему хватило еды, чтобы собаки его не пали и ни одна спичка не погасла зря. Да пошлет ему Господь процветание, да сопутствует ему успех, а...

— А конной полиции — неудача! — закончил Беттлз под грохот опустевших кружек.

СЕВЕРНАЯ ОДИССЕЯ

1

Полозья жалобно постанывали, ритмично поскрипывала упряжь, негромко звякали колокольчики вожаков упряжек, но сами собаки, как и погонявшие их люди, не издавали ни звука. Торить тропу по свежевыпавшему снегу было нелегко, путь был проделан немалый, а нарты, тяжело нагруженные четвертинами лосиной туши, промерзшими как камень, проваливались в сугробы и упорно, словно осознанно, не желали двигаться вперед. Уже темнело, но никто не давал команду остановиться и разводить костер. С неподвижного неба продолжал падать снег — уже не хлопьями, но крохотными, изящно ограненными ледяными кристаллами. Было очень тепло — едва ли десять градусов ниже нуля. Майерс и Беттлз подняли уши на шапках, а Мэйлмют Кид даже снял рукавицы.

Собаки успели устать еще в первой половине дня, но сейчас у них словно открылось второе дыхание. Самые сообразительные забеспокоились — неосознанно ускорили шаг, натянули постромки, настороженно подняли уши. Эти собаки сердились на своих более флегматичных собратьев по упряжкам и нетерпеливо покусывали их за лапы. Такое понукание возымело действие, и вскоре уже все собаки заторопились, дружно натянув постромки. Наконец вожак передней упряжки радостно взвыл и налег на ремни всем телом, буквально закапываясь в снег от усердия. Остальные собаки последовали его примеру. Постромки натянулись как струны, нарты поехали быстрее, и погонщикам пришлось налечь на поворотные шесты и основательно прибавить ходу, чтобы не попасть под полозья. Накопившуюся за день усталость как рукой сняло, собак подгоняли окриками скорее по инерции: те и без команды тянули нарты изо всех сил, радостно лая и взвизгивая, и стремительно мчались сквозь сгущавшуюся темноту.

— Эгей! Эгей! — то и дело вскрикивал кто-нибудь из погонщиков, когда его нарты соскакивали с проложенной тропы и начинали крениться, как парусник на ветру.

Каких-то сто ярдов оставалось до горящего окошка, затянутого промасленной бумагой, — этого верного знака близкого жилья, тепла, уюта, гудящей юконской печки и чашки горячего чая. Хижина, впрочем, уже была занята. Не меньше полусотни эскимосских хаски со злобным рычанием стали бросаться на собак, тянувших нарты. Дверь хижины распахнулась, и человек в красном мундире Северо-Западной конной полиции, утопая в снегу, принялся умело орудовать кнутом и быстро восстановил справедливость в завязавшейся собачьей сваре. Когда лай стих, офицер полиции и Мэйлмют Кид пожали руки; и так уж получилось, что заезжий гость пригласил хозяина в его же собственный дом.

Вообще-то, встречать Кида и его спутников должен был Стэнли Принс — именно ему надлежало позаботиться о той самой юконской печке и вышеупомянутом горячем чае, но его радушием уже успели воспользоваться нежданные гости. Все они — а было их человек десять, может быть, двенадцать — состояли на королевской службе: одни блюли законы, принятые королевой, другие представляли ее почтовую службу. Родом эти люди были из самых разных мест, но образ жизни, который они вели, наделил их множеством схожих черт: худощавые и жилистые, с мышцами, закаленными в долгих переходах, с выдубленными солнцем лицами, они выковали в своих душах бесстрашие и спокойно, даже чуть снисходительно смотрели на мир. Они правили упряжками, принадлежавшими королеве, вселяли страх в сердца ее недругов, получали скромное жалованье и не сетовали на судьбу. Они повидали жизнь, попадали в опаснейшие приключения и совершали настоящие подвиги, даже не подозревая об этом.

В хижине Мэйлмюта Кида они чувствовали себя как дома. Койка хозяина была занята двумя гостями, распевавшими старинные французские песни, которые звучали точно так же, как в те времена, когда первые французы прибыли в эти края и стали обустраивать жизнь, обзаводясь женами-индианками. Такому же вторжению подверглась и койка Беттлза: трое, если не четверо здоровенных voyageurs завернулись с ногами в одеяла и слушали рассказ одного из своих товарищей о службе под началом Вулзли, когда тот с боями вел свою флотилию к Хартуму. Когда он закончил свою историю, один из ковбоев поведал спутникам о королях и королевских дворах, о настоящих лордах и леди, которых ему довелось повидать во время турне Буффало Билла по европейским столицам. Один из углов хижины заняли два метиса: старые товарищи по оружию приводили в порядок обтрепавшуюся упряжь и вели негромкий разговор о временах восстания, полыхавшего на северо-западе при «правлении», как они называли его, «короля» Луи Риэля.

Звучали грубые шутки, сдабриваемые еще более грубыми выражениями, и самые невероятные истории о приключениях, пережитых во время зимних переходов и летнего сплава, рассказывались просто ради красного словца или занятного происшествия. Принс был в восторге от знакомства с этими героями, которые видели, как творится история, но не придавали своим поступкам большого значения. Он щедро раздавал своим новым приятелям табак, столь дорого стоивший в этих краях, а вознаграждением ему были разматывавшиеся перед ним ржавые цепи воспоминаний, воскресавшие позабытые одиссеи.

Когда же разговоры стихли, все набили по последней трубке и развернули туго скатанные спальные мешки, а Принс попросил Мэйлмюта Кида, чтобы тот рассказал ему, что он думает о новых знакомых.

— Ну, ковбой — он ковбой и есть, не перепутаешь, — рассудительно произнес Мэйлмют Кид, распуская завязки на мокасинах, — а тот парень, который рядом с ним, — наверняка британец. Ну а остальные — явно потомки coureurs du bois[1], разумеется смешавшиеся с бог знает какими народностями. Те двое, что легли у порога, — обычные bois brûlés[2]. Обрати внимание вон на того парня с шерстяным шарфом на шее — особенно на его брови и подбородок: готов поспорить, что без гостя из Шотландии в продымленном типи его мамаши-индианки дело не обошлось. А вот красивый парень, подложивший под голову свернутую шинель, наполовину француз. Да ты и сам слышал его выговор. К тем двум индейцам, которые спят рядом с ним, он должен

---

[1] Траппер, охотник на пушных зверей в Северной Америке *(фр.)*.

[2] *Букв.*: горелое дерево *(фр.)*; здесь: метисы, прозванные так за смуглый цвет кожи.

относиться без особой симпатии. Когда метисы организовали восстание под предводительством Риэля, чистокровные индейцы предпочли не ввязываться в эту заваруху, и с тех пор они друг друга не слишком жалуют.

— Слушай, а что насчет того мрачного малого у печки? Он ведь, похоже, даже по-английски не говорит: за весь вечер ни разу и рта не открыл.

— Ошибаешься, приятель. Английский он знает очень даже неплохо. Ты не обратил внимания, как он следил за разговором? А я обратил. Но парень, судя по всему, чужой всем остальным и не особо понимает, когда те начинают болтать на своих диалектах. А вот откуда он сам — я тоже в догадках теряюсь. Ну да ладно, сейчас попробуем выяснить... Эй, дружище, подбрось дровишек в печку, — чуть громче обратился Мэйлмют Кид к незнакомцу, глядя тому прямо в глаза.

Гость поспешил выполнить просьбу.

— Да, понятие о дисциплине в него крепко вбито, — вполголоса заметил Принс.

Мэйлмют Кид кивнул, снял носки и пробрался между спавшими вповалку гостями к печке. Он пристроил свои влажные носки сушиться среди двух десятков пар, которые уже висели там.

— До Доусона когда думаешь добраться? — полюбопытствовал он, чтобы как-то завязать разговор с незнакомцем.

Тот секунду-другую молча смотрел на него и лишь затем ответил:

— Мне сказали, что осталось семьдесят пять миль. Если это так, то дня через два будем на месте.

В его речи, несомненно, слышался какой-то легкий акцент, но говорил он свободно, не подыскивая слова.

— Бывал в наших краях?

— Нет.

— Ты с Северо-Западной территории?

— Да.

— Я имею в виду — родом оттуда?

— Нет.

— Чтоб тебя, так откуда же ты тогда свалился? Ты ведь не из этих будешь. — Мэйлмют Кид обвел рукой спящих погонщиков собак, присовокупив к ним заодно даже двоих полицейских, обосновавшихся на койке Принса. — Из каких ты краев? Я вроде и видел ребят, похожих на тебя, но убей бог не помню, где это было.

— А я тебя знаю, — неожиданно заявил незнакомец, чем тотчас же оборвал поток вопросов Мэйлмюта Кида.

— Откуда? Мы что, встречались?

— Нет, мне как-то давно на реке Пастилик рассказывал про тебя твой компаньон — священник. Спросил меня, знаешь, мол, Мэйлмюта Кида? И еще провизии мне в дорогу дал. Я пробыл там недолго. Не слышал от него обо мне?

— А, так ты тот парень, который шкуры каланов на собак менял?

Гость кивнул, молча выбил трубку и, завернувшись в меха, дал понять, что не намерен продолжать разговор. Мэйлмют Кид задул масляный светильник и вслед за Принсом забрался под одеяло.

— Ну что, выяснил, кто он такой?

— Выяснишь тут. Не слишком-то он разговорчивый, оборвал меня на полуслове и сам молчит. Но парень он любопытный. Я о нем кое-что слышал. Лет восемь назад он удивил все побережье. Пришел с Севера зимой, в самые морозы, было это за много тысяч миль отсюда, на побережье Берингова моря, и торопился он при этом так, словно за ним черти гнались. Откуда его принесло, он так никому и не сказал, но понятно было, что издалека. Шведский миссионер с побережья залива Головина, у которого он брал еду, заметил, как его измотало за время долгого пути. Позже мы узнали, что он спрашивал дорогу на юг. А он сразу же в путь отправился, причем не по побережью, а напрямик — через залив Нортон. В самые морозы и метели прошел там, где тысяча других путников точно сгинули бы без следа; промахнулся он, конечно, немного и вышел на берег не у Сент-Майкла, а у реки Пастилик. У него к тому времени только две собаки оставалось, а сам он чуть не умер от истощения.

И вот в таком состоянии он стремился идти дальше; отец Рубо снабдил нашего героя провизией, но дать ему собак не мог: я должен был приехать со дня на день, и ему самому предстояло отправляться в путь. Что такое обходиться без упряжки, наш таинственный Одиссей уже испытал на собственной шкуре и несколько дней просто места себе не находил. У него была связка отлично выделанных каланьих шкур — мех, как известно, очень дорогой, его по весу на золото обменивают. В ту пору в Пастилике жил русский купец, у которого собак было завались, правда, все знали, что жадным он был что твой Шейлок. В общем, торговались эти двое недолго, и наш таинственный незнакомец получил упряжку свежих собак, с которыми немедленно отправился куда-то на юг, ну а Шейлок тоже не внакладе остался. Видел я потом эти шкуры — просто роскошные. Мы с ребятами прикинули, что этот купец сотен по пять выгоды получил с каждой своей псины. Причем нельзя сказать, что наш Одиссей не знал цен на каланьи шкуры. Он, конечно, индеец по крови, но, судя по выговору, ему довелось пожить среди белых.

Когда лед сошел, кто-то рассказывал, что этот странный парень на острове Нунивак запасся провизией. Потом он снова куда-то рванул, и больше я о нем за эти восемь лет ничего не слышал. Откуда он сейчас здесь взялся, что он там делал и почему уехал оттуда, где жил все это время? Индеец, который странствовал неизвестно где и который вымуштрован не по-индейски. Вот тебе, Принс, еще одна загадка Севера.

— Спасибо-спасибо, у меня этих загадок уже столько, что только успевай разгадывать, — ответил тот.

Мэйлмют Кид уже начал сонно похрапывать, а молодой горный инженер еще долго смотрел в темноту, не в силах справиться с каким-то странным волнением, охватившим его. Даже потом, уже во сне, он долго шел куда-то по бескрайним снежным полям, вел собачьи упряжки и видел людей, которые жили, работали и умирали как настоящие мужчины.

На следующее утро, задолго до рассвета, полицейские и погонщики собак взяли курс на Доусон. Но волею сил, которые стояли на страже интересов ее величества и распоряжались судьбами ее подданных, отдохнуть им не удалось; буквально неделю спустя они вновь оказались на берегу реки Стюарт с большим грузом — тюками писем, которые требовалось доставить к Соленой Воде. Впрочем, собаки были заменены свежими, но ведь на то они и собаки.

Почтовая бригада вместе с охраной рассчитывала немного отдохнуть в Доусоне. Кроме того, Клондайк на глазах стал новым центром экономической жизни здесь, на Севере, и почтальоны были не прочь осмотреться в Золотом городе, где золотой песок течет ручьями, а веселье в салунах и танцевальных залах не прекращается ни днем ни ночью. Но вместо этого им пришлось опять сушить влажные носки у печки да курить трубки — чем большинство и поспешило заняться с не меньшим удовольствием, чем во время предыдущей ночевки; правда, несколько горячих голов завели разговор о том, что нужно бросить эту службу да махнуть через неисследованные Скалистые горы, а оттуда по долине Маккензи выйти в знакомые места где-то на землях индейцев чиппева. Двое-трое храбрецов даже вознамерились вернуться домой именно этим маршрутом по окончании службы и тотчас же стали строить планы этого рискованного предприятия — подобно тому как какой-нибудь горожанин планирует воскресную прогулку в ближайшем лесу.

Продавец каланьих шкур был явно чем-то обеспокоен, в общем разговоре участия не принимал; улучив момент, он отозвал Мэйлмюта Кида в сторонку и некоторое время разговаривал с ним вполголоса. Принс с любопытством поглядывал на них, и все стало еще непонятнее, когда, надев шапки и рукавицы, собеседники зачем-то вышли наружу. Впрочем, вскоре они вернулись, Мэйлмют Кид поставил на стол весы, отмерил шестьдесят унций золотого песка и пересыпал его в мешок, подставленный загадочным незнакомцем. Затем к участию в этих переговорах был приглашен старший погонщик, и с ним тоже заключили какую-то сделку. В итоге на следующее утро все отправились по маршруту уже без человека с каланьими шкурами, а тот, взяв с собой несколько фунтов продуктов, двинулся в обратный путь — по направлению к Доусону.

— Сам не понимаю, что все это значит, — ответил Мэйлмют Кид на расспросы Принса. — Бедолаге почему-то позарез понадобилось свалить с этой службы, мне показалось, что для него это вопрос жизни и смерти, хотя почему, он мне так и не рассказал. А у них здесь порядки как в армии: подписался на два года службы — служи, а не хочешь дослуживать — откупайся. Сбежать и оставаться в этих краях дезертиром не получится, а его здесь что-то держит. Уйти со службы он решил еще в Доусоне, только вот его там никто не знает, а денег у него, как я понимаю, ни цента, и во всей округе я — единственный человек, который с ним хоть парой слов перекинулся. В общем, он договорился с губернатором, что уйдет со службы, если раздобудет у меня денег — в долг, разумеется. Клялся, что вернет мне все через год, а еще сказал, что покажет место, где много золота. Видеть он его не видел, но уверен, что его там прóпасть.

Ты только представь себе: выходим мы, значит, с ним за порог, а он чуть не плачет. Умоляет, в ноги бросается прямо на снег, насилу заставил его встать. Что он нес — ты себе не представляешь! Говорил, что шел к этому дню много лет, что не переживет, если теперь все сорвется. Я спрашиваю: «Что сорвется?» Да разве от него толку добьешься! Твердит, что его могут перевести на другой участок, откуда он снова попадет в Доусон только через два года, но тогда якобы уже поздно будет. В жизни не видел, чтобы человек так убивался. А когда я ему сказал, что дам денег, он снова в снег на колени рухнул. Я ему говорю: считай, мол, что ты меня в долю взял. Какое там! Поклялся, что отдаст мне все, а там, мол, такие богатства, что и скупцу не снилось. Я-то знаю, как это бывает: нет у человека денег, и он берет кого-то в долю, а потом ему становится жалко отдать даже половину добытого. Нет, Принс, что-то тут не так. И помяни мое слово: мы про этого парня еще услышим — если он, конечно, в наших краях останется.

— А если нет?

— Ну, тогда по моей вере в людей будет нанесен серьезный удар, ну и шестьдесят унций — поминай как звали.

Время шло: задули холодные ветры, принесшие с собой длинные ночи; солнце завело свою вечную игру в прятки у снежной линии горизонта на юге, а о должнике и «компаньоне» Мэйлмюта Кида не было ни слуху ни духу. Но однажды тусклым январским утром перед его хижиной на берегу реки Стюарт остановились несколько тяжело нагруженных собачьих упряжек. Привел их тот самый продавец каланьих шкур, а сопровождал его человек той породы, создавать которую боги уже почти разучились. Где бы ни заходил разговор об удаче и богатых золотых россыпях, рано или поздно кто-нибудь вспоминал имя Акселя Гундерсона. Нельзя было обойтись и без воспоминаний о нем, когда где-нибудь на ночной стоянке у костра касались таких тем, как сила, мужество и доблесть. И даже когда говорить вроде было совсем не о чем, стоило лишь назвать имя спутницы Акселя Гундерсона, и беседа оживлялась.

Как уже говорилось, богам при создании этого человека пришлось вспомнить свое былое искусство — они сотворили его по образу и подобию тех, кто рождался, когда мир был еще молод. Полных семи футов ростом, живописно одетый — ни дать ни взять король Эльдорадо. Его руки, ноги, шея и грудная клетка были как у сказочного гиганта. Даже лыжи его были на добрый ярд длиннее обычных — чтобы спокойно, не проваливаясь нести по снегу эти триста фунтов мускулов и крепких костей. По его грубо высеченному, словно каменному, лицу с нависшими бровями и тяжелым подбородком, по выражению немигающих светло-голубых глаз было видно, что этот человек чтит и соблюдает только один закон — закон силы. Его волосы цвета спелой ржи спадали заиндевевшим водопадом на воротник медвежьей шубы. В этом великане, шествовавшем по тропе впереди собачьих упряжек, было что-то от древнего мореплавателя; так же властно, как какой-нибудь предводитель отряда викингов, он постучал в дверь домика рукояткой кнута — словно требуя открыть ворота в замок.

Закатав рукава — отчего стали видны его тонкие, словно женские, руки, — Принс старательно месил тесто, то и дело посматривая на троих гостей; подобные люди едва ли когда-то собирались вместе под одной крышей. Незнакомец, которого Мэйлмют Кид прозвал Одиссеем, по-прежнему вызывал интерес у Принса, но в эти минуты его внимание было полностью поглощено Акселем Гундерсоном и его женой. Женщина явно выглядела уставшей: с тех пор как ее муж нашел несколько богатых золотых жил в этой промерзшей земле, она привыкла к комфортной жизни в уютных хижинах и даже однодневный переход стал для нее нелегким испытанием. Теперь она сидела, склонив голову к могучей груди мужа — как нежный цветок, прильнувший к стене, — и лениво отвечала Мэйлмюту Киду, который отпускал одну за другой добродушные шутки и был странно взволнован мимолетными взглядами ее глубоких темных глаз. Ибо горный инженер был молодой и здоровый мужчина, который несколько месяцев не видел женщин. Гостья была старше его и к тому же индианка. Впрочем, она очень отличалась от всех местных жен, которых Принсу приходилось здесь видеть. Ей довелось много путешествовать — судя по разговору, она побывала даже в его родной стране; она знала многое из того, что полагается знать белым женщинам, но, помимо этого, ей было ведомо то, чему суждено навеки остаться для них непостижимым. Она знала, как приготовить вяленую рыбу, могла устроить ночлег на снегу, но сейчас с удовольствием дразнила собеседников воспоминаниями об изысканных и утонченных блюдах, которые ей случалось пробовать на различных званых обедах и о которых давние обитатели этих краев уже успели забыть. Она знала, как выследить лося или медведя, знала повадки песца и земноводных обитателей северных морей, жизнь лесов и ручьев не была для нее тайной, все следы, оставленные на хрупком снежном насте человеком, зверем или птицей, она могла прочесть как открытую книгу. Но вот ее взгляд зацепился за висевшие на стене правила для посетителей стоянки, составленные неисправимым Беттлзом, когда в его жилах еще кипела молодая кровь, и Принс заметил лукавый блеск в ее глазах. Стесняясь грубоватого юмора этих правил, Принс обычно поворачивал листок лицевой стороной к стене, когда в хижине должны были появиться дамы. Но кто же мог подумать, что эта индианка... Впрочем, предпринимать что-либо сейчас было уже поздно.

Вот, значит, какая она — жена Акселя Гундерсона, женщина, чье имя было известно всему Северу не меньше, чем имя ее мужа! За столом Мэйлмют Кид вел себя с нею как старый знакомый, и, преодолев первое смущение, к нему присоединился Принс. Гостью это численное превосходство ничуть не смутило: она держалась уверенно и весьма остроумно парировала шутливые нападки со стороны хозяев. Ну а ее муж, явно не блиставший остроумием, в основном молчал и лишь одобрительно поглядывал на свою спутницу. Он, несомненно, гордился ею; каждый взгляд и каждый жест его ясно говорили, как много значит для него эта женщина. Их попутчик, продавец каланьих шкур, забытый в веселой схватке, ел молча, управился с обедом быстрее других, после чего встал из-за стола и вышел из хижины к собакам. Впрочем, довольно скоро и остальные гости вместе с хозяевами надели парки и рукавицы и последовали за ним.

Снегопадов не было уже давно, и полозья скользили по раскатанному юконскому снегу как по гладкому льду. Одиссей вел первую упряжку, со второй шли Принс и жена Акселя Гундерсона, ну а с третьей выпало управляться Мэйлмюту Киду и светловолосому великану.

— Тут дело такое, — сказал гость своему провожатому. — Мы сейчас идем просто наудачу. Этот парень там никогда сам не был, но знаешь, Кид, я ему верю. Он как-то очень убедительно об этом месте рассказывает, и карта у него есть. Мне о ней говорили давно, еще в Кутенее. Вот бы вместе с тобой туда махнуть, но наш проводник странный какой-то: грозится, что бросит все и ничего нам не покажет, если мы возьмем с собой кого-то еще. Но подожди, вот осмотримся мы там, вернемся, получишь лучший участок, прямо рядом с моим, ну и когда там город строить начнут — мы с тобой в равных долях в это дело войдем.

Мэйлмют Кид хотел было что-то возразить, но попутчик его оборвал:

— Нет-нет, не перебивай! В конце концов, это я все затеял, и поверь, я точно знаю, что одному такое не провернуть. Если дело выгорит, то это второй Криппл-Крик будет. Слышишь, второй Криппл-Крик! Это кварц, а значит, жилы, а не россыпи, и, если с умом к этому подойти, все нашим будет, а это миллионы и миллионы. Я и раньше об этом месте слышал, да и тебе про него рассказывали. Мы там настоящий город построим: тысячи рабочих, по воде добраться туда легко, а значит, будут и пароходы ходить. Регулярную линию откроем. Какая торговля пойдет! В верховья можно будет паровые катера пускать. Может, и железную дорогу проложим. Потом лесопилки понадобятся, электростанция. Придется самим и банковскими делами заниматься, и акционерное общество открыть. У нас с тобой настоящий синдикат будет... Ты только никому ничего не рассказывай, подожди, пока я не вернусь!

Нарты остановились в том месте, где тропа пересекала устье реки Стюарт. На восток, насколько можно было кинуть взгляд, уходило бескрайнее море льда. От нарт отвязали лыжи. Пожав руки провожатым, Аксель Гундерсон шагнул на снежную целину, его разлапистые плетеные лыжи на пол-ярда проваливались в снежную толщу, зато собакам, двигавшимся следом, было легче тащить груз. Его жена шла позади последних нарт, ловко справляясь с неуклюжими приспособлениями для ходьбы по рыхлому снегу. Прозвучали слова прощания, взвизгнули собаки, и человек с каланьими шкурами хлестнул кнутом норовистого вожака упряжки.

Через час вереницу нарт можно было разглядеть уже у самого горизонта, она выглядела черным карандашом, который медленно полз по бесконечному листу белоснежной бумаги.

2

Прошло несколько недель, и как-то вечером Мэйлмют Кид и Принс засели за шахматные задачи, которые нашли на странице, вырванной из какого-то старого журнала. Кид только что вернулся со своих участков на ручье Бонанза и теперь отдыхал, перед тем как отправиться на многодневную охоту на лосей. Принс в ту зиму тоже немало помотался по побережью и вдоль рек и сейчас наслаждался теплом и уютом хижины.

— Закройся черным конем и сделай шах королю. Хотя нет, так не пойдет. Ладно, тогда следующий ход...

— Зачем пешку на две клетки двигать? Ее же точно на проходе съедят. А если учесть, что и слон ничем не угрожает...

— Нет, подожди! Тут же не защищено, и если...

— А вот и защищено! Ходи! Увидишь, я прав.

Задача оказалась интересной. Когда в дверь постучали, Кид даже не обратил на это внимания и лишь после повторного стука крикнул: «Входите!» Дверь распахнулась. В помещение ввалилось какое-то странное существо. Принс мельком глянул на вошедшего и вскочил из-за стола. Ужас в глазах друга заставил Мэйлмюта Кида оглянуться, и он тоже испугался, хотя немало повидал на своем веку. Странное существо, едва передвигая ноги, двинулось в их сторону. Принс пятился, пока не нащупал позади себя висевший на стене смит-вессон.

— Господи, это еще что такое? — прошептал он.

— Не знаю. Кто бы это ни был, он промерз насмерть и едва жив от голода, — ответил Кид, обходя незнакомца. — И осторожнее с ним. Он, может, еще и свихнулся, — предупредил Кид, закрывая дверь за нежданным гостем.

Тот тем временем подошел к столу. Яркий огонек домашнего светильника приковал его взгляд, и от удовольствия он жутко захихикал. Затем человек — ибо это был все-таки человек — неожиданно отшатнулся, подтянул кожаные штаны и запел старую морскую песню, которую поют матросы, наваливаясь всем телом на рукоятку ворота под ревущий аккомпанемент морских волн:

Налегай, ребята! Поднажмем!
Хочешь знать, как кличут капитана?
Налегай, ребята! Поднажмем!
Джонни Джонс из Южной Каролины.
Налегай, ребята, поднажмем...

Не допев куплет, незнакомец вдруг зарычал почти по-волчьи и кинулся к полке со съестными припасами, и не успели хозяева его перехватить, как он уже впился зубами в кусок сырого сала. Между ним и Мэйлмютом Кидом завязалась ожесточенная схватка, но силы быстро оставили пришлеца, и он обмяк, безвольно выпустив из рук добычу. Ему придвинули табурет, и человек покорно сел, навалившись телом на край стола. Глоток виски вернул ему силы — по крайней мере, он смог запустить ложку в сахарницу, поставленную перед ним Кидом. Дождавшись, пока несчастный пресытится сахаром, Принс с содроганием протянул ему кружку слабого мясного бульона.

Глаза этого странного существа горели каким-то потусторонним безумием, которое пульсировало, вспыхивая и затухая с каждым глотком. В лице незнакомца лишь с трудом угадывались человеческие черты. Оно было сильно обморожено и покрыто как старыми, так и совсем свежими рубцами. Сухая темная кожа потрескалась и кое-где кровоточила. Его грязная меховая куртка была сплошь порвана, а с одного боку и подпалена: наверное, человек заснул, придвинувшись вплотную к горящему костру.

Мэйлмют Кид молча показал пальцем на изрезанную полу меховой куртки. Дубленую кожу явно отсекали полосами — по всей видимости, для того, чтобы хоть как-то утолить голод.

— Ты... кто... такой? — медленно, с расстановкой произнес Кид.

Человек будто не услышал вопроса.

— Ты откуда пришел?

— Корабль плывет вниз по реке... — едва слышно пропел незнакомец.

— Вниз или вверх, какая разница! — Кид тряхнул незнакомца за плечи, пытаясь добиться от него чего-то более вразумительного.

Человек вскрикнул от боли, схватился рукой за бок, затем медленно поднялся и, опираясь о стол, сказал:

— Она смеялась мне в лицо... а в ее глазах была ненависть. И она... не пошла со мной.

Он умолк и почти рухнул на табурет. Мэйлмют Кид дернул беднягу за руку и почти прокричал:

— Кто «она»? Почему она с тобой не пошла?

— Она, Унга. Она засмеялась и вдруг — ножом меня. Сюда. А потом снова. А потом...

— Что потом?

— Потом...

— Я тебя спрашиваю, что потом случилось?

— А потом он тихо-тихо лежал на снегу, долго лежал. Он и сейчас там лежит.

Кид и Принс беспомощно переглянулись.

— Кто лежит на снегу?

— Она, Унга. В ее глазах была ненависть, а потом она...

— Ну говори же, говори!

— А потом она схватила нож и ударила меня один раз, потом другой. Она совсем слабая была. Я медленно шел. А золото там есть, много золота.

— Где Унга? — Мэйлмют Кид понимал, что эта женщина, возможно, умирает сейчас в какой-то миле от его дома. Он грубо тряс еле живого гостя, вновь и вновь повторяя: — Где Унга? Кто такая Унга?

— Она... она там... в снегу.

— Говори! — закричал Кид, как тисками сжимая руку незнакомца.

— Мне бы тоже там... остаться. Но мне... нужно долг отдать... Нести тяжело... Отдать должен... Отдать должен... должен...

Этот почти бессвязный монолог на время был прерван: гость нашарил под одеждой и вытащил наружу мешочек из оленьей кожи.

— Долг отдать... пять фунтов... золотом... Я должен... отдать... Мэйлмюту Киду... Я...

Он уронил голову на стол, и Киду не удалось привести его в чувство.

— Это Одиссей, — негромко сказал он, бросив мешочек с золотым песком на стол. — Ну а Акселя Гундерсона и его жены, судя по всему, уже нет в живых. Ладно, давай уложим его на койку да закутаем потеплее в одеяла. Он индеец — выкарабкается и расскажет, что там у них произошло.

Они разрезали его одежду и увидели у него на груди с правой стороны две незажившие раны, нанесенные ножом.

3

— Я расскажу все, как умею, но вы поймете. Начну с самого начала, расскажу про себя и про эту женщину, а уж потом, позже — про того мужчину.

Человек с каланьими шкурами подсел ближе к печке, как делают те, кому пришлось долго оставаться без огня на морозе и кто подсознательно боится, что этот дар Прометея может в любой момент вновь исчезнуть. Мэйлмют Кид придвинул светильник поближе и направил его свет так, чтобы лицо рассказчика было хорошо видно. По соседству на краешке койки примостился Принс.

— Меня зовут Наас, я вождь и сын вождя, родился между закатом и восходом, на волнах бурного моря, в умиаке моего отца. Все мужчины в ту ночь работали веслами, а женщины вычерпывали воду, которую обрушивали на нас штормовые волны. Соленые брызги замерзали на груди моей матери, и дыхание ее ушло от нас вместе с отливом. А я... Мой первый крик соединился с голосом ветра и штормовых волн — и я выжил. Наше становище было тогда на Акатане...

— Где? — переспросил Мэйлмют Кид.

— Акатан — один из Алеутских островов. Акатан лежит дальше, чем Чигник, дальше, чем Кардалак, даже дальше, чем Унимак. Как я уже сказал, наше становище было на Акатане, который находится посредине моря на самом краю света. Мы ловили в море рыбу, охотились на тюленей и морских выдр — каланов. Наши жилища жались друг к другу на узкой полоске между опушкой леса и песчаным берегом, где лежали наши каяки. Нас было мало, и мир наш был небольшим. На востоке от нас лежали чужие земли — острова, похожие на Акатан, и мы думали, что весь мир так устроен — море и в нем маленькие острова, нам это казалось естественным.

Я отличался от людей моего племени. На берегу, почти занесенные песком, лежали обломки лодки, и, если судить по доскам обшивки и по изогнутым брусьям, эта лодка была очень большой. Мой народ не умел таких строить. А еще неподалеку был мыс, с которого океан видно в трех направлениях, и на этом мысу росла сосна — высокая, гладкая, прямая, такие в наших краях не растут. Рассказывали, что когда-то давно на это место в той самой лодке приплыли два человека, осмотрелись, а потом остались жить насовсем. Они были белыми, как вы, но очень слабыми, совсем как дети в голодный сезон, когда тюлени уходят и охотники возвращаются домой без добычи. Я узнал об этих чужаках от стариков и старух, а им это рассказывали их отцы и матери. Поначалу этим белым чужеземцам пришлось не по душе, как мы живем, но потом они окрепли, питаясь рыбой и жиром, и стали свирепыми. Каждый из них построил себе хижину и выбрал жену из лучших женщин нашего племени, и у них родились дети. Так появился на свет тот, кто стал отцом того, кто стал отцом моего отца.

Я уже сказал, что отличался от людей моего племени, ибо в моих жилах текла сильная кровь этого белокожего чужеземца. Мне рассказывали, что до появления этих людей наш народ жил совсем по другим законам, но двое белых были свирепы и всегда готовы к драке. Они сражались с мужчинами нашего племени до тех пор, пока не осталось никого, кто осмелился бы вступить с ними в схватку. Потом они провозгласили себя нашими вождями, поменяли наши законы. Они объявили, что ребенок отныне будет сыном отца, а не матери, как раньше. По их закону старший сын получал все, что оставлял ему отец, а младшим братьям и сестрам приходилось рассчитывать только на себя. Дали они нам и другие законы. Они научили нас, как лучше ловить рыбу, как охотиться на медведей, которых в наших лесных краях очень много, а еще они надоумили нас делать большие запасы еды на голодное время. И это было хорошо.

Но когда они стали вождями, когда не осталось никого, кто устоял бы перед их силой и гневом, эти белые люди стали ссориться между собой. И тот, чья кровь течет в моих жилах, вонзил тюлений гарпун в грудь второго белого человека, да так, что он на локоть вышел из его спины. Потом враждовали дети белых вождей, затем дети их детей. Они враждовали и творили черные дела, и так продолжалось вплоть до моих дней, когда в каждом из родов осталось лишь по одному человеку, способному передать кровь следующему поколению. В нашем роду это был я, в том, с которым мы враждовали, из молодых осталась лишь одна девочка — Унга, которая жила со своей матерью. Однажды вечером ее отец и мой отец не вернулись с рыбной ловли, но потом их тела выбросило на берег прибоем. Они так и погибли, крепко вцепившись друг в друга.

Наш народ дивился на такую вражду, а старики, качая головами, говорили, что ей не будет конца, что она вспыхнет с новой силой, когда у меня и у девочки из другого рода родятся и подрастут дети. Мне об этом говорили с детства, и в результате я приучился видеть в Унге врага — ту, чьим детям суждено враждовать с моими детьми. Я много дней и ночей думал об этом, а когда подрос, спросил старейшин, почему все должно быть именно так, и они мне ответили, что не знают почему, но так заведено и так всегда будет. А я все никак не мог понять, почему те, кто еще не родился, обречены продолжать войну тех, кого давно уже нет в живых, мне это казалось неправильным. Но старики говорили, что так должно быть, а я был тогда еще совсем мальчишкой.

А еще они говорили, что мне нужно спешить, что дети мои должны родиться раньше, чем дети Унги, — чтобы быть старше и сильнее ее потомства. Выполнить это пожелание племени мне, в общем-то, было легко. Я по рождению уже был вождем, меня уважали за подвиги и мудрость моих предков, а кроме того, я был богат. Любая девушка племени с радостью стала бы моей женой, но мне никто не нравился. А старики и матери девушек торопили меня, рассказывали про храбрых охотников, уже предлагавших матери Унги выкуп за ее дочь, — ведь, если ее дети вырастут раньше, они убьют моих детей.

Долго я не мог найти себе подругу по душе, но вот както вечером на закате я возвращался домой с рыбной ловли. Солнце стояло низко и светило мне прямо в глаза, под свежим ветром каяки легко скользили по белым волнам. Неожиданно, обгоняя меня, мимо пронесся каяк Унги, и она посмотрела на меня. Ее волосы, черные, как туча ночью, развевались по ветру, на щеках сверкали брызги. И в то мгновение, под бившими в лицо лучами заходящего солнца, я — еще почти подросток — вдруг ощутил голос крови и все понял. Она обогнала меня, оглянулась и посмотрела — так смотреть могла одна только Унга, — и кровь во мне вновь забурлила. Мы легко опережали тяжелые и неповоротливые умиаки, а люди, сидевшие в них, кричали нам вслед. Я пытался догнать Унгу, но она так искусно управлялась с веслом, что мне никак не удавалось поравняться с нею, хотя мое сердце было точно парус, наполненный ветром. А ветер все свежел, на гребнях появилась пена, и мы прыгали по волнам, словно тюлени, уносясь все дальше по золотой солнечной тропе.

Наас подался вперед, будто опять работал веслом и летел по морю на своем каяке. Где-то там, за пылавшей печкой, ему виделись легкий стремительный каяк и разметавшиеся по ветру волосы Унги. Ветер пел ему в уши, запах соленой морской волны заставлял трепетать его ноздри.

— Но вот она пристала к берегу и, смеясь, побежала к хижине своей матери. В тот вечер меня посетила великая мысль — мысль, достойная того, кто был вождем народа острова Акатан. Ночью, когда взошла луна, я подошел к их хижине и оглядел дары, преподнесенные Яш-Нушем и сложенные у двери. Яш-Нуш был храбрым и удачливым охотником, он очень хотел стать отцом детей Унги. Другие молодые мужчины тоже складывали свои дары у ее хижины, а потом забирали их назад нетронутыми, причем каждый старался, чтобы его груда была больше, чем у других.

Я рассмеялся небу и звездам и вернулся к себе домой, где хранились мои богатства. Раз за разом проделывал я этот путь, перенося дары к порогу хижины Унги, пока моя груда на целую ладонь не превысила ту, что сложил Яш-Нуш. Были там копченая и вяленая рыба, сорок тюленьих шкур и два десятка котиковых (каждая шкура была завязана у рта и заполнена жиром), и десять медвежьих шкур — причем каждого из этих медведей я убил сам на весенних охотах, когда они проснулись после зимней спячки. Были там бусы, одеяла и ярко-красные ткани — все это я выменял у людей, живших на востоке, которые сами выменяли их у тех, кто живет еще дальше на востоке. Я посмотрел на дары Яш-Нуша и снова рассмеялся, потому что я был вождем всего племени, жившего на Акатане, я был богаче всех своих молодых соплеменников, а предки мои совершили столько подвигов и установили столько мудрых законов, что их имена передавались из уст в уста от поколения к поколению.

Наутро я отправился к берегу и украдкой бросил взгляд на хижину матери Унги. Груда подарков оставалась нетронутой. И женщины хитро улыбались и негромко переговаривались друг с другом. Это было просто невероятно: ведь никто и никогда не предлагал за Унгу такой щедрый выкуп. На следующую ночь я еще многое добавил к своим дарам, а кроме того, положил рядом каяк из превосходно выдубленной кожи — совершенно новый, еще не знавший моря. Но и на второе утро все осталось на том же месте — на потеху людям племени. Мать Унги была хитрая женщина, а я разгневался оттого, что она унижает меня перед моим народом. В третью ночь я принес к их хижине еще больше даров и даже вытащил на берег свой умиак, равный по цене двум десяткам каяков. Наутро мои дары были унесены внутрь.

Тогда я стал готовиться к свадьбе, и к нам на свадебный пир и потлач собрались даже люди, жившие далеко к востоку от нас. Унга была старше меня на четыре солнца — так мы считаем годы. Я был еще совсем юнцом, но для меня, вождя и сына вождя, это не было препятствием.

В тот день на горизонте показались паруса большого судна, и ветер гнал его к берегу нашего острова. Вблизи стало видно, что в нем есть течь и матросы не покладая рук работают насосами. На носу судна стоял высокий человек. Он следил за глубиной и громовым голосом отдавал команды. Глаза его были цвета бездонного моря, а волосы напоминали гриву морского льва, только цветом походили на пшеничную солому или на манильскую пеньку, из которой плетут морские канаты.

В те годы мы не раз видели вдали большие корабли, но это было первое судно, которое причалило к берегам Акатана. Наш пир был прерван: женщины похватали детей и разбежались по домам, а мужчины вооружились луками и копьями. Но чужеземцам, чей корабль ткнулся носом в отмель у нашего берега, было не до нас. Едва прилив сменился отливом, они накренили свою шхуну и стали заделывать здоровенную пробоину в ее днище. Тогда женщины вернулись, и праздник продолжился своим чередом.

С приливом мореплаватели отвели свою шхуну на глубину и пришли к нам. Они принесли подарки и вообще вели себя дружелюбно. Я усадил их у костра и от чистого сердца раздал подарки — как всем гостям; ведь это был день моей свадьбы, а я был не кто-нибудь, а вождь всего Акатана! Пришел к нам и великан с гривой как у морского льва. Он был таким высоким и сильным, что казалось, земля вздрагивает при каждом его шаге. Он сидел, сложив руки на груди, и долго, не отрываясь смотрел на Унгу, пока не зашло солнце, а на небе не появились звезды. Тогда гости и их великан-предводитель ушли к себе на корабль. Вскоре после этого я взял Унгу за руку и повел в свою хижину. Все пели и веселились, а женщины, как всегда в таких случаях, хихикали и перешептывались. Но нам до них не было дела. Вскоре от нас отстали, и мы остались одни.

Не успел стихнуть шум общего пира, как в нашу дверь постучал предводитель морских бродяг. С собой он принес бутылки из темного стекла, мы пили из них, и нам стало весело. Понимаете, я ведь был тогда юношей, прожившим всю жизнь на краю света. Кровь моя закипела, а сердце было готово взлететь ввысь — как невесомые хлопья морской пены, что летят на прибрежные скалы. Унга молча сидела на шкурах в углу, и в глазах ее был страх. А тот человек, великан с львиной гривой, смотрел на нее — пристально, не мигая. Потом пришли его люди и принесли с собой целые тюки с подарками, каких не было на всем Акатане. Ружья и пистолеты, порох, патроны и пули, сверкающие стальные топоры и ножи, какие-то хитроумные инструменты и еще множество разных вещей, которых я раньше никогда не видел. Он знаками показал, что дарит мне все это, и я еще успел изумиться его невероятной щедрости. Но затем он так же, знаками, дал понять, что хочет взамен, чтобы Унга пошла с ним на корабль. Вы понимаете?! Моя Унга — с ним, на его корабль! Кровь предков вскипела во мне: я схватил копье и бросился на него. Но зелье из бутылок отняло силу у моей руки, и он схватил меня за горло и ударил головой о стену хижины. Я сполз на пол, слабый, как новорожденный младенец. Унга закричала и стала цепляться за окружающие предметы, пытаясь не дать этому великану утащить ее. Потом он поднял Унгу своими сильными руками, а когда она вцепилась ему в волосы, он лишь засмеялся или скорее зарычал, как большой тюлень в момент любовных игр с самкой.

Я ползком выбрался на берег и стал звать своих соплеменников, но они испугались и не пришли мне на помощь. Только Яш-Нуш оказался настоящим мужчиной: он добежал до берега, но моряки ударили его по голове веслом, и он упал лицом в песок, где и остался лежать не двигаясь. А команда шхуны подняла паруса, и под незнакомую мне песню корабль стал быстро удаляться от берега.

Люди говорили, что это к лучшему: не будет больше родовой вражды на острове Акатан, ну а я молчал и, когда пришла полная луна, загрузил каяк рыбой и жиром и поплыл на восток. Я увидел много островов, много людей и лишь тогда понял, на каком краю света я вырос и как огромен мир. Я объяснялся знаками; но никто из тех, кого я встретил, не видел ни той шхуны, ни человека с львиной гривой, и все показывали дальше на восток. Я спал в странных местах, ел что придется, встречал удивительных людей. Многие смеялись надо мной, думая, что я тронулся умом, но иногда старики поворачивали мое лицо к свету и благословляли меня, да роняли слезу молодые женщины, желавшие знать про незнакомый корабль, про Унгу и пришельцев с моря.

Так, через бурные моря и штормы, добрался я до Уналашки. В порту стояли две шхуны, но мне нужен был другой корабль. Я поплыл дальше на восток, и постепенно мир становился все больше, но никто не видел той шхуны, которую я искал, ни на острове Унимак, ни на Кадьяке, ни на Атоньяке. Потом я добрался до скалистой страны, где люди рыли норы в горе. Там у берега стояла шхуна, но опять не та, которую я искал, и люди грузили на нее камни, извлеченные из горных недр. Мне это показалось глупым, ведь камней везде много, но люди с того корабля накормили меня и велели работать. Когда погрузка была закончена и шхуна глубоко осела в воду, капитан дал мне денег и отпустил. Я спросил, куда они плывут, и он показал на юг. Я знаками объяснил, что хочу плыть с ними; капитан сначала рассмеялся, но потом все же взял меня с собой, потому что у него не хватало матросов. Там я и научился говорить на новом для меня языке, тянуть канаты, брать рифы на парусах во время шквала и стоять за штурвалом. Но в этом не было ничего странного — как-никак в моих жилах течет кровь предков-мореплавателей.

Мне казалось, что теперь я быстро найду того, кого искал, ведь я уже добрался до тех мест, где живут белые люди. И вот, когда мы достигли твердой земли и прошли узким проливом в гавань, я ожидал, что увижу много кораблей, примерно столько, сколько у меня пальцев на руках. Однако они занимали весь берег на несколько миль в обе стороны, и их было как мелких рыб в плотно сбившемся косяке.

Тогда я пошел по причалам, расспрашивая про человека с львиной гривой, но мне только смеялись в ответ и отвечали на разных незнакомых языках. Я понял, что эти люди приплыли сюда из самых отдаленных уголков света.

И я отправился в город и стал заглядывать в лицо каждого встречного. Но людей там было не сосчитать — как трески, проходящей по отмели. А еще там было шумно, и от этого гула и грохота, от постоянного мелькания лиц у меня закружилась голова. Но я пошел дальше, побывал в землях, согретых теплым солнцем, видел бескрайние поля, на которых созревал богатый урожай, и большие города, в которых живут толстые, жадные до золота и лживые мужчины, изнеженные, как женщины. А мои соплеменники на Акатане меж тем охотились, ловили рыбу и были счастливы, не ведая, насколько огромен этот мир.

Но меня гнал вперед тот взгляд Унги, который я поймал, когда мы возвращались с рыбной ловли, и я знал, что найду ее, когда придет час. Унга была со мной — в городских закоулках на закате, в тучных полях в час утренней росы, и в ее взгляде я видел обещание того, что только она могла мне дать.

Я побывал, наверное, в тысяче городов. В одних меня встречали добром и угощеньем, в других насмешками, кое-где — проклятиями, я же держал язык за зубами и наблюдал за этими странными людьми, жил по их странным законам. Иногда мне — вождю и сыну вождя — приходилось работать на людей грубых и жестких, как железо, они добывали золото пóтом и кровью своих ближних. Долго я так бродил, не приблизившись ни на шаг к своей цели, и наконец вновь вышел к морю, как тюлень, вернувшийся на родное лежбище. Только было это в другом порту, в другой стране, которая находится гораздо севернее. И вот там до меня дошли рассказы о светловолосом бродяге, охотнике на тюленей, который как раз в то время ушел в плавание.

И тогда я нашел охотничье судно, команда которого состояла из ленивых сивашей, и устремился на поиски. Тюленья охота была в самом разгаре, вот только на море следов не остается. Несколько месяцев мы плавали в тех краях, много слышали о том человеке, которого я искал, но его самого так и не встретили. Мы отправились еще севернее и дошли до самых островов Прибылова, и там, на лежбищах, мы этих тюленей просто стадами забивали, а потом разделывали на судне. У нас вся палуба была такой скользкой от жира и крови, что стоять невозможно. Потом за нами погнался корабль, с него нас даже из пушек обстреляли. Мы подняли все паруса, на полном ходу наша шхуна чуть носом в воду не зарывалась, зато мы смогли скрыться в спустившемся тумане.

А потом нам рассказывали, что, пока мы выпутывались из этой переделки, светловолосый морской бродяга высадился на островах Прибылова — пристал прямо к причалу фактории, и, пока половина его команды держала на мушке служащих Компании, остальные перегрузили себе на борт все десять тысяч сырых тюленьих шкур, которые хранились на складе. Сам я этого не видел, но рассказам верю. Об этом человеке, о его дерзости и жестокости, я вообще слышал очень много. Не только мне не удавалось его настигнуть: три страны, у которых были в тех краях земли, снарядили корабли на его поиски. Слышал я и про Унгу: капитаны, видевшие ее, рассказывали о ней с восхищением. Она всегда была с ним. Говорили, что она переняла обычаи его народа и теперь счастлива. Но я знал, что это не так, что в сердце Унги живет тоска по родным местам, по золотистому песку побережья Акатана.

И вот спустя долгое время я вновь вернулся в тот порт, который служит вратами в океан, и там мне рассказали, что тот, кого я ищу, уплыл на охоту за тюленями совсем в другую часть океана, на восток теплой страны, лежащей к югу от русских морей. Я к тому времени был уже опытным матросом, и меня взяли на корабль, команду которого составляли люди из его народа, и мы отправились на охоту за тюленями. Лишь немногие корабли забирались туда, но мы наткнулись на большое стадо и гнали его на север всю весну того года. Но когда самки стали брюхаты и пересекли русскую границу, наши люди начали испуганно роптать. В тех местах стояли густые туманы, и мы что ни день теряли людей и шлюпки. Экипаж отказался продолжать охоту, и капитан принял решение возвращаться назад. Но я знал, что мой светловолосый бродяга не боится ничего и будет гнать настигнутое стадо хоть до самых Русских островов, куда вообще мало кто добирался. В общем, одной темной ночью я, воспользовавшись тем, что вахтенный на баке задремал, забрался в пришвартованную к борту шлюпку и уже один поплыл в теплую страну. Я следовал на юг и вскоре оказался в бухте Йеддо, где встретил немало смелых, отчаянных, дерзких людей. А девушки в районе Йошивара были невысокие, но сильные, крепкие как сталь и очень красивые; но я не мог оставаться там, поскольку помнил о моей Унге, которая стояла на качающейся палубе охотничьего корабля, добывавшего тюленей на лежбищах северных островов.

В бухте Йеддо собирались люди со всех концов света; забывшие родной дом и богов, они ходили под японским флагом. С ними я отправился к щедрым берегам Медного острова, где мы набили трюмы свежезасоленными шкурами. В этом безмолвном море мы не встретили никого, покуда не легли на обратный курс. Однажды под свежим ветром, прогнавшим туман, нас стала нагонять какая-то шхуна, а за ее мачтами виднелись дымы русского военного корабля. Мы подняли все паруса, но вторая шхуна легко нагоняла нас, на каждые пройденные нами два фута проглатывая три. И на корме ее стоял человек с львиной гривой, ухватившись за поручни, покрытые парусиной, и смеялся, упиваясь своей жизненной силой. И Унга была там — я сразу узнал ее, — но, когда преследователи дали залп из пушек, он отослал ее с палубы вниз. Шли они, как я уже сказал, в полтора раза быстрее нас, и мы то и дело видели, как взмывает в воздух руль шхуны, обросший зелеными водорослями. Я крутил штурвал и проклинал судьбу, стоя спиной к русским пушкам. Мы понимали, что он решил обогнать нас и, пока русские будут возиться с нами, уйти далеко вперед. Нам сбили мачты, и мы трепыхались на ветру, как раненая чайка, а он скрылся за горизонтом — он и Унга.

Ну а мы — что нам оставалось делать? Свежие тюленьи шкуры в трюме выдавали нас с головой. Нас доставили в русский порт, а оттуда отправили в какие-то пустынные края, где заставили работать на соляных копях. Некоторые там умерли, ну а кто-то... остался в живых.

Наас скинул одеяло с плеч, обнажив чудовищные рубцы — несомненное свидетельство порки кнутом. Принс поспешил вновь прикрыть спину гостя, так как зрелище было не из приятных.

— Приходилось нам там нелегко, иногда кто-то пытался бежать на юг, но этих беглецов неизменно возвращали назад. А потом мы — те, кто попал туда из бухты Йеддо, — отняли у стражников оружие и ушли на север. Вокруг простирались бескрайние болотистые равнины и непроходимые леса. Наступили холода, выпал снег, и никто не знал, куда нужно идти. Так мы скитались по этим лесам несколько месяцев, точнее не помню, у нас было мало еды, и мы часто ложились на землю и ждали смерти. Но наконец мы все-таки вышли к холодному морю — всего трое. Один из нас был когда-то капитаном корабля из Йеддо, он знал, где находятся большие страны, и знал место, где зимой по льду можно перейти из одной в другую. И он повел нас, а сколько мы шли — не помню, но это было очень долго, и в конце мы остались уже вдвоем. А когда дошли, встретили пятерых людей из народа, живущего в тех краях, у них были собаки и шкуры, а у нас ничего не было. Мы боролись с ними среди снегов, пока они все не погибли, погиб и капитан, а мне достались и собаки, и шкуры. Я пошел по льду, покрытому трещинами, и меня унесло на льдине и носило по морю, пока западный ветер не прибил ее к берегу. Ну а потом были залив Головина, река Пастилик и тот священник. Оттуда я отправился на юг, в теплые края, где мне уже доводилось скитаться.

Но море уже не было щедрым, и те, кто промышлял охотой на тюленей, сильно рискуя, получали совсем маленькую прибыль. Промысловых кораблей стало меньше, ни капитаны, ни матросы ничего не знали о тех, кого я разыскивал. Тогда я ушел от вечно беспокойного океана и отправился бродить по суше, где деревья, дома и горы всегда остаются на своем месте, а не перемещаются. Я много где побывал, много чему научился, даже читать и писать. И это было хорошо, потому что и Унга тоже, наверное, научилась этому, и однажды, когда настанет наш час... мы... вы понимаете?.. когда настанет наш час.

Так я и скитался по миру — словно маленькая рыбацкая лодка, которая поднимает парус и оказывается во власти ветра. Но я всегда был начеку, старался держаться поближе к тем, кто много путешествует, потому что если бы они хоть раз увидели тех, кого я искал, то они бы их не забыли. И вот однажды я познакомился с человеком, который незадолго до этого вернулся с гор и привез оттуда кусок породы с золотыми вкраплениями размером с горошину, и этот человек слышал про тех, кого я искал, он видел их, был знаком с ними. Они, по его словам, были богаты и жили в тех краях, где добывают золото из земли.

Это была дикая, очень далекая страна, но я добрался туда. Я увидел там огромный палаточный лагерь в ущелье между горами, где люди работали день и ночь, не видя белого света. Но час мой еще не настал. Я послушал, что говорят люди в поселке. Выяснилось, что он уехал — они уехали — в Англию, где он рассчитывал уговорить каких-то богатых людей учредить с ним акционерные общества. Я видел дом, где они жили: это был почти дворец, такие можно увидеть в странах Старого Света. Ночью я пробрался в тот дом через окно, чтобы посмотреть, как она жила с ним. Я ходил из комнаты в комнату и думал, что так могут жить только короли и королевы, — настолько там было хорошо. А еще все говорили, что он относится к ней как к королеве, и многие гадали, откуда она родом. В ее жилах текла кровь чужеземцев, и она была не похожа на других женщин Акатана, и никто не мог догадаться, кто она. Да, она была королевой, но я был вождем и сыном вождя, а кроме того, я заплатил за нее неслыханный выкуп — шкурами, лодками и бусами.

Ладно, что-то я разговорился. Я был моряком и знал, как и куда плавают по морям корабли. Я добрался до Англии, потом поехал в другие страны. Иногда мне кто-то о них рассказывал, иногда я читал о них в газетах, но мне все не удавалось настичь их — ведь они были богаты и быстро переезжали с места на место, а я был беден. В какой-то момент они разорились и их богатство растаяло как дым, буквально в один день. В газетах тогда об этом много писали, зато потом — ни слова, и я понял, что они вернулись туда, где золото можно выкапывать из земли.

Обеднев, они куда-то исчезли, и я ездил из лагеря в лагерь и добрался так до Кутенея на севере, где обнаружил их след. Они были там и снова ушли, одни говорили — туда, другие — сюда, а некоторые, что на Юкон. И я отправился и туда и сюда, переезжал с места на место, пока не заметил, что устал оттого, что мир такой большой. По Кутенею я пробирался трудным маршрутом на пару с одним метисом с Северо-Западных территорий, мы с ним совсем обессилели от голода. Почувствовав скорую кончину, мой попутчик рассказал, как пробрался на Юкон по неизведанной тропе через горы, дал мне карту места, где, по его словам, было много золота, и поклялся богами своего племени, что все это правда.

Вскоре народ валом повалил на Север. Я был беден, вот и нанялся погонщиком собак. А остальное вы уже знаете. Я нашел их в Доусоне. Унга не узнала меня, ведь, когда мы были знакомы, я был еще совсем юнцом, а с тех пор она прожила долгую жизнь, в которой не осталось места для воспоминаний о том, кто заплатил за нее неслыханный выкуп.

Вот так. Потом ты дал мне денег, чтобы откупиться от службы. Я вернулся, чтобы сделать то, что задумал, — чтобы все было по-моему. Я долго ждал, когда он окажется у меня в руках, и теперь мне некуда было торопиться. Как я уже сказал, я хотел, чтобы все было по-моему, потому что я вспомнил всю мою жизнь, все, что видел и пережил, голод и холод в бескрайних лесах на берегах русских морей. Вы уже знаете, что я повел его на восток — его и Унгу, — в те места, куда многие уходили, но откуда мало кто возвращался. Я вел их туда, где земля усеяна золотом вперемешку с костями тех, кто не смог унести его с собой и осыпал его проклятиями.

Наш путь был долог, а тропу туда еще никто не прокладывал. Собак у нас было много, и еды им требовалось немало. Наши нарты не могли столько увезти, а вернуться нужно было до весны, раньше, чем река вскроется ото льда. Поэтому по дороге мы прятали провизию в разных местах — чтобы облегчить поклажу и не умереть от голода на обратном пути. На берегу Макквесчена жили три человека, и неподалеку от их жилища мы оборудовали хранилище, еще один тайник устроили на Мэйо, где была стоянка десятка охотников из племени пелли, пришедших сюда через перевал с юга. После этого на всем пути на восток людей мы уже не видели, перед нами была лишь спящая река, застывший лес и бесконечное Белое Безмолвие Севера. Как я уже говорил, наш путь был долог, а тропу туда еще никто не прокладывал. Иногда за целый день пути мы проходили не больше восьми миль, иногда десять, и ночью спали как убитые. И ни разу они не заподозрили, что я Наас, вождь Акатана, пришедший, чтобы исправить зло.

После этого мы устраивали лишь небольшие тайники с припасами, ну а по ночам мне не составляло труда возвращаться к ним и перепрятывать провизию в другое место — так, чтобы разорение хранилища можно было свалить на росомах. Кроме того, на реке были пороги, в таких местах вода бурная, на реке лед лежит, но снизу он подмыт быстрым потоком. В одном из таких мест моя упряжка провалилась под лед и утонула. Гундерсон и Унга подумали, что это всего-навсего несчастный случай. А ведь именно на моих нартах лежало больше всего провизии, и тянули их самые сильные собаки. Но этот человек продолжал смеяться, потому был полон жизненной силы, и начал кормить оставшихся собак совсем мало, а потом мы стали сокращать упряжки и одну за другой скармливать собак их собратьям. Он говорил, что обратно мы пойдем налегке — ни собак, ни нарт с поклажей — и будем делать переходы от тайника к тайнику. Это было правильным решением, так как провизии с собой у нас почти не оставалось, а последняя собака сдохла в ту ночь, когда мы наконец добрались до места, где, осыпанное проклятиями умиравших, лежало золото вперемешку с человеческими костями.

Карта оказалась точной, и нам, чтобы пересечь преграждавшие путь горы, пришлось вырубать ступени во льду. Мы думали, что по другую сторону гор спустимся в долину, но оказалось, что нас ждет заснеженное плоскогорье, а над ним горные пики, снежные шапки которых, казалось, утыкались прямо в звезды. А посреди этой странной равнины, которая должна была быть долиной, зиял огромный провал, уходивший к самому сердцу земли. Не будь мы моряками, у нас голова закружилась бы от вида, открывавшегося с края той пропасти, но мы просто остановились там и стали высматривать место, где можно было бы спуститься вниз. С одной ее стороны — и только с одной — стены не были отвесными, а наклонными, словно палуба корабля, накренившегося под напором волн. Я не знаю почему, но это было именно так. «Это врата ада, — сказал он. — Давайте туда спустимся». И мы стали спускаться.

На дне мы нашли хижину, построенную каким-то человеком, который сбросил бревна сверху. Она стояла здесь уже очень давно, потому что разные люди умирали там в разное время, и их последние слова и проклятия мы прочитали на сохранившихся кусках бересты. Кто-то умер от цинги, у кого-то компаньон отобрал последнюю еду и порох и ушел в одиночку, третьего задрал гризли, четвертый пытался выжить, занимаясь охотой, но все равно умер от голода, и так это и продолжалось — не в силах расстаться с золотом, они умирали один за другим. А бесполезное золото, которое они собрали, сверкало, рассыпанное по всему полу, как в волшебной сказке.

Впрочем, у человека, которого я привел туда, была неколебимая душа и трезвая голова. «У нас нет еды, — сказал он, — поэтому мы только посмотрим на это золото, выясним, откуда его добывают, и прикинем, сколько его здесь. Потом мы быстро уйдем, пока это золото не ослепило нас и не лишило рассудка. Так мы сможем вернуться сюда с запасом еды, и все это золото будет нашим». Мы осмотрели жилу, рассекавшую стену провала, — настоящую мощную жилу, мы измерили ее, обозначили верх и низ, вбили заявочные столбы и сделали зарубки на деревьях вокруг, чтобы обозначить наши права на этот участок. Ноги у нас уже подгибались от голода, нас мучила тошнота, а сердца, казалось, бились не в груди, а в горле; тогда мы взобрались по скалам наверх и отправились в обратный путь.

Последнюю часть пути нам пришлось вдвоем нести Унгу, мы часто падали в снег, но в конце концов вышли к первому тайнику. Увы, запасов там не оказалось. Я все рассчитал правильно: он подумал, что это постарались росомахи, и обрушил проклятия на них и на своих богов. Унга мужественно встретила это известие, улыбнулась и взяла мужа за руку, мне даже пришлось отвернуться, чтобы сдержать свои чувства. А Унга сказала: «Ничего, переночуем у костра, а утром, чтобы у нас были хоть какие-то силы, станем есть кожу с мокасин». Так мы и поступили: отрезали по несколько полосок с верха мокасин и варили почти всю ночь, чтобы их можно было разжевать и проглотить. Утром мы обсудили наше положение. До следующего тайника с провизией было пять дней, но нам до него было просто не дойти. Нужно было добыть дичь.

«Мы пойдем вперед и будем охотиться», — сказал он.

«Да, пойдем вперед и будем охотиться», — повторил я вслед за ним.

И он приказал Унге оставаться у костра, чтобы сберечь силы. Мы же пошли вперед: он — на поиски лосиных следов, я же — к тайнику, в котором лежала перепрятанная провизия. Съел я немного, чтобы они не увидели, что у меня прибавилось сил. Возвращаясь вечером к месту привала, он то и дело спотыкался и падал. Я же всячески делал вид, что тоже еле иду, и спотыкался на своих лыжах так, будто каждый мой шаг — последний. У костра мы опять жевали полоски кожи от мокасин.

Он был великим человеком. Могучий дух до конца поддерживал его тело, он не жаловался, все мысли его были только об Унге. На следующий день я пошел за ним: я хотел быть рядом, когда наступит его последний миг. Он часто ложился в снег, чтобы отдохнуть. В ту ночь он был на грани смерти, но утром, едва слышно выругавшись, вновь отправился на поиски пищи. Он шел, шатаясь как пьяный, и я был уверен, что он вот-вот сдастся, но в нем была сила сильных, а душа — душой исполина, и она поддерживала его тело весь день. И он подстрелил двух белых куропаток, но есть не стал. Их ведь можно было съесть сырыми, не разводя костра, это спасло бы ему жизнь, но все его мысли были только об Унге, и он повернул к стоянке. Идти он уже не мог и полз по снегу на четвереньках. Я подошел к нему и увидел смерть в его глазах. Но и тогда еще не поздно было съесть куропаток. А он бросил ружье и пополз вперед, по-собачьи держа добычу в зубах. Я шел рядом с ним. Останавливаясь, чтобы перевести дыхание, он изумленно смотрел на меня, не понимая, откуда во мне столько силы. Задать мне этот вопрос он уже не мог — губы его шевелились, но с них не слетало ни звука. Как я сказал, он был великий человек, и в моем сердце даже шевельнулось что-то вроде жалости, но я вспомнил всю свою жизнь, вспомнил холод и голод в бескрайних лесах на берегах русских морей. Кроме того, Унга была моя, и я заплатил за нее неслыханный выкуп — шкурами, лодками и бусами.

Так мы пробирались через заснеженный лес, тишина давила на нас, как влажный морской туман. Духи прошлого окружали нас, они были повсюду, я видел желтый песок на берегах Акатана, видел возвращавшиеся с моря каяки, видел дома, стоявшие на опушке леса. Были со мной и те люди, которые стали нашими вождями, сами добыв себе это звание, которые велели нам жить по новым законам, люди, чья кровь текла в моих жилах и в жилах Унги. А еще бок о бок со мной шел Яш-Нуш: в волосах у него был мокрый песок, а в руках он по-прежнему сжимал сломанное копье. И я понял, что настал наш час, и увидел обещание в глазах Унги.

Как я сказал, мы пробирались через лес, и наконец до нас донесся запах дыма от костра. И я наклонился к нему и вырвал куропаток у него из зубов. Он перевернулся на бок и замер, не в силах понять, что происходит, его рука медленно потянулась к ножнам на поясе, но я отобрал у него нож, улыбаясь ему в лицо. И даже тогда он ничего не понял. Тогда я, изъясняясь жестами, напомнил ему, как пил из темных бутылок, показал ему, как складывал выкуп на снег и все то, что произошло в ночь моей свадьбы. Я не сказал ни единого слова, но он понял меня. И все же не испугался. Он насмешливо скривился, и холодный гнев, вспыхнувший в нем, когда он узнал меня, придал ему сил. До нашей стоянки было уже рукой подать, но снег был глубоким, и он едва мог ползти. Один раз он затих так надолго, что я перевернул его и заглянул в его глаза. В них жизнь боролась со смертью. Когда я выпустил его, он снова пополз вперед. Так мы и вышли к костру. Унга сразу же прильнула к нему. Его губы беззвучно зашевелились, затем он показал рукой в мою сторону, чтобы Унга поняла. А потом он надолго затих и неподвижно лежал на снегу. Он и сейчас там лежит, в снегу.

Я не проронил ни слова за все то время, что жарил на костре куропаток. Лишь потом я заговорил с Унгой, заговорил на ее наречии, на том языке, которого она не слышала столько лет. Она вся выпрямилась — вот так — и, глядя на меня широко раскрытыми глазами, спросила, кто я такой и откуда знаю этот язык.

«Я Наас», — ответил я.

«Ты? — сказала она. — Ты?» — И она подползла ближе, чтобы рассмотреть меня.

«Да, — ответил я. — Наас, вождь народа Акатана, последний из своего рода, как и ты — последняя в своем роду».

И она рассмеялась. Не хотел бы я еще раз в жизни услышать такой смех, клянусь всем, что я видел, и всем, что мне довелось сделать. Холод проник в мою душу с этим смехом, и я сидел посреди Белого Безмолвия, рядом со смертью и с женщиной, которая смеялась надо мной.

«Перестань, — сказал я ей, думая, что этот смех порожден бредом. — Поешь, а потом мы пойдем. Путь отсюда до Акатана не близок».

Но она продолжала смеяться, уткнувшись лицом в его светлые волосы, и мне казалось, что небо должно рухнуть на нас от этого смеха. Я думал, что она обрадуется, узнав меня, вспомнит старые времена, но в этом смехе не было радости.

«Перестань! — воскликнул я и одновременно крепко сжал ее руку. — Путь во мраке долог. Мы должны торопиться!»

«Куда?» — спросила она и села, оборвав свой странный смех.

«На Акатан», — ответил я, уверенный, что от упоминания родного острова ее лицо просветлеет. Но лицо Унги стало похоже на его лицо — презрительная усмешка на губах и холодная злоба в глазах.

«Да, — сказала она, — возьмемся за руки и отправимся на Акатан, ты и я. И будем снова жить в грязных хижинах, есть рыбу и тюлений жир, наплодим детей и будем гордиться ими до конца своих дней. Забудем большой мир и будем счастливы, очень счастливы. Как хорошо ты все придумал. Пошли. Поспешим. Давай вернемся на Акатан».

И она провела рукой по его светлым волосам и улыбнулась так, что мне стало не по себе. И не было обещания в ее глазах.

Я молчал и думал о том, как странна женская природа. Я вспомнил ту ночь, когда он отобрал ее у меня: она тогда закричала и вцепилась ему в волосы, в эти самые волосы, которыми сейчас играла и которые не хотела выпускать из рук. Потом я вспомнил уплаченный выкуп и долгие годы ожиданий и поисков; и я крепко схватил ее и потащил прочь, как сделал когда-то он. А она упиралась, кричала и царапалась, как в ту ночь, — словно кошка, у которой отбирают котят. И когда он оказался по другую сторону костра от нас, я отпустил ее, она села и стала слушать. И я рассказал ей все, что произошло за годы нашей разлуки, все, что случилось со мной в чужих морях и что я делал в чужих странах, о своих поисках, о голодных временах, и напомнил об обещании, которое она мне дала первому. Да, я рассказал ей все, даже о том, что произошло между мною и ним в тот самый день. Я говорил и видел, как в ее глазах вновь загорается огонь того обещания, большого и яркого, как рассвет. И увидел в этих глазах жалость, женскую нежность, любовь, сердце и душу Унги. И я снова стал молодым, потому что ее взгляд стал взглядом Унги, когда она, смеясь, бежала по берегу к хижине своей матери. Невыносимая усталость, и голод, и мучительное ожидание отступили. Наш час настал. Я почувствовал, что она зовет меня, предлагает склонить голову ей на грудь и забыть обо всем. Она раскрыла мне объятия, и я прижался к ней. А потом внезапно в ее глазах вспыхнула ненависть, и ее рука скользнула к моему поясу. И — раз! два! — она полоснула меня ножом.

«Собака! — прокричала она, толкая меня в снег. — Свинья!» — А потом она снова засмеялась, раздирая смехом тишину, и поползла к мертвецу.

Я уже сказал, что ударила она меня один раз, и другой, но она ослабела от голода, и мне не суждено было умереть. Однако я хотел остаться там и навеки сомкнуть глаза рядом с теми, чьи судьбы сплелись с моей судьбой, с теми, кто вел меня по неизвестным тропам. Одно не давало мне покоя: я должен был вернуть долг.

Обратный путь был долгим, мороз усилился, и у меня было очень мало еды. Охотники из племени пелли, так и не добывшие лося, разграбили один из тайников. Запасы из другого съели трое белых; только когда я заглянул в их хижину, все трое лежали мертвые. А что было потом, я помню очень плохо, и наконец я добрался сюда, где нашел пищу и огонь — много огня.

Он замолчал и еще ближе придвинулся к печке, почти обняв ее — не то нежно, не то ревниво. Тени от масляного светильника разыгрывали на стенах какие-то трагические сцены.

— А как же Унга? — очнувшись от оцепенения, спросил Принс.

— Унга? Куропатку она есть не стала. Она просто лежала, обняв его и уткнувшись лицом ему в волосы. Я переложил костер ближе к ней, чтобы она не замерзла, но она отползла в сторону. Я и там костер развел, но что в этом толку, если она отказывалась есть. Они и сейчас лежат там, в снегу, рядом друг с другом.

— Ну а ты что делать будешь? — спросил Мэйлмют Кид.

— Даже не знаю. Акатан маленький и лежит так далеко, не хочу я возвращаться туда и жить на краю света. А впрочем, зачем вообще жить? Пойду к капитану Констэнтайну, он наденет на меня наручники, и однажды мне накинут на шею веревку — вот так, — и я наконец усну навсегда. Или нет... не знаю.

— Слушай, Кид, — возмущенно воскликнул Принс, — но ведь это же убийство!

— Тихо ты, — одернул его друг. — В мире есть то, что нам не дано понять, а значит, мы не можем и судить об этом. Кто здесь прав, кто виноват — ты готов вынести приговор? Я нет.

Наас придвинулся к печке вплотную. Стало необычайно тихо, и перед взором каждого проносились и исчезали какие-то видения.

МУЖЕСТВО ЖЕНЩИНЫ

Волчья морда с грустными глазами, вся в инее, раздвинув края палатки, просунулась внутрь.

— Эй, Сиваш! Пошел вон, дьявольское отродье! — закричали в один голос обитатели палатки. Беттлз стукнул собаку по морде оловянной миской, и голова мгновенно исчезла. Луи Савой закрепил брезентовое полотнище, прикрывавшее вход, и, опрокинув ногой горячую сковороду, стал греть над ней руки.

Стоял лютый мороз. Двое суток тому назад спиртовой термометр, показав шестьдесят градусов ниже нуля, лопнул, а становилось все холоднее и холоднее; трудно было сказать, сколько еще продержатся такие сильные морозы. Врагу не пожелаешь в этакую стужу находиться далеко от печки и вдыхать ледяной воздух! Бывают смельчаки, которые отваживаются выходить при такой температуре, но это обычно кончается простудой легких; человека начинает душить сухой, скрипучий кашель, который особенно усиливается, когда поблизости жарят сало. А там, весной или летом, отогрев мерзлый грунт, вырывают где-нибудь могилу. В нее опускают труп и, прикрыв его сверху мхом, оставляют так — свято веря, что в день Страшного суда сохраненный морозом покойник восстанет из мертвых цел и невредим. Скептикам, которые не верят в физическое воскресение в этот великий день, трудно рекомендовать более подходящее место для смерти, чем Клондайк. Но это вовсе не означает, что в Клондайке так же хорошо и жить.

В палатке было не так холодно, как снаружи, но тоже не слишком тепло. Единственным предметом, который мог здесь сойти за мебель, была печка, и люди откровенно льнули к ней. Пол в палатке был наполовину устлан сосновыми ветками; под ними был снег, а поверх них лежали меховые одеяла.

В другой половине палатки, где снег был утоптан мокасинами, в беспорядке валялись котелки, сковороды и прочая утварь полярного лагеря. В раскаленной докрасна печке громко трещали дрова, но уже в трех шагах от нее лежала глыба льда, такого крепкого, словно его только что вырубили на речке. От притока холодного воздуха все тепло палатки поднималось вверх. Над самой печкой, там, где труба выходила наружу через отверстие в потолке, белел кружок сухого брезента, дальше был круг сырого брезента, от которого шел пар, а за ним — круг мокрого брезента, с которого капала вода; и наконец, остальная часть потолка палатки и стены ее были покрыты белым, сухим, толщиною в полдюйма слоем кристаллов инея.

— О-о-о! О-ох! О-ох! — застонал во сне юноша, лежавший под меховыми одеялами. Его худое, изможденное лицо обросло щетиной. Не просыпаясь, он стонал от боли все громче и мучительнее. Его тело, наполовину высунувшееся из-под одеял, судорожно вздрагивало и сжималось, как будто оно лежало на ложе из крапивы.

— Ну-ка, переверните парня! — приказал Беттлз. — У него опять судороги.

И вот шестеро товарищей с готовностью подхватили больного и принялись безжалостно вертеть его во все стороны, мять и колотить, пока не прошел припадок.

— Черт бы побрал эту снежную тропу! — пробормотал юноша, сбрасывая с себя одеяла и садясь на постели. — Я рыскал по всей стране три зимы подряд — мог бы уж, кажется, закалиться! А вот попал в этот проклятый край и оказался неприспособленным неженкой, точно какой-то женоподобный афинянин, лишенный и крупицы мужественности!

Он подтянулся поближе к огню и стал свертывать самокрутку.

— Не подумайте, что я люблю скулить! Нет, я все могу вынести! Но мне просто стыдно за себя, вот и все... Прошел каких-нибудь несчастных тридцать миль — и чувствую себя таким разбитым и больным, словно рахитичный молокосос после пятимильной прогулки за город! Противно!.. Спички у кого-нибудь есть?

— Не горячись, мальчик! — Беттлз протянул больному вместо спичек горящую головешку и продолжал отеческим тоном: — Тебе это простительно — все проходят через это. Устал, измучен! А разве я не помню свое первое путешествие? Не разогнуться? Еще бы, и со мной бывало так, что, когда напьешься из проруби, потом целых десять минут маешься, пока на ноги встанешь. Все суставы трещат, все кости болят так, что с ума можно сойти. А судороги? Бывало, так скрючит, что весь лагерь полдня бьется, чтобы меня распрямить! Хоть ты и новичок, а молодец, с характером парень! Через какой-нибудь год ты всех нас, стариков, за пояс заткнешь. Главное — сложение у тебя подходящее: нет лишнего жира, из-за которого многие здоровенные парни отправлялись к праотцам раньше времени.

— Жира?

— Да-да. У кого на костях много жира и мяса, тот тяжелее переносит дорогу.

— Вот уж не знал!

— Не знал? Это факт, можешь не сомневаться. Этакий великан может сделать что-нибудь только с наскоку, а выносливости у него никакой. Самый непрочный народ! Только у жилистых, худощавых людей крепкая хватка — во что вцепятся, того у них не вырвешь, как у пса кость! Нет-нет, толстяки для этого не годятся.

— Верно ты говоришь, — вмешался в разговор Луи Савой. — Я знал одного здорового, как буйвол, детину. Так вот, когда столбили участки у Серного ручья, он туда отправился с Лоном Макфэйном. Помните Лона? Маленький рыжий ирландец, всегда ухмыляется. Ну, шли они, шли — весь день и всю ночь шли. Толстяк выбился из сил и начал ложиться на снег. Щупленький ирландец толкает его, тормошит, а тот ревет, как ребенок. И так всю дорогу Лон тащил его и подталкивал, пока не дотащил до моей стоянки. Три дня он провалялся у меня под одеялом. Я никогда не думал, что мужчина может оказаться такой бабой. Вот что делает с человеком жирок!

— А как же Аксель Гундерсон? — спросил Принс. На молодого инженера великан-скандинав и его трагическая смерть произвели сильное впечатление. — Он лежит где-то там... — И Принс неопределенно повел рукой в сторону таинственного востока.

— Крупный был человек, самый крупный из всех, кто когда-либо приходил сюда с берегов Соленой Воды и охотился на лосей, — согласился Беттлз. — Но он — то исключение, которое подтверждает правило. А помнишь его жену, Унгу? Одни мускулы, ни унции лишнего жира! А мужества у нее было еще больше, чем у него. И эта женщина все вынесла и заботилась только о нем. Не было ничего на свете, чего бы она не сделала для него.

— Ну что ж, она любила его, — возразил инженер.

— Да разве в этом дело! Она...

— Послушайте, братья, — вмешался Ситка Чарли, сидевший на ящике со съестными припасами. — Вы тут толковали о лишнем жире, который делает слабыми больших, здоровых мужчин, о мужестве женщин и о любви; и ваши речи были прекрасны. И вот я вспомнил одного мужчину и одну женщину, которых я знавал в те времена, когда этот край был молод, а костры, разведенные людьми, — редки, как звезды на небе. Мужчина был большой и здоровый, но, должно быть, ему мешало то, что ты назвал лишним жиром. Женщина была маленькая, но сердце у нее было большое, больше бычьего сердца мужчины. И у нее было много мужества. Мы шли к Соленой Воде, дорога была трудная, а нашими спутниками были жестокий мороз, глубокие снега и мучительный голод. Но эта женщина любила своего мужа могучей любовью — только так можно назвать такую любовь.

Ситка замолчал. Отколов топором несколько кусков льда от глыбы, лежавшей рядом, он бросил их в стоявший на печке таз для промывки золота — так они получали питьевую воду. Мужчины придвинулись ближе, а больной юноша тщетно пытался сесть поудобнее, чтобы не ныло сведенное судорогами тело.

— Братья, — продолжал Ситка, — в моих жилах течет красная кровь сивашей, но сердце у меня белое. Первое — вина моих отцов, а второе — заслуга моих друзей. Когда я был еще мальчиком, печальная истина открылась мне. Я узнал, что вся земля принадлежит вам, что сиваши не в силах бороться с белыми и должны погибнуть в снегах, как гибнут медведи и олени.

Да, и вот я пришел к теплу, сел среди вас, у вашего очага, и стал одним из вас. За свою жизнь я видел многое. Я узнал странные вещи и много дорог исходил с людьми разных племен. Я стал судить о людях и о делах их так, как вы, и думать по-вашему. Поэтому, если я говорю сурово о каком-нибудь белом, я знаю — вы не обидитесь на меня. И когда я хвалю кого-нибудь из племени моих отцов, вы не скажете: «Ситка Чарли — сиваш, его глаза видят криво, а язык нечестен». Не так ли?

Слушатели глухим бормотаньем подтвердили, что они согласны с ним.

— Имя этой женщины было Пассук. Я честно купил ее у ее племени, которое жило на побережье, у одного из заливов с соленой морской водой.

Сердце мое не лежало к этой женщине, и моим глазам не было приятно глядеть на нее; ее взгляд всегда был опущен, и она казалась робкой и боязливой, как всякая девушка, брошенная в объятия чужого человека, которого она никогда до того не видела. Я уже сказал, что ей не было места в моем сердце, но я собирался в далекий путь, и мне нужен был кто-нибудь, чтобы кормить моих собак и помогать мне грести во время долгих переходов по реке. Ведь одно одеяло может прикрыть и двоих — и я выбрал Пассук.

Говорил ли я вам, что в то время я состоял на службе у правительства? Поэтому меня взяли на военный корабль вместе с нартами, собаками и запасом провизии; со мной была и Пассук. Мы поплыли на север, к зимним льдам Берингова моря, и там нас высадили — меня, Пассук и собак. Как слуга правительства, я получил деньги, карты мест, на которые до тех пор не ступала нога человеческая, и письма. Письма были запечатаны и хорошо защищены от непогоды — я должен был доставить их на китобойные суда, которые стояли, затертые льдами, около великой Маккензи. Другой такой реки нет на свете, если не считать наш родной Юкон, мать всех рек.

Но это все не так важно, потому что то, о чем я хочу рассказать, не имеет отношения ни к китобойным судам, ни к суровой зиме, которую я провел на берегах Маккензи. Весной, когда дни стали длиннее, после оттепели, мы с Пассук отправились на юг, к берегам Юкона. Это было тяжелое, утомительное путешествие, но солнце указывало нам путь. Край этот, как я уже сказал, был тогда еще совсем пустынный, и мы плыли вверх по течению, работая то багром, то веслами, пока не добрались до Сороковой Мили. Приятно было снова увидеть белые лица, и мы высадились на берег.

Та зима была очень сурова. Наступили холод и мрак, а вместе с ними пришел и голод. Агент Компании выдал всего по сорок фунтов муки и двадцать фунтов бекона на человека. Бобов не было вовсе. Собаки постоянно выли, а у людей подводило животы, и лица их прорезали глубокие морщины. Сильные слабели, слабые умирали. В поселке свирепствовала цинга.

Однажды вечером мы пришли на склад и при виде пустых полок еще сильней почувствовали пустоту в желудке; мы тихо беседовали при свете очага, потому что свечи были припрятаны для тех, кто дотянет до весны. И вот решено было, что надо послать кого-нибудь к Соленой Воде, чтобы сообщить о том, как мы тут бедствуем. При этом все головы повернулись в мою сторону, а глаза людей смотрели на меня с надеждой: все знали, что я опытный путешественник.

— До миссии Хейнс на берегу моря семьсот миль, — сказал я, — и весь путь нужно прокладывать на лыжах. Дайте мне ваших лучших собак и запасы лучшей пищи, и я пойду. Со мной пойдет Пассук.

Люди согласились. Но тут встал Длинный Джефф, здоровый, крепкий янки. Речь его была хвастлива. Он сказал, что и он тоже отличный ходок, что он словно создан для ходьбы на лыжах и вскормлен молоком буйволицы. Он сказал, что пойдет со мною, и если я погибну в дороге, то он дойдет до миссии и исполнит поручение. Я тогда был молод и плохо знал янки. Откуда я мог знать, что хвастливые речи — первый признак слабости, а те, кто способен на большие дела, держат язык за зубами. И вот мы взяли лучших собак и запас еды и отправились в путь втроем: Пассук, Длинный Джефф и я.

Всем нам приходилось прокладывать тропу по снежной целине, работать поворотным шестом и пробираться через ледяные заторы, поэтому я не буду много рассказывать о трудностях пути. Скажу только, что иногда мы проходили десять миль в день, а иногда — тридцать, но чаще все-таки десять. Лучшая еда, которую нам дали с собой, была не так уж хороша, и, кроме того, нам пришлось экономить ее с первого же дня пути. А лучшие собаки едва держались на ногах, и мы с большим трудом заставляли их тащить нарты. Когда мы достигли Белой реки, у нас из трех упряжек осталось уже только две — а ведь мы прошли всего двести миль! Правда, нам не пришлось ничего потерять: издохшие собаки попали в желудки тех, которые еще были живы.

Ни человеческого голоса, ни струйки дыма нигде — до тех пор, пока мы не пришли в Пелли. Там я рассчитывал пополнить наши запасы, а также оставить Длинного Джеффа, который ослабел в пути и все время хныкал. Но склады фактории в Пелли были почти пусты; агент Компании сильно кашлял и задыхался, глаза его блестели от лихорадки. Он показал нам пустую хижину миссионера и его могилу, заваленную камнями, чтобы собаки не могли вырыть его труп. Мы встретили там группу индейцев, но среди них уже не было ни детей, ни стариков; и нам стало ясно, что немногие из оставшихся доживут до весны.

Итак, мы отправились дальше с пустым желудком и тяжелым сердцем. До миссии Хейнс оставалось еще идти пятьсот миль среди вечных снегов и безмолвия. Было самое темное время года, и даже в полдень солнце не озаряло южного горизонта. Но ледяных заторов стало меньше, идти было легче. Я непрестанно подгонял собак, и мы шли почти без передышки. Как я и предполагал, нам все время приходилось идти на лыжах. А от лыж сильно болели ноги, и на них появились незаживающие трещины и раны. С каждым днем эти болячки причиняли нам все больше мучений. И вот однажды утром, когда мы надевали лыжи, Длинный Джефф заплакал как ребенок. Я послал его прокладывать дорогу для меньших нарт, но он, чтоб было полегче, снял лыжи. Из-за этого дорога не утаптывалась, его мокасины делали большие углубления в снегу, собаки проваливались в них. Собаки были так худы, что кости выпирали под шкурой, им было очень тяжело двигаться. Я сурово выбранил Джеффа, и он обещал не снимать лыж, но не сдержал слова. Тогда я ударил его кнутом, и уж после этого собаки больше не проваливались в снег. Джефф вел себя как ребенок — мучения в пути и то, что ты назвал лишним жиром, сделали его ребенком.

Но Пассук! В то время как мужчина лежал у костра и плакал, она стряпала, по утрам помогала мне запрягать собак, а вечером — распрягать их. Это Пассук спасала наших собак. Она всегда шагала на лыжах впереди, утаптывая им дорогу. Пассук... что вам сказать! Я тогда принимал все это как должное и не задумывался ни над чем. Голова моя была занята другим, и к тому же я был молод и мало знал женщин. И только позднее, вспоминая это время, я понял, какая у меня была жена.

Джефф теперь был только обузой. У собак и так не хватало сил, а он украдкой ложился на нарты, когда оказывался позади. Пассук сама взялась вести упряжку, и Джеффу совсем было нечего делать. Каждое утро я честно выдавал ему его порцию еды, и он один уходил вперед, а мы собирали вещи, грузили нарты и запрягали собак. В полдень, когда солнце дразнило нас, мы его догоняли — он брел, плача, и слезы замерзали у него на щеках — и шли дальше. Ночью мы делали привал, откладывали порцию еды для Джеффа и расстилали его меховое одеяло. Мы разводили большой костер, чтобы ему было легче заметить нас. И через несколько часов он приходил, хромая, съедал с жалобными причитаниями свою порцию и засыпал. Так повторялось каждый день.

Этот человек не был болен — он просто устал, измучился и ослабел от голода. Но ведь Пассук и я тоже устали, измучились и ослабели от голода, а между тем выполняли всю работу — он же не работал. Но все дело, видно, было в том лишнем жире, о котором говорил брат Беттлз; а ведь мы всегда честно оставляли ему его порцию еды.

Раз мы встретили на дороге двух призраков, странствовавших среди Белого Безмолвия, — мужчину и мальчика. Они были белые. На озере Ле-Барж начался ледоход, и все их имущество унесло, только на плечах у каждого было по одеялу. Ночью они разводили костер и лежали подле него до утра. У них еще осталось немного муки, и они мешали ее с теплой водой и пили. Мужчина показал мне восемь чашек муки — все, что у них осталось, а до Пелли, где уже тоже начался голод, было еще двести миль. Путники рассказали нам, что с ними шел индеец и они честно делились с ним; но он не мог поспеть за ними. Я не поверил тому, что они честно делились с индейцем, — почему же он тогда отстал от них?

Я не мог дать им ничего. Они пытались украсть у нас самую жирную собаку (которая тоже была очень худа), но я пригрозил им револьвером и велел убираться. И они ушли, эти два призрака, качаясь, как пьяные, — ушли в Белое Безмолвие, по направлению к Пелли.

Теперь у меня оставалось только три собаки и одни нарты; и собаки были — кожа да кости. Когда мало дров, огонь горит плохо и в хижине холодно — так было и с нами. Мы ели очень мало, и потому мороз сильно донимал нас; лица у нас были обморожены и почернели так, что родная мать не узнала бы нас. Ноги сильно болели. По утрам, когда мы трогались в путь, я едва сдерживал крик — такую боль причиняли лыжи. Пассук, не разжимая губ, шла впереди и прокладывала дорогу. А янки все хныкал и выл по-прежнему.

В Тридцатимильной реке течение быстрое, оно подмыло лед в некоторых местах, и нам попадалось много промоин и трещин, а иногда и сплошь вода. И вот однажды мы, как обычно, догнали Джеффа, который ушел раньше и теперь отдыхал. Нас разделяла вода. Он-то обошел ее кругом, по кромке льда, но для нарт кромка была слишком узкой. Мы нашли полосу еще крепкого льда. Пассук пошла первой, держа в руках шест на тот случай, если она провалится. Пассук весила мало, лыжи у нее были широкие — и она благополучно перешла, затем позвала собак. Но у собак не было ни шестов, ни лыж, они провалились, и течение сейчас же подхватило их. Я крепко ухватился за нарты сзади и удержал их, но постромки оборвались, и собаки ушли под лед. Собаки очень отощали, но все же я рассчитывал на них как на недельный запас еды — и вот их не стало!

На следующее утро я разделил весь небольшой остаток провизии на три части и сказал Длинному Джеффу: пусть он идет с нами или остается — как хочет, мы теперь пойдем налегке и потому быстро. Он начал кричать и жаловаться на больные ноги и на всякие невзгоды и упрекал меня в том, что я плохой товарищ. Но ведь ноги у Пассук и у меня тоже болели, еще больше, чем у него, потому что мы прокладывали путь собакам; и нам тоже было трудно. Длинный

Джефф клялся, что он умрет, а дальше не двинется. Пассук молча взяла меховое одеяло, а я котелок и топор, и мы собрались идти.

Но женщина посмотрела на порцию, отложенную для Джеффа, и сказала: «Глупо оставлять столько еды этому младенцу. Ему лучше умереть». Я покачал головой и сказал: «Нет, товарищ всегда останется товарищем». Тогда Пассук напомнила мне о людях в Сороковой Миле — там были настоящие мужчины, и их было много, и они ждали от меня помощи. Когда я опять сказал «нет», она выхватила револьвер у меня из-за пояса и Длинный Джефф отправился к праотцам задолго до положенного ему срока — как тут говорил брат Беттлз. Я бранил Пассук, но она не выказала никакого раскаяния и не была огорчена. И в глубине души я сознавал, что она права.

Ситка Чарли замолчал и снова бросил несколько кусков льда в стоявший на печке таз. Мужчины молчали, по их спинам пробегал озноб от заунывного воя собак, которые словно жаловались на страшный мороз.

— Каждый день нам на пути попадались кострища, где прямо на снегу ночевали те два призрака, и я знал, что не раз мы будем радоваться такому ночлегу, пока доберемся до Соленой Воды. Затем мы встретили третий призрак — индейца, который тоже шел к Пелли. Он рассказал нам, что мужчина и мальчик нечестно поступили с ним, обделив его едой, и вот уже три дня, как у него нет муки. Каждую ночь он варил куски своих мокасин и ел их. Теперь от мокасин уже почти ничего не осталось. Индеец этот был родом с побережья и говорил со мной через Пассук, которая понимала его язык. Он никогда не был на Юконе и не знал дороги к нему, но все же шел туда. Как далеко это? Два сна? Десять? Сто? Он не знал, но шел к Пелли. Слишком далеко было возвращаться назад, он мог идти только вперед.

Он не просил у нас пищи, потому что видел, что нам самим приходится туго. Пассук смотрела то на индейца, то на меня, как будто не зная, на что решиться, — словно куропатка, у которой птенцы попали в беду. Я повернулся к ней и сказал:

— С этим человеком нечестно поступили. Дать ему часть наших запасов?

Я видел, что в глазах ее блеснула радость, но она долго смотрела на него и на меня, ее рот сурово и решительно сжался, и наконец она сказала:

— Нет. До Соленой Воды еще далеко, и Смерть подстерегает нас по дороге. Пусть лучше она возьмет этого чужого человека и оставит в живых моего мужа Чарли.

И вот индеец ушел в Белое Безмолвие, по направлению к Пелли. А ночью Пассук плакала. Я никогда прежде не видел ее слез. И это было не из-за дыма от костра, так как дрова были совсем сухие. Меня удивила ее печаль, и я подумал, что мрак и боль сломили ее мужество.

Жизнь — странная вещь. Много я думал, долго размышлял о ней, но с каждым днем она кажется мне все более непонятной. Почему в нас такая жажда Жизни? Ведь Жизнь — это игра, из которой человек никогда не выходит победителем. Жить — это значит тяжко трудиться и страдать, пока не подкрадется к нам старость, — и тогда мы опускаем руки на холодный пепел остывших костров. Жить трудно. В муках рождается ребенок, в муках старый человек испускает последний вздох, и все наши дни полны печали и забот. И все же человек идет в открытые объятия Смерти неохотно, спотыкаясь, падая, оглядываясь назад. А ведь Смерть добрая. Только Жизнь причиняет страдания. Но мы любим Жизнь и ненавидим Смерть. Это очень странно!

Мы разговаривали мало, Пассук и я. Ночью мы лежали в снегу как мертвые, а по утрам продолжали свой путь — все так же молча, как мертвецы. И все вокруг нас было мертво. Не было ни куропаток, ни белок, ни зайцев — ничего. Река была безмолвна под своим белым покрывалом. Все замерло в лесу. И мороз был такой, как сейчас. Ночью звезды казались близкими и большими, они прыгали и танцевали; днем же солнце дразнило нас до тех пор, пока нам не начинало казаться, что мы видим множество солнц; воздух сверкал и искрился, а снег был как алмазная пыль. Кругом не было ни костра, ни звука — только холод и Белое

Безмолвие. Мы потеряли счет времени и шли точно мертвые. Только наши глаза были устремлены в сторону Соленой Воды, наши мысли были прикованы к Соленой Воде, а ноги сами несли нас к Соленой Воде. Мы останавливались у самой Такхини — и не узнали ее. Наши глаза смотрели на Белую Лошадь — и не видели ее. Наши ноги ступали по земле Каньона — и не чувствовали этого. Мы ничего не чувствовали. Часто мы падали, но, даже падая, смотрели в сторону Соленой Воды.

Кончились последние запасы еды, которую мы все время делили поровну, — но Пассук падала чаще. И вот около Оленьего Перевала силы изменили ей. Утром мы лежали под нашим единственным одеялом и не трогались в путь.

Мне хотелось остаться там и встретить смерть рука об руку с Пассук, потому что я стал старше и начал понимать, что такое любовь женщины. До миссии Хейнс оставалось еще восемьдесят миль, но вдали, над лесами, великий Чилкут поднимал истерзанную бурями вершину.

И вот Пассук заговорила со мной — тихо, касаясь губами моего уха, чтобы я мог слышать ее. Теперь, когда она уже не боялась моего гнева, она изливала передо мной душу, говорила мне о своей любви и о многом другом, чего я раньше не понимал.

Она сказала:

— Ты мой муж, Чарли, и я была тебе хорошей женой. Я всегда разжигала твой костер, готовила тебе пищу, кормила твоих собак, гребла, прокладывала путь — и никогда не жаловалась. Я никогда не говорила, что в вигваме моего отца было теплее или что у нас на Чилкуте было больше еды. Когда ты говорил, я слушала. Когда ты приказывал, я повиновалась. Не так ли, Чарли?

И я ответил:

— Да, это так.

Она продолжала:

— Когда ты впервые пришел к нам на Чилкут и купил меня, даже не взглянув, как покупают собаку, и увел с собой, — сердце мое восстало против тебя и было полно горечи и страха. Но с тех пор прошло много времени. Ты жалел меня, Чарли, как добрый человек жалеет свою собаку. Сердце твое оставалось холодно, и в нем не было места для меня; но ты всегда был справедлив ко мне и поступал, как должно поступать. Я была с тобой, когда ты совершал смелые дела и шел навстречу большим опасностям. Я сравнивала тебя с другими мужчинами — и видела, что ты лучше многих из них, что ты умеешь беречь свою честь и слова твои мудры, а язык правдив. И я стала гордиться тобой. И вот наступило такое время, когда ты заполнил мое сердце и все мои мысли были только о тебе. Ты был для меня как солнце в разгар лета, когда оно движется по золотой тропе и ни на час не покидает неба.

Куда бы ни обратились мои глаза, я везде видела свое солнце. Но в твоем сердце, Чарли, был холод, в нем не было места для меня.

И я ответил:

— Да, это было так. Сердце мое было холодно, и в нем не было места для тебя. Но так было раньше. Сейчас мое сердце подобно снегу весной, когда возвращается солнце. В моем сердце все тает, в нем шумят ручьи, все зеленеет и цветет. Слышатся голоса куропаток, пение зорянок, и звенит музыка, потому что зима побеждена, Пассук, и я узнал любовь женщины.

Она улыбнулась и крепче прижалась ко мне. А затем сказала:

— Я рада.

После этого она долго лежала молча, тихо дыша, прильнув головой к моей груди. Потом она прошептала:

— Мой путь кончается здесь, я устала. Но я хочу еще кое-что рассказать тебе. Давным-давно, когда я была девочкой, я часто оставалась одна в вигваме моего отца на Чилкуте, потому что мужчины уходили на охоту, а женщины и мальчики возили из лесу убитую дичь. И вот однажды, весной, я была одна и играла на шкурах. Вдруг большой бурый медведь, только что проснувшийся от зимней спячки, отощавший и голодный, всунул голову в вигвам и прорычал: «У-ух!» Мой брат как раз в эту минуту пригнал первые нарты с охотничьей добычей. Он выхватил из очага горящие головни и отважно вступил в борьбу с медведем, а собаки, прямо в упряжи, волоча нарты за собой, повисли на медведе. Был большой бой и много шума. Они повалились в огонь, раскидали шкуры и опрокинули вигвам. В конце концов медведь испустил дух, но палец моего брата остался у него в пасти, и следы медвежьих когтей остались на лице мальчика. Заметил ли ты, что у индейца, который шел по направлению к Пелли, на той руке, которую он грел над огнем, не было большого пальца?.. Это был мой брат. Но я отказала ему в еде, и он ушел в Белое Безмолвие без еды.

Вот, братья мои, какова была любовь Пассук, которая умерла в снегах Оленьего Перевала. Это была большая любовь! Ведь женщина пожертвовала своим братом ради мужчины, который тяжелым путем вел ее к горькому концу.

Любовь ее была так сильна, что она не пожалела даже себя. Прежде чем в последний раз закрылись ее глаза, Пассук взяла мою руку и просунула ее под свою беличью парку. Я нащупал у ее пояса туго набитый мешочек — и понял все.

День за днем мы поровну делили наши припасы до последнего куска, но она съедала только половину. Вторую половину она прятала в этот мешочек для меня.

Пассук сказала:

— Вот и конец пути для Пассук; твой же путь, Чарли, не окончен, он ведет дальше, через великий Чилкут, к миссии Хейнс на берегу моря. Он ведет дальше и дальше, к свету многих солнц, через чужие земли и неведомые воды; и на этом пути тебя ждут долгие годы жизни, почет и великая слава. Он приведет тебя к жилищам многих женщин, хороших женщин, но никогда ты не встретишь большей любви, чем была любовь Пассук.

И я знал, что она говорит правду. Безумие охватило меня. Я отбросил туго набитый мешочек и поклялся, что мой путь окончен и я останусь с ней. Но усталые глаза Пассук наполнились слезами, и она сказала:

— Среди людей Ситка Чарли всегда считался честным, и каждое слово было правдиво. Разве он забыл о своей чести сейчас, что говорит ненужные слова у Оленьего Перевала? Разве он забыл о людях Сороковой Мили, которые дали ему свою лучшую пищу, своих лучших собак? Пассук всегда гордилась своим мужем. Пусть он встанет, наденет лыжи и двинется в путь, чтобы Пассук могла по-прежнему им гордиться.

Когда ее тело стало остывать в моих объятиях, я встал, нашел туго набитый мешочек, надел лыжи и, шатаясь, двинулся в путь. В коленях я ощущал слабость, голова кружилась, в ушах стоял шум, а перед глазами вспыхивали искры. Забытые картины детства проплывали передо мной. Я сидел у кипящих котлов на пиршестве потлача, я пел песни и плясал под пение мужчин и девушек, под звуки барабана из моржовой кожи — а Пассук держала меня за руку и шла все время рядом со мной. Когда я засыпал, она будила меня. Когда я спотыкался и падал, она поднимала меня. Когда я блуждал в глубоких снегах, она выводила меня на дорогу. И вот, как человек, лишившийся разума, который видит странные видения, потому что голова его легка от вина, я добрался до миссии Хейнс на берегу моря.

Ситка Чарли встал и вышел, откинув полы палатки. Был полдень. На юге, над гребнем гряды Гендерсона, висел холодный диск солнца. По обе стороны от него сверкали ложные солнца. Воздух был подобен паутине из сверкающего инея. А впереди, около дороги, сидел похожий на волка пес с заиндевевшей шерстью и, подняв морду вверх, жалобно выл.

ДОЧЬ СЕВЕРНОГО СИЯНИЯ

— Вы... как это говорится... лентяй! Вы, лентяй, хотите стать моим мужем? Напрасный старанья. Никогда, о нет, никогда не станет моим мужем лентяй!

Так Джой Молино заявила без обиняков Джеку Харрингтону; ту же мысль, и не далее как накануне, она высказала

Луи Савою, только в более банальной форме и на своем родном языке.

— Послушайте, Джой...

— Нет, нет! Почему должна я слушать лентяй? Это очень плохо — ходить за мной по пятам, торчать у меня в хижина и не делать никаких дел. Где вы возьмете еда для famille?[1] Почему у вас нет зольотой песок? У других польный карман.

— Но я работаю как вол, Джой. День изо дня рыскаю по Юкону и по притокам. Вот и сейчас я только что вернулся. Собаки так и валятся с ног. Другим везет — они находят уйму золота. А я... нет мне удачи.

— Ну да! А когда этот человек — Маккормак, ну тот, что имеет жена-индианка, — когда он открыл Кльондайк, почему вы не пошел? Другие пошел. Другие стал богат.

— Вы же знаете, я был далеко, искал золото у истоков Тананы, — защищался Харрингтон. — И ничего не знал ни об Эльдорадо, ни о Бонанзе. А потом было уже поздно.

— Ну, это пусть. Только вы... как это... сбитый с толк.

— Что такое?

— Сбитый с толк. Ну, как это... в потемках. Поздно не бывает. Тут, по этот ручей, по Эльдорадо, есть очень богатый россыпь. Какой-то человек застольбил и ушел. Никто не знает, куда он девался. Никогда больше не появлялся он тут. Шестьдесят дней никто не может получить бумага на этот участок. Потом все... целый уйма людей... как это... кинутся застольбить участок. И помчатся, о, быстро, быстро, как ветер, помчатся получать бумага. Один станет очень богат. Один получит много еда для famille.

Харрингтон не подал виду, как сильно заинтересовало его это сообщение.

— А когда истекает срок? — спросил он. — И где этот участок?

— Вчера вечером я говорила об этом с Луи Савой, — продолжала она, словно не слыша его вопроса. — Мне кажется, участок будет его.

[1] Семьи *(фр.)*.

— К черту Луи Савоя!

— Вот и Луи Савой сказал вчера у меня в хижина. «Джой, — сказал он, — я сильный. У меня хороший упряжка. У меня хороший дыханье. Я добуду этот участок. Вы тогда будете выходить за меня замуж?» А я сказала ему... я сказала...

— Что же вы сказали?

— Я сказала: «Если Луи Савой победит, я буду стать его женой».

— А если он не победит?

— Тогда Луи Савой... как это по-вашему... тогда ему не стать отцом моих детей.

— А если я выйду победителем?

— Вы — победитель? — Джой расхохоталась. — Никогда!

Смех Джой Молино был приятен для слуха, даже когда в нем звучала издевка. Харрингтон не придал ему значения. Он был приручен уже давно. Да и не он один. Джой Молино терзала подобным образом всех своих поклонников. К тому же она была так обольстительна сейчас — жгучие поцелуи мороза разрумянили ей щеки, смеющийся рот был полуоткрыт, а глаза сверкали тем великим соблазном, сильней которого нет на свете, — соблазном, таящимся только в глазах женщины. Собаки живой косматой грудой копошились у ее ног, а вожак упряжки — Волчий Клык — осторожно положил свою длинную морду к ней на колени.

— Ну а все же, если я выйду победителем? — настойчиво повторил Харрингтон.

Она посмотрела на своего поклонника, потом снова перевела взгляд на собак:

— Что ты скажешь, Вольчий Клык? Если он сильный и польючит бумага на участок, может быть, мы согласимся стать его женой? Ну, что ты скажешь?

Волчий Клык навострил уши и глухо заворчал на Харрингтона.

— Хольодно, — с женской непоследовательностью сказала вдруг Джой Молино, встала и подняла свою упряжку.

Ее поклонник невозмутимо наблюдал за ней. Она задавала ему загадки с первого дня их знакомства, и к прочим его достоинствам с той поры прибавилось еще и терпение.

— Эй, Вольчий Клык! — воскликнула Джой Молино, вскочив на нарты в ту секунду, когда они тронулись с места. — Эй-эй! Давай!

Не поворачивая головы, Харрингтон краем глаза следил, как ее собаки свернули на тропу, проложенную по замерзшей реке, и помчались к Сороковой Миле. У развилки, откуда одна дорога уходила через реку к форту Кьюдахи, Джой Молино придержала собак и обернулась.

— Эй, мистер Лентяй! — крикнула она. — Вольчий Клык говорит — да... если вы побеждать!

Все это, как обычно бывает в подобных случаях, както образом получило огласку, и население Сороковой Мили, долго и безуспешно ломавшее себе голову, на кого из двух последних поклонников Джой Молино падет ее выбор, строило теперь догадки, кто из них окажется победителем в предстоящем состязании, и яростно заключало пари. Лагерь раскололся на две партии, и каждая старалась помочь своему фавориту прийти к финишу первым.

Разгорелась ожесточенная борьба за лучших во всем крае собак, ибо в первую голову от собак, от хороших упряжек, зависел успех. А он сулил немало. Победителю доставалась в жены женщина, равной которой еще не родилось на свет, и в придачу золотой прииск стоимостью по меньшей мере в миллион долларов.

Осенью, когда разнеслась весть об открытиях, сделанных Маккормаком у Бонанзы, все — и в том числе жители Серкла и Сороковой Мили — ринулись вверх по Юкону; все, кроме тех, кто, подобно Джеку Харрингтону и Луи Савою, ушел искать золото на запад. Лосиные пастбища и берега ручьев столбили подряд, без разбору. Так, случайно застолбили и малообещающий с виду ручей Эльдорадо. Олаф Нелсон воткнул на берегу колышки на расстоянии пятисот футов один от другого, без промедления отправил по почте свою заявку и так же без промедления исчез. Ближайшая приисковая контора, где регистрировались участки, помещалась тогда в полицейских казармах в форте Кьюдахи — как раз через реку напротив Сороковой Мили. Лишь только пронесся слух, что Эльдорадо — настоящее золотое дно, кому-то сейчас же удалось разнюхать, что Олаф Нелсон не дал себе труда спуститься вниз по Юкону, чтобы закрепить за собой свое приобретение. Уже многие жадно поглядывали на бесхозный участок, где, как всем было известно, на тысячи тысяч долларов золота ждало только лопаты и промывочного лотка. Однако завладеть участком никто не смел. По неписаному закону старателю, застолбившему участок, давалось шестьдесят дней на то, чтобы оформить заявку, и, пока не истечет этот срок, участок считался неприкосновенным. Об исчезновении Олафа Нелсона уже знали все кругом, и десятки золотоискателей готовились вбить заявочные столбы и помчаться на своих упряжках в форт Кьюдахи.

Но Сороковая Миля выставила мало претендентов. После того как весь лагерь направил свои усилия на то, чтобы обеспечить победу либо Джеку Харрингтону, либо Луи Савою, никому даже не пришло на ум попытать счастья в одиночку. От участка до приисковой конторы считалось не менее ста миль, и на этом пути решено было расставить по три сменных упряжки для каждого из фаворитов. Последний перегон являлся, понятно, решающим, и для этих двадцати пяти миль ретивые добровольцы старались раздобыть самых сильных собак. Такая лютая борьба разгорелась между двумя партиями и в такой они вошли азарт, что цены на собак взлетели неслыханно высоко, как никогда еще не бывало в истории этого края. И немудрено, если эта борьба еще крепче приковывала все взоры к Джой Молино. Ведь она была не только причиной этих треволнений, но и обладательницей самой лучшей упряжной собаки от Чилкута до Берингова моря. Как вожак, или головной, Волчий Клык не знал себе равных. Тот, чью упряжку повел бы он на последнем перегоне, мог считать себя победителем. На этот счет ни у кого не было сомнений. Но в Сороковой Миле чутьем понимали, что можно и чего нельзя, и никто не потревожил Джой Молино просьбой одолжить собаку. Каждая сторона утешала себя тем, что не только фавориту, но и противнику не придется воспользоваться таким преимуществом.

Однако мужчины — каждый в отдельности и все вкупе — устроены так, что часто доходят до могилы, оставаясь в блаженном неведении всей глубины коварства, присущего другой половине рода человеческого, и по этой причине мужское население Сороковой Мили оказалось неспособным разгадать дьявольские замыслы Джой Молино. Все признавались впоследствии, что недооценили эту черноокую дочь северного сияния, чей отец промышлял мехами в здешних краях еще в ту пору, когда им и не снилось, что они тоже нагрянут сюда, и чьи глаза впервые взглянули на мир при холодном мерцании полярных огней. Впрочем, обстоятельства, при которых появилась на свет Джой Молино, не помешали ей быть женщиной до мозга костей и не ограничили ее способности понимать мужскую натуру. Мужчины знали, что она ведет с ними игру, но им и в голову не приходило, как глубоко продумана эта игра, как она искусна и хитроумна. Они принимали в расчет лишь те карты, которые Джой пожелала им открыть, и до последней минуты пребывали в состоянии приятного ослепления, а когда она пошла со своего главного козыря, им оставалось только подсчитать проигрыш.

В начале недели весь лагерь провожал Джека Харрингтона и Луи Савоя в путь. Соперники выехали с запасом в несколько дней — им хотелось прибыть на участок Олафа Нелсона загодя, чтобы немного отдохнуть и дать собакам восстановить силы перед началом гонок. По дороге они видели золотоискателей из Доусона, уже расставлявших сменные упряжки на пути, и получили возможность убедиться, что никто не поскупился на расходы в погоне за миллионом.

Дня через два после их отъезда Сороковая Миля начала отправлять подставы — сначала на семьдесят пятую милю пути, потом на пятидесятую и, наконец, — на двадцать пятую. Упряжки, предназначавшиеся для последнего перегона, были великолепны — все собаки как на подбор, и лагерь битый час, при пятидесятиградусном морозе, обсуждал и сравнивал их достоинства, пока наконец они не получили возможность тронуться в путь. Но тут, в последнюю минуту, к ним подлетела Джой Молино на своих нартах. Она отозвала в сторону Лона Макфэйна, правившего харрингтоновской упряжкой, и не успели первые слова слететь с ее губ, как он разинул рот с таким остолбенелым видом, что важность полученного им сообщения стала очевидна для всех. Он выпряг Волчьего Клыка из ее нарт, поставил во главе харрингтоновской упряжки и погнал собак вверх по Юкону.

— Бедняга Луи Савой! — заговорили кругом.

Но Джой Молино вызывающе сверкнула черными глазами и повернула нарты назад к отцовской хижине.

Приближалась полночь. Несколько сот закутанных в меха людей, собравшихся на участке Олафа Нелсона, предпочли шестидесятиградусный мороз и все треволнения этой ночи соблазну натопленных хижин и удобных коек. Некоторые из них держали свои колышки наготове и своих собак под рукой.

Отряд конной полиции капитана Констэнтайна получил приказ быть на посту, дабы все шло по правилам. Поступило распоряжение: никому не ставить столбы, пока последняя секунда этого дня не канет в вечность. На Севере такой приказ равносилен повелению Иеговы — ведь пуля «думдум» карает так же мгновенно и безвозвратно, как десница Божья. Ночь была ясная и морозная. Северное сияние зажгло свои праздничные огни, расцветив небосклон гигантскими зеленовато-белыми мерцающими лучами, затмевавшими свет звезд. Волны холодного розового блеска омывали зенит, а на горизонте рука титана воздвигла сверкающие арки. И, потрясенные этим величественным зрелищем, собаки поднимали протяжный вой, как их далекие предки в незапамятные времена.

Полисмен в медвежьей шубе торжественно шагнул вперед с часами в руке. Люди засуетились у своих упряжек, поднимая собак, распутывая и подтягивая постромки. Затем соревнующиеся подошли к меже, сжимая в кулаке колышки и заявки. Они уже столько раз переступали границы участка, что могли бы теперь сделать это с закрытыми глазами. Полисмен поднял руку. Скинув с плеч лишние меха и одеяла, в последний раз подтянув пояса, люди замерли в ожидании.

— Приготовиться!

Шестьдесят пар рукавиц сдернуто с рук; столько же пар обутых в мокасины ног покрепче уперлось в снег.

— Пошли!

Все ринулись с разных сторон на широкое пустое пространство участка, вбивая колышки по углам и посредине, где надлежало поставить две центральные заявки, потом опрометью бросились к своим нартам, поджидавшим их на замершей глади ручья. Все смешалось — движения, звуки; все слилось в единый хаос. Нарты сталкивались; ощетинившись, оскалив клыки, упряжка с визгом налетала на упряжку. Образовавшаяся свалка создала затор в узком русле ручья. Удары кнутов сыпались на спины животных и людей без разбора. И в довершение неразберихи вокруг каждого гонщика суетилась кучка приятелей, старавшихся вызволить их из свалки. Но вот, силой проложив себе путь, одни нарты за другими стали вырываться на простор и исчезать во мраке между угрюмо нависших берегов.

Джек Харрингтон предвидел заранее, что давки не миновать, и ждал у своих нарт, пока не уляжется суматоха. Луи Савой, зная, что его соперник даст ему сто очков вперед по части езды на собаках, ждал тоже, решив следовать его примеру. Крики уже затихли вдали, когда они пустились в путь и, пройдя миль десять вниз до Бонанзы, нагнали остальные упряжки, которые шли гуськом, но не растягиваясь. Возгласов почти не было слышно, так как на этом отрезке пути нечего было и думать вырваться вперед: ширина нарт — от полоза до полоза — равнялась шестнадцати дюймам, а ширина протоpенной дороги — восемнадцати. Этот санный путь, укатанный вглубь на добрый фут, был подобен желобу. По обеим сторонам его расстилался пушистый, сверкающий снежный покров. Стоило кому-нибудь, пытаясь обогнать другие нарты, сойти с пути, и его собаки неминуемо провалились бы по брюхо в рыхлый снег и поплелись бы со скоростью улитки. И люди замерли в своих подскакивавших на выбоинах нартах и выжидали. На протяжении пятнадцати миль вниз по Бонанзе и Клондайку до Доусона, где они вышли к Юкону, никаких изменений не произошло. Здесь их уже ждали сменные упряжки. Но Харрингтон и Савой расположили свои подставы двумя-тремя милями дальше, решив, если потребуется, загнать первую упряжку насмерть.

Воспользовавшись сутолокой, воцарившейся при смене упряжек, они оставили позади добрую половину гонщиков. Когда нарты вынесли их на широкую грудь Юкона, впереди шло не более тридцати упряжек. Здесь можно было помериться силами. Осенью, когда река стала, между двумя мощными пластами льда осталась быстрина шириной в милю. Она совсем недавно оделась льдом, и он был твердым, гладким и скользким, как паркет бального зала. Лишь только полозья нарт коснулись этого сверкающего льда, Харрингтон привстал на колени, придерживаясь одной рукой за нарты, и бич его яростно засвистел над головами собак, а неистовая брань загремела у них в ушах. Упряжки растянулись по ледяной глади, и каждая напрягала силы до предела. Но мало кто на всем Севере умел так высылать собак, как Джек Харрингтон. Его упряжка сразу начала вырываться вперед, но Луи Савой прилагал отчаянные усилия, чтобы не отстать, и его головные собаки бежали, едва не касаясь мордами нарт соперника.

Где-то на середине ледяного пути вторые подставы вынеслись с берега им навстречу. Но Харрингтон не замедлил бега своих собак. Выждав минуту, когда новая упряжка поравнялась с ним, он, гикнув, перескочил на другие нарты, с ходу наддав жару собакам. Гонщик подставы кубарем полетел с нарт.

Луи Савой и тут во всем последовал примеру своего соперника. Брошенные на произвол судьбы упряжки заметались из стороны в сторону, на них налетели другие, и на льду поднялась страшная кутерьма. Харрингтон набирал скорость. Луи Савой не отставал. У самого конца ледяного поля их нарты начали обходить головную упряжку. Когда они снова легли на узкий санный путь, проторенный в пушистых снежных сугробах, они уже вели гонку, и Доусон, наблюдавший за ними при свете северного сияния, клялся, что это была чистая работа.

Когда мороз крепчает до шестидесяти градусов, надо или двигаться, или разводить огонь, иначе долго не протянешь. Харрингтон и Савой прибегли теперь к старинному способу — «бегом и на собаках». Соскочив с нарт, они бежали сзади, держась за лямки, пока кровь, сильнее забурлив в жилах, не изгоняла из тела мороз, потом прыгали обратно в нарты и лежали на них, пока опять не промерзали до костей. Так — бегом и на собаках — они покрыли второй и третий перегоны. Снова и снова, вылетев на гладкий лед, Луи Савой принимался нахлестывать собак, и всякий раз его попытки обойти соперника оканчивались неудачей. Растянувшись позади на пять миль, остальные участники состязания силились их нагнать, но безуспешно, ибо одному Луи Савою выпала в этих гонках честь выдержать убийственную скорость, предложенную Джеком Харрингтоном.

Когда они приблизились к подставе на семьдесят пятой миле, Лон Макфэйн пустил своих собак. Их вел Волчий Клык, и, как только Харрингтон увидел вожака, ему стало ясно, кому достанется победа. На всем Севере не было такой упряжки, которая могла бы теперь побить его на этом последнем перегоне. А Луи Савой, заметив Волчьего Клыка во главе харрингтоновской упряжки, понял, что проиграл, и послал кому-то сквозь зубы проклятия, какие обычно посылают женщинам. Но все же он решил биться до последнего, и его собаки неотступно бежали в вихре снежной пыли, летевшей из-под передних нарт. На юго-востоке занялась заря; Харрингтон и Савой неслись вперед: один преисполненный радостного, другой горестного изумления перед поступком Джой Молино.

Вся Сороковая Миля вылезла на рассвете из-под своих меховых одеял и столпилась у края санного пути. Он далеко был виден отсюда — на несколько миль вверх по Юкону, до первой излучины. И путь через реку к финишу у форта Кьюдахи, где ждал охваченный нетерпением приисковый инспектор, тоже был весь как на ладони. Джой Молино устроилась несколько поодаль, но ввиду столь исключительных обстоятельств никто не позволил себе торчать у нее перед глазами и загораживать ей чуть приметно темневшую на снегу полоску тропы. Таким образом, перед нею оставалось свободное пространство. Горели костры, и золотоискатели, собравшись у огня, держали пари, закладывая собак и золотой песок. Шансы Волчьего Клыка стояли необычайно высоко.

— Идут! — раздался с верхушки сосны пронзительный крик мальчишки-индейца.

У излучины Юкона на снегу появилась черная точка, и сейчас же следом за ней — вторая. Точки быстро росли, а за ними начали возникать другие — на некотором расстоянии от первых двух. Мало-помалу все они приняли очертания нарт, собак и людей, плашмя лежавших на нартах.

— Впереди Волчий Клык! — шепнул лейтенант полиции Джой Молино.

Она ответила ему улыбкой, не тая своего интереса.

— Десять против одного за Харрингтона! — воскликнул какой-то король Березовой реки, вытаскивая свой мешочек с золотом.

— Королева... она не очень щедро платит вам? — спросила Джой Молино лейтенанта.

Тот покачал головой.

— Есть у вас зольотой песок? Как много? — не унималась Джой.

Лейтенант развязал свой мешочек. Одним взглядом она оценила его содержимое.

— Пожалуй, тут... да, сотни две тут будет, верно? Хорошо, сейчас я дам вам... как это... подсказка. Принимайте пари. — Она загадочно улыбнулась.

Лейтенант колебался. Он взглянул на реку. Оба передних гонщика, стоя на коленях, яростно нахлестывали собак, Харрингтон шел первым.

— Десять против одного за Харрингтона! — орал король Березовой реки, размахивая своим мешочком перед носом лейтенанта.

— Принимайте пари! — подзадорила лейтенанта Джой.

Он повиновался, пожав плечами в знак того, что уступает не голосу рассудка, а ее чарам. Джой ободряюще кивнула.

Шум стих. Ставки прекратились.

Накреняясь, подскакивая, ныряя, словно утлые парусники в бурю, нарты бешено мчались к ним. Луи Савой все еще не отставал от Харрингтона, но лицо его было мрачно: надежда покинула его. Харрингтон не смотрел ни вправо, ни влево. Рот его был плотно сжат. Его собаки бежали ровно, ни на секунду не сбиваясь с ритма, ни на йоту не отклоняясь от пути, а Волчий Клык был поистине великолепен. Низко опустив голову, ничего не видя вокруг и глухо подвывая, вел он своих товарищей вперед.

Сороковая Миля затаила дыхание. Слышен был только хрип собак да свист кнутов.

Внезапно звонкий голос Джой Молино нарушил тишину:

— Эй-эй! Вольчий Клык! Вольчий Клык!

Волчий Клык услыхал. Он резко свернул в сторону — прямо к своей хозяйке. Вся упряжка ринулась за ним, нарты накренились и, став на один полоз, выбросили Харрингтона в снег. Луи Савой вихрем пролетел мимо.

Харрингтон поднялся на ноги и увидел, что его соперник мчится через реку к приисковой конторе. В эту минуту он невольно услышал разговор у себя за спиной.

— Он? Да, он очень хорошо шел, — говорила Джой Молино лейтенанту. — Он... как это говорится... задал темп. О да, он отлично задал темп.

ЛЮБОВЬ К ЖИЗНИ

Долгой жизни короткий итог:
Они резались в кости с судьбой;
Им везло — но сквозь пальцы утек
Их удачи песок золотой.

Прихрамывая, они спускались к речке, и один раз тот, что шел впереди, зашатался, споткнувшись посреди каменной россыпи. Оба устали и выбились из сил, и лица их выражали терпеливую покорность — след долгих лишений. Плечи им оттягивали тяжелые тюки, стянутые ремнями. Каждый из них нес ружье. Оба шли сгорбившись, низко нагнув голову и не поднимая глаз.

— Хорошо бы иметь хоть два патрона из тех, что лежат у нас в тайнике, — сказал один.

Голос его звучал вяло, без всякого выражения. Он говорил равнодушно, и его спутник, только что ступивший в молочно-белую воду, пенившуюся по камням, ничего ему не ответил.

Второй тоже вошел в речку вслед за первым. Они не разулись, хотя вода была холодная как лед — такая холодная, что ноги у них и даже пальцы на ногах онемели от холода. Местами вода захлестывала колени, и оба они пошатывались, теряя опору.

Второй путник поскользнулся на гладком валуне и чуть не упал, но удержался на ногах, громко вскрикнув от боли. Должно быть, у него закружилась голова — он пошатнулся и замахал свободной рукой, словно хватаясь за воздух. Справившись с собой, он шагнул вперед, но снова пошатнулся и чуть не упал. Тогда он остановился и посмотрел на своего спутника: тот все так же шел вперед, даже не оглядываясь.

Целую минуту он стоял неподвижно, словно раздумывая, потом крикнул:

— Слушай, Билл, я вывихнул ногу!

Билл ковылял дальше по молочно-белой воде. Он ни разу не оглянулся. Второй смотрел ему вслед, и, хотя его лицо оставалось по-прежнему тупым, в глазах появилась тоска, словно у раненого оленя.

Билл уже выбрался на другой берег и плелся дальше. Тот, что стоял посреди речки, не сводил с него глаз. Губы у него так сильно дрожали, что шевелились жесткие рыжие усы над ними. Он облизнул сухие губы кончиком языка.

— Билл! — крикнул он.

Это была отчаянная мольба человека, попавшего в беду, но Билл не повернул головы. Его товарищ долго следил, как он неуклюжей походкой, прихрамывая и спотыкаясь, взбирается по отлогому склону к волнистой линии горизонта, образованной гребнем невысокого холма. Следил до тех пор, пока Билл не скрылся из виду, перевалив за гребень. Тогда он отвернулся и медленно обвел взглядом тот круг вселенной, в котором он остался один после ухода Билла.

Над самым горизонтом тускло светило солнце, едва видное сквозь мглу и густой туман, который лежал плотной пеленой, без видимых границ и очертаний. Опираясь на одну ногу всей своей тяжестью, путник достал часы. Было уже четыре. Последние недели две он сбился со счета; так как стоял конец июля и начало августа, то он знал, что солнце должно находиться на северо-западе. Он взглянул на юг, соображая, что где-то там, за этими мрачными холмами, лежит Большое Медвежье озеро и что в том же направлении проходит по канадским Бесплодным землям страшный путь полярного круга. Речка, посреди которой он стоял, была притоком реки Коппермайн, а Коппермайн течет также на север и впадает в залив Коронации, в Северный Ледовитый океан. Сам он никогда не бывал там, но видел однажды эти места на карте Компании Гудзонова залива.

Он снова окинул взглядом тот круг вселенной, в котором остался теперь один. Картина была невеселая. Низкие холмы замыкали горизонт однообразной волнистой линией. Ни деревьев, ни кустов, ни травы — ничего, кроме беспредельной и страшной пустыни, — и в его глазах появилось выражение страха.

— Билл! — прошептал он и повторил опять: — Билл!

Он присел на корточки посреди мутного ручья, словно бескрайняя пустыня подавляла его своей несокрушимой силой, угнетала своим страшным спокойствием. Он задрожал, словно в лихорадке, и его ружье с плеском упало в воду. Это заставило его опомниться. Он пересилил свой страх, собрался с духом и, опустив руку в воду, нашарил ружье, потом передвинул тюк ближе к левому плечу, чтобы тяжесть меньше давила на больную ногу, и медленно и осторожно пошел к берегу, морщась от боли.

Он шел не останавливаясь. Не обращая внимания на боль, с отчаянной решимостью, он торопливо взбирался на вершину холма, за гребнем которого скрылся Билл, — и сам он казался еще более смешным и неуклюжим, чем хромой, едва ковылявший Билл. Но с гребня он увидел, что в неглубокой долине никого нет! На него снова напал страх, и, снова поборов его, он передвинул тюк еще дальше к левому плечу и, хромая, стал спускаться вниз.

Дно долины было болотистое, вода пропитывала густой мох, словно губку. На каждом шагу она брызгала из-под ног, и подошва с хлюпаньем отрывалась от влажного мха. Стараясь идти по следам Билла, путник перебирался от озерка к озерку, по камням, торчавшим во мху, как островки.

Оставшись один, он не сбился с пути. Он знал, что еще немного — и он подойдет к тому месту, где сухие пихты и ели, низенькие и чахлые, окружают маленькое озеро Титчинничили, что на местном языке означает «страна маленьких палок». А в озеро впадает ручей, и вода в нем не мутная. По берегам ручья растет камыш — это он хорошо помнил, — но деревьев там нет, и он пойдет вверх по ручью до самого водораздела. От водораздела начинается другой ручей, текущий на запад; он спустится по нему до реки Диз и там найдет свой тайник под перевернутым челноком, заваленным камнями. В тайнике спрятаны патроны, крючки и лески для удочек и маленькая сеть — все нужное для того, чтобы добывать себе пропитание. А еще там есть мука, правда немного, и кусок грудинки, и бобы.

Билл подождет его там, и они вдвоем спустятся по реке Диз до Большого Медвежьего озера, а потом переправятся через озеро и пойдут на юг, все на юг, пока не доберутся до реки Маккензи. На юг, все на юг, — а зима будет догонять их, и быстрину в реке затянет льдом, и дни станут холодней, — на юг, к какой-нибудь фактории Гудзонова залива, где растут высокие, мощные деревья и где сколько хочешь еды.

Вот о чем думал путник, с трудом пробираясь вперед. Но как ни трудно было ему идти, еще труднее было уверить себя в том, что Билл его не бросил, что Билл, конечно, ждет его у тайника. Он должен был так думать, иначе не имело никакого смысла бороться дальше — оставалось только лечь на землю и умереть. И пока тусклый диск солнца медленно скрывался на северо-западе, он успел рассчитать — и не один раз — каждый шаг того пути, который предстоит проделать им с Биллом, уходя на юг от наступающей зимы. Он снова и снова перебирал мысленно запасы пищи в своем тайнике и запасы на складе Компании Гудзонова залива. Он ничего не ел уже два дня, но еще дольше он не ел досыта. То и дело он нагибался, срывал бледные болотные ягоды, клал их в рот, жевал и проглатывал. Ягоды были водянистые и быстро таяли во рту — оставалось только горькое жесткое семя. Он знал, что ими не насытишься, но все-таки терпеливо жевал, потому что надежда не хочет считаться с опытом.

В девять часов он ушиб большой палец ноги о камень, пошатнулся и упал от слабости и утомления. Довольно долго он лежал на боку не шевелясь, потом высвободился из ремней, неловко приподнялся и сел. Еще не стемнело, и в сумеречном свете он стал шарить среди камней, собирая клочки сухого мха. Набрав целую охапку, он развел костер — тлеющий, дымный костер — и поставил на него котелок с водой.

Он распаковал тюк и прежде всего сосчитал, сколько у него спичек. Их было шестьдесят семь. Чтобы не ошибиться, он пересчитывал три раза. Он разделил их на три кучки и каждую завернул в пергамент; один сверток он положил в пустой кисет, другой — за подкладку изношенной шапки, а третий — за пазуху. Когда он проделал все это, ему вдруг стало страшно; он развернул все три свертка и снова пересчитал. Спичек было по-прежнему шестьдесят семь.

Он просушил мокрую обувь у костра. От мокасин остались одни лохмотья, сшитые из одеяла носки прохудились насквозь, и ноги у него были стерты до крови. Лодыжка сильно болела, и он осмотрел ее: она распухла, стала почти такой же толстой, как колено. Он оторвал длинную полосу от одного одеяла и крепко-накрепко перевязал лодыжку, оторвал еще несколько полос и обмотал ими ноги, заменив этим носки и мокасины, потом выпил кипятку, завел часы и лег, укрывшись одеялом.

Он спал как убитый. К полуночи стемнело, но не надолго. Солнце взошло на северо-востоке, вернее, в той стороне начало светать, потому что солнце скрывалось за серыми тучами.

В шесть часов он проснулся, лежа на спине. Он посмотрел на серое небо и почувствовал, что голоден. Повернувшись и приподнявшись на локте, он услышал громкое фырканье и увидел большого оленя, который настороженно и с любопытством смотрел на него. Олень стоял от него шагах в пятидесяти, не больше, и ему сразу представился запах и вкус оленины, шипящей на сковородке. Он невольно схватил незаряженное ружье, прицелился и нажал курок. Олень всхрапнул и бросился прочь, стуча копытами по камням.

Он выругался, отшвырнул ружье и со стоном попытался встать на ноги. Это удалось ему с большим трудом и не скоро. Суставы у него словно заржавели, и согнуться или разогнуться стоило каждый раз большого усилия воли. Когда он наконец поднялся на ноги, ему понадобилась еще целая минута, чтобы выпрямиться и стать прямо, как полагается человеку.

Он взобрался на небольшой холмик и осмотрелся кругом. Ни деревьев, ни кустов — ничего, кроме серого моря мхов, где лишь изредка виднелись серые валуны, серые озерки и серые ручьи. Небо тоже было серое. Ни солнечного луча, ни проблеска солнца! Он потерял представление, где находится север, и забыл, с какой стороны он пришел вчера вечером. Но он не сбился с пути. Это он знал. Скоро он придет в страну маленьких палок. Он знал, что она где-то налево, недалеко отсюда — быть может, за следующим пологим холмом.

Он вернулся, чтобы увязать свой тюк по-дорожному, проверил, целы ли его три свертка со спичками, но не стал их пересчитывать. Однако он остановился в раздумье над плоским, туго набитым мешочком из оленьей кожи. Мешочек был невелик, он мог поместиться между ладонями, но весил пятнадцать фунтов — столько же, сколько все остальное, — и это его тревожило. Наконец он отложил мешочек в сторону и стал свертывать тюк, потом взглянул на мешочек, быстро схватил его и вызывающе оглянулся по сторонам, словно пустыня хотела отнять у него золото. И когда он поднялся на ноги и поплелся дальше, мешочек лежал в тюке у него за спиной.

Он свернул налево и пошел, время от времени останавливаясь и срывая болотные ягоды. Нога у него одеревенела, он стал хромать сильнее, но эта боль ничего не значила по сравнению с болью в желудке. Голод мучил его невыносимо. Боль все грызла и грызла его, и он уже не понимал, в какую сторону надо идти, чтобы добраться до страны маленьких палок. Ягоды не утоляли грызущей боли, от них только щипало язык и нёбо.

Когда он дошел до небольшой ложбины, навстречу ему с камней и кочек поднялись белые куропатки, шелестя крыльями и крича: кр, кр, кр... Он бросил в них камнем, но промахнулся. Потом, положив тюк на землю, стал подкрадываться к ним ползком, как кошка подкрадывается к воробьям. Штаны у него порвались об острые камни, от колен тянулся кровавый след, но он не чувствовал этой боли — голод заглушал его. Он полз по мокрому мху; одежда его намокла, тело зябло, но он не замечал ничего, так сильно терзал его голод. А белые куропатки все вспархивали вокруг него, и наконец это «кр, кр» стало казаться ему насмешкой; он выругал куропаток и начал громко передразнивать их крик.

Один раз он чуть не наткнулся на куропатку, которая, должно быть, спала. Он не видел ее, пока она не вспорхнула ему прямо в лицо из своего убежища среди камней. Как ни быстро вспорхнула куропатка, он успел схватить ее таким же быстрым движением — и в руке у него осталось три хвостовых пера. Глядя, как улетает куропатка, он чувствовал к ней такую ненависть, будто она причинила ему страшное зло. Потом он вернулся к своему тюку и взвалил его на спину.

К середине дня он дошел до болота, где дичи было больше. Словно дразня его, мимо прошло стадо оленей, голов в двадцать, — так близко, что их можно было подстрелить из ружья. Его охватило дикое желание бежать за ними, он был уверен, что догонит стадо. Навстречу ему попалась черно-бурая лисица с куропаткой в зубах. Он закричал. Крик был страшен, но лисица, отскочив в испуге, все же не выпустила добычи.

Вечером он шел по берегу мутного от извести ручья, поросшего редким камышом. Крепко ухватившись за стебель камыша у самого корня, он выдернул что-то вроде луковицы, не крупнее обойного гвоздя. Луковица оказалась мягкая и аппетитно хрустела на зубах. Но волокна были жесткие, такие же водянистые, как ягоды, и не насыщали. Он сбросил свою поклажу и на четвереньках пополз в камыши, хрустя и чавкая, словно жвачное животное.

Он очень устал, и его часто тянуло лечь на землю и уснуть, но желание дойти до страны маленьких палок, а еще больше голод не давали ему покоя. Он искал лягушек в озерах, копал руками землю в надежде найти червей, хотя знал, что так далеко на севере не бывает ни червей, ни лягушек.

Он заглядывал в каждую лужу и наконец с наступлением сумерек увидел в такой луже одну-единственную рыбку величиной с пескаря. Он опустил в воду правую руку по самое плечо, но рыба от него ускользнула. Тогда он стал ловить ее обеими руками и поднял всю муть со дна. От волнения он оступился, упал в воду и вымок до пояса. Он так замутил воду, что рыбку нельзя было разглядеть, и ему пришлось дожидаться, пока муть осядет на дно.

Он опять принялся за ловлю и ловил, пока вода опять не замутилась. Больше ждать он не мог. Отвязав жестяное ведерко, он начал вычерпывать воду. Сначала он вычерпывал с яростью, весь облился и выплескивал воду так близко от лужи, что она стекала обратно. Потом стал черпать осторожнее, стараясь быть спокойным, хотя сердце у него сильно билось и руки дрожали. Через полчаса в луже почти не осталось воды. Со дна уже ничего нельзя было зачерпнуть. Но рыба исчезла. Он увидел незаметную расщелину среди камней, через которую рыбка проскользнула в соседнюю лужу, такую большую, что ее нельзя было вычерпать и за сутки. Если б он заметил эту щель раньше, он с самого начала заложил бы ее камнем и рыба досталась бы ему.

В отчаянии он опустился на мокрую землю и заплакал. Сначала он плакал тихо, потом стал громко рыдать, будя безжалостную пустыню, которая окружала его; и долго еще он плакал без слез, сотрясаясь от рыданий.

Он развел костер и согрелся, выпив много кипятку, потом устроил себе ночлег на каменистом выступе, так же как и в прошлую ночь. Перед сном он проверил, не намокли ли спички, и завел часы. Одеяла были сырые и холодные на ощупь. Вся нога горела от боли, как в огне. Но он чувствовал только голод, и ночью ему снились пиры, званые обеды и столы, заставленные едой.

Он проснулся озябший и больной. Солнца не было. Серые краски земли и неба стали темней и глубже. Дул резкий ветер, и первый снегопад выбелил холмы. Воздух словно сгустился и побелел, пока он разводил костер и кипятил воду. Это повалил мокрый снег большими влажными хлопьями. Сначала они таяли, едва коснувшись земли, но снег валил все гуще и гуще, застилая землю, и наконец весь собранный им мох отсырел, и костер погас.

Это было ему сигналом снова взвалить тюк на спину и брести вперед, неизвестно куда. Он уже не думал ни о стране маленьких палок, ни о Билле, ни о тайнике у реки Диз. Им владело только одно желание: есть! Он помешался от голода. Ему было все равно, куда идти, лишь бы идти по ровному месту. Под мокрым снегом он ощупью искал водянистые ягоды, выдергивал стебли камыша с корнями. Но все это было пресно и не насыщало. Дальше ему попалась какая-то кислая на вкус травка, и он съел, сколько нашел, но этого было очень мало, потому что травка стлалась по земле и ее нелегко было найти под снегом.

В ту ночь у него не было ни костра, ни горячей воды, и он залез под одеяло и уснул тревожным от голода сном. Снег превратился в холодный дождь. Он то и дело просыпался, чувствуя, что дождь мочит ему лицо. Наступил день — серый день без солнца. Дождь перестал. Теперь чувство голода у путника притупилось. Осталась тупая, ноющая боль в желудке, но это его не очень мучило. Мысли у него прояснились, и он опять думал о стране маленьких палок и о своем тайнике у реки Диз.

Он разорвал остаток одного одеяла на полосы и обмотал стертые до крови ноги, потом перевязал больную ногу и приготовился к дневному переходу. Когда дело дошло до тюка, он долго глядел на мешочек из оленьей кожи, но в конце концов захватил и его.

Дождь растопил снег, и только верхушки холмов оставались белыми. Проглянуло солнце, и путнику удалось определить стороны света, хотя теперь он знал, что сбился с пути. Должно быть, блуждая в эти последние дни, он отклонился слишком далеко влево. Теперь он свернул вправо, чтобы выйти на правильный путь.

Муки голода уже притупились, но он чувствовал, что ослаб. Ему приходилось часто останавливаться и отдыхать, собирая болотные ягоды и луковицы камыша. Язык у него распух, стал сухим, словно шерстистым, и во рту был горький вкус. А больше всего его донимало сердце. После нескольких минут пути оно начинало безжалостно стучать, а потом словно подскакивало и мучительно трепетало, доводя его до удушья и головокружения, чуть не до обморока.

Около полудня он увидел двух пескарей в большой луже. Вычерпать воду было немыслимо, но теперь он стал спокойнее и ухитрился поймать их жестяным ведерком. Они были с мизинец длиной, не больше, но ему не особенно хотелось есть. Боль в желудке все слабела, становилась все менее острой, как будто желудок дремал. Он съел рыбок сырыми, старательно их разжевывая, и это было чисто рассудочным действием. Есть ему не хотелось, но он знал, что это нужно, чтобы остаться в живых.

Вечером он поймал еще трех пескарей, двух съел, а третьего оставил на завтрак. Солнце высушило изредка попадавшиеся клочки мха, и он согрелся, вскипятив себе воды. В этот день он прошел не больше десяти миль, а на следующий, двигаясь, только когда позволяло сердце, — не больше пяти. Но боли в желудке уже не беспокоили его; желудок словно уснул. Местность была ему теперь незнакома, олени попадались все чаще и волки тоже. Очень часто их вой доносился до него из пустынной дали, а один раз он видел трех волков, которые крадучись перебегали ему дорогу.

Еще одна ночь, и наутро, образумившись наконец, он развязал ремешок, стягивавший кожаный мешочек. Из него желтой струйкой посыпался крупный золотой песок и самородки. Он разделил золото пополам, одну половину спрятал на видном издалека выступе скалы, завернув в кусок одеяла, а другую всыпал обратно в мешок. Свое последнее одеяло он тоже пустил на обмотки для ног. Но ружье он все еще не бросал, потому что в тайнике у реки Диз лежали патроны.

День выдался туманный. В этот день в нем снова пробудился голод. Путник очень ослабел, и голова у него кружилась так, что по временам он ничего не видел. Теперь он постоянно спотыкался и падал и однажды свалился прямо на гнездо куропатки. Там было четыре только что вылупившихся птенца, не старше одного дня; каждого хватило бы только на глоток; и он съел их с жадностью, запихивая в рот живыми: они хрустели у него на зубах, как яичная скорлупа. Куропатка-мать с громким криком летала вокруг него.

Он хотел подшибить ее прикладом ружья, но она увернулась. Тогда он стал бросать в нее камнями и перебил ей крыло. Куропатка бросилась от него прочь, вспархивая и волоча перебитое крыло, но он не отставал.

Птенцы только раздразнили его голод. Неуклюже подскакивая и припадая на больную ногу, он то бросал в куропатку камнями и хрипло вскрикивал, то шел молча, угрюмо и терпеливо поднимаясь после каждого падения, и тер рукой глаза, чтобы отогнать головокружение, грозившее обмороком.

Погоня за куропаткой привела его в болотистую низину, и там он заметил человеческие следы на мокром мху. Следы были не его — это он видел. Должно быть, следы Билла. Но он не мог остановиться, потому что белая куропатка убегала все дальше. Сначала он поймает ее, а потом уже вернется и рассмотрит следы.

Он загнал куропатку, но и сам обессилел. Она лежала на боку, тяжело дыша, и он, тоже тяжело дыша, лежал в десяти шагах от нее, не в силах подползти ближе. А когда он отдохнул, она тоже собралась с силами и упорхнула от его жадно протянутой руки. Погоня началась снова. Но тут стемнело, и птица скрылась. Споткнувшись от усталости, он упал с тюком на спине и поранил себе щеку. Он долго не двигался, потом повернулся на бок, завел часы и пролежал так до утра.

Опять туман. Половину одеяла он израсходовал на обмотки. Следы Билла ему не удалось найти, но теперь это было не важно. Голод упорно гнал его вперед. Но что, если... Билл тоже заблудился? К полудню он совсем выбился из сил. Он опять разделил золото, на этот раз просто высыпав половину на землю. К вечеру он выбросил и другую половину, оставив себе только обрывок одеяла, жестяное ведерко и ружье.

Его начали мучить навязчивые мысли. Почему-то он был уверен, что у него остался один патрон, — ружье заряжено, он просто этого не заметил. И в то же время он знал, что в магазине нет патрона. Эта мысль неотвязно преследовала его. Он боролся с ней часами, потом осмотрел магазин и убедился, что никакого патрона в нем нет. Разочарование было так сильно, словно он и в самом деле ожидал найти там патрон.

Прошло около получаса, потом навязчивая мысль вернулась к нему снова. Он боролся с ней и не мог побороть и, чтобы хоть чем-нибудь помочь себе, опять осмотрел ружье. По временам рассудок его мутился, и он продолжал брести дальше бессознательно, как автомат; странные мысли и нелепые представления точили его мозг, как черви. Но он быстро приходил в сознание — муки голода постоянно возвращали его к действительности. Однажды его привело в себя зрелище, от которого он тут же едва не упал без чувств. Он покачнулся и зашатался, как пьяный, стараясь удержаться на ногах. Перед ним стояла лошадь. Лошадь! Он не верил своим глазам. Их заволакивал густой туман, пронизанный яркими точками света. Он стал яростно тереть глаза и, когда зрение прояснилось, увидел перед собой не лошадь, а большого бурого медведя. Зверь разглядывал его с недружелюбным любопытством.

Он уже вскинул было ружье, но быстро опомнился. Опустив ружье, он вытащил охотничий нож из шитых бисером ножен. Перед ним было мясо и — жизнь. Он провел большим пальцем по лезвию ножа. Лезвие было острое, и кончик тоже острый. Сейчас он бросится на медведя и убьет его. Но сердце заколотилось, словно предостерегая: тук, тук, тук, — потом бешено подскочило кверху и дробно затрепетало; лоб сдавило, словно железным обручем, и в глазах потемнело.

Отчаянную храбрость смыло волной страха. Он так слаб — что будет, если медведь нападет на него? Он выпрямился во весь рост как можно внушительнее, выхватил нож и посмотрел медведю прямо в глаза. Зверь неуклюже шагнул вперед, поднялся на дыбы и зарычал. Если бы человек бросился бежать, медведь погнался бы за ним. Но человек не двинулся с места, осмелев от страха; он тоже зарычал, свирепо, как дикий зверь, выражая этим страх, который неразрывно связан с жизнью и тесно сплетается с ее самыми глубокими корнями.

Медведь отступил в сторону, угрожающе рыча, в испуге перед этим таинственным существом, которое стояло прямо и не боялось его. Но человек все не двигался. Он стоял как вкопанный, пока опасность не миновала, а потом, весь дрожа словно в лихорадке, повалился на мокрый мох.

Собравшись с силами, он пошел дальше, терзаясь новым страхом. Это был уже не страх голодной смерти: теперь он боялся умереть насильственной смертью, прежде чем последнее стремление сохранить жизнь заглохнет в нем от голода. Кругом были волки. Со всех сторон в этой пустыне доносился их вой, и самый воздух вокруг дышал угрозой так неотступно, что он невольно поднял руки, отстраняя эту угрозу, словно полотнище колеблемой ветром палатки.

Волки по двое и по трое то и дело перебегали ему дорогу. Но они не подходили близко. Их было не так много; кроме того, они привыкли охотиться за оленями, которые не сопротивлялись им, а это странное животное ходило на двух ногах и, должно быть, царапалось и кусалось.

К вечеру он набрел на кости, разбросанные там, где волки настигли свою добычу. Час тому назад это был живой олененок, он резво бегал и мычал. Человек смотрел на кости, дочиста обглоданные, блестящие и розовые, оттого что в их клетках еще не угасла жизнь. Может быть, к концу дня и от него останется не больше? Ведь такова жизнь, суетная и скоропреходящая. Только жизнь заставляет страдать. Умереть не больно. Умереть — уснуть. Смерть — это значит конец, покой. Почему же тогда ему не хочется умирать?

Но он не долго рассуждал. Вскоре он уже сидел на корточках, держа кость в зубах и высасывая из нее последние частицы жизни, которые еще окрашивали ее в розовый цвет. Сладкий вкус мяса, еле слышный, неуловимый, как воспоминание, доводил его до бешенства. Он стиснул зубы крепче и стал грызть. Иногда ломалась кость, иногда его зубы. Потом он стал дробить кости камнем, размалывая их в кашу, и глотать с жадностью. Второпях он попадал себе по пальцам и все-таки, несмотря на спешку, находил время удивляться, почему он не чувствует боли от ударов.

Наступили страшные дни дождей и снега. Он уже не помнил, когда останавливался на ночь и когда снова пускался в путь. Шел не разбирая времени, и ночью и днем, отдыхал там, где падал, и тащился вперед, когда угасавшая в нем жизнь вспыхивала и разгоралась ярче. Он больше не боролся, как борются люди. Это сама жизнь в нем не хотела гибнуть и гнала его вперед. Он не страдал больше. Нервы его притупились, словно оцепенели, в мозгу теснились странные видения, радужные сны.

Он не переставая сосал и жевал раздробленные кости, которые подобрал до последней крошки и унес с собой. Больше он уже не поднимался на холмы, не пересекал водоразделов, а брел по отлогому берегу большой реки, которая текла по широкой долине. Перед его глазами были только видения. Его душа и тело шли рядом и все же порознь — такой тонкой стала нить, связывающая их.

Он пришел в сознание однажды утром, лежа на плоском камне. Ярко светило и пригревало солнце. Издали ему слышно было мычание оленят. Он смутно помнил дождь, ветер и снег, но сколько времени его преследовала непогода — два дня или две недели, — он не знал.

Долгое время он лежал неподвижно, и щедрое солнце лило на него свои лучи, напитывая теплом его жалкое тело. «Хороший день», — подумал он. Быть может, ему удастся определить направление по солнцу. Сделав мучительное усилие, он повернулся на бок. Там, внизу, текла широкая, медлительная река. Она была ему незнакома, и это его удивило. Он медленно следил за ее течением, смотрел, как она вьется среди голых, угрюмых холмов, еще более угрюмых и низких, чем те, которые он видел до сих пор. Медленно, равнодушно, без всякого интереса он проследил за течением незнакомой реки почти до самого горизонта и увидел, что она вливается в светлое блистающее море. И все же это его не взволновало. «Очень странно, — подумал он, — это или мираж, или видение, плод расстроенного воображения». Он еще более убедился в этом, когда увидел корабль, стоявший на якоре посреди блистающего моря. Он закрыл глаза на секунду и снова открыл их. Странно, что видение не исчезает! А впрочем, нет ничего странного. Он знал, что в сердце этой бесплодной земли нет ни моря, ни кораблей, так же как нет патронов в его незаряженном ружье.

Он услышал за своей спиной какое-то сопение — не то вздох, не то кашель. Очень медленно, преодолевая крайнюю слабость и оцепенение, он повернулся на другой бок. Поблизости он ничего не увидел и стал терпеливо ждать. Опять послышались сопение и кашель, и между двумя островерхими камнями, не больше чем шагах в двадцати от себя, он увидел серую голову волка. Уши не торчали кверху, как это ему приходилось видеть у других волков, глаза помутнели и налились кровью, голова бессильно понурилась. Волк, верно, был болен: он все время чихал и кашлял.

«Вот это по крайней мере не кажется», — подумал он и опять повернулся на другой бок, чтобы увидеть настоящий мир, не застланный теперь дымкой видений. Но море все так же сверкало в отдалении, и корабль был ясно виден. Быть может, это все-таки настоящее? Он закрыл глаза и стал думать — и в конце концов понял, в чем дело. Он шел на северо-восток, удаляясь от реки Диз, и попал в долину реки Коппермайн. Эта широкая, медлительная река и была Коппермайн. Это блистающее море — Ледовитый океан. Этот корабль — китобойное судно, заплывшее далеко к востоку от устья реки Маккензи, оно стоит на якоре в заливе Коронации. Он вспомнил карту Компании Гудзонова залива, которую видел когда-то, и все стало ясно и понятно.

Он сел и начал думать о самых неотложных делах. Обмотки из одеяла совсем износились, и ноги у него были содраны до живого мяса. Последнее одеяло было израсходовано. Ружье и нож он потерял. Шапка тоже пропала, и вместе с ней спички, спрятанные за подкладку, но спички в кисете за пазухой, завернутые в пергамент, остались целы и не отсырели. Он посмотрел на часы. Они все еще шли и показывали одиннадцать часов. Должно быть, он не забывал заводить их.

Он был спокоен и в полном сознании. Несмотря на страшную слабость, он не чувствовал никакой боли. Есть ему не хотелось. Мысль о еде была даже неприятна ему, и все, что он ни делал, делалось им по велению рассудка. Он оторвал штанины до колен и обвязал ими ступни. Ведерко он почему-то не бросил: надо будет выпить кипятку, прежде чем начать путь к кораблю — очень тяжелый, как он предвидел.

Все его движения были медленны. Он дрожал, как в параличе. Он хотел набрать сухого мха, но не смог подняться на ноги. Несколько раз он пробовал встать и в конце концов пополз на четвереньках. Один раз он подполз очень близко к больному волку. Зверь неохотно посторонился и облизнул морду, насилу двигая языком. Человек заметил, что язык был не здорового, красного цвета, а желтовато-бурый, покрытый полузасохшей слизью.

Выпив кипятку, он почувствовал, что может подняться на ноги и даже идти, хотя силы его были почти на исходе. Ему приходилось отдыхать чуть не каждую минуту. Он шел слабыми, неверными шагами, и такими же слабыми, неверными шагами тащился за ним волк.

И в эту ночь, когда блистающее море скрылось во тьме, человек понял, что приблизился к нему не больше чем на четыре мили.

Ночью он все время слышал кашель больного волка, а иногда крики оленят. Вокруг была жизнь, но жизнь, полная сил и здоровья, а он понимал, что больной волк тащится по следам больного человека в надежде, что этот человек умрет первым. Утром, открыв глаза, он увидел, что волк смотрит на него тоскливо и жадно. Зверь, похожий на заморенную унылую собаку, стоял, понурив голову и поджав хвост. Он дрожал на холодном ветру и угрюмо оскалил зубы, когда человек заговорил с ним голосом, упавшим до хриплого шепота.

Взошло яркое солнце, и все утро путник, спотыкаясь и падая, шел к кораблю на блистающем море. Погода стояла прекрасная. Это началось короткое бабье лето северных широт. Оно могло продержаться неделю, могло кончиться завтра или послезавтра.

После полудня он напал на след. Это был след другого человека, который не шел, а тащился на четвереньках. Он подумал, что это, возможно, след Билла, но подумал вяло и равнодушно. Ему было все равно. В сущности, он перестал что-либо чувствовать и волноваться. Он уже не ощущал боли. Желудок и нервы словно дремали. Однако жизнь, еще теплившаяся в нем, гнала его вперед. Он очень устал, но жизнь в нем не хотела гибнуть; и потому, что она не хотела гибнуть, человек все еще ел болотные ягоды и пескарей, пил кипяток и следил за больным волком, не спуская с него глаз.

Он шел по следам другого человека, того, который тащился на четвереньках, и скоро увидел конец его пути: обглоданные кости на мокром мху, сохранившем следы волчьих лап. Он увидел туго набитый мешочек из оленьей кожи — такой же, какой был у него, — разорванный острыми зубами. Он поднял этот мешочек, хотя его ослабевшие пальцы не в силах были удержать такую тяжесть. Билл не бросил его до конца. Ха-ха! Он еще посмеется над Биллом. Он останется жив и возьмет мешочек на корабль, который стоит посреди блистающего моря. Он засмеялся хриплым, страшным смехом, похожим на карканье ворона, и больной волк вторил ему, уныло подвывая. Человек сразу замолчал. Как же он будет смеяться над Биллом, если это Билл, если эти бело-розовые, чистые кости — все, что осталось от Билла?

Он отвернулся. Да, Билл его бросил, но он не возьмет золота и не станет сосать кости Билла. А Билл стал бы, будь Билл на его месте, размышлял он, тащась дальше.

Он набрел на маленькое озерко. И, наклонившись над ним в поисках пескарей, отшатнулся, словно ужаленный. Он увидел свое лицо, отраженное в воде. Это отражение было так страшно, что пробудило даже его отупевшую душу. В озерке плавали три пескаря, но оно было велико, и он не мог вычерпать его до дна; он попробовал поймать рыб ведерком, но в конце концов бросил эту мысль. Он побоялся, что от усталости упадет в воду и утонет. По этой же причине он не отважился плыть по реке на бревне, хотя бревен было много на песчаных отмелях.

В этот день он сократил на три мили расстояние между собой и кораблем, а на следующий день — на две мили; теперь он полз на четвереньках, как Билл. К концу пятого дня до корабля все еще оставалось миль семь, а он теперь не мог пройти и мили в день. Бабье лето еще держалось, а он то полз на четвереньках, то падал без чувств, и по его следам все так же тащился больной волк, кашляя и чихая. Колени человека были содраны до живого мяса и ступни тоже, и, хотя он оторвал две полосы от рубашки, чтобы обмотать их, красный след тянулся за ним по мху и камням. Оглянувшись как-то, он увидел, что волк с жадностью лижет этот кровавый след, и ясно представил себе, каков будет его конец, если он сам не убьет волка. И тогда началась самая жестокая борьба, какая только бывает в жизни: больной человек на четвереньках и больной волк, ковылявший за ним, — оба они, полумертвые, тащились через пустыню, подстерегая друг друга.

Будь то здоровый волк, человек не стал бы так сопротивляться, но ему было неприятно думать, что он попадет в утробу этой мерзкой твари, почти падали. Ему стало противно. У него снова начинался бред, сознание туманили галлюцинации, и светлые промежутки становились все короче и реже.

Однажды он пришел в чувство, услышав чье-то дыхание над самым ухом. Волк отпрыгнул назад, споткнулся и упал от слабости. Это было смешно, но человек не улыбнулся. Он даже не испугался. Страх уже не имел над ним власти. Но мысли его на минуту прояснились, и он лежал, раздумывая. До корабля оставалось теперь мили четыре, не больше. Он видел его совсем ясно, протирая затуманенные глаза, видел и лодочку с белым парусом, рассекавшую сверкающее море. Но ему не одолеть эти четыре мили. Он это знал и относился к этому спокойно. Он знал, что не проползет и полумили. И все-таки ему хотелось жить. Было бы глупо умереть после всего, что он перенес. Судьба требовала от него слишком много. Даже умирая, он не покорялся смерти. Возможно, это было чистое безумие, но и в когтях смерти он бросал ей вызов и боролся с ней.

Он закрыл глаза и бесконечно бережно собрал все свои силы. Он крепился, стараясь не поддаваться чувству дурноты, затопившему, словно прилив, все его существо. Это чувство поднималось волной и мутило сознание. Временами он словно тонул, погружаясь в забытье и силясь выплыть, но каким-то необъяснимым образом остатки воли помогали ему снова выбраться на поверхность.

Он лежал на спине неподвижно и слышал, как хриплое дыхание волка приближается к нему. Оно ощущалось все ближе и ближе, время тянулось без конца, но человек не пошевельнулся ни разу. Вот дыхание слышно над самым ухом. Жесткий сухой язык царапнул его щеку словно наждачной бумагой. Руки у него вскинулись кверху — по крайней мере он хотел их вскинуть, — пальцы согнулись как когти, но схватили пустоту. Для быстрых и уверенных движений нужна сила, а силы у него не было.

Волк был терпелив, но и человек был терпелив не меньше. Полдня он лежал неподвижно, борясь с забытьем и сторожа волка, который хотел его съесть и которого он съел бы сам, если бы мог. Время от времени волна забытья захлестывала его и он видел долгие сны, но все время, и во сне и наяву, он ждал, что вот-вот услышит хриплое дыхание и его лизнет шершавый язык.

Дыхания он не услышал, но проснулся оттого, что шершавый язык коснулся его руки. Человек ждал. Клыки слегка сдавили его руку, потом давление стало сильнее — волк из последних сил старался вонзить зубы в добычу, которую так долго подстерегал. Но и человек ждал долго, и его искусанная рука сжала волчью челюсть. И в то время как волк слабо отбивался, а рука так же слабо сжимала его челюсть, другая рука протянулась и схватила волка. Еще пять минут, и человек придавил волка всей своей тяжестью. Его рукам не хватало силы, чтобы задушить волка, но человек прижался лицом к волчьей шее, и его рот был полон шерсти. Прошло полчаса, и человек почувствовал, что в горло ему сочится теплая струйка. Это было мучительно, словно ему в желудок вливали расплавленный свинец, и только усилием воли он заставлял себя терпеть. Потом человек перекатился на спину и уснул.

На китобойном судне «Бедфорд» ехало несколько человек из научной экспедиции. С палубы они заметили какое-то странное существо на берегу. Оно ползло к морю, едва передвигаясь по песку. Ученые не могли понять, что это такое, и, как подобает естествоиспытателям, сели в шлюпку и поплыли к берегу. Они увидели живое существо, но вряд ли его можно было назвать человеком. Оно ничего не слышало, ничего не понимало и корчилось на песке, словно гигантский червяк. Ему почти не удавалось продвинуться вперед, но оно не отступало и, корчась и извиваясь, продвигалось вперед шагов на двадцать в час.

Через три недели, лежа на койке китобойного судна «Бедфорд», человек со слезами рассказывал, кто он такой и что ему пришлось вынести. Он бормотал что-то бессвязное о своей матери, о Южной Калифорнии, о домике среди цветов и апельсиновых деревьев.

Прошло несколько дней, и он уже сидел за столом вместе с учеными и капитаном в кают-компании корабля. Он радовался изобилию пищи, тревожно провожал взглядом каждый кусок, исчезавший в чужом рту, и его лицо выражало глубокое сожаление. Он был в здравом уме, но чувствовал ненависть ко всем сидевшим за столом. Его мучил страх, что еды не хватит. Он расспрашивал о запасах провизии повара, юнгу, самого капитана. Они без конца успокаивали его, но он никому не верил и тайком заглядывал в кладовую, чтобы убедиться собственными глазами.

Стали замечать, что он поправляется. Он толстел с каждым днем. Ученые качали головой и строили разные теории.

Стали ограничивать его в еде, но он все раздавался в ширину, особенно в поясе.

Матросы посмеивались. Они знали, в чем дело. А когда ученые стали следить за ним, им тоже стало все ясно. После завтрака он прокрадывался на бак и, словно нищий, протягивал руку кому-нибудь из матросов. Тот ухмылялся и подавал ему кусок морского сухаря. Человек жадно хватал кусок, глядел на него, как скряга на золото, и прятал за пазуху. Такие же подачки, ухмыляясь, давали ему и другие матросы.

Ученые промолчали и оставили его в покое. Но они осмотрели потихоньку его койку. Она была набита сухарями. Матрац был полон сухарей. Во всех углах были сухари. Однако человек был в здравом уме. Он только принимал меры на случай голодовки — вот и все. Ученые сказали, что это должно пройти. И это действительно прошло, прежде чем «Бедфорд» стал на якорь в гавани Сан-Франциско.

Содержание

Лондон Дж.

Л 76 Зов предков : повести, рассказы / Джек Лондон ; пер. с англ. Н. Волжиной, Норы Галь, Н. Дарузес и др. — СПб. : Азбука, Азбука-Аттикус, 2020. — 416 с. — (Мировая классика).

ISBN 978-5-389-18279-0

Джек Лондон — великий кудесник слова, один из самых популярных американских писателей в мире. Его книги полны увлекательных приключений, суровой романтики и благородных чувств, не оставляющих героев даже в самых жестоких испытаниях. Особенно это касается произведений об американском Севере, где автору самому довелось пережить рискованные приключения и о котором он написал, пожалуй, свои самые яркие страницы.

В настоящее издание вошли повести «Зов предков» и «Белый Клык», а также самые известные «северные рассказы» Джека Лондона.

УДК 821.111(73)
ББК 84(7Сое)-44

Литературно-художественное издание

ДЖЕК ЛОНДОН

ЗОВ ПРЕДКОВ

Ответственный редактор Кирилл Красник

Художественный редактор Александр Балабанов

Технический редактор Татьяна Раткевич

Корректоры Татьяна Бородулина, Валентина Гончар

Главный редактор Александр Жикаренцев

Подписано в печать 22.06.2020. Формат издания 84 × 108 $^{1}/_{32}$.
Печать офсетная. Тираж 5000 экз. Усл. печ. л. 21,84. Заказ № 3327/20.

Знак информационной продукции
(Федеральный закон № 436-ФЗ от 29.12.2010 г.): 12+

ООО «Издательская Группа „Азбука-Аттикус“» —
обладатель товарного знака АЗБУКА®
115093, г. Москва, ул. Павловская, д. 7, эт. 2, пом. III, ком. № 1

Филиал ООО «Издательская Группа „Азбука-Аттикус“» в Санкт-Петербурге
191123, г. Санкт-Петербург, Воскресенская наб., д. 12, лит. А

ЧП «Издательство „Махаон-Украина“»
Тел./факс: (044) 490-99-01. E-mail: sale@machaon.kiev.ua

Отпечатано в соответствии с предоставленными материалами
в ООО «ИПК Парето-Принт».
170546, Тверская область, Промышленная зона Боровлево-1, комплекс № 3А.
www.pareto-print.ru

Y-AMC-26870-01-R